Richter-Reichenbach · Identität und ästhetisches Handeln

Karin-Sophie Richter-Reichenbach

Identität und ästhetisches Handeln

Präventive und rehabilitative Funktionen ästhetischer Prozesse

Deutscher Studien Verlag · Weinheim 1992

Über die Autorin:
Karin-Sophie Richter-Reichenbach, Dr. paed., Jg. 45, ist Professorin für Ästhetik & Kommunikation/Kunsttherapie an der Katholischen Fachhochschule NW, Abt. Münster.

Die Deutsche Bibliothek – CIP-Einheitsaufnahme

Richter-Reichenbach, Karin-Sophie:
Identität und ästhetisches Handeln : präventive und rehabilitative Funktionen ästhetischer Prozesse / Karin-Sophie Richter-Reichenbach. – Weinheim : Deutscher Studien Verlag, 1992
ISBN 3-89271-276-X

Druck: Druckhaus Beltz, 6944 Hemsbach
Seriengestaltung des Umschlags: Atelier Warminski, 6470 Büdingen 8
Printed in Germany

ISBN 3 89271 276 X

Inhaltsverzeichnis

0. Einführung in die Problemstellung des Buches und begriffliche Vorklärungen

Das vorliegende Buch reagiert auf den anhaltenden Psycho-Boom und den damit einhergehenden unübersehbaren Markt an professionell, halb- oder nicht-professionell betriebenen Therapien, therapeutischen Veranstaltungen, Selbsterfahrungs- und Selbstsicherheitstrainings wie Lebenshilfekursen. Hier werden Mißstände, Fehlentwicklungen, Frustrationen, Defizite individualisiert, kompensiert und/oder kommerzialisiert, die zwar individuell erlebt, aber nicht nur im personalen Umfeld begründet liegen. Vielmehr erscheint die Konjunktur von Therapien durch gesellschaftliche Problementwicklungen mitbedingt, die subjektive Verhaltenskorrelate und singuläre Abwehrreaktionen erzeugen. Unter dieser Perspektive wird die tatsächliche oder vermeintliche Therapiebedürftigkeit der Adressaten nicht als Mode-Erscheinung gewertet, sondern als Symptom und Äußerung unbefriedigend erlebter sozio-kultureller Lebensumstände und unerfüllter Bedürfnisse interpretiert.

Entsprechend ist die Frage nach problematischen gesellschaftlichen Strukturen und Entwicklungen eine Sachfrage. Angesichts massenhafter individueller Problementwicklungen sucht sie die – auch – gesellschaftliche Bedingungslage für therapeutische Maßnahmen heute aufzuhellen und zu benennen, aber auch Grenzen therapeutischer Bemühungen erkennbar zu machen, die auf die Notwendigkeit gesellschaftlicher Umorientierung und verantwortbarer Maßnahmen anderer gesellschaftlicher Instanzen, vor allem solcher ‚mit Bildungsauftrag' verweisen. Nur so kann die Bedingungslage so verbessert werden, daß Therapie partiell überflüssig wird.

Im wechselseitig verstärkenden Verhältnis zur geübten therapeutischen Praxis steht der publizistische Markt an dispersen Therapie-Konzepten unterschiedlicher Reichweite mit mehr oder weniger hohem Theoriegehalt je nach dem Ausmaß ihrer systematischen Anbindung an fundierende Grundlagen.

Auch hierauf, speziell auf die vorliegenden ‚kunsttherapeutischen' Ansätze reagiert diese Arbeit.

Dabei soll den vorhandenen Ansätzen keine ganz ‚neue' Therapie hinzugefügt werden. Vielmehr bewegt sich das vorgestellte Konzept im Horizont der ‚Pädagogischen Kunsttherapie' (H.G.Richter)[1], deren grundlegende Positionen sie teilt, ausfächert, perspektivisch durch gesellschaftliche Problemhinsichten ergänzt, gegebenenfalls anders akzentuiert sowie in exemplarischen Anwendungsfeldern diskutiert und für praktische Belange konkretisiert. Kein praktisches Anwendungsbuch ist indes intendiert.

Vielmehr wird eine Theorie der und für die Praxis angestrebt, deren Praktikabilität auch beispielhaft ausgewiesen wird.

Auch soll nicht abermals der Versuch wiederholt werden, gegenwärtige kunsttherapeutische Ansätze beschreibend aufzulisten, deren Grundlagen zu problematisieren und ihre praktische Bedeutsamkeit zu diskutieren, um dann – argumentativ aufgerüstet – auf das eigene Konzept abzuheben.

Die Tauglichkeit des Konzepts erweist sich ohnehin nicht aufgrund der Fehlformen anderer Konzepte, sondern allemal erst aufgrund der Plausibilität eines systematischen Fundierungszusammenhanges auf der einen Seite und der ausgewiesenen Praktikabiltät der Anwendung auf der anderen Seite.

Spart das Arbeitsvorhaben die Diskussion anderer kunsttherapeutischer Ansätze aus, so ist dies vor allem auch durch ihr durchgängig festzustellendes Manko gerechtfertigt:

Die fehlende gegenstands- und prozess-spezifische Analyse des Mediums selbst, in dem und mit dessen Hilfe ‚therapeutische' Wirkungen erzielt werden sollen. Damit aber fehlt die nachvollziehbare Begründung für deren Entscheidung, im Rahmen einer ‚Kunsttherapie' therapeutische Wirkungen erzielen zu wollen. Unterbleibt wie dort eine systematische Rückbindung an den ästhetischen Handlungs- und Gegenstandsbereich, dann sind Engführungen, Verkürzungen und Fehlformen in Theorie und Praxis nicht auszuschließen[2]; dann kann nur – wie zu beobachten – ein unreflektiertes Praktizieren mit einigen wenigen, vermeintlich ‚bewährten' bildnerischen Mitteln mit höchst fraglichen Wirkungen zustandekommen.

Wird wie dort nämlich kaum unterschieden zwischen ‚psychischem Ausdruck' mit ästhetischen Mitteln und ‚ästhetischer Produktion', so können therapeutisch relevante Beziehungen zwischen Indikation und konkreter ästhetischer Aktivität schwerlich hergestellt werden. Beide führen ja ein unterscheidbares Maß an Reflexions-, Plan-, Entscheidungs- und Konkretisierungs-Handlungen mit sich. Unterbleibt diese Unterscheidung, so können entsprechend keine therapeutischen Ziele mit unterschiedlicher Zielrichtung, Inhaltlichkeit und Tragweite in diesen Dimensionen formuliert werden.

Und so müssen einem Skeptiker die vorgewiesenen therapeutischen ‚Erfolge' eher als Zufallsprodukte oder als Resulate psychologischen Einfühlungsvermögens denn als durch das ästhetische Medium bedingt erscheinen. Sie bleiben medium-unspezifisch, somit unter dieser Hinsicht zufällig und beliebig.

Aus dieser Mangel-Lage heraus ergibt sich die Notwendigkeit, eine ‚Kunsttherapie' kenntlich zu machen, die der ‚Kunst' i.w.S. bzw. dem ästhetischen Medium angemessen, also medium-spezifisch ist. Das will nachdrücklich sagen:

> Die Art und Qualität der angestrebten ‚Kunsttherapie' wie die Art und Qualität konkreter kunsttherapeutischer Prozesse bestimmen sich näher erst durch die zu ermittelnden gegenstandsspezifischen Möglichkeiten ästhetisch-produktiver und -rezeptiver Prozesse.

Von hier aus und nicht bereits durch die pure Mittelentscheidung erfahren therapeutische Maßnahmen auch erst ihre attributive Bestimmung und Ausrichtung als ‚kunsttherapeutische'.

Überdies liegt die therapeutische Wirkung im ästhetischen Konstitutionsrahmen weniger im therapeutischen Verfahren allein – wie etwa bei der Psycho- oder Verhaltenstherapie -, sondern in den ästhetisch produzierenden und rezipierenden Aktivitäten und deren Ich-Funktionen selbst begründet, die therapeutisch nutzbar und verfahrensmäßig begünstigt werden können.

Anders gesagt:

> Es wird hier eine unauflösliche Interdependenz von ästhetisch-therapeutischem Gegenstands- und Handlungsbereich einerseits und therapeutischem Vorgehen andererseits behauptet und ein entsprechendes therapeutisches Konzept postuliert.

Maßgebliche Einsichten und Erkenntnisse zur Bedeutung ästhetischer Bildung und Erziehung liefert die erkenntnistheoretisch, kunstphilosophisch und gegenstandsanalytisch ausgerichtete Theorie der Ästhetischen Erziehung.

Indem sie – vor jeder medialen Verbesonderung als kunst-, literar-, musik-, theaterästhetische Erziehung – das allgemeine Bildungspotential ästhetischer Prozesse für eine ganzheitliche Persönlichkeitsentwicklung und -entfaltung von der Wirkung ästhetischer Selbsttätigkeit begründend herleitet, die Kompatibilität sachstruktureller mit allgemein-pädagogischer Intentionalität aufweist und schließlich die Bedeutung ästhetischer Prozesse für die Realisierung übergreifender pädagogischer Ziele deutlich macht, werden zugleich die allgemein-therapeutischen Wirkmöglichkeiten erkennbar. Sie können therapeutisch im engen Sinn für die Ich-Restitution bzw. Korrektur gestörter oder unterentwikkelter Ich-Funktionen und therapeutisch im weiten Sinn präventiv für eine ganzheitliche Identitätsentwicklung und -entfaltung dienstbar gemacht werden.

Es liegt nahe, ein aus dem umfassenden Begründungszusammenhang der philosophisch und erkenntnistheoretisch fundierten Ästhetischen Erziehung[3] abgeleitetes, fachdidaktisch konkretisiertes (kunst-)ästhetisches Erziehungskonzept mit dem therapeutischen Interesse an der personalen Instandsetzung und Weiterführung zu verbinden. Mit den Worten H.G. Richters sollen „pädagogisch begründete Formen der Rehabilitation, der Nacherziehung, der Sondererziehung, der Prävention mit bildnerisch-künstlerischen Mitteln ... in eine feste Beziehung zu einem Konzept der ästhetischen Erziehung gebracht werden, weil nur dieses Konzept den therapeutischen Aktivitäten das notwendige Repertoire an Motiven, Verfahren, Ausdrucksformen zur Verfügung stellen kann."[4] Es wird dadurch für ästhetisch-therapeutische Prozesse unverzichtbar.

Im Unterschied zu allgemeinen kunstpädagogischen Systementwürfen variiert Pädagogische Kunsttherapie lediglich Inhaltsstrukturen und modifiziert aufgrund eingeführter psychologischer, soziologischer und sonderpädagogischer Annahmen[5] in bezug auf die physische und psychische Verfaßtheit ‚problematischer' Personengruppen i.w.S. die Lernstruktur zu einer, auch von der Theorie der Ästhetischen Erziehung nahegelegten subjekt-zentrierten Vorgehensweise.

Auch variiert die Reichweite ästhetisch-therapeutischer Ziele je nach Voraussetzungslage der Adressaten, nicht aber unterscheidet sich die allgemein-pädagogische und bereichsspezifische ästhetische Zielrichtung. Vielmehr gilt für jede Adressatengruppe unbeschadet ihrer besonderen Problemlage, Behinderung oder Benachteiligung das – gerade im ästhetischen Bezugsrahmen vorzüglich zu realisierende – Bildungsziel, selbst-identifizierende Prozesse zum „Aufbau personaler Identität und soziale(r) Verantwortung"[6] in Gang zu setzen.

Auf diese Weise wird eine Kunsttherapie konzipiert, die, nach unserer Auffassung, die derzeitig einzig verantwortbare, zudem einzig pädagogisch relevante Kunsttherapie ist, die nicht nur diesen Namen verdient, sondern auch von allgemein-pädagogischer Bedeutung ist.

In ihrer didaktisch-methodischen Strukturiertheit ist sie zudem direkt auf schul-, sozial- und heilpädagogische Bereiche übertragbar bzw. sequenziell in sie integrierbar. Sie gewährleistet, daß Therapie nicht zur bloßen Symptom-Kurierung und -Milderung gerät, sondern veränderte Lern-, Entwicklungs- und Handlungsbasen schafft. Das Konzept der Pädagogischen Kunsttherapie nach H. G. Richter hat deshalb für unser Arbeitsvorhaben orientierende Funktion.

Im Unterschied zu diesem heben wir jedoch stärker auf die derzeitige gesellschaftliche Problemlage ab, deren therapeutisch relevante Auswirkungen seinerzeit noch nicht in dem Maße wie heute überblickt werden konnten. Wird sie in den Diskussionshorizont der Pädagogischen Kunsttherapie einbezogen, so ergeben sich mit Notwendigkeit therapeutisch-präventive Maßnahmen im Sinne einer Gegenwirkung gegenüber ihren depersonalisierenden Tendenzen.

Das eigene Arbeitsvorhaben soll von folgendem, zugleich als Annäherungsziel für konkrete ästhetisch-therapeutische Prozesse fungierendes Begriffsverständnis einer pädagogisch strukturierten Kunsttherapie geleitet werden. Sie fußt wie die ästhetische Erziehung auf den Einsichten in die ästhetische Potentialität, sie nimmt die „gleiche ‚Sache' Kunst (i.w.S.)"[7] in Anspruch, sie schöpft aus dem gleichen Fundus an „ästhetischen Motiven, Verfahren, Ausdrucksformen"[8]. Danach bestimmt sich Pädagogische Kunsttherapie näher als:

> Die Gesamtheit aller pädagogischer Initiativen, die im Dienst des Aufbaus bzw. der Ausweitung personaler Identität *ästhetische,* das heißt ‚ganzheitliche' *Kommunikationsfähigkeit* anzielen und über Ausdrucks-, Darstellungs- und Verstehensaktivitäten im Medium und aufgrund ästhetischer Produktions – und Rezeptionsprozesse wie mithilfe ästhetischer Mittel ganzheitliche *Selbstfindung* und *Selbstrehabilitation* progressiv freizusetzen suchen.

Dieser Bestimmung entsprechend richtet sich das Ausmaß der pädagogisch-therapeutischen Hilfestellung nach dem

Ausmaß an Kompetenz, ästhetische Mittel und Verfahrensweisen den eigenen Ausdrucks- und Darstellungsintentionen gemäß zu gebrauchen und in Gestaltungssprozessen umzusetzen. Hieraus folgt zugleich, daß auch ein instrumentelles Repertoire grundgelegt bzw. gefördert werden muß, mit dessen Hilfe handelnde und gestaltende Einflußnahme im ästhetischen Konstitutionsrahmen erprobt werden kann. Die Reichweite konkreter kunsttherapeutischer Ziele richtet sich nach der jeweils ermittelten senso-motorischen, kognitiven und sozio-emotionalen Voraussetzungslage einerseits und der ästhetischen Kommunikationsfähigkeit des/der Adressaten andererseits aus.

Von hier aus läßt sich dann auch Pädagogische Kunsttherapie im *engen* und *weiten* Sinne als Versuche der Herstellung, Wiederherstellung oder Weiterentwicklung einer ganzheitlichen personalen Lern- und Handlungsbasis unterscheiden.[9] Übergänge zwischen beiden Ausformungen sind fließend, Wechselwirkungen im konkreten Tun gegeben.

Insgesamt will Pädagogische Kunsttherapie kompetenzsteigernde und fähigkeitsfördernde Selbsttätigkeit im ästhetischen Medium vorsorgend entfalten, Problementwicklungen vorbeugen, Handlungs- und Verhaltensdefizite ausgleichen, gestörte und unentwickelte Kommunikationsfähigkeit mit sich und der Umwelt auf dem Weg ganzheitlicher Identitätsentwicklung korrigieren.

Letztlich soll betont werden, daß am Begriff ‚Kunsttherapie' als einem eingeführten Begriff ausschließlich aus pragmatischen Gründen festgehalten wird. Der Begriffsanteil ‚Kunst' wird hier in erster Linie im weiten Sinn verstanden, als ein bestimmtes Tun mit ästhetischen Mitteln. Gleichwohl kann der Begriffsanteil ‚Kunst' auch im engen Sinn als Hinweis auf einen bestimmten, kunstproduktiven Bezugsbereich fungieren.

In keinem Sinn aber hat er arbeitsnormierende oder zieleinschränkende Funktion für die angestrebten ästhetisch-therapeutischen Prozesse und dient erst recht nicht als Maßstab der Beurteilung für die erzeugten Produkte. Ihre generelle Zielausrichtung erfahren ästhetisch-therapeutische Prozesse wie gesagt aus ihren Bildungspotenzen, die ihnen kraft ihrer Besonderheit zukommen.

Der Begriff ‚Kunsttherapie' vermag also sowohl a) den medialen Bereich (bild-ästhetische, plastische, audio-visuelle Mittel und Verfahrensweisen) einzukreisen als auch b) auf ein mögliches Bezugsfeld ästhetisch-therapeutischer Prozesse (traditionelle/zeitgenössische Kunst) hinzuweisen. Allerdings interessiert vorfindbare Kunst hier vor allem

- als eine mögliche Ausformung ästhetischer Produktion
- als eigenständiger sozio-kultureller Phänomen- und Kommunikationsbereich
- als exemplarische Konkretisierung ästhetisch geleiteter und geleisteter Be- und Verarbeitung individueller und/oder allgemeiner Wirklichkeit
- als Reservoire möglicher Motive, Ausdrucks- und Verfahrensweisen, die in kunsttherapeutischen Prozessen handelnd erfahren werden können.

Unter diesen Hinsichten verweist Kunst auf spezifische Verhältnissetzungen (Selbstbezug) gegenüber Wirklichkeit und kann im Bezugsrahmen Pädagogischer Kunsttherapie als anschauliches Beispiel für eben diese selbst-rekurrierende Form der Wirklichkeitsauseinandersetzung fungieren.

Nebenbei bemerkt, stellt speziell die Moderne Kunst (vom ‚Ready-made' bis zur ‚Land-Art') einen fast unerschöpflichen Inspirations-Fundus für die Pädagogische Kunsttherapie dar, wodurch sie den anderen ‚Kunsttherapien' bereits an Einfallsreichtum überlegen ist. Gerade Kunsttherapeuten sollten sich hier auskennen, um die unterschiedlichen Erfahrungs- und Aktivierungsmöglichkeiten – wie sie sich etwa mit dem aktionistischen, zufalls- und einfallsgeleiteten Tun der ‚Informellen' im Kontrast zu streng formalisierenden, planvoll strukturierenden Vorgehensweisen der ‚Konstruktivisten' ergeben – kunsttherapeutisch gezielt fruchtbar zu machen.

Ausschlaggebender Gesichtspunkt und Voraussetzung dafür, daß Kunst selbst (i.e.S.) Bezugspunkt ästhetisch-therapeutischer Prozesse wird, ist aber immer ihre ästhetische Verfaßtheit[10], weil nur so ästhetische Wirkungen (ganzheitliche Reflexionsprozesse) und damit zugleich therapeutische Wirkungen erwartet werden können.

Das Ästhetische ist es also, was uns an der Kunst wie an den produktiven Arbeitsprozessen interessiert.

Vorweggenommen bezeichnet das Ästhetische:

> besonders geartete, nämlich ganzheitliche (form-, sinn- und materialsynthetisierende) Vollzüge des Subjekts mit Dominanz der Einbildungskraft (Phantasie/ Möglichkeitsdenken), die Gegenstände (Produkte/ Prozesse) von ebensolcher ganzheitlichen Struktur hervorzubringen und ganzheitliche Auseinandersetzungsprozesse hervorzurufen imstande sind.

Methodisch-didaktische Vorentscheidung einer Einbeziehung der Kunst (i.e.S.) im Rahmen der Kunsttherapie – und nicht nur hier sollte sie gelten – ist, daß sich künstlerische Realisate an den Erfahrens- und Verstehenshorizont der/des Adressaten anschließen lassen, besser noch, auf selbsttätig erfahrene Problemstellungen Bezug nehmen.

Die einleitenden Vorbemerkungen zusammenfassend geht es bei den im ästhetischen Bedingungsrahmen initiierten kunstherapeutischen Prozessen darum:

- Nicht irgendwelche, gegenstands- und methodenunspezifische Aktivitäten mit ästhetischen Mitteln durchzuführen, sondern in ihrer Ganzheitlichkeit eigen-artige Prozesse in Gang zu setzen, von denen bildende und rehabilitierende Wirkungen auf die je spezifische Voraussetzungslage der/des Adressaten erwartet werden können.
- Mit der Pädagogischen Kunsttherapie eine ganzheitliche und (selbst-)tätige Therapie zu installieren, die sie kraft ihres ästhetischen Gegenstands- und Handlungsbereiches auch sein kann.
- Nicht in erster Linie sich auf Kunst, sondern auf generellere Wahrnehmungs-, Realisations-, Kommunikations- und Interpretationsbereiche des Subjekts zu beziehen, die entsprechend die subjekt-zentrierte Vorgehensweise ästhetischer Kunsttherapie mitbedingt.

Ist der Horizont des Arbeitsvorhabens umrissen, so untergliedert es sich in folgende Arbeitsschritte:

Ausgegangen wird von der phänomenologischen Erhellung krisenhafter gesellschaftlicher Entwicklungen.[11] (TEIL I)

Hierbei werden Beobachtungen in Beziehung gesetzt, die auf therapeutisch relevante Auswirkungen in bezug auf die subjektive Befindlichkeit, Handlungsfähigkeit und Handlungsbereitschaft hinweisen.

Die Untersuchung krisenhafter gesellschaftlicher Rahmenbedingunen und deren personale Auswirkungen dient dabei weniger der Diagnose-Stellung, erst recht keinem krisen- oder verfallstheoretischen Lamento, sondern im Gegenteil

1. der nüchternen Einschätzung der Voraussetzungslage, von der heutige Bildung, Erziehung und Therapie ausgehen muß und
2. dem Versuch, von hier aus die Notwendigkeit therapeutisch-prophylaktischer Gegenwirkung zu begründen.

Erst vor diesem Hintergrund nämlich wird die Frage nach Maßnahmen und Aktivitäten überhaupt virulent, die geeignet erscheinen, die vermuteten identitätsgefährenden Einflüsse aufzufangen und einzudämmen. Gleichzeitig können Bezugsfelder ausgemacht werden, die als Erfahrungs- und Aktionsfelder in eine prophylaktische Therapie aufgenommen werden können.

Unter der Perspektive verantwortbarer gegenwirkender Prozesse und nach Maßgabe des für uns verbindlichen, auf ganzheitlichen Fähigkeitserwerb ausgehenden Bildungsauftrags rückt dann der ästhetische Gegenstands- und Handlungsbereich im Bezugsfeld Ästhetische Erziehung/Kommunikation in den Blick. (TEIL II)

Die grundlagentheoretisch vorgenommene Gegenstandsanalyse erfolgt sowohl aus theoretischem wie praktischem Interesse an wirkungs- und verantwortungsvoller Therapie im Medium und aufgrund ästhetischer Prozesse unter Bildungs- und Rehabilitationsabsicht. Sie dient dem doppelten Zweck:

a) die sachspezifischen Strukturen des Gegenstands- und Handlungsfeldes einer ästhetisch fundierten Kunsttherapie näher zu bestimmen,
b) die intentionalen Gegenstandsimplikationen, also die Zielmöglichkeiten, wie sie im ästhetischen Gegenstands- und Handlungsbereich selbst begründet liegen, für eine ästhetisch begründete Kunsttherapie kenntlich zu machen.

Die anschließenden Darstellungen konzentrieren sich auf die Didaktik ästhetisch-therapeutischer Prozesse. (TEIL III)

Aus dem Grundlagenteil hergeleitet sollen zunächst die allgemein-therapeutischen Wirkmöglichkeiten und die zielrealisierende Potenz ästhetisch-produktiver und -rezeptiver Prozesse für die Freisetzung, Erweiterung und Ausdifferenzierung ästhetischer Kommunikationsfähigkeit im Dienst des Aufbaus personaler Identität ausgelegt und präzisiert werden.

Aus der Einsicht in die spezifischen, ästhetischen Handlungs- und Wirkmöglichkeiten werden dann methodisch-didaktische Konsequenzen für Art, Inhalt und Struktur kunsttherapeutischer Prozesse gezogen und ein pädagogisches Handlungs- und Durchführungskonzept entwickelt.

In konkretisierender Absicht sollen schließlich praktische Anwendungsbeispiele die Leistungsfähigkeit pädagogisch initiierter ästhetisch-therapeutischer Prozesse im präventiven und rehabilitativen Bereich veranschaulichen und die wechselseitige Übertragbarkeit plausibel machen. Die Dokumentation wird kommentiert und didaktisch ausgewertet. Gleichzeitig soll sie exemplarische Anregungen für die kunsttherapeutische Praxis geben. (TEIL IV)

Ziel des Buchvorhabens ist es:

1. Eine Kunsttherapie vorzulegen, die diesen Namen wirklich verdient, da sie die ästhetischen Wirk- und Handlungsmöglichkeiten bewußt hält und damit pädagogisch gezielt therapeutisch i.e.S. restituierend wie therapeutisch i.w.S. prophylaktisch zu arbeiten imstande ist.
2. Die durch fehlende systematische Anbindung an den ästhetischen Gegenstands- und Handlungsbereich erklärbaren mannigfaltigen Fehlformen, Verkürzungen und Engführungen psychologisch/psychotherapeutisch/anthroposophisch begründeter ‚Kunsttherapien' zu vermeiden.
3. Eine Kunsttherapie zu entwickeln, die sich nicht mit kurzzeitig-kurzfristigen ‚Erfolgen' begnügt, sondern relevante Beziehungen zwischen adressaten-spezifischer Indikation einerseits und (konkretisierungs-offenen) ästhetischen Zielen/Inhalten/ Aktivitäten andererseits herstellt, dabei einen progressiv aufbauenden pädagogischen Prozess konzipiert, von dem sich begründetermaßen Veränderungen auf der personalen Lern- und Entwicklungsbasis erwarten lassen.

Anmerkungen

1 Richter, H.G.: Pädagogische Kunsttherapie. Düsseldorf 1984.
2 Das gilt für psychologische Ansätze, die glauben, ohne gegenstandsbezogene Begründungszusammenhänge auskommen zu können ebenso wie für psychoanalytische Ansätze, die aufgrund ihres verkürzten Symbolverständnisses kreative Produkte i.d.R. lediglich als Resultate verdrängter Triebkonflikte oder als sublimierte Abarten anderweitig verhindeter ‚realer' Bedürfnisbefriedigung auffassen können; das trifft auch für den anthroposophischen Ansatz zu, der merkwürdig mechanistische Vorstellungen von der bildenden Wirkung ästhetischen Tuns aufweist. Dies alles gilt mehr noch für die diversen vorwissenschaftlichen Varianten der Kunsttherapie.
3 Ästhetische Erziehung dient als Oberbegriff für alle didaktisch konkreteren und spezielleren Konzepte ästhetischer Erziehung, bei der die attributive Kennzeichnung im folgenden im Gegensatz zur erkenntnis- und kunstphilosophisch begründeten allgemeinen Ästhetischen Erziehung klein geschrieben wird. Vgl.: Richter, H.G.: a.a.O. S.13
4 Richter, H.G.: a.a.O. S.11
5 ders.: a.a.O. S.16
6 ders.: a.a.O. S.133
7 ders : a.a.O S.10
8 ders.: a.a.O. S.11
9 Diese Unterscheidung entspricht dem Therapieverständnis Bittner et.al.: Sie bestimmen Therapie i.e.S. als „Heilbehandlung zur Behebung psychischer Störungen, die Krankheiten im medizinischen Sinne sind, vor allem als tiefenpsychologisch fundierte und analytische Psychotherapie"(1), während Therapie i.w.S. vor allem rehabilitierende und prä-

ventive Funktionen bei der „Korrektur gestörter und unentwickelter Fähigkeiten“ (2) akzentuiert.
(1) Bittner, G./ Ertle, Ch./ Schmid, V.: Schule und Unterricht bei verhaltensgestörten Kindern. In: Deutscher Bildungsrat:
Gutachten und Studien der Bildungskommission. Stuttgart 1975, Bd.35, S.88. (2) Bittner, G. u.a.: a.a.O. S.173

10 Hiermit ist zugleich gesagt, daß Kunst – wenngleich wünschenswert – nicht notwendig ästhetisch strukturiert sein muß, um gesellschaftlich als Kunst zu gelten. Das, was gesellschaftlich als ‚Kunst‘ gilt, basiert weitgehend auf wertenden Gesichtspunkten und Vereinbarungen, variiert entsprechend inner- wie intergesellschaftlich und unterliegt zudem historischen Schwankungen, während das ‚Ästhetische‘ mit Verweis auf die Konstitutionsbedingungen – wenn auch nicht letztgültig – näher bestimmt, beschrieben und gekennzeichnet werden kann. Vgl. Richter-Reichenbach, K.S.: Bildungstheorie und Ästhetische Erziehung Heute. Darmstadt 1983, S.18f

11 Der psychologische Druck, unter dem die Darstellungen dieses Teils stehen, ist der, nur ja nicht wissenschafts- oder technikfeindlich oder kulturpessimistisch zu erscheinen (1) oder als desillusionierter Schwarzseher oder – im Kontrast dazu – beim Aufweis konstruktiver Möglichkeiten als Utopist oder Idealist angesehen zu werden. Andererseits erscheinen engagierte und positionsbeziehende Äußerungen unverzichtbar und als zeitangemessene Antwort auf blinde Zuversicht und Glauben in die wissenschaftlich-technische Allmacht. Insofern sind sie immer angreifbar. Entsprechenden Angriffen kann nur durch das Bemühen um nachvollziehbare Argumentation begegnet werden.
(1) Ähnlich geht es: Altner, G.: Die Überlebenskrise in der Gegenwart. Ansätze zum Dialog mit der Natur in Naturwissenschaft und Theologie. Darmstadt 1987, S.23

Teil I: Therapeutisch relevante Auswirkungen krisenhafter gesellschaftlicher Entwicklungsprozesse

1. *Analyse gesellschaftlicher Bedingungsfelder*

1.1. *Problematik der Wirkungsbeschreibung*

Krisenhafte gesellschaftliche Zustände und Entwicklungen wirken nicht nach einfachem Reiz-Reaktionsmuster auf den Zeitgeist, die individuelle Befindlichkeit und Handlungsbereitschaft ein. Dafür sind Wirkmechanismen viel zu komplex und von zu vielen Faktoren abhängig, als daß sich einlinear bestimmte subjektive Wirkungen aus gesellschaftlichen Krisenlagen folgern ließen[1].

Art und Ausmaß der Wirkungen, so auch ihre Erfassung und Einschätzung, hängen ab von der Art und Struktur des Krisenbereiches selbst, seine geschichtlich gewordenen zeit-räumlichen Rahmenbedingungen, schließlich von der Person und deren Fähigkeiten und Möglichkeiten, Krisen wahrzunehmen und zu verarbeiten. Diese allgemeine und prinzipielle methologische Schwierigkeit der Wirkungserfassung gilt erst recht für die heutige hochkomplexe, hochgradig existenzgefährdende gesellschaftlich-kulturell-ökologische Problemkonstellation, deren Ausmaß für den einzelnen kaum mehr zu überblicken, geschweige denn in ihren unanschaulichen Folgen in der Zukunft abzuschätzen ist.

Selbst ‚in die Zeit gestellt' untersteht selbstverständlich auch derjenige, der die zeitspezifische Krisensituation und deren personale Wirkungen erfassen will, unter den nämlichen Bedingungen wie alle anderen Zeitgenossen auch. Angewiesen auf problemerhellende Informationen sehen sie sich eingeschränkten Zugangsmöglichkeiten ausgesetzt und wenn sie ihnen – oft genug in Wissenschaftssprache referiert – zugänglich sind, dann der Tatsache widersprüchlicher Aussagen gegenüber, deren Interessengebundenheit ebensowenig gänzlich einzuschätzen ist, wie deren Exaktheit und Stichhaltigkeit vollends nachzuprüfen sind.

Eingedenk aber der Interessengebundenheit von Informationen und der Einsicht, daß es den Informanten, so auch in diesem Problembezug, mehr darum geht, den Informierten über angenehme, besänftigende, beschwichtigende oder auch vorenthaltende Informationen zu etwas oder gerade zu nichts zu veranlassen, als ihn zu informieren, sollte es „Grundprinzip jeder kritischen Einstellung (sein), daß man den unerwünschten Informationen mehr Vertrauen oder doch zumindest mehr Beachtung schenkt als den erwünschten."[2] Gerade diese Informationshaltung, die auch unangenehme Botschaften zuläßt, scheint jedoch mit dem ‚Konstanzprinzip' des Individuums, dem es stets um Beihalten bzw. „Wiederherstellen des psychischen Gleichgewichts"[3] geht, zu kollidieren.

Die vom Individuum gegenüber schmerzlichen, verunsichernden, unangenehmen Gefühlszuständen mobilisierten Abfuhr- und Abwehrvorgänge sind so zahlreich, daß das Alltagsbewußtsein relativ unbehelligt bleiben kann. Dies mag eine Erklärung für die Verhaltens-Unentschiedenheit bzw. Gleichgültigkeit gegenüber der gegenwärtigen Problemlage sein.

Überdies, selbst bei vorhandenem Zugang zu seriösen, faktenfeststellenden und faktenanalysierenden wie folgenauslegenden und folgenabschätzenden Informationen, hängt deren Wirkung und ihr Einfluß auf die Bereitschaft, Handlungskonsequenzen zu ziehen, von dem Wert ab, den der einzelne einem als gefährdet beschriebenen Lebensbereich zumißt, schließlich also davon, ob er sich von dessen Gefährdungen überhaupt tangiert oder selbst gefährdet fühlt.

Ist hiermit die methodologische Schwierigkeit der Erfassung der zeitspezifischen Problematik selbst und die ihrer Wirkungen deutlich benannt, so spricht all dies nicht gegen die Annahme therapeutisch relevanter Wirkungen dieser Krisenkonstellation auf den Zeitgeist, die individuelle Befindlichkeit und Handlungsbereitschaft, sondern allenfalls gegen eine exakte empirisch-statistische Erhebung und intersubjektive Überprüfbarkeit.

Und so finden wir uns, wenngleich nicht in der gleichen, aber mit Schiller vergleichbaren Situation, wie er ‚seine' Zeit[4] ‚unsere' gegenwärtige Wirklichkeit, wie sie uns ‚erscheint', zu beschreiben und auszulegen, um einen Standort zu gewinnen, der nicht nur, aber hier vor allem für pädagogisch-therapeutische Interventionen leitend sein soll.

Drei Vorbemerkungen sollen noch gemacht werden:

- Insofern mit Schulz ‚Wirklichkeit' dialektisch begriffen wird als ‚Geschehenszusammenhang', in dem subjektive Setzungen und objektive Gegebenheiten in einem gegenseitigen Bedingungs- und Bestimmungsverhältnis miteinander verflochten sind, das will sagen, daß „das Subjekt ebenso vom Objekt bestimmt (wird), wie es dieses bestimmt"[5], schließt dieses Verständnis die Wirkungsfrage (Wirkungen der Faktizität auf das Subjekt) ein.
  Im Gegenzug dazu eröffnet sich, wenn sich angesichts der Faktenlage ein Schwinden subjektiver Bestimmungs-/Einflußmöglichkeiten herausstellen sollte, der Blick für die Frage, welche Aktivitäten das Subjekt befähigen und instandsetzen könnten, erneut bestimmender in die ihn betreffende und ihm zunehmend entgleitende Lebenswirklichkeit einzugreifen.
- Insofern ferner das individuelle Subjekt als Ganzheit psychischer, psycho-sozialer und geistiger Dimensionen begriffen wird, die weder addierbar noch isolierbar sind, können theoretische Ansätze, die das Subjekt vornehmlich auf nur eine dieser Dimensionen (somatische, physische, soziale, noetische) reduzieren und deshalb seine Konflikte entweder nur aus eine dieser Dimensionen ableiten oder in nur eine dieser Dimensionen projizieren, nur sehr eingeschränkt herangezogen werden.
  Weil sie entsprechend nur zu eindimensionalen therapeutischen Handlungskonsequenzen kommen können, müssen derartige Therapien das Subjekt verfehlen.
- Im Bewußtsein der Bedingtheit der eigenen Aussagen und der zur Deutung und Einschätzung herangezogenen Begriffe haben schließlich die angestrebten phänomenologischen Befunde zwar heuristischen Wert für unseren Zusammenhang, sind aber immer auch als vorläufig anzusehen.
  Nichtsdestoweniger ist ein heuristischer Vorgriff unabdingbar, soll Therapie perspektiviert und mit Bezug auf Lebensrealitäten für die lebensweltliche Praxis Bedeutung gewinnen.

- Letztlich ergibt sich aus der Notwendigkeit, das Thema zusammenzuhalten, ein gewisser kursorischer und thetisch zusammenfassender Darstellungsstil. Aus dem selben Grund wird die Analyse auf diejenigen gesellschaftlich-kulturellen Bereiche beschränkt, die für das Arbeitsvorhaben bedeutsam erscheinen.
Die Auswahl der Problemfelder (‚Natur und Umwelt‘, Nukleare Technolgien‘, ‚Neue Medien und Zeichensysteme‘) ist dabei nicht zufällig, sondern erfolgt unter dem Eindruck, daß von diesen Bereichen derzeitig die gravierensten Einflüsse auf das Handeln, seine Bedingungen und Voraussetzungen ausgehen. Sie treiben massiv die gesamtgesellschaftliche Tendenz der Verschiebung vom Handeln zum Verhalten im Sinn der Unterscheidung Webers voran, daß sinn-unterlegtes subjektives Handeln zunehmend durch ein auf andere bezogenes und an ihnen orientiertes individuelles Verhalten ersetzt wird.[6]
Daß diese Entwicklung negative Konsequenzen für die Ausbildung und handelnde Entfaltung personaler Identität mit sich führt, muß angenommen werden.

1.2. Hypothese: Handlungs- und Sinnverlust durch Erfahrungsverlust

Gegenwärtige Wirklichkeit als dialektischer Geschehensprozess und -zusammenhang zeigt sich als krisenhaft verdichteter Geschehenszusammenhang, dessen Bestandteile – vielseitig abhängig und beeinflußend – sich je für sich krisenhaft ausbilden.

Der historische Rückblick dokumentiert die geschichtliche Gewordenheit gegenwärtiger Krisen[7] aufgrund von Entscheidungen und Weichenstellungen, die bis in die Frühzeit der Industrialisierung zurückgehen. Ihre gefährlichen Konsequenzen, potenziert durch Entscheidungsprozesse speziell der letzten Jahrzehnte, beginnen allmählich ins Bewußtsein zu dringen.

Sicherlich wäre es undialektisch verfahren, würden die respektablen Ergebnisse dieser Weichenstellungen vollends geleugnet. Sie haben ja nicht nur dem wissenschaftlich-technologischen und wirtschaftlichen Fortschritt gedient, sondern auch dem Menschen genutzt, ihn aus Naturabhängigkeiten befreit und auf Kultur hin freigesetzt, ihm zu Wohlstand und Wohlleben verholfen.

Inzwischen unbestreitbar ist aber auch, daß der dialektische Prozess von Mensch und Objektwelt und dessen vielfältige dialektische Korrelate sich zunehmend als zerstörerisch für beide erweist.

Kaum lassen sich die die ständigen Katastrophenmeldungen aus nahezu allen Lebensbereichen und Orten der Welt noch nachhalten, kaum mehr die diagnostizierten Meta- und Subkrisen (von der Evolutionskrise und Umweltkrise, über die Informationskrise, die Krise der Wissenschaften bis hin zur Krise der Ethik, der Politik, der Demokratie, des Wohlstands usf.) überblicken, kaum die eskalierenden Problementwicklungen verfolgen. Nachhaltig aber entsteht der Eindruck allgegenwärtiger Bedrohung und Existenzgefährdung von jedermann und allem Lebensweltlichen.

Als problemverschärfend erweist es sich, daß alles mit allem zusammenhängt, ineinander übergeht und verschmilzt[8], voranschreitet, eskaliert.

So kumulieren die einzelnen Krisen zu einer Krise des Subjekts in seiner schwindenden Möglichkeit, auf tatsächliche, vermeintliche oder vorgebliche Sachzwänge auf der einen Seite und der Krise einer allseits vernutzten und verbrauchten Natur auf der anderen Seite überhaupt noch bestimmenden Einfluß nehmen zu können.

Unsere in diesem Bezug formulierte Hypothese lautet:

Die aufgrund der aktiven Bestimmungsmöglichkeiten des Subjekts unterstellte Dialektik des Geschehensprozesses droht außer Kraft gesetzt zu werden, weil das Subjekt wie sein Aktionsfeld (soziokulturelle-ökologische Wirklichkeit) gleichermaßen gefährdet sind, Vermittlungsmöglichkeiten auf beiden Seiten damit zunehmend schwinden.
Insofern damit der Gesamtzusammenhang von Subjekt und Objekt betroffen scheint, ließe sich durchaus mit Eurich und Altner kurz von der ‚Überlebenskrise‘[9] unserer Gegenwart sprechen.
Der mit der gewordenen Faktizität verbundene Handlungsverlust bedeutet Erfahrungsverlust wie umgekehrt Erfahrungsverlust erneuten Handlungsverlust nach sich zieht. Damit aber korreliert zugleich Sinnverlust, was insgesamt zu individuell problematischen Folgeerscheinungen führt, die pädagogisch-therapeutisch nicht weiter ignoriert werden können.

Unter dieser Hypothese erscheint es, trotz aller Konvergenz der Problembereiche, gerechtfertigt, jene Problemfelder und -entwicklungen herauszugreifen, von denen spür- und registrierbare, damit beschreibare und auslegbare personale Bedrohungen, Verunsicherungen und Einschränkungen in die vermutete Richtung ausgehen, scheint es zudem gerechtfertigt, weniger die Errungenschaften des Geschichtsprozesses als vielmehr seine Nebenwirkungen zu problematisieren.

Anmerkungen

1 Als Beispiel und Indiz für die Schwierigkeit der Wirkungserfassung kann allein die Spannbreite divergierender Hypothesen zur Wirkung massenmedialer Gewaltdarstellung auf die Emotionalität, Kognition, Kommunikation und Handlungsdispositionen fungieren, die – jeweils empirisch-statistisch abgesichert – von der Auffassung kathartischer Wirkung bis zur Animation von Gewalttätigkeit reicht.
2 Sachsse, H.: Ökologische Philosophie. Natur-Technik-Gesellschaft. Darmstadt 1984, S.118
3 Jacobson, E.: Depression. Frankfurt a.M. 1983, S.54
4 Es empfiehlt sich, Schillers Zeitanalyse unter aktueller Hinsicht zu lesen, unvermutete Einsichten dürften sich einstellen.
Vgl.: Schiller, F.: Über die Ästhetische Erziehung des Menschen. Stuttgart 1977. Bes.: 5.u.6.Brief, S.15ff
5 vgl.: Schulz, W.: Philosophie in der veränderten Welt. Pfullingen 1972, S.841
6 vgl.: Die Definitionen zum Handeln und Verhalten bei Max Weber. Vorhandene oder fehlende subjektive Sinn-Unterlegung führen ihn zu der Unterscheidung von selbstgeleitetem Handeln und fremdgeleiteten Verhalten.
Weber,M.: Wirtschaft und Gesellschaft. Köln/Berlin 1964, S.1
7 Interessant in diesem Zusammenhang das verdienstvolle Buch von Brüggemeier und Rommelspacher (1), dessen Beiträge eben diese geschichtlichen Weichenstellungen in bezug auf die Nutzung von Wasser, Luft, Energie bis in die frühe Industrialisierung zurückverfolgen, gezielten Eingriffen in natürliche Kreisläufe nachgehen, historische Entschei-

dungsprozesse schildern und deren Konsequenzen bis heute aufweisen. Sie zeigen aber auch, daß es immer schon und stets sehr früh Widerstände, Bedenken, aber auch konstruktive Alternativen gab, die allerdings in aller Regel ignoriert wurden und im Streit mit ökonomischen Interessen unterlagen. Als Beispiel hierfür kann die Schwemmkanalisation Mitte des letzten Jahrhunderts dienen, die zwar lokal hygienischere Verhältnisse schaffte und industrielle Abfälle ‚entsorgte', aber mit dem Preis der zunehmenden Flußverunreinigung und -vergiftung. Hier unterlag – und unterliegt bis heute – das Konzept der Abfallverwertung und -verhütung dem Konzept der Abfallbeseitigung durch Verdünnung.(2)
(1) Vgl.: Brüggemeier, F.J./Rommelspacher, Th. (Hg): Besiegte Natur. Geschichte der Umwelt im 19.und 20.Jahrhundert. München 1987. Auch: Eurich,Cl.: Die Megamaschine. Darmstadt 1988, S.115ff
(2) Vgl.: Rommelspacher, Th.: Das natürliche Recht auf Wasserverschmutzung. In: Brüggemeier,F.J./Rommelspacher, Th. (Hg): a.a.O. S.42-61

8 So nähern sich Gen-Technologie, Molikular-Biologie, Biochemie und Computer-Technologie nach dem Befund von Eurich immer mehr mit dem Ziel „molekular basierter Computersysteme" (1) einander an; sind Atomkraftwerke und atomare Waffensysteme ohne informationstechnische Infrastruktur nicht mehr denkbar. Einer möglichen Gefährdung der Waffentechnologien durch Computer- oder Netzsabotage muß wiederum mithilfe umfassender technischer Kontrollsysteme, Sicherheitsgesetzgebungen und Geheimhaltungsvorschriften – oft genug zu Lasten von Bürgerrechten, Partizipations- und Aufklärungsansprüchen – begegnet werden.
Diese Abhängigkeiten und weniger die Krisenanhäufungen sind es, die nach Bühl die eigentliche Krise ausmachen; sie liegt dann vor, wenn wie heute mehrere Systeme oder Subsysteme in unserer gemeinsamen Umwelt derartig miteinander verflochten sind, daß sie ihre Existenz nur noch kollektiv sichern können und einzelne Systeme nicht mehr isolierbar sind, so daß alle formal-rechtlichen wie informellen Regulationsmechanismen gegenüber diesen systemkomplexen Interdependenzen versagen müssen.(2)
(1) Eurich, CL.: a.a.O. S.13
(2) Vgl.: Bühl, W.L.: Krisentheorien. Darmstadt 19882, S.86

9 vgl.: Dieser Terminus bei: Eurich,Cl.: a.a.O. S.14 und Buchtitel und Inhalt bei: Altner, G.: a.a.O.

2. *Natur- und Umweltzerstörung*

2.1. *Ist-Zustand*

Ende der siebziger Jahre noch war das Verhältnis von Mensch und Natur[1] kein Thema. Ein Seminar der Autorin in dieser Zeit zum Thema fand bei den Studenten mehr ein erstauntes und neugieriges Interesse, als daß es als aktuelles Thema eingestuft wurde. Die Forderung nach einem qualitativ anderen Verhältnis weg von ausschließlichen Nutzperspektiven hin zu einem vermehrt naturschonenden und -respektierenden Umgang über den Weg einstellungsbildender ästhetischer Erfahrungsprozesse in und mit der Natur galt eher als antiquierte oder zumindest idealistisch-utopische Perspektive.

Heute ist dem Thema von vorneherein Interesse gewiß. Wenngleich es oft schnell erlahmt, wenn angesichts der Problemabhängigkeiten sich einfache Antithesenbildungen von Natur und Technik als unangemessen erweisen[2] und sich damit unterschwellige Hoffnungen auf schnelle, radikale Lösungen als unangebracht verflüchtigen. Von Einzelfällen wie überstürzenden Umweltkatastrophen-Meldungen absehend läßt sich das Verhältnis von Mensch und Natur nur als *krisenhaft* beschreiben.

Die ursprüngliche Einheit des in seiner bio-physischen Existenz selbst natur-bestimmten Menschen mit seiner ihn umgebenden äußeren Natur hat im Zuge eines von Naturzwängen zunächst freisetzenden Bemächtigungsverhältnis des Menschen gegenüber Natur zu einem Entqualifizierungsprozess der Natur ohnegleichen und von globalem Ausmaß geführt.
Tote Gewässer und verschmutzte Meere, sterbende, verbrannte oder abgeholzte Wälder, versiegelte, verkarstete und vergiftete Böden, verseuchte Luft, massenhaftes Artensterben, abnehmende Rohstoff- und Energiereserven, Veränderung sich selbst-regulierender Naturkreisläufe, Zerstörung schützender Atmosphäre usf.[3] belegen stichwortartig den Raubbau an der Natur, verweisen auf schleichende Veränderungen und zunehmend irreversible Schadensentwicklungen, die zur ‚ökologischen Krise'[4] kumulieren.

In dem Maße wie ‚Natur' immer mehr den Besitz, das analytische Objekt und den Rohstoff bezeichnete und dabei zur ‚natura naturata' umgeschaffen wurde, in dem Maße ging das Bewußtsein von der ‚natur naturans', also von der selbst-hervorbringenden, selbsttätig-schöpferischen Natur verloren. Der aufgrund der ebenfalls gegebenen Ideen-Bestimmtheit des Menschen vorangetriebene Emanzipationsprozess von der Natur hat aber nicht nur von der Natur entfremdet und ist nicht nur zu Lasten der Natur gegangen, sondern ebenso zu Lasten des Menschen; hierbei nicht nur hinsichtlich seiner als bedroht erscheinenden biophysischen Existenzgrundlagen, sondern umfassender hinsichtlich seiner Erlebens-, Erfahrens- und Entfaltungsmöglichkeiten wie seines Aktions-Spielraums.

Schiller beschreibt den Entfremdungsprozess von Natur als Auseinanderentwicklung und ‚Vereinseitigung menschlicher Kräfte' wie als Dichotomisierung von gefühlsneutral-intellektuellen Tendenzen einerseits und triebhaften psychophysischen Energien andererseits, deren rigoristische Funktionsweisen gleichermaßen ‚konkretes Leben vertilgen'.[5]

Zeitgemäß ausgelegt hat diese Vereinseitigung unverbundener und unvermittelter menschlicher Potenzen zum machtvollen Erstarken von Forschung und Wissenschaft einerseits geführt, für deren technische Auswertung unter dominant profit- und machtmaximierenden Interessen seitens Wissenschaft und Politik andererseits eine „öffentliche Rechtfertigung weder verlangt noch gestattet wurde"[6]. Ohnehin wurde sie auch von der Bevölkerung als bedeutungslos abgewehrt, weil der allgemeine Fortschritt privaten Genuß- und Wohllebensansprüchen entgegenkam und negative Folgen kaum sichtbar wurden.

Angesichts der selbst heraufbeschworenen „Existenzkrise"[7] aber scheint nunmehr das gegenseitig stützende, verstärkende und problem-verschärfende System wertneutral vorangetriebener Forschung, anwendungsbezogener Technik, gewinn-orientierter Wirtschaft, macht-erhaltender Politik und individueller Wohlstandsperspektive zunehmend gestört. Wie Schiller bereits feststellt, mag die Entgegensetzung und Vereinseitigung menschlicher Kräfte zwar dem Ganzen der Kulturentwicklung gedient haben und der Zuwachs an Freiheit und Unabhängigkeit im geschichtlichen Selbstverwirklichungsprozess gegenüber der äußeren Natur sogar als Freiheitsbedingung erscheinen. Nach Maßgabe der ruinösen Folgen und prognostizierten Zukunftsaussichten aufgrund dieser vereinseitigenden Kräftebildung ist aber, wiederum mit Schiller, „nicht zu leugnen, daß die Individuen, welche sie trifft, unter diesem Fluch des Weltzweckes leiden"[8]; mehr oder weniger, je nach dem Ausmaß der Leidensfähigkeit, der Ausdifferenzierung von Wahrnehmungsfähigkeiten, der Problemsensibilität und des Verantwortungsbewußtseins bzw. umgekehrt je nach der Fähigkeit, innere Abwehrmechanismen zu mobilisieren und die Problematik zu verdrängen.

Als Indiz dafür, daß dies zweifellos immer noch gelingt, fungieren für uns die Beobachtungen,

- daß sich Hauptverursacher der ‚ökologischen' Krise kaum je zu Handlungskonsequenzen genötigt sehen und wenn, dann nur unter ‚Entschädigungszahlungen'.[9]
- daß die Problematik in kommunaler ‚Vor-Ort'-Politik nur am Rande vorkommt und im nationalen Politikgeschehen nur eine untergeordnete Rolle spielt.
- daß bis auf spektakuläre Umweltereignisse Naturzerstörung in Alltagsgesprächen ausgespart bleibt und ebenso aus schulischen wie universitären Bildungsprozessen weitgehend herausgehalten wird.

Anders aber als 1985, als H.v.Ditfurth noch schrieb, daß das „Eigentümlichste an der Situation" sei, „daß fast niemand die Gefahr wahrnehmen" wolle, obwohl angesichts der überall „erkennbaren Symptome der beginnenden Katastrophe ... die Chancen unseres Geschlechts, die nächsten beiden Generationen heil zu überstehen, verzweifelt klein"[10] seien, hat sich die Krisenwahrnehmung verschärft.

Werden Umweltprobleme thematisiert, dann werden leidende Gefühlszustände auf der Bandbreite resignativer Stimmungen, Schuld- und Schamgefühle, Sorge bis hin zu Verzweiflung und Wut erkennbar, die allesamt das Handeln lähmend oder mobilisierend beeinflußen:

- Verlustempfindungen werden von Menschen geäußert, die Natur noch als intakt erfahren und als bereichernd erlebt haben.
- Schuldgefühle äußern Eltern, die ihre Kinder um ihre natürlichen Lebensbedingungen gebracht und dabei ihre eigene Mitbeteiligung sehen, weil der Konflikt zwischen Wohllebensinteressen und zukunftsvorsorgendem Umweltverhalten oft genug zugunsten von Konsuminteressen entschieden wird.
- Wut und Enttäuschung werden ausgedrückt über die augenscheinlich geringe Durchsetzungskraft politisch Verantwortlicher, lebenspraktische Interessen gegenüber lebensfeindlichen ökonomischen Praktiken und Entwicklungen zu verteidigen.
- Unbehagen zeigt sich bei Erziehungsbeauftragten, die um die Wahrnehmungsabhängigkeit und Erfahrungsbedingtheit von differenziertem Wissen, Erkennen und Urteilen wissen und in einer ausgeräumten Natur und verzweckten Umwelt hierzu zunehmend weniger Gelegenheit sehen.

Eine qualitativ immer reizärmere und dürftigere Umgebung, eine dominant technisch-funktionale und monotone Ausformung der Umwelt stimulieren immer weniger Auge noch Geist zu selbsttätigen, erfahrungs- und urteilsbildenden Aktivitäten.

Werden zugleich Gestaltungsmöglichkeiten entzogen und daraus folgend auch Möglichkeiten, Gestaltungsfähigkeiten einzuüben, dann steht grundsätzlich auch die identitätsbildende Funktion der Auseinandersetzung von Mensch und Natur (Objektwelt) in Frage. Überdies ist kaum anzunehmen, daß die unter solchen Bedingungen heranwachsende Generation in Zukunft etwas, was sie nicht selbst erfahren hat, vermissen, geschweige denn vor weiteren Zugriffen verteidigen wird.

Der Konflikt, auch das belegt die Beobachtung, verschärft sich noch bei denjenigen, die aufgrund eines geschärften Krisenbewußtseins zwar handlungsbereit sind, die sich aber für ihr Handeln entweder nicht ausreichend gerüstet fühlen und/oder nur geringe Ansatzstellen im öffentlichen Raum sehen, hier im Gegenteil eher auf aktivitätsbehindernde und -verhindernde Bedingungen stoßen, die engagiertes Tun erheblich erschweren, statt auf Unterstützung treffen.[11]

Die Erfahrung eingeschränkter Möglichkeiten, selbst wirksam und bestimmend in die krisenhaft zugespitzte ökologische Lage einzugreifen und die schwindende Hoffnung, die Krisenkomplexität überhaupt noch beherrschen zu können, potenzieren also Verzweiflungs- und Ohnmachtsgefühle vielfach so, daß aus dieser Perspektive jede politisch oder privat initiierte, problem-eindämmende Maßnahme als purer Aktionismus oder als unverhältnismäßiges Krisenmanagement erscheint.

Von hier aus begründen sich der resignativ artikulierende Zeitgeist, Fatalismus wie diverse Fluchtversuche aus bedrückend scheinenden Realitäts- und Zukunftsaussichten.

Die faktische Einschränkung und empfundene Beeinträchtigung subjektiver Bestimmungs- und Bedingungsmöglichkeiten sind es, so die These, die die Daseinsproblematik in unserer Zeit ausmachen und an der Menschen quer durch alle Altersschichten leiden.

Schon Kinder äußern Enttäuschung und Hoffnungslosigkeit, wenn man sie nach ihren Lebens-Erwartungen fragt und zeigen, daß sie die Welt, die sie als Erwachsene vorzufinden erwarten, nicht wollen.[12] Auch das schmälert die Handlungsbereitschaft.

Das ist die subjektive und objektive Voraussetzungslage, mit der wir es heute zu tun haben. Daß ihr mit ästhetisch-therapeutischen Maßnahmen nicht beizukommen ist, sondern nur unter Mobilisierung aller gesellschaftlichen Kräfte im internationalen Bezug, liegt auf der Hand.

Gleichwohl kommt ästhetischen Prozessen aufgrund ihrer selbst-aktivierenden Wirkungen bei der Herstellung und Rückgewinnung subjektiver Handlungsbasis vorzügliche Bedeutung zu. Obzwar nicht nur auf Natur beziehbar, insofern ästhetische Prozesse genereller für bestimmte Verarbeitungs- und Aneignungsmodi von Wirklichkeit stehen, können in diesem Bezug bereits grundlegende Aussagen gemacht werden, die anders beziehbaren ästhetischen Prozessen unterlegbar sind.

Sie sollen schrittweise entwickelt, im Arbeitsgesamt weiter abgestützt und konkretisiert werden.

2.2. *Ökologische Naturauffassung*

Auswege aus den ungeplanten sozio-kulturellen Folgen des technisch-wissenschaftlichen Fortschritts für Mensch und Natur sind gedacht und formuliert. Sie orientieren sich am Prinzip der ökologischen Tragfähigkeit, das heißt an der Fähigkeit natürlicher Kreisläufe, menschliche Eingriffe zu kompensieren wie zu regenerieren und gehen auf die Erhaltung des Varietäten-Reichtums und ihrer Interdependenzen bei einem geringen Energieverbrauch aus.

Da die Problemlösungen nicht allein von Technik und Wissenschaft zu erwarten sind, wäre im Hinblick auf ihre Realisierung mit Habermas eine politisch wirksame Diskussion einzuleiten, „die das gesamte Potential an technischem Wissen und Können" zugunsten humaner Lebensinteressen mit „unserem praktischen Wissen und Wollen rational verbindlich in Beziehung setzt."[13] Auf der Grundlage dieses gesamtgesellschaftlich und politisch abgestützten Gemeinwohl-Interesses und hieran gemessen könnten ungerechtfertigte Leitansprüche einzelner gesellschaftlicher Instanzen zu Lasten natürlicher Existenz-Grundlagen zurückgewiesen werden. Nämliches ist für den Umgang mit anderen Gegenwartskrisen zu fordern.

Mit Bezug auf den durch Dialog und demokratischer Willensbekundung gefestigten Grundkonsens muß Politik unter dem Nahziel, natürliche Lebensgrundlagen zu erhalten, Machbares hier und jetzt angehen und auch gegen anders gerichtete Interessen durchsetzen. Ansätze hierzu, selbst wenn ihre Reichweite unbefriedigend erscheint, sind nicht als unzulängliches Krisenmanagement abzuwerten. Dies schon deshalb nicht, weil sichtbare Anfänge aus resignativen, letztlich problemverschärfenden, weil motivationslähmenden und aktivitätshemmenden Haltungen herauszuführen vermögen und Handlungsbereitschaft wiedergewinnen lassen.

Zudem sind auch weiterführende, politikergänzende (Bildungs-) Maßnahmen, die individuelle Gefühls- und Verhaltensreaktionen auf die Zeitsituation *nicht* in bloß psychophysische Dimensionen projizieren, sondern als Indikator für eine die gesamte Sphäre des Subjekts in Beziehung zu seinem Handlungsfeld (Objektwelt) betreffende Krise begreifen und hier ganzheitlich anzusetzen suchen, auf die durch aktive Umweltpolitik begünstigte Erweiterung des Aktionsfeldes angewiesen.

Dennoch erscheinen politische Handlungen, wenn sie nur auf ökologischen Gesichtspunkten fundiert sind, als nicht hinreichend.

Ökologische Naturauffassung impliziert den Menschen als Teil der Natur.[14]

Ökologisches Bewußtsein macht deutlich, daß wir als bio-physische Wesen auf natürliche Lebensgrundlagen angewiesen sind. In seiner Anwendungskonsequenz läuft es Gefahr, nur das von der Natur und der Artenvielfalt zu erhalten, was zur Erhaltung der bio-physischen Existenz notwendig erscheint. Daß dies weiter zu Lasten der Mannigfaltigkeit von Natur und der Artenvielfalt geht, kann allein am Beispiel des Aussterbens wildlebender Tier- und Pflanzenarten zugunsten einiger weniger Nutztiere und -pflanzen belegt werden.[15]

Anders gesagt, begünstigen ökologische Perspektiven bestenfalls ein natur-schonendes und ressourcen-streckendes Verhalten gegenüber Natur, nicht aber ein qualitativ verändertes Verhalten ihr gegenüber. Ökologisches Bewußtsein bedeutet zwar einen Fortschritt, wird aber immer noch geleitet von pragmatischen Eigennutz-Gesichtspunkten.

Langfristig zu realisierendes Annäherungsziel hingegen muß ein dem Subjekt angemessenes kulturelles Verhältnis zur Natur sein. Ein kulturelles Verhältnis zur Natur fordert und ermöglicht ökologisch angepaßte Technologien, veränderte Handlungsziele, Instrumente und Institutionen.[16]

Es erscheint einzig realisierbar über ganzheitlich orientierte -ästhetische – Erfahrungsmethoden wie im folgenden Kapitel plausibel gemacht werden soll.

2.3. *Ästhetischer Naturzugang*

Gegenüber einer einer bloß ökologischen Naturauffassung ist dem Ideal eines kulturellen Verhältnisses zur Natur ein Subjektbegriff unterlegt, der von der natur- und ideenbestimmten (geistigen) Natur des Menschen, anders gesagt von seiner dialektisch vermittelten *Doppelnatur*[17] ausgeht. Selbst wenn diese empirisch vielfach nur partikulär gelebt oder einseitig wie interessengebunden realisiert wird, so rückt hiermit die prinzipielle menschliche Differenz, das Nicht-Identische zur Natur, die geistige Dimension in den Blick: Freiheit, Wille, Moral, Reflexion, Einbildungskraft.

Der Realisierung von Vernunft- und Verstandesideen in Verbindung mit Ideen der Einbildungskraft im Empirischen ist die psycho-physisch faktische Natur des Menschen (Körper/Sinnlichkeit/Erlebnisfähigkeit) wie die äußere Natur (Objektwelt als je konkret-geschichtliches Bezugs- und Aktionsfeld) zwar vorausgesetzt. Ideen werden jedoch weder durch die gegebene Faktizität verursacht noch vollends durch sie determiniert. Subjektive Ideen sind also nicht natur-bedingt.

Die durch die Gesamtsubjektivität über Handeln bewirkten Veränderungen im Gegebenen affizieren das konkrete Subjekt über seine Sinneswahrnehmungen, stimulieren Reflexion, Verstandestätigkeit und Ideenbildung. Sie lösen ihrerseits wiederum Handlungsprozesse in bezug auf die gewordene Faktizität aus.

Beide, Subjekt und Objekt, vermitteln und verändern sich dabei in dialektisch drei-sinniger Weise, werden *negiert, bewahrt, erhoben* in unendlichen Prozessen und bewirken so individuelle und kollektive Geschichte. Voraussetzung der Veränderung des je einen ist das je andere.

Zum Nachteil für die Natur – und für den Menschen – erweist sich vom geschichtlichen Prozess-Ergebnis her, daß Natur bis heute kaum je ästhetisch, d.h. ganzheitlich, also gerade nicht unter ein-dimensionalen, zwecksetzenden und zweckverfolgenden Gesichtspunkten wahrgenommen, sondern statt dessen zum bloßen Objekt mannigfaltiger wissenschaftlicher, technischer, wirtschaftlicher, touristischer usf. Nutz-Interessen verdinglicht wurde.

Daß in solchen zweckorientierten Bezugsverhältnissen Natur weder als selbst wirkend (‚natura naturans‘) noch als ganzheitliches Erleben auslösend erfahren wird, ist einleuchtend. Daß entsprechend die erfahrene einheitsstiftende Wirkung von Natur auf das Individuum als wichtiges individuelles Motiv für ihre Erhaltung entfällt, dürfte ebenfalls einsichtig sein. Derartige Wirkungen von Natur müssen – und können auch noch, wie Projekt-Erfahrungen im Bezugsfeld zeigen – in ästhetischen Prozessen in und mit der Natur erfahren und bewußt werden.

Auf diesen Voraussetzungen gründet die These von der Notwendigkeit ganzheitlicher Verhältnissetzungen gegenüber Natur als notwendige Erfahrungsggrundlage für Zielsetzungen, die die Natur selbst wie diese in ihrer Bedeutung für ganzheitliche Selbsterfahrungen erhalten und hierüber ein qualitativ anderes, nämlich kulturelles Verhältnis ihr gegenüber anstreben.[18]

Unter der Perspektive menschlicher Doppelnatur ist verbliebene Natur – selbst in ihrer technisch-vermittelten Ausformung noch – subjekt-notwendig:

- als natürliche Reproduktionsbasis
- als konkret-geschichtliches Aktionsfeld, das sich dem Individuum über seine Sinneswahrnehmungen erschließt und seine geistige wie handelnde Aktivität animiert
- als Bezugsfeld individueller Handlungsprozesse, durch die sich das Individuum seiner selbst und seiner Handlungsfähigkeiten zu vergewissern und Selbst-Bewußtsein auszubilden vermag.

Damit Natur als Aktions- und Selbstverwirklichungsfeld verbleibt, muß sie in vielgestaltiger Form erhalten bleiben, denn nur so vermag sie den Menschen vieldimensional – sinnlich, seelisch, geistig – zu aktivieren.

Erscheint auch diese Perspektive als ‚anthropozentrisch‘, so unterscheidet sie sich doch erheblich von der pragmatischen Eigennutz-Perspektive gegenüber Natur, weil sie, vom Bewußtsein gegenseitiger Erhaltung geleitet, die Mannigfaltigkeit der Natur aufrechtzuerhalten und – rechtlich abgestützt[19] – zu sichern sucht. Anderes läßt sich ohnehin nur schwer denken:

Weder die These einer Welt ohne Menschen als Voraussetzung von Naturerhaltung[20] noch eine rigoristische Ausrichtung an intakten ökologischen Kreisläufen, an deren Maßstab jeder Park als Un-Natur erscheint[21], noch auch andere Varianten, die entweder die eine oder die andere Seite menschlicher Dialektik verabsolutieren, können kaum ernsthaft diskutiert werden. Mit Busek soll demgegenüber bewußt gehalten und postuliert werden: „... denken können nur Menschen und ich finde, die Menschen sollten nicht über ihre eigene Abschaffung zugunsten der Natur denken, sondern wie sie mit Natur, aufgrund der Natur und für die Natur überleben können.“[22]

Hier wird, vernunft-notwendig, Verantwortung und Anwaltschaft des Menschen gegenüber Natur angesprochen[23], die einem kulturellen Verhältnis von Mensch und Natur entsprechen und einzig geeignet erscheinen, egoistische und destruktive Handlungen wie deren kumulierende Folgen zu begegnen.

Wie jedoch immer, als Verzichts-, Präventiv- oder Begrenzungs-Ethik, ethische Haltungen wie verantwortliches Handeln verstehen sich nicht von selbst und lassen sich schwerlich erwarten, wenn nicht selbstverständlich gewordene Konsumbedürfnisse/Lebensstandards und die hieraus resultierenden Widerstände hinterfragt und mit dem Ziel aufgeklärt werden, Voraussetzungen für ein anderes Verhältnis zu sich selbst und der Natur zu schaffen.

Erfahrungstatsache und pädagogisch geläufige Erkenntnis ist indes auch, daß Einsicht (in notwendigen Konsumverzicht) nicht notwendig zum verantwortungsbewußten Handeln (gegenüber Natur) führt, wenn Einsicht nicht emotional und sinnlich verankert ist.

All dies führt zu folgenden Konsequenzen:

1. Verantwortungsbewußtsein gegenüber Natur muß ‚gelernt‘ werden.[24]
2. Das zu lernende Verantwortungsbewußtsein muß in ganzheitlichen Erfahrungsprozessen grundgelegt und verinnerlicht werden.

3. Ganzheitliche Erfahrungsprozesse sind in und mit Bezug auf Natur anzustreben, um über die unmittelbare Erfahrung wechselwirkender Einflüße wie unter Bewußtwerdung der Natur als Ganzes ein auf Naturerhaltung gerichtetes Verantwortungsverhalten zu entwickeln.
4. Die intendierte naturbezogene Einstellungsbildung ist auf längerfristigere pädagogische Prozesse angewiesen, die, sollen sie zielgerecht wirksam werden, selbst subjektorientiert und erfahrungsbezogen strukturiert sein müssen.
5. Die angestrebten ganzheitlichen Bildungsprozessese charakterisieren sich näher als *produktions-* und *rezeptionsästhetische Prozesse*.

Insofern ästhetische Prozesse das Individuum selbst vielbezüglich stimulieren, vermögen sie zugleich denjenigen pädagogischen Zielsetzungen zu dienen, die ganzheitliche Identitätsbildung anstreben und personale Fehlentwicklungen auszugleichen und zu korrigieren suchen.

Gerade vor dem Hintergrund der ökologischen Krise mit ihren erlebnis-, erfahrungs- und handlungsmindernden Folgen und Auswirkungen auf die subjektive Befindlichkeit erhält die These Schillers, daß es ‚das Ästhetische sei, durch das der Weg zu einem selbst- und fremdverantwortlichen Freiheitsgebrauch führe‘[25] einen aktuellen Sinn und eine orientierende Funktion für Bildungsprozesse.

Brodsky greift diesen Gedanken auf, wenn er vom ‚Ästhetischen als Mutter des Ethischen‘[26] spricht und festhält: „In anthropologischer Hinsicht, darauf möchte ich insistieren, ist der Mensch ein ästhetisches Wesen noch bevor er zum ethischen wird.“[27]

Wir interpretieren in bezug auf Natur:

- Ästhetische Prozesse begünstigen ganzheitliche Erfahrungsprozesse mit sich und der Natur und schaffen so die Voraussetzung für einen sinnlich-emotional verankerten, verantwortlichen Naturumgang.

Was bedeutet ästhetische Naturerfahrung und welcher Stellenwert kommt ästhetisch-therapeutischen Prozessen im Bezugsfeld naturbezogener Identitätsbildung und gesellschaftlicher Umorientierung zu?

Ästhetische Prozesse meinen hier mehr als die Sensibilisierung der Sinneswahrnehmung gegenüber Natur[28], wie sie im Rahmen von natur-kundlichen Spaziergängen oder natur-erkundenen Exkursionen im Biologie-Unterricht ‚vor Ort‘ intendiert und bereits gelegentlich unter dem Stichwort ‚Ökologisches Lernen‘ praktiziert wird.[29]

Zwar ist differenzierter Naturwahrnehmung, dem Erkennen objektiver Naturfakten und auch der Kritik naturbezogener Mißstände und Fehlverhalten die Sensibilisierung der Wahrnehmungsfähigkeit vorausgesetzt. Insofern Erleben an sinnliches Wahrnehmen geknüpft ist, wird auch Naturerleben durch sensibilisierte Wahrnehmung begünstigt. Daraus folgt, daß auch uns die Sensibilisierung des Wahrnehmungs-Instrumentariums unabdingbar ist.

Sensible Wahrnehmungen vermögen aber

- weder die Natur anders zu sehen als sie ist, als Voraussetzung ihrer konkreten Veränderung,
- weder Ideen noch Vorstellungen einer anderen, möglichen Gestalt hervorzubringen,
- noch eigenständige Gestaltungserfahrungen auf der Grundlage ästhetischer Ideen der Vorstellungs- und Einbildungskraft zu vermitteln,
- noch letztlich auch die Idee eines kulturellen, auf Wechselwirkung und wechselseitiger Erhaltung basierenden Verhältnisses *in die Erfahrung* zu bringen und sie *durch Erfahrung* zu verankern.

Voraussetzung hierfür ist ein ästhetisches Bezugsverhältnis zur Natur, das die ganze Person einschließlich ihrer Einbildungs- und Vorstellungskraft aktiviert, kurz Ästhetische Reflexion auslöst. Erst in einem ästhetischen Bezug, in dem das Individuum die Natur reflexiv auf sich, und zwar auf seine ganze Sphäre (psycho-physische wie reflexiv-geistige Dimensionen) bezieht, vermag Natur als *Lebens-Ganzheit* zusammenwirkender, bewegender und belebender Kräfte, in die wir selbst einbezogen sind, auf uns zu wirken und umgekehrt im Rückbezug ‚von uns‘ als werthaltige und ‚für uns‘ bedeutsame Ganzheit bewußt werden.[30]

Indiz und Ausdruck für derartige Wechselwirkungen und für den synthetisierden Akt im ästhetischen Erleben ist, daß wir in der konkreten Naturbegegnung von der umgebenden Natur nicht als Weide- oder Ackerfläche, Holz-Ressource, Fischgrund sprechen, nicht biologische Fakten aufzählen und Organismen beschreiben, sondern alle Teilphänomene zusammenfassend von ‚Landschaft‘ sprechen, sie als ‚schön‘ bewerten und ihre Wirkung auf uns als ausgleichend, bereichernd, befreiend, ausfüllend, entspannend und belebend zugleich beschreiben.

Kennzeichnend auch, daß Jugendliche und Erwachsene oftmals ganz erstaunt äußern, hier ähnliche ‚Selbsterfahrungen‘ wie bei bestimmter Musik oder Kunstobjekten zu machen oder daß sie umgekehrt bestimmten ästhetischen Produkten ähnliche Erlebniswirkungen wie der Natur zuschreiben.

Genau dieses Phänomen nämlicher ästhetischer Wirkungen von Kunst und Natur, bei aller unterschiedlichen Bedingtheit, hat die Philosophische Ästhetik seit Kant interessiert und begrifflich im ‚Kunstschönen‘ und ‚Naturschönen‘ zu fassen versucht.

Philosophische Ästhetik in der Nachfolge Kants legt nahe, daß es weniger die äußeren Gegebenheiten von Natur (Außengestalt) sind – wenngleich wahrnehmungsmäßig an sie gebunden –, die das ‚Natur-Schöne‘ ausmachen und Natur als ‚schön‘ auffassen läßt, sondern die *unmittelbare Erfahrung einer empfundenen Einheit mit der Natur*.[31] Das erlebte Zusammen- und Übereinstimmen der ganzen Person in ihren natur- und ideenbestimmten Dimensionen mit der äußeren Natur ist folglich das, was als ‚schön‘ empfunden wird und was den Bedeutungsgehalt des ‚Naturschönen‘ ausmacht.[32]

Ästhetisches Natur-Erleben impliziert demnach Natur- und Selbstbegegnung gleichermaßen.

Im begegnenden, wechselwirkenden Vollzug, in dem die Natur nicht mehr als bloßes Gegenüber erscheint, sondern ins Erleben aufgenommen ist, werden diese Stimmungen wie Sinn- und Bedeutungsgebungen freigesetzt.

In dem Punkt ist Hegel recht zu geben:

Letztlich ist es das vorstellende und reflektierende Bewußtsein des Subjekts, das im erlebenden Naturbezug der Natur ‚Schönheit verleiht‘[33].

In Absetzung zu ihm ist ästhetisches Naturerleben damit aber nicht als ausschließlich subjekt-bedingtes, geistiges Ereignis zu begreifen[34]. Dies eben deshalb nicht, weil ästhetisches Naturerleben immer an die konkrete Naturbegegnung und somit an konkrete Natur gebunden ist, so wie ja auch unsere konkrete Sinneswahrnehmung wie die spezifische Ausformung des Naturerlebens von unterschiedlichen, faktischen Naturgegebenheiten ausgerichtet wird. Insgesamt verweist das Gesagte auf die doppelseitige Bindung[35] und die subjektiv-objektive Bedingtheit ästhetischen Naturerlebens, überdies aber auch auf die synthesisierenden Reflexionsleistungen des Individuums hierbei.

Weiterhin kann der Konsequenz Hegels nicht gefolgt werden, ästhetischer Naturerfahrung jedwede Funktion für die Identitätsbildung deshalb abzusprechen, weil der Natur – im Gegensatz zur Kunst – weder selbstproduzierte Mitteilungs- noch Aufklärungsgehalte zukommen.

Unbeschadet dieser Tatsache wird von uns ästhetischer Naturerfahrung sehr wohl idententitätsbildende Funktion zugemessen [36]:

Gerade weil die durch sie bewirkte ganzheitliche Selbstbeteiligung, Reflexion und Auseinandersetzung sowohl selbstidentifizierende und -klärende Prozesse begünstigen als auch andere als zweckgerichtete Bezüge zur Natur herstellen, erfahren und bewußt werden lassen, erscheint ästhetische Naturerfahrung für die Identiätsbildung wie für die Realisierung der Zielperspektive eines angemessenen Naturumgangs gleichermaßen zweckmäßig.
Und so vermag die durch ästhetische Naturerfahrung ausgelöste Selbstbegegnung für beide, Subjekt und Natur, zweckmäßg zu werden, ohne daß ihr diesbezügliche Zwecke unterlegt worden wären.

Halten wir für unseren Zusammenhang fest:

1. Ästhetisches Naturerleben ist an konkrete Natur gebunden und setzt entsprechend eine direkte Naturbegegnung wie die Bereitschaft voraus, sich auf sie einzulassen.
   Der Kontakt mit äußerer Natur wird durch Sinneswahrnehmungen hergestellt.
2. Ästhetisches Naturerleben, das auf Wechselwirkungen mit der Natur basiert, fordert einen nutzzweckfreien Zugang zur Natur, um sich ihr ganz zuwenden und sie als Ganzes erfahren zu können.
3. Ein solcher Zugang nimmt die Natur quasi als Subjekt (Selbstwirkendes), von dem Einflüsse ausgehen, die ihrerseits das aufnehmende Subjekt ganzheitlich affizieren und selbsttätige Vorstellungen, Empfindungen, Reflexionen auslösen.
4. Im ästhetischen Erlebensvollzug wird das Erscheinungsbild der Natur unter Beteiligung aller subjekt-bestimmenden – geistig, seelisch, körperlichen – Dimensionen und mithilfe der Einbildungs- und Vorstellungskraft zu einem geistigen Bild von Natur synthetisiert und umgeformt.
5. Korrelate des aktiven ästhetischen Vollzugs sind ganzheitliche Selbsterfahrung, Gefühle des Zusammenstimmens mit Natur und Vorstellungen einer Mensch und Natur umgreifenden Einheit.
6. Der allseitig personbelebende und zugleich nutzzweckfreie Vollzugrahmen bildet die Basis und den Simulationsraum für Ideen, Vorstellungen und Gegenbilder von einer anderen Natur- und Umweltgestaltung aus, setzt Natur in den Stand ihrer Möglichkeit.
7. Im ästhetischen Vollzugsakt wird demnach das Individuum zugleich auf Natur wie auf sich selbst und seine produktiven Vorstellungskräfte freigesetzt, was seine einheitsstiftende Wirkung ausmacht.
8. Ästhetisches Naturerleben unterscheidet sich grundsätzlich vom bloßen Naturfühlen durch das beteiligte Bewußtsein und Selbstbewußtsein.

In diesen Potenzen liegt die identitätsfördernde und Persönlichkeitsdefizite ausgleichende Bildungsbedeutsamkeit ästhetischer Naturerfahrung begründet. Hieraus leitet sich ihre lebenspraktische Funktion für einen qualitativ anderen Naturumgang ab.

2.4. *Ästhetisch-therapeutische Zielperspektiven*

Um der möglichen Gefahr bloßen, folgenlosen, sich schnell verbrauchenden Naturfühlens, bloßer Privatheit des Erlebens (Innerlichkeit) oder purer Naturidylle zu begegnen, käme es wesentlich darauf an, die Selbstwahrnehmungen und die empfundene Übereinstimmung mit Natur kommunikativ zu erhellen, in geeigneten Medien zu objektivieren und zu reflektieren, also nicht nur (aber auch) kontemplativ in die Natur hinauszugehen, sondern sich mit ihr vor allem ästhetisch produzierend auseinanderzusetzen. Dies erscheint auch von der geschilderten Ausgangslage her und der dort aufgezeigten Ohnmachtsgefühle hinsichtlich eigener Eingriffs- und Gestaltungsmöglichkeiten gegenüber Natur und Umwelt unbedingt geboten.

In produktions-ästhetischen Prozessen in der Natur und mit gegebenen Naturmaterialien und -elementen werden ja nicht nur allgemein Ausdrucks- und Gestaltungsfähigkeiten erprobt, eingeübt und erweitert, sondern zugleich die Gestaltbarkeit von Natur und Umwelt nach eigenen Vorstellungen, Ideen, ästhetischen Konzepten und Natur selbst als individuelles Ausdrucksmedium erfahren. Die auf diese Weise produzierten ästhetischen Gegenstände (Werk oder Prozess) dokumentieren ganzheitliche Wahrnehmungs- und Herstellungsbedingungen und verweisen auf entsprechende Handlungsmöglichkeiten des Produzenten zurück.

Das heißt:

In diesem Aktionsfeld können Erfahrungen persönlicher Verursachung und Kompetenz gemacht werden, Perspektiven gewonnen und Gestaltungsfähigkeiten grundgelegt werden, die ihrerseits gestaltendes Handeln im außer-ästhetischen Raum und eigenem Umfeld motivieren und aktivieren.

Das bedeutet:

Im ästhetischen Handlungsrahmen kann die Handlungsbasis insgesamt erweitert und Handlungsspielräume wiedergewonnen werden, die im Zuge der Entfremdung von Natur und deren Folgeerscheinungen verloren gegangen sind.

Damit verbindet sich die Hoffnung:

Die verbleibenden Handlungsspielräume müssen nicht in Gänze an Experten in Sachen Landschafts- und Grünflächengestaltung, Wohnumfeldverbesserung und Renaturierung udgl. abgetreten werden. Vielmehr bestehen Chancen, derartige Belange auf der gewonnenen und weiter zu vertiefenden Handlungsbasis zunehmend selber zu vertreten und produktiv mitzugestalten.

Unter der präventiv-therapeutischen Zielperpektive der Steigerung von Selbstkompetenz und Selbstreflexion im Bezugsfeld ‚Natur und Umwelt' sollte schließlich auch die Landschaftsmalerei bis hin zu ästhetischen Naturobjekten der Gegenwart mit in die didaktische Reflexion Pädagogischer Kunstherapie aufgenommen werden.

Selbst wenn das Landschaftsbild ein Bild vom Bild des Künstlers von der Natur vermittelt und keine direkte Naturerfahrung evoziert, Landschaftsbilder und Naturobjekte dokumetieren und reflektieren jeweils aus der Perspektive des Künstlers sozio-kulturelle Verhältnissetzungen zur Natur und den jeweiligen Ist-Zustand von Naturentfremdung und Naturverdinglichung. In ästhetischen Objekten werden sie bestätigt, kritisiert oder ihnen eigene Vorstellungen, Sichtweisen, Gegenbilder entgegengesetzt. Gleichzeitig objektivieren sie ästhetisch ganzheitliche Wahrnehmungs- und Auseinandersetzungmodi von Natur und Umwelt. Deshalb können sie als Reflexionsanreize fungieren wie Anstöße geben, das eigene Naturverhältnis zu überdenken.

Zudem verhilft derartige Auseinandersetzung – wie das direkte Naturerleben – zu eigenen Perzeptionsschemata von Natur auf der Grundlage von Selbstklärung und Selbsterfahrung.

Zusammengefaßt ergibt die Erörterung zum ästhetisch-therapeutischen Bezugsfeld ‚Natur und Umwelt':

Es sind die identitäts-fördernden, fähigkeits-steigernden und handlungs-ermutigenden Möglichkeiten, die die therapeutisch-prophylaktische Dimension ästhetischer Naturauffassung und ästhetisch produktiver Auseinandersetzung mit Natur ausmachen.
Hierin auch ist der Beitrag naturbezogener Ästhetischer Erziehung zur individuellen Krisenbewältigung wie zur gesamtgesellschaftlichen Umorientierung wie zur Bewältigung der geschilderten ökologischen Problemlage aufzusuchen.

Die folgerichtige didaktische Konsequenz besagt:

Entgegen herkömmlichem Kunstunterricht, der Natur als Bezugsfeld ausklammert, soll ‚Natur und Umwelt' in die Ästhetische Erziehung allgemein und in die Pädagogische Kunsttherapie im besonderen aufgenommen werden.

Dies wird hiermit wie schon zu einem früheren Zeitpunkt[37], nunmehr jedoch noch durch die faktische Entwicklung verstärkt, erneut eindringlich postuliert.

Für eine ästhetisch fundierte Kunsttherapie unter prophylaktischer Perspektive stellt sich im Bezugsfeld Natur vor allem die Aufgabe, die aufgewiesenen Erfahrungsmöglichkeiten in pädagogischen Ziel/Inhalt/Aktivitäten-Verbindungen umzusetzen. Da pädagogische Konkretisierungsformen der intendierten ästhetisch-produktiven und rezeptiven Auseinandersetzung mit Natur an anderer Stelle (vgl.Teil IV) beispielhaft aufgezeigt werden[38], sollen hier nur die prozessleitenden Annäherungsziele benannt werden. In einem progressiv aufbauenden, pädagogischen Prozeß gilt es:

1. eine ästhetische Auffassung von Natur und hierüber ein kulturelles Verhältnis gegenüber Natur vorzubereiten.
2. die Bildung eines eigenen Perzeptionsschemas von Natur durch Selbsterfahrung im Zusammenhang mit Naturerfahrung zu begünstigen.
3. situationsangemessene und materialgerechte Gestaltungsfähigkeiten in der Natur und mit Naturmaterialien grundzulegen.
4. individuell ausgebildete ästhetische Auffassungsweisen mit anders gearteten, zweckrationalen und eindimensionalen zu vergleichen und in Beziehung zu allgemein wünschenswerten Zugangsformen zur Natur zu setzen.
5. die produktive Umsetzung des jeweils spezifischen Naturerlebens in geeignete Medien zu veranlassen.
6. die Übertragbarkeit der gewonnenen Perspektiven und Handlungsfähigkeiten in den außer-ästhetischen Raum vorstellbar zu machen und entsprechende Handlungsbereitschaft zu wecken.

Wird die gesellschaftliche Bedingungsanalyse, hier im Bezugsfeld ‚Natur und Umwelt', vor allem mit dem Ziel durchgeführt, die Notwendigkeit ästhetisch-präventiver Funktionen der Kunsttherapie zur Vermeidung defizitärer Identitätsbildung aufzuweisen, so heißt das nicht, daß ästhetische Naturerfahrung für kunsttherapeutische Prozesse im rehabilitativen Sinne entfiele.

Vielmehr gründen auf den entwickelten Einsichten in die ich-belebenden, einheitsstiftenden und identitäts-fördernden Chancen ästhetischer Naturbegegnung ebenso Interventionsmöglichkeiten Pädagogischer Kunsttherapie, die auf die Korrektur individueller Fehlentwicklungen und den Aufbau veränderter Lern- und Entwicklungsbasen ausgehen.

Für die Einbeziehung der Natur als kunstherapeutisches Medium spricht hier überdies, daß es für viele ein von früher Kindheit vertrautes Medium ist, das zudem ohne besondere intellektuelle Zurüstung zugänglich ist oder zugänglich gemacht werden kann, so daß sich hierüber Möglichkeiten der Wahrnehmungs-und Entwicklungsförderung ergeben.

Thesenhaft zusammengefaßt knüpfen sich an naturbezogene Wahrnehmungs- und Aktionsprozesse für die Kunsttherapie i.e.S. die Chancen:

– Sinnesempfindungen vielfältig anzuregen und zu fördern und hierüber eine veränderte Lern- und Entwicklungsbasis zu schaffen.

- Brücken zwischen Ich und Umwelt zu schaffen und Umweltkontakte aufzunehmen oder wiederherzustellen.
- im handelnden Umgang mit – vormals – Vertrautem emotionalen Halt und Sicherheit zu gewinnen wie Spannungsausgleich und Ich-Stärkung zu erreichen.
- an Sinnesempfindungen und -erlebnisse anzuknüpfen und weiterreichendere Erfahrungsprozesse einzuleiten.
- auf ontogentisch frühere Entwicklungsstufen zu ‚regredieren' und dabei einen Standort zu gewinnen, von dem aus dissoziierte Persönlichkeitsdimensionen wieder zusammengeführt und ganzheitlichere Lebensformen entwickelt werden können.

Anmerkungen

1 Der Terminus ‚Natur' bezieht sich im folgenden sowohl auf ihre vom Menschen unberührte Materialität und Immaterialität, auf ihre in bearbeiteter Form vorliegende Ausprägung wie schließlich auf das Naturhafte des Menschen selbst, was seine bio-physische Existenz angeht.

2 Adorno weist solche ‚Vulgärantithesen von Natur und Technik' zu Recht zurück, insofern sie wechselseitige Veränderungs-Verhältnisse zwischen beiden ignorieren, was bloß zu Verabsolutierungen in beide Richtungen führt. Hierauf verweisen die entweder dominant idyllisch-erlebnishaften oder dominant wertfreien, rational-analytischen Naturauffassungen. Vgl.: Adorno, Th.W.: Ästhetische Theorie. Frankfurt a.M.1970, S.106ff

3 vgl.: Die einschlägigen Artikel zur ökologischen Lage der BRD in: BUND (Hg): Die Umweltbilanz. Hamburg 1988. Auch: Brüggemeier, F.-J./ Rommelspacher, Th.: a.a.O.

4 Nach strukturanalytischer Sicht läßt sich von ‚ökologischer Krise' sprechen, „wenn die ökologische Selbstregulation in einem Maße gestört ist, daß insgesamt die Kapazität dieser Selbstregulationen (oder die ökologische Tragfähigkeit) drastisch absinkt und ohne aufwendige und langwierige Strukturmaßnahmen nicht wieder hergestellt werden kann."(1) Dieser Zustand ist derzeit erreicht.
(1) Bühl,W.L.: Krisentheorie. a.a.O. S.50

5 vgl.: Schiller, F.: 6.Brief, a.a.O. S.17ff

6 Habermas, J.: Technik und Wissenschaft als Ideologie. Frankfurt a.M. 19715, S.119

7 ders.: eb.

8 Schiller, F.: 6.Brief, a.a.O. S.25

9 Hier wird das ‚Verursacher-Prinzip' oft genug auf den Kopf gestellt. In Baden-Württemberg bspw. bekommen Landwirte, deren Felder in Wasserschutzgebieten liegen und die deshalb nicht mehr alle verfügbaren Chemikalien einsetzen können, Entschädigungen dafür – aufgebracht durch den sog. ‚Wasserpfennig' aller Wasserverbraucher –, daß sie das Trinkwasser nicht weiter vergiften. Vgl.: Die ‚Zeit': Dossier zur Trinkwasser-Aufbereitung. 44. Jg.(1989) Nr.38, S.13-17

10 Ditfurth H.v.: So laßt uns denn ein Apfelbäumchen pflanzen. Hamburg 1985, S.7

11 Hier schlagen sich eigene Erfahrungen mit Behörden, lokalpolitischen und meinungsbildenden Interessengruppen im ländlichen Raum anläßlich verschiedener umweltbezogener Initiativen nieder, die mehr oder weniger abgewehrt, attackiert und diskreditiert nur mit hoher Standfestigkeit durchzuführen sind.

12 vgl.: Kap. 3.3., S. 29f

13 Habermas, J.: a.a.O. S.118

14 Die Ökologie begreift Natur als System gegenseitiger Abhängigkeiten und Beeinflußungen, in das auch der Mensch als bio-physisches Wesen eingebettet ist. Dies bedeutet zwar eine umfassendere Zugangsweise gegenüber einer rein naturwissenschaftlichen, einzelne Fakten, Prozesse, Gesetzmäßigkeiten analysierenden Sichtweise, bedeutet aber letztlich eine ebensolche biologische Sicht des Verhältnisses von Mensch und Natur.

15 vgl.: BUND (Hg).: Arten und Biotopschutz a.a.O. S.127 ff

16 vgl.: Altner, G.: a.a.O. S.188; Große Hoffnungen knüpft Altner auch an einen sich abzeichnenden Paradigmenwechsel in der Naturwissenschaft selbst, die sich etablierende Technikfolgen-Einschätzung und die skeptische Vorausschätzung der Sozialfolgen wie schließlich an die Schöpfungs-Diskussion im Rahmen der Theologie.

17 Wagner spricht hier von zwei Grundmomenten des Menschen, ‚Ideenbestimmtheit und Faktizität'. Vgl.: Wagner,H.: Philosophie und Reflexion. Basel 1967, S.285ff

18 Ein umfassender Begründungszusammenhang wird vorgelegt in: Richter-Reichenbach, K.S.: Bildungstheorie... a.a.O. S.134-151

19 Die von Meyer-Abich gemachten Vorschläge gehen unter vergleichbaren Anregungen am weitesten und sehen Mensch und Natur in einer Rechtsgemeinschaft. Vgl.: Meyer-Abich, Kl.M.: Wege zum Frieden mit der Natur. München/Wien 1984, S.190f

20 Diese von Horstmann vorgetragene These mag angesichts der Naturzerstörung durch Menschen zwar konsequent sein, kann aber keine humane Perspektive sein. Vgl.: Horstmann, U.: Das Untier. Frankfurt a.M. 1985

21 vgl.: Liessmann, K.P.: Natura Mortua. Über das Verhältnis von Ästhetik und Ökologie. In: Bechtloff, I. (Hg): KUNSTFORUM international. Köln (1988) Bd.93, S.65-71 (künftig: KF)

22 Busek, E.: Ist Kunstverständnis naturabhängig ? In: KF a.a.O. S.120

23 Der Appell an die Verantwortung durchzieht die gesamte (system-) kritische Literatur zum Thema, ob aus naturwissenschaftlicher Perspektive (1), aus sozialwissenschaftlicher (2) aus philosophischer (3) oder aus theologischer Sicht(4).
Vgl. z.B.: (1) Weizsäcker C.F.von: Wege in der Gefahr. München 1976. S.248f ; (2) Eurich,H.: a.a.O. S.151ff; (3) Jonas,H.: Das Prinzip Verantwortung. Frankfurt a.M. 1984. Schulz, W.: a.a.O. S.833ff; (4) Auer,A.: Umwelthethik.Düsseldorf 1984. Barner,K.u. Liedke, G.(Hg): Schöpfungsverantwortung konkret. Neukirchen 1986. Drewermann, E.: Der tödliche Fortschritt. Regensburg 1982[2];

24 vgl.: Schulz, W.: a.a.O. S.838f

25 vgl.: Schiller, F.: 2.Brief, a.a.O. S.7

26 vgl.: Brodsky, J.: Der Staat ist von gestern, die Literatur ist von morgen. Nobelpreisrede, autorisierte Übersetzg. von H.Ch.Buch. In: Die ‚Zeit' (1988) Nr.17, S.51

27 Brodsky,J.: eb.

28 Hierauf beschränken sich die Vorstellungen Altners (1), auch Meyer-Abichs (2) als Mittel der Realisierung eines anderen Naturverhältnisses. (1) Vgl.: Altner,G.: a.a.O. S.187f. (2) Meyer-Abich, K.M.: Voraussetzungen eines neuen Verhältnisses zwischen Kultur und Natur. In : Landesanstalt für Ökologie, Landschaftsentwicklung und Forstplanung NW (Hg): LÖLF-Mitteilungen. Recklinghausen (1988) H.2, S.13 ff, Schwerpunktthema ‚Natur und Kultur'.

29 vgl.: Klausch, H.: Naturgefährdung und Auswirkungen auf unsere Kultur. In : Landesanstalt (Hg): Lölf-Mitteilungen a.a.O. S.36f

30 vgl.: Lehmann,H.: Die Physiognomie der Landschaft. In: Studium Gene rale 3 (1950) 4/5, S.185

31 Kant, I.: Werke in zehn Bänden. Weischeldel W.v.(Hg): Darmstadt 1968. (Entspricht der Kant-Studienausgabe): Kritik der Urteilskraft (künftig: KU): 42,43 (B166/A164 – B173-A171) S.395-400

32 vgl.: Gleichsinnig interpretiert Wagner,H.: a.a.O. S.292

33 vgl.: Hegel, G.W.F.: Vorlesungen über die Ästhetik. Zitiert n.d. neu edierten Ausgabe von Moldenhauer, E. u.Michel, K.M.(Hg) auf der Grundlage dr Werke von 1832-1845. Frankfurt a.m. 1973. Bd.I,II,III: Bd.I, S.167

34 vgl.: Die Kritische Auseinandersetzung Adornos mit Hegels Auffassung vom Naturschönen. Adorno, Th.W.: a.a.O. S.106ff

35 Das Faktum der doppelseitigen Bindung verdeutlicht Adorno mit seiner anschaulichen These: „So wahr es ist, daß jegliches in der Natur als schön kann aufgefaßt werden, so wahr ist das Urteil, die Landschaft der Toskana sei schöner, als die Umgebung Gelsenkirchens." Adorno,Th.W.: a.a.O. S.118

36 Dies wird auch unter veränderten identitäts-philosohischen Prämissen nahegelegt, die in Absetzung zu Hegel Identitätsbildung als notwendig im Materiellen und nicht allein im Geistigen zu leistende, unendliche Aufgabe verstehen.

37 vgl.: Richter-Reichenbach, K.S.: Bildungstheorie. a.a.O. S.147

38 vgl.: Teil IV, Kap. 1.1.

3. *Zivile und militärische Nutzung der Kernernergie: Die subjektive Dimension unverfügbarer Systemkomplexität*

3.1. *Krisentheoretische Sichtweise*

Einrichtungen und Technologien zur zivilen und militärischen Nutzung von Atomenergie sollen hier weniger unter dem Aspekt ihrer energie- oder verteidigungspolitischen Tauglichkeit und Rechtfertigung interessieren, als vielmehr wiederum mit der Frage verbunden werden, ob und inwieweit die hiermit installierten Bedingungen subjektive Befindlichkeiten tangieren, ob sie Einfluß auf das Handeln haben und ob sich damit wiederum Auswirkungen auf die Handlungsbereitschaft ergeben.

Hierbei werden krisentheoretische Bestimmmungen von Bühl hinzugezogen, die in ihrem nüchternen Aussagecharakter helfen sollen, das Problem festzumachen.

„Gedachte Krisen sind keine Krisen" und „Krisendiagnose ohne konkrete (möglichst mit Daten) belegbare Strukturanalyse ist bloße Demagogie."[1] Unter diesem Selbstanspruch geht Bühl daran, vorhandene krisentheoretische Ansätze zu diskutieren und streng systemtheoretisch analysierend Strukturmerkmale von Krisen typologisch zu abstrahieren.

Subjektive Situations-Definitionen werden von ihm zwar als legitim anerkannt, von ihnen aber zugunsten operationaler Definitionskriterien abgesehen.[2]

In seinen Kernaussagen zusammengefaßt, ergibt die Analyse, daß sinnvoll nur von einer Krise gesprochen werden kann, wenn eine krisenhafte Entwicklung einflußmäßig so aus der Kontrolle gerät, daß sie mit den vorhandenen Kontrollkapazitäten nicht mehr oder nur mit großem Aufwand zu kontrollieren ist. Anders gesagt, Krisen bestehen nicht etwa im bloßen Tatbestand komplex angehäufter Krisenzustände. Sie sind ‚normal' für offene, adaptions- und entwicklungsfähige Systeme. Vielmehr entstehen Krisen, wenn – aufgrund vielfältiger interner und externer (intra- und internationaler) Interdependenzen – systemische Störungen nicht mehr zu isolieren und zu begrenzen sind, sondern wie bei der ökologischen Krise auf andere Funktionen, Systembereiche, Regionen usf. übergreifen, und zwar so, daß sie weder durch zentrale Systemkontrolle (z.B. politische Regierung) noch durch interne, gegenseitige Systemsteuerung (z.B. Konkurrenz, Tradition, Kultur oder Selbstkontrolle) aufgefangen und ihnen gegengesteuert werden kann. Als konkretes Beispiel für eine Krise im obigen Sinne kann hier der Reaktor-Unfall in Tschernobyl 1986 mit seinen nationalen Auswirkungen (Evakuierung der Menschen wegen konkreter Lebensbedrohung) und internationalen Folgen auf Luft, Boden, Tierwelt, Nahrungsmitteln usf. dienen.

Im streng systemtheoretischen Sinn gibt es aufgrund dieser Definition, die Krisen immer auf ein Auseinanderklaffen von Kontrollanspruch und Kontrollkapazitäten[3] zurückführt, nur wenige ‚Systemkrisen', allenfalls Krisen in Systemsegmenten. Da der Kontrollverlust nahezu immer auf feststellbare Koordinations-, Organisations-, Innovationsdefizite aufgrund mangelnder Flexibilität zurückgehen, sind krisenhafte Zustände durch veränderte Organisationsstrategien auf ein erträgliches Oszillationsmaß hin auszugleichen und damit erneut kontrollierbar.[4]

Auswege aus diagnostizierten Krisen müssen entsprechend im Versuch gesehen werden, die Differenz von Kontrollanspruch und Kontrollkapazität zu minimieren. Dies entweder durch Absenkung des Kontrollanspruch – was wegen des subjektiven Formulierungsanteils schwieriger zu bewerkstelligen ist – oder durch Ausweitung der (technischen, wissenschaftlichen, politischen usf.) Kontrollkapazitäten auf der Grundlage neuer Zielvorgaben, der Identifizierung falscher Steuerungsstrategien und der Einführung innovativer Techniken.

Auf diese Weise kann der Kontrollverlust minimiert und Systemstabilisierung zurückgewonnen werden.

Bühl macht aber deutlich, daß Diskrepanzen zwischen Kontrollanspruch und Kontrollkapazitäten nie gänzlich harmonisiert werden können, weil „wir in aller Regel Systeme zu kontrollieren versuchen, die wir nicht selbst entworfen haben" oder, wenn wir sie selbst entworfen haben, weil unvorhersehbare Nebeneffekte und Verbundsergebnisse auftreten können oder aber weil wir in „ökologische Systeme und biochemische Kreisläufe" eingreifen, „deren strukturelle Verletzlichkeit uns erst in letzter Zeit aufgedämmert ist"[5], so daß der Ausbau des Kontrollapparates (innergesellschaftlich wie vor allem intenational) stets hinter Kontrollnotwendigkeiten zurückbleibt.[6]

Ebenso ist bewußtzuhalten, daß der „Weg aus der Krise – der Weg auf ein höheres Kontrollniveau – nur langsam und schrittweise möglich ist."[7]

Weil ihm, Bühl, alle diagnostizierten Krisen Folgen von mangelnder Flexibiliät und einseitigen Abhängigkeiten sind und weil menschliche Sozialsysteme lernfähig und deshalb als ‚aktive Systeme' zu betrachten sind, die sich nicht nur reaktiv verhalten, „sondern sich ihrer Ziele bewußt werden" und sich nicht nur anpassen, „sondern aktiv die Umwelt nach ihren Zielvorstellungen verändern"[8], setzt Bühl auf allerlei nationale, intra- und organisations-strukturelle wie übernationale politische Maßnahmen, die Krisen in Entwicklungschancen umzumünzen in der Lage sind.

Es stellt sich nur die Frage, ob und inwieweit sich angesichts der diversen, zugespitzten Krisenlagen noch Handlungsbereitschaft ausprägt und Handlungsansätze verbleiben.

3.2. *Demokratischer Kontroll- und Einflußverlust*

So sinnvoll es erscheint, Krisenentwicklungen, wie sie uns gegenwärtig umgeben, auf eine rationale Basis zu stellen, zu entideologisieren und damit tendenziöser, angsterzeugender Krisenprophetie sowie ‚Alles-oder-Nichts'-Reaktionen entgegenzutreten, was ja auch eine Art der Krisenbegrenzung bedeutet, so wenig befriedigt es, daß von Bühl die subjektive Dimension dieser Problem-Situation nahezu völlig ausgeblendet wird. Gelegentlich klingt sie an bei der Deskription vorhandener, belegbarer und miteinander verbundener Krisen[9], auch in den vorbereitenden Ausführungen zu konkreten Vorschlägen zum stufenweisen Krisenabbau. So schimmert Skepsis bei Bühl durch, wenn er die Bereitschaft der jeweiligen Entscheidungsträger, Krisen überhaupt wahrzunehmen, ihre Klarsichtigkeit und Durchsetzungskraft anzweifelt: „In den meisten Fällen erweist es sich als praktisch unmöglich, daß eine machtgewohnte Führungsmannschaft auf eine neue Strategie kommt."[10]

Subjektive Fähigkeiten werden von ihm auch angesprochen, wenn er auf die personale Bedingtheit der ‚persönlichen, ideellen Mittel'[11] anspielt, die Krisen als Chancen verstehen lassen, statt sie zu leugnen, über sie hinwegzureden und damit unbearbeitet zu lassen. Bühls um objektive Handlungsperspektiven bemühte Sichtweise läßt jedoch die subjektive Handlungsbasis schließlich völlig vernachlässigen.

Dabei steht ja mit der Frage nach der subjektiven Seite von Krisen nicht nur die individuelle Krisendefinition und deren Wirkungen ‚im Kopf' und in bezug auf Handlungsbereitschaften zur Diskussion, sondern genereller mit der Mittelfrage die Frage nach individuellen Handlungskapazitäten und individuellen Handlungsspielräumen zur Bewältigung krisenhafter Entwicklungen, letztlich also in Bühls Terminologie ‚individuelle Kontrollkapazitäten'. Dies erst recht, wenn davon ausgegangen wird, daß in Demokratien ganz allgemein und grundsätzlich der Anspruch besteht, daß politische Prozesse und krisenhafte gesellschaftliche Entwicklungen auf *demokratischem* Wege gelöst werden sollen.

Damit aber verbindet sich die Fragestellung nach einem möglichen Weg der Krisenbewältigung (administrative, organisations-strukturelle, politische usf. Wege) auf der Basis personaler Mitbeteiligung und individueller Voraussetzungslage derjenigen, die in einer demokratischen Gesellschaftsform aufgerufen sind, krisenhafte gesellschaftliche Entwicklungen zu erkennen, flexibel darauf zu reagieren und produktiv durch zukunftssichernde Alternativen abzuwenden. Und das sind in einer repräsentativen Demokratie letztlich *alle*.

Dieser Zusammenhang von gesellschaftlicher Problem-Lage, objektiv notwendiger Kontrolle und demokratisch-subjektiven Kontrollansprüchen und -kapazitäten soll nunmehr mit Bezug auf den durch nukleare Technologie geschaffenen Bedingungsrahmen problematisiert werden.

Wie schon im Falle der ‚ökologischen Krise' besteht hinsichtlich der zivilen und militärischen Nutzung kein Zweifel daran, daß es heute bereits tragfähige zukunftssichernde Alternativ-Konzepte zur Friedenssicherung und Energieversorgung gibt. Zudem sind irreparable Entwicklungen – noch nicht – im Gange. Insofern erscheint die Existenz atomarer Technologie allein noch nicht als Krise. Weit problematischer erscheinen die einhergehenden Mechanismen und Mittel zur Durchsetzung oder Aufrechterhaltung der installierten Technik, die der Tendenz nach gegenläufige Ideen und Initiativen abwehren. Aus der Sicht der Entscheidungsträger offenbar mit Erfolg:

Die Bereitschaft sich gegen lebensbedrohliche Hochrüstung zur Wehr zu setzen und für friedliche Konfliktlösungs-Strategien einzutreten, hat spürbar nachgelassen, ebenso wie das Engagement für regenerative Energien. Dies obwohl die derzeitig betriebene Rüstungs-, Energie- und Technologiepolitik bewußtseinsmäßig von der Mehrheit der Bevölkerung abgelehnt wird. Da im Gegenzug zur sinkenden Akzeptanz Handlungsspielräume durch verschärfte Staatsschutz- und Sicherheitsgesetze klein geworden sind[12], finden Handlungsbereitschaften in diesem Bezugsfeld aber auch kaum noch Ansatzstellen, wird handelnde Einflußnahme entmotiviert oder deren Ausbildung gar nicht erst angestrengt.

Und so erwächst aus unserer Perspektive aus der installierten atomaren Technologie eine Krise der Demokratie, insofern deren lebendige Grundlagen zunehmend ausgehöhlt werden. Denn das kann ja weder gemeint sein noch im demokratischen Bezugsrahmen gewünscht werden, daß wenn Krisenbewältigung in der Minimierung der Diskrepanz von Kontrollanspruch und Kontrollkapazitäten durch deren Ausweitung vonstatten gehen soll, Kontrollkompetenzen einseitig von der Bevölkerung weg auf zentrale Kontrolle hin konzentriert werden, so daß Eingriffsmöglichkeiten für den einzelnen de facto nicht mehr existieren.[13] Genau dies aber läßt sich beobachten mit all seinen psychologischen und handlungsmäßigen Auswirkungen, die den Entwicklungen ohne Selbstbeteiligung ihren Lauf lassen.

Zugegebenermaßen sind militär-politische Prozesse in ihrer internationalen Verflechtung besonders komplex, sind nukleare Waffensysteme und Atomkraftwerke technisch derartig kompliziert, störfall-anfällig wie bedroht – von innen und außen –, daß sie eine Rundumbewachung erfordern, vom Antransport des Plutoniums über die kernenergieerzeugende Produktion bis hin zum Abtransport und der Lagerung radioaktiver Abfälle. Zugleich bedingt das fehlende menschliche Sensorium zur Wahrnehmung radioaktiver Strahlung eine weitere Kontrollverlagerung auf ebenso hochkomplizierte und anfällige technische Überwachungssysteme.

Hieraus ergibt sich:

1. Die installierte Atomtechnologie übersteigt personale Kontrollkapazitäten und das Ausmaß an tatsächlich verfügbarer Kontrollkompetenz bei weitem.
2. Die eingesetzte Kernenergie mit ihrem lebensgefährlichen Bedrohungspotential macht Zentralisierung und Depersonalisierung von Kontrolle notwendig.

Daraus folgt:

Der notwendige Kontrollanspruch dieser Technologie kann auf demokratische Partizipationsinteressen und Kompetenzansprüche keine Rücksicht nehmen.

Augenscheinlich außerstande, Konzepte zu verfolgen und Projekte im größeren Stil anzugehen, die aus dem Zirkel von Atomtechnik, Kontrolle, Störanfälligkeit, erhöhter Kontrolle, vermehrter Zentralisierung, struktureller Gewalt, ordnungspolitischen Disziplinierungen und Abbau demokratischer Partizipationsrechte grundsätzlich herausführen und Kontrollkapazitäten in das personale Fähigkeitsniveau zurückverlagern, wird der in repräsentativen Demokratien stets neu anzustrengende konfliktreiche, aber systementwickelnde und -verändernde Diskurs zwischen Führungs- und Kontrollansprüchen ihrer Repräsentanten und Partizipations- wie Mitwirkungsinteressen der Bevölkerung an diesen Entscheidungsprozessen dispensiert. Oder anders gesagt: Der systembedingte Konflikt zwischen Kontrollansprüchen verschiedener gesellschaftlicher Gruppen wird gar nicht mehr ausgetragen. Statt dessen wird die Nichtdurchsetzbarkeit neuer Atomkraftwerke,der ‚Akzeptanzverlust' des Militärs und des Abschreckungsparadigmas in der Bevölkerung beklagt, von verteidigungspolitischer Seite vor dem Schwinden des Feindbildes gewarnt und Strategien ersonnen, die dem erkannten ‚Akzeptanz- und Motivationsverlust' in der Bundeswehr selbst beikommen sollen[14]. Nicht wahrhaben wollend, daß sich hier ein noch vager, aber grundsätzlicher Wertewandel abzeichnet, versucht die politische Elite den eigenen Kontrollverlust reaktiv durch allerlei administrative, informationstechnische, gesetzgebende, beschwichtigende und psychologisch aufrüstende Initiativen auszugleichen, was zu einem weiteren Legitimations- und Kompetenzverlust der politischen Repräsentanten führt.

Bühl führt aus:

„Der Kompetenzverlust der Elite (hier der politischen wie der administrativen) ist im Hinblick auf den unausweichlich gewordenen wirtschaftlichen, technologisch-ökologischen und politischen Strukturwandel zu beurteilen. Ein Kompetenzverlust liegt vor, wenn die politische Führung nicht mehr führt, d.h.wenn sie den gesellschaftlichen Wandel nicht zureichend erfaßt, wenn sie dem Wandel mit halbherzigen und sich gegenseitig behindernden Anpassungsmaßnahmen hinterherläuft, kaum noch gestalterisch Einfluß nehmen kann."[15]

Der für ein lebendiges Funktionieren einer Demokratie unabdingbare Auseinandersetzungsprozess zwischen kontroversen Positionen, der Kräfte ausbalanciert sowie für eine mehrfache Kontrolle und Rückkopplung der Entscheidungsprozesse sorgt, versickert. Abnehmende Parteienbindung, fehlende Identifikation mit politischen Zielsetzungen, privater Rückzug und resignative politische Haltungen im Sinne einer ‚Ohne-mich-Mentalität' dokumentieren diesen Kompetenzverlust.

Das Ergebnis der Entwicklung, wie es uns jetzt erscheint, ist die Zerstörung von Initiative und Eigenverantwortung. Der Appell zur inividuellen Aktivität hat keinen Bezugspunkt. Er bleibt ungehört, weil Aktivitäten ohne Chancen, gehört zu werden, sinnlos erscheinen. So gesehen besteht die gegenwärtige „Krise der Demokratie in einer Partizipation ohne Verantwortung und in einem Konsens ohne Ziel und Zweck."[16]

3.3. *Individuelle Befindlichkeits- und Verhaltenskorrelate*

Stellt sich unter subjekt-orientierter Perspektive die durch atomare Technologie bedingte Krise als objektiver Handlungs- und Mitgestaltungsverlust des gesellschaftlichen Subjekts dar, so lange, wie sie betrieben und – potenziert noch – je breiter sie installiert wird und verbindet sich hiermit ein fragwürdiges Verständnis von Kontroll- und Kompetenzverteilung im demokratischen Raum, so ist hiervon auch die Bedingung der Möglichkeit berührt, personale Krisenbewältigungs-Kapazitäten durch Vermittlung selbstbestimmten und fremdverantwortlichen Denkens, gestaltenden Handelns und kritischen Urteilens grundzulegen, was den atomaren Bedingungszusammenhang allein aus bildungstheoretischer Sicht diskreditiert.

Denn das liegt ja auf der Hand:

Der Handlungsspielraum dafür, „das oberste Lernziel unter demokratischem Anspruch", nämlich die von Gieseke beschriebene „emanzipierende Mitbestimmung"[17] offensiv zu realisieren und Heranwachsende zu eigener Zukunftsgestaltung zu befähigen, wird kleiner, weil sein Umfang durch die aufgebauten Mitwirkungs-Barrieren weiterhin zunehmend begrenzt wird.

Auch hier stellt sich wie schon im vormaligen Zusammenhang die Frage, wer denn die vielseitig geforderte „radikale moralische Wandlung" faktisch noch bewirken kann, die die mit dem atomphysikalischen Fortschritt bescherte intellektuelle, „folglich technische, folglich politische Macht"[18] in menschlich tragbare Bahnen lenkt.

Im Blickwinkel der subjektiven Krisenseite kann die eng mit der Handlungsebene verknüpfte psychologische Dimension nicht unanalysiert bleiben, zumal sich hiermit zugleich die Ausgangslage für konstruktive, krisenbewältigende Maßnahmen weiterhin verschärft.

Die phänomenologische Beobachtung zeigt:

Die atomare Rüstung wie die atomare Energiepolitik in ihren handlungseinschränkenden Auswirkungen verstärken Gefühle der Bedrohung und Angst, die bis zur Hoffnungslosigkeit und Apathie reichen.

Psychologisch gerüstet und wohlwissend, daß „Introjektion der Krise in die eigene seelische Innenwelt, ja in den physischen Organismus der Betroffenen" durch „Projektion der Krise in die Umwelt (und auf angeblich feindliche Organisationen und politische Systeme"[19] umgeleitet werden kann, liegt es im System der Mechanismen zur Aufrechterhaltung des eingeschlagenen politischen Weges, ungerichtete Bedrohungsangst seitens der politischen Repräsentanten als unbegründet abzuwiegeln, als deplaziert oder gar als schädlich zu klassifizieren. Nicht die eigene Atomtechnik soll angstmachen, denn diese ist ‚bombensicher'; nicht die Atomraketen der Bündnispartner, sondern die Atomkriegsdrohung des Außenfeindes soll all-gegenwärtig sein. So kann psychologisch ‚aufgerüstet', ungerichtete Angst in Furcht vor konkreten Objekten umgewandelt, psychisch entlastet und generell Gewaltbejahung gegen den inneren und äußeren Feind erreicht wie hierüber dann die Existenz eigener lebensgefährdender Atomsysteme gerechtfertigt werden.

Bezeichnend, daß in der heutigen ‚Akzeptanzkrise' der zivilen und miltärischen Nutzung der Kernenergie im öffentlichen Raum alte Feindbilder im politischen Außenbereich mobilisiert und neue Feindbilder im innenpolitischen Bereich (‚Chaoten', ‚Öko-Utopisten' udgl.) aufgebaut werden mit dem Ziel, unkonkrete Angst umzulenken und an konkreten Bezugsobjekten abzureagieren. Dies entlastet von eigener Unsicherheit und eigenständiger Zustandsanalyse und -bewertung.[20]

Eine andere Form der Angstverdrängung liegt vor, wenn es gelingt, Bedrohungsgefühle auf andere angebliche Gefahren und soziale Konflikte zu projizieren, zu verschieben, was wiederum das gesellschaftliche Klima der Aggresssion verschärft und die Basis für die Rechtfertigung eines härteren innen- und außenpolitischen Kurses abgibt. Auch dafür gibt es derzeitig ausreichende gesellschaftliche Belege, denkt man nur an die Ausländerproblematik.

Angst, ursprünglich weder grundlos, noch schädlich, noch lähmend – Freud lehrt, daß nur die neurotische Angst lähmt –, sondern im Gegenteil eine ‚Grundreaktion des Ichs auf Gefahr'[21], ein „angeborenes und und biologisch verankertes Reaktionsmuster", das eine „Fähigkeit zur Alarmbereitschaft"[22] und eine intakte Ich-Funktion bezeichnet, wird über solche Mechanismen gänzlich ihrer Möglichkeit beraubt, Ich-Handlungen zu mobilisieren mit dem Ziel, die ursprüngliche Gefahrensituation abzubauen.

Dabei ist bewußt zu halten, daß Angst nicht allein durch Beziehungskonflikte und lebensbedrohende Situationen erzeugt wird, sondern auch als Reaktion auf Gefährdungen der Autonomie[23], die durch die herausgearbeitete Problematik gegeben scheinen.

Deshalb unsere These:

Es ist nicht die Angst, die lähmt, sondern die objektive Erfahrung fehlender Einflußmöglichkeiten auf angsterzeugende Situationen. Da Bedrohungsangst jedoch nur schwer erträglich ist, muß Angst bei fehlenden Einflußmöglichkeiten in einem Maß verdrängt werden, daß sie weder auf der psychischen noch auf der Handlungsebene weiter virulent ist. Ins Unbewußte abgedrängt, kann der gefürchtete Gefühlszustand gemieden werden.

Mentzos beschreibt diesen Vorgang als neurotischen Abwehrmechanismus.[24] Die konkrete Furcht verliert durch ihre Verdrängung ihren konkreten Inhalt und regrediert in einen diffusen Angstzustand. Die Entdifferenzierung der ‚Reaktion auf Gefahr' ist der ‚Preis' für die Unbewußtmachung höchst unlustvoller und befürchteter kognitiver und insbesondere gefühlsmäßiger Bewußtseinsinhalte. Neurotisch daran ist, daß aus Angst vor der befürchteten Angst jede Berührung mit angsteinflößenden Fakten und Tatbeständen in bezug auf die Bedrohungssituation gemieden wird und daß eine bewußte Bearbeitung der gesellschaftlichen Lage, aus der sie resultiert und die Befindlichkeit beeinflußt, verhindert wird, ja, daß eine Bewußtmachung auf erhebliche Widerstände stößt. Wenn Mentzos desweiteren -inhaltsneutral – die Neurozitität der verdrängenden, verschiebenden, arrangierenden, transformierenden, angstabführenden Abwehrmechanismen in der „erheblichen Einschränkung der Ich-Funktionen und Reduzierung der freien Selbstentfaltung und -verwirklichung"[25] aufsucht, so muß mit Blick auf die atomare Bedrohungssituation und der mit ihr installierten politischen Realität gesagt werden, daß dem gesellschaftlichen Subjekt in diesem Bezug kaum eine andere Möglichkeit bleibt, als Angst zu verdrängen oder bewußt überspitzend formuliert, daß es geradezu zu *neurotischer* Konfliktverarbeitung gezwungen ist, um überhaupt noch agieren zu können.

Von hier aus erklärt sich uns, warum trotz feststellbarem Wertewandel[26] auch in bezug auf die Nukleare Technologie breite Handlungskonsequenzen ausbleiben: Je erfolgreicher der Verdrängungsprozess gelingt, umso bereiter ist das Individuum offenbar, euphemistischen Stimmungsberichten zur Lage zu glauben.

Auch erklären sich vor diesem Hintergrund die mannigfaltigst betriebenen Ausgleichaktivitäten wie die umtriebige Suche nach Abwechslung, unterhaltsamer Zerstreuung und spektakulären Erlebnissen. Daß dieser Zusammenhang weitgehend unreflektiert und unaufgeklärt bleibt, ist ein weiteres Indiz – unbewußt – ablaufender Verdrängungsprozesse.

Alle angestrengten Aktivitäten vermögen Angst abzubauen, Unlustgefühle abzuhalten und den anstehenden Konflikt unterhalb der Bewußtseins- und Beunruhigungsgrenze zu halten. Sie bedeuten letztlich aber immer nur Schein(auf)lösungen. Denn, „die aus dem Bewußtsein verdrängten kognitiven und emotionalen Inhalte bleiben trotzdem aktiv und zwingen zu immer intensiveren und komplizierteren Abwehrmaßnahmen."[27] Bezogen auf die Handlungsebene des anstehenden Problembereichs führt dessen Verdrängung zu Mangel an Initiative und Fehlen von Interesse, kurz zur Demotivation, die ihrerseits mit Gefühlen der Sinnleere korrelieren aufgrund unerfüllter Motive nach Einflußnahme und Selbsttätigkeit in bezug auf persönlich betreffende Lebenswirklichkeit. Vage Unzufriedenheit und Unsicherheit bleiben[28] und werden genährt durch gelegentliche Zweifel, ob der verfolgte technologische Weg richtig und weiterhin verantwortbar ist. „Wie tief die Unruhe sitzt, das zeigen grassierende psychische und psychosomatische Krankheiten, die – behandelt oder nicht – mehr oder weniger zum Massenproblem werden."[29]

Um dem Einwand verfeinerter diagnostischer Verfahren zuvorzukommen: Als Krisenindikatoren sind auch die beschriebenen Abwehr- und Rückzugserscheinungen im symptomatologischen Vorfeld diagnostizierter Krankheitsbilder zu werten. Sie bedeuten Symptome auf dem Weg in die psychische Krankheit. Alarmieren muß hier auch, von offiziellen Zahlen belegt[30], das erhebliche Anwachsen seelisch gestörter und psychiatrisch behandlungsbedürftiger Kinder und Jugendliche, die einen Zusammenhang zwischen Lebensbedingungen, Zukunftsaussichten und psychischer Erkrankung nahelegen.

Unabhängig von der Krankheitsfrage ergeben sich schon im Vorfeld Hinweise auf die emotionale Ausgangslage von Kindern und Jugendlichen, wenn sie ihre Zukunft einschätzen. Werden sie überhaupt danach gefragt, so drücken sie schriftlich, mündlich und bildlich eine beklemmende Furcht vor der Zukunft aus, zeigen sich enttäuscht über unzureichende zukunftssichernde Maßnahmen der erwachsenen Generation. Anders als diese, lassen sie jedoch noch ein ausgeprägteres Maß an Handlungsbereitschaft erkennen.

Wir interpretieren das so, daß Kinder und Jugendliche einerseits noch weniger an Handlungsgrenzen gestoßen sind, andererseits aber auch noch kein breites Abwehrrepertoire entwickelt haben, so daß sich hier der Impuls Angst noch direkter äußert.

Daß Heranwachsende offenbar weitaus hellsichtiger und hellhöriger auf gesellschaftspolitische Realitäten reagieren, als man es ihnen gemeinhin zubilligt, davon geben Untersuchungen zu ihren Zukunftsvorstellungen ein eindringliches Zeugnis. Heranzuziehen ist hier die von Petri et.al. 1985 bundesweit durchgeführte Befragung von Kindern und Jugendlichen im Alter 9-18 Jahren. Ursprünglich wie andere amerikanische und europäische Untersuchungen zur Problemfrage[31] als repräsentative Studie angelegt, konnte lediglich eine – allerdings um Sorgfältigkeit und repräsentative Annäherung bedachte – Befragung durchgeführt werden, weil die Studie von Politikern und Schuladministrationen mit dem Grund abgelehnt wurde: ‚Kinder beschäftigten sich nicht mit der atomaren Bedrohung; erst die Studie löse Angst bei ihnen aus und mißbrauche sie zu politischen Zwecken.'[32] Die Studie geht neben Fragen nach den größten Wünschen in ihren Kernfragen auf Lebensängste ein. Dabei zeigt die Verteilung auf einer Angstskala mit 20 vorgebenen Items, daß die Angst, ‚daß ein Atomkrieg ausbricht', bei zwei Dritteln der Befragten an erster Stelle der höchsten Angststufe rangiert, dicht gefolgt von der Angst vor dem Tod der Eltern und an der dritter Stelle von der Angst vor weiterer Umweltzerstörung. Auch bei einem Geschlechtervergleich zeigt sich, daß

- geschlechtsunspezifisch bei beiden Geschlechtern die politischen Ängste hochsignifikant stärker ausgeprägt sind als die persönlichen Ängste.

Auch äußert sich Furcht vor der Realisierung ihrer Ängste in der näheren Zukunft:

- 53 % der befragten Mädchen und 47 % der Jungen glauben, daß es in den nächsten 5-20 Jahren einen Atomkrieg geben wird, in den auch Deutschland verwickelt sein wird.[33]

Diese Befragung, die in einer vergleichsweise politisch entspannten Zeitspanne durchgeführt wurde, macht in bedrückender Weise deutlich, wie stark Heranwachsende unter der nuklearen Bedrohung leiden, wie massiv sie auch die politische Realität erleben. Stärker noch als die statistischen Ergebnisse berühren die Aufsätze von 550 Kinder, die auf den Aufruf der Industriegewerkschaft ‚METALL' im Herbst 1988 zum Thema ‚Meine Zukunft' eingegangen sind. Der Altersschwerpunkt liegt bei Elf- bis Vierzehnjährigen. Die weitaus meisten Beiträge enthalten gezeichnete oder geschriebene Zukunftsvisionen einer zerstörten Umwelt, beschreiben und prognostizieren ein computergesteuertes, phantasie- und liebloses Leben. In einer Gesamtschau wird immer wieder die Angst vor der nuklearen Vernichtung durch Atomraketen und Atomkraftwerke geschildert. Alle Beiträge entspringen dem Gefühl; alle bedeuten letztlich einen Appell an die erwachsene Generation. Aus langen Briefen soll unkommentiert und aussschnittsweise zitiert werden.

„Meine Zukunft sieht so aus: Es wird wohl mehr und mehr Gift- und Atommüll geben. Es werden noch mehr Wälder sterben, weil sie durch den Gift- und Atommüll keine Chance haben, richtig zu ‚atmen'. Es wird mehr Autos geben. Diesel müßte man abschaffen. Und natürlich auch Atombomben."[34] Manfred W. (10)

„Ich möchte nicht über meine Zukunft schreiben, sondern über die Zukunft der Erde ... Die Menschen laufen in Schutzanzügen, mit Sauerstoffhelmen herum. Jeder ist in Hetze. Die Tiere sind durch das Gift, das wir in die Luft pumpen, gestorben. Bäume und Sträucher sind zubetoniert ... Manchmal wünsche ich mir, daß ein riesiger Vulkanausbruch all unsere Mülldeponien, Kernkraftwerke und Atommeiler weit wegschleudert, so daß einige vernünftige Menschen unsere Erde neu aufbauen können."[35] Tanja K. (11)

„Mit meinen zwölf Jahren meine ich, auch schon meine Meinung äußern zu dürfen, denn schließlich sind es ja wir Kinder, die den Dreck der Großen übernehmen ‚dürfen'. Wenn ich überlege, wie es jetzt schon aussieht. Wie wird es dann im Jahr 2000 aussehen ? Zum Beispiel mit der Nordsee. Meine Hoffnung ist, daß die Politiker auffwachen ... „[36] Melanie K. (12)

„Ich finde es schlimm, daß die Kinder, die jetzt leben und noch geboren werden, alles wieder in Ordnung bringen müssen ..."[37] Annika W. (11)

„... Ich sehe meine Zukunft so negativ, daß ich keine Kinder in die Welt setzen will. Eigentlich sind wir ja schon am Ende."[38] Marcel M. (11)

„Ein Sommertag im Jahr 2000: Kein Mensch in der Stadt, die Häuser sind verlassen. Unweit der Stadt steht die Ruine eines Kernkraftwerkes. Es war explodiert ..."[39] Frank St. (14)

„... Wir lesen, hören und sehen im Fernsehen immer wieder Katastrophen: Öltanker gehen unter und hinterlassen Ölteppiche auf dem Meer, Atomkraftwerke lassen Strahlen frei, und Flugzeuge stürzen in Wälder ab und hinterlassen Waldbrände. Doch die Menschen werden nicht klüger ... Wir Kinder wissen heute sehr früh Bescheid über diese Probleme. Unsere Eltern und Großeltern sind für die Dinge verantwortlich. Wir Kinder von heute werden viel zu tun haben, um die Fehler der Vergangenheit zu beseitigen. Daran will ich mitarbeiten."[40] Thomas K. (9)

„Ich fühle mich von allen betrogen, besonders von den Erwachsenen, aber am meisten von den ‚Big Bossen', die sich Politiker und treue Diener des Staates nennen ... Durch diese Menschen, die sich mit billigen Versprechungen und belanglosen Reden brüsten, habe ich meine Hoffnung, meine Träume, meine Wünsche verloren. Denn sie sind es, die wettrüsten, die massenhaft atomare Waffen ansammeln, um unsere Erde irgendwann einmal zu zerstören ... Es wäre unerträglich für mich zu wissen, daß wir Jugendliche ... von dieser Welt gehen, ohne je ein Wort gesagt zu haben und ohne uns aufgelehnt zu haben ... Deshalb werde ich allen Jugendlichen raten, sich mit ganzer Kraft in der Politik und im Umweltschutz zu engagieren."[41] Tülin C. (14)

Zeit- und anlaßunabhängig stellten im Frühjahr 1989 Kinder der Jahrgangsstufe 8-10 ihre Zukunftsvision des Jahres 2089 dar.[42] Sie illustrieren geradezu die Aufsätze und bestätigen die nämliche Zukunftseinschätzung (vgl. Bildreihe 0).

Liest man alle schriftlichen Beiträge, so kann es nicht stimmen, daß diesen Kindern Angst und Panik bloß eingeredet worden ist. Viel zu differenziert werden Zusammenhänge entwickelt, als daß sie nicht begriffen worden wären. Dort, wo Worte nicht hinreichen, geben die Bildbeispiele aus der Schulpraxis unverfälschte Einblicke in die Innenwelt der Kinder. Sie stehen repräsentativ für ähnliche Vorstellungen von vielen Kindern. So können sie schlechterdings nicht eingeimpft worden sein. Die zum Ausdruck kommende Empörung über die übliche Taktik der Erwachsenen zu reden, statt zu handeln, ist echt.

3.4 *Präventiv-rehabilitative Zielspektive*

Trotz aller entmutigender Zukunftsaussichten sind Kinder selbst „bereit zum konsequenten Handeln."[43] Da Kinder über keine politisch wirksame Handlungsmacht verfügen, ist die Anwaltschaft der Erwachsenen generell und insbesondere der Bildungsinstitutionen angefragt. Deren formale Ziele, die sie künftig offensiver als bisher bildungspolitisch vertreten müssen, sind:

- Handlungsspielräume zur Sicherung selbstbestimmter Zukunftsgestaltung zurückzugewinnen.
- an einem positiven Rückkopplungsprozess zwischen innovativen zukunftssichernden Konzepten/Technologien einerseits und humanen wie demokratischen Wertsetzungen andererseits mitzuwirken.
- dem postulierten Umorientierungsprozess und Strukturwandel bildungsmäßig Halt und Gestalt zu geben.

Auf der anderen Seite besteht – wiederum formal – die Anwaltschaft zugleich nach wie vor und heute mehr denn je darin, bildungsmäßig jene selbsttätige Handlungskompetenz zu vermitteln, die Heranwachsene zu eigener, selbstbestimmter Übernahme von Zukunftsgestaltung befähigen.

Diese allgemeine fähigkeitssteigernde – prophylaktische – Funktion kommt wiederum der Ästhetischen Erziehung aufgrund ihrer Möglichkeit, personale Kräfte ganzheitlich zu fördern, im besonderen Maß zu. So kann sie bereits im symptomatologischen Vorfeld erkennbarer psychischer Erkrankungen wirksam werden, ebenso wie sie resignative Haltungen und depressive Stimmungszustände auffangen und durch ich-stützende und ich-ausweitende Prozesse gegensteuern kann. Dies weil sie, wie zu zeigen sein wird, Gefühle der Kompetenz und Erfahrungen persönlicher Verursachung als Voraussetzung gesellschaftlich verantwortlichen Handelns freizusetzen vermag.

Nur eines dürfte durch die Darstellung krisenhafter gesellschaftlicher Entwicklungen überdeutlich werden:

Jeder auf ‚emanzipierende Mitwirkung' ausgehende pädagogische Bildungsprozess geht ins Leere, jede um personale Instandsetzung bemühte therapeutische Maßnahme gerinnt zum bloßen symptomkurierenden Therapeutikum, solange mit ihnen nicht ein Abbau aktivitätshemmender und angsterzeugender gesellschaftlicher Realitäten korrespondiert, solange ihnen kein sozio-kultureller Umorientierungsprozess entspricht.

Das entlastet die Bildungseinrichtungen nicht von ihren Aufgaben, läßt aber die Grenzen jeder pädagogisch-therapeutischen Bemühung erkennen.

Anmerkungen

1 Bühl, W.L.: a.a.O. S.10f
2 ders.: a.a.O.S.22
3 ders.: a.a.O.S.59
4 vgl.: Bühl,W.L.: a.a.O. S.63
5 Bühl, W.L.: a.a.a. S.60
6 So zeigt sich auch für Bühl, daß mit den produzierten Giften, freigesetzten Strahlen, Abbrennen der Urwälder,gentechnologisch erzeugten Arten usf. nicht mehr nur lokale Systemstörungen sich verbinden, sondern globale Veränderungen des „ökologischen Gleichgewichts in klimatischer und energetischer, in biochemischer und populationsgenetischer Hinsicht" (1), die zu kontrollieren immer schwieriger werden. (1) Bühl, W.L.: a.a.O. S.173
7 Bühl, W.L.: a.a.O. S.61
8 ders.: a.a.O. S.59
9 Bühl belegt und beschreibt: 1. Die Krise des Wohlfahrtsstaates; 2. Die wirtschaftliche Strukturkrise; 3.Die Krise der Demokratie; 4. Die technologisch-ökologische Krise; 5. Die Krise der internationalen Beziehungen.
10 Bühl, K.W.: a.a.O. S.194
11 ders.: a.a.O. S.193
12 vgl.: Anm.8, TEIL I, Kap. 1.2.
13 Polemisch und emotional, aber deshalb nicht falsch, fragt Eurich: „... worin besteht nach Tschernobyl die Chance der Eltern, Vorsorge zu treffen vor dem nächsten Gau ? Etwa darin, den Sandkasten der Kinder in den strahlensicheren Keller zu verlegen? Oder was soll die um Frieden besorgte Großmutter tun, wenn sich die USA aus SALT II verabschieden, um ungehemmt aufrüsten zu können und ihr Verhalten

damit rechtfertigen, es könne die Abrüstungsverhandlungen in Genf fördern? Soll sie schreien oder auf Wunder warten?" Eurich, Cl.: a.a.O. S.15

14 Vgl.: Veröffentlichte Dokumentation des Diskussionspapiers des ‚Zentrums für Innere Führung' der Bundeswehr in : Frankfurter Rundschau vom 17.Juli 1989

15 Bühl, W.L.: a.a.O. S.157

16 ders.: eb.

17 Gieseke, H.: Einführung in die Pädagogik. München 1975^{7}, S.99

18 Weizsäcker, C.F.v.: Wahrnehmung der Neuzeit. München 1983, S.335f

19 Bühl, W.L.: a.a.O. S.194

20 Vgl.: Zur Entlastungsfunktion des Feindbildes: Richter, H.E.: Zur Psychologie des Friedens. Reinbek b.Hamburg. 1984, S.114ff; auch: Jurezik,J. In: Gerosa,K.(Hg): Große Schritte wagen. München 1984, S.180

21 Vgl.: Jacobson, E.: Depression. a.a.O. S.227

22 Mentzos,St.: Neurotische Konfliktverarbeitung. Frankfurt a.M. 1984, S.30.
Benedetti spricht hier von der Angst als einem psychischen Sicherheitssystem, die, wenn sie kommunikativ geklärt, überwunden und konstruktive Aktivitäten freisetzen kann. Vgl.: Benedetti, G.: Der psychisch Leidende und seine Welt. Frankfurt a.M. 1984, S.72 ff

23 ders.: a.a.O. S.36

24 Abwehrmechanismen sind ebenfalls zunächst einmal nicht per se neurotisch, sondern wirksame Schutzmaßnahmen des Individuums, die „die Integrität und die Konstanz des biopsychologischen Individuums"(1) gewährleisten.(1) Laplanche, J. u. Pontalis, J.: Das Vokabular der Psychoanalyse. Frankfurt a.M. 1973, S.24

25 Mentzos, St.: a.a.O. S.61

26 In Anlehnung an Inglehart sieht Bühl einen Wertewandel in westlichen Ländern in Richtung auf „Schaffung einer schönen und gesunden Umwelt", wo zudem politische Partizipation stärker als wirtschaftliches Wachstum, sozialer Prestigekonsum und politische Kontrolle betont werden. Vgl. Bühl,W.L.: a.a.O. S.90

27 Mentzos, St.: a.a.O. S.60

28 Wir werden hierauf in der Auswertung der Ergebnisse in Teil I, Kap.5 zurückkommen.

29 Bühl, W.L.: a.a.O. S.89. Vgl.auch: Totman,R.: Was uns krank macht. Die sozialen Ursachen der Krankheit. München 1982

30 Nach offiziellen Zahlen der Landesregierung NRW sind 60 000 seelisch gestörte und psychoanalytisch behandlungsbedürftige Kinder und Jugendliche allein im Rheinland registriert. Vgl.: Münsterische Zeitung vom 3.9.1988

31 H.E.Richter berichtet von vergleichbaren dänischen, schwedischen, amerikanischen Untersuchungen, deren gleichlautende Ergebnisse die Wissenschaftler in der sich dokumentierenden Zukunfts- und Atomkriegsangst bestürzen. Selbst im neutralen, atomwaffenfreien Finnland zeigten zwölfjährige Kinder mehr Angst vor Atomkatastrophen als vor privaten Unglücksfällen. Vgl.: Richter,H.E.: In: Rusch, R. (Hg): So soll die Welt nicht werden. Kinder schreiben über ihre Zukunft. Kevelaer 1989, S.11

32 Petri, H.: Die Kinder von Tschernobyl. In: Psychosozial. 6(1983)H.19, S.58

33 Vgl.:Petri,H./Boehnke,K./Macpherson,M./Meador,M.: Bedrohtheit bei Jugendlichen. In: Psychosozial. 6 (1983) H.18

34 Rusch, R.: a.a.O. S.21

35 dies.: a.a.O. S.23

36 dies.: a.a.O. S.30

37 dies.: a.a.O. S.42

38 dies.: a.a.O. S.43

39 dies.: a.a.O. S.53

40 dies.: a.a.O. S. 117

41 dies.: a.a.O. S.19ff

42 Die Zeichnungen wurden im Kunstunterricht des Ratsgymnasiums, Münster, in den Jahrgangsstufen 8-10 hergestellt. Die gezeigten Bilder stellen nur einen ganz kleinen Ausschnitt aus der Produktion dar.

43 Pausewang, G.: In: Rusch,R.: a.a.O. S.93

4. *Neue Kommunikationstechnologien: Ihr Einfluß auf Alltagsbewußtsein und Wirklichkeitsverarbeitung*

4.1. *Ist-Zustand*

Anders als bei der atomaren Bedrohungssituation erscheinen Neue Medien und Technologien wesentlich nur demjenigen als bedrohlich, der seinen Arbeitsplatz durch sie gefährdet sieht. Dem Alltagsbewußtsein sind sie ansonsten unverdächtig. Die Entwicklung der Computer-Technologie mit ihren immensen Kapazitäten zur Speicherung und Verarbeitung von Informationen versprechen Arbeitserleichterung und einen Zugewinn an Freizeit[1], die neuen kommunikationstechnischen Publikumsmedien ein Mehr an Unterhaltung. Die neuen Technologien werden von daher eher als entlastend denn als einschränkend empfunden.

Weniger harmlos erscheinen die neuen Kommunikationstechnologien unter dem Blickwinkel der Frage nach den durch sie beeinflußten Erfahrungs- und Handlungsmöglichkeiten:

Danach verschärft die allseitige Etablierung der Computertechnologie wie die durch Breitband-Kabelnetze und Satelliten möglich gewordene schier grenzenlose Umsetzung und weltweite Übermittlung von Informationen die bereits festgestellte gesellschaftliche Tendenz der Nivellierung von auf Primärerfahrung und Primärerleben basierenden Handlungsspielräume.
Weil technologische Kommunikationsformen die Auseinandersetzung mit Wirklichkeit einerseits durchweg funktionalisieren, demzufolge Sprache und Bilder instrumentalisieren, andererseits aber auch fiktionalisieren, insofern sich die medial vermittelte Wirklichkeit den Anschein realer Wirklichkeit gibt – und auch als solche aufgefaßt und gewertet wird –, verändern sich langfristig auch Auseinandersetzungsformen mit komplexer und vieldimensionaler Wirklichkeit.
Eben weil hiervon einerseits die Arbeits- und Erfahrungsmöglichkeiten im Rahmen Ästhetischer Erziehung und Therapie essentiell berührt sind, andererseits sich aber auch weitere prophylaktische Aufgaben der Pädagogischen Kunsttherapie herleiten, kann die prognostizierte Entwicklung aus der ihr zugrundeliegenden Theorie nicht ausgeblendet werden.

Dieser Zusammenhang soll in einer weiteren Problemskizze thesenhaft umrissen werden. Zunächst zur kommunikations-technologischen Ist-Lage:

1. Elektronische Medien haben binnen kürzester Zeit global die Grundlagen unserer Interaktion mit Umwelt verändert, ebenso wie die Massenmedien den sozialen Diskurs verändert haben.

Zunächst als Rationalisierungsmaßmaßnahme von Arbeitsabläufen in Großunternehmen durchgeführt, bestimmen technische Kommunikationsformen inzwischen den internationalen Datenaustausch der Wirtschaftsunternehmen.[2] Sie vermitteln Informationen zwischen Institutionen und ersetzen personale Kommunikation mit ihrem Publikum. Sie leiten das alltägliche Kommunikationsverhalten von Privatpersonen zunehmend und in einem Ausmaß, daß sich individuelle, gesellschafliche wie massenmediale Kommunikation immer mehr zu einem integralen Kommunikationssystem verdichten.

2. Die Produktivität der neuen Technologien selbst, die interne Zeichenmobilität und externe Verbreitungsmobilität verstärken den gesellschaftlichen Prozeß hin zur Informationsgesellschaft, deren Funktionsfähigkeit inzwischen von der Funktionabilität ihrer Zeichensysteme abhängt.[3]

Immer mehr Erwerbstätige sind direkt oder indirekt mit der Herstellung, Umsetzung und Verbreitung von Informationen beschäftigt und auf entsprechende Arbeitsplätze angewiesen, immer mehr Privatleute konsumieren Informationen und fragen Leistungen der Medien- und Zeichentechnologie nach.

Hieraus ergibt sich nicht nur eine quantitative Expansion des Informationsangebots, sondern folgen auch qualitative Auswirkungen auf Art und Anwendungsbereiche medial vermittelter, individueller und gesellschaftlicher Kommunikation.[4]

Dabei mehren sich die Anzeichen dafür, daß sich entgegen der seinerzeit erwarteten ‚informierten' Gesellschaft eher das Gegenteil, nämlich Desinformation, Orientierungsprobleme, Wirklichkeitsverlust entwickeln, so daß „mit dem Zuwachs an Informationsquantität" eher ein „Verlust an Informationsqualität" einhergeht, „wenn man so will ein Verlust an Lebensqualität durch technische Entwicklung allgemein."[5]

3. Neue Medien und Zeichentechnologien dringen in nahezu alle Lebensbereiche ein und verdrängen personale Kommunikation und Interaktion.

So läßt sich jetzt bereits feststellen, daß überall dort, wo es um rationale und rationalisierbare Problemstellungen, Arbeitsvollzüge oder Kontrollen geht, technologische Kommunikationsverfahren Eingang und Anwendung finden, angefangen vom Militärbereich über den Produktions-, Dienstleistungs- und Behördensektor, den privaten Haushalts-, Freizeit- und Konsumbereich bis in die Universitäten und Schulen hinein.

Die sozialen, kulturellen und personalen Auswirkungen und Folgen der expandierenden Technologien lassen sich heute nicht gänzlich abschätzen. Dennoch erscheint plausibel, daß wenn in immer mehr Bereichen direkte Interaktionen zwischen Menschen durch Informationsaustausch mit dem Bildschirm ersetzt werden, dies nicht nur Arbeits- und Lebensformen verändert, sondern daß hiervon auch Erfahrungs-, Bewußtseins- und Beziehungsvollzüge betroffen sind:

4. Die neuen Zeichentechnologien mit ihren immateriellen Bildern destabilisieren das gewohnte Wirklichkeitsverständnis – wenn

sie es nicht gar hinter sich lassen –, entsinnlichen, entgeistigen und depersonalisieren Kommunikation.

Dabei muß man sich bewußthalten und bewußtmachen, daß mit Berger gesprochen, der Rahmen, in dem die Computertechnik arbeitet und Wissen zuarbeitet – Wirklichkeiten prognostiziert, plant, modelliert und simuliert – grundsätzlich positivitisch ist und auf logischem und numerischem Kalkül basiert, das sicherlich einen Teil unseres Denkens, nicht aber das ganze repräsentiert.

Die zugrundeliegende „Logik steht im Dienste eines Teils der Realität", die, weil sie um ihre sinnlichen, hermeneutischen und emotionalen Dimensionen abgekürzt, nie „mit der gesamten Realität kompatibel"[6] sein kann.

Das wiederum heißt, daß die so erzeugte Wirklichkeit sich derartig von der Vollzugsrealität entfernt, daß auch deren Betrachtung keine Erfahrung reflexiv erzeugter Wirklichkeit – wie etwa beim ästhetischen Produkt – bedeutet.

Parallel zum Aufbau der elektronischen Kommunikation vollzieht sich der Prozess zunehmender Bebilderung aller Lebensbereiche, in der sich Realität zunehmend als Bilder von der Realität vermitteln.

5. In dem Maße aber, wie Primärerfahrung durch mediatisierte Erfahrungen ersetzt und entwertet werden, steht zu vermuten, daß neben Wahrnehmungs- und Denkweisen zunehmend auch Persönlichkeitsstrukturen tangiert werden, was Selbst- und Fremdtheorien, Wirklichkeitskonstitution und Sinnaktualisierung anbelangt.

Genau hierin liegt die Herausforderung des Bildungswesens heute, sofern und solange sie auf der Basis einer ‚proportionierlichen Entwicklung personaler Anlagen'(Kant) an einem Vollbegriff von Identität als übergreifendem Annäherungsziel festhalten will. Sie liegt in der Frage, wie es auf die personalen Auswirkungen der medientechnologischen Beeinflußungen reagieren sollte. Impliziert der Identitätsbegriff nämlich selbst-, wirklichkeits- und begriffsserschließendes wie urteilsbildendes Erfahrungshandeln als Bedingung selbstverwirklichender Identitätsbildung und selbstkompetentem Handeln, so kann der Pädagogik die technologische Entwicklung mit ihrer beobachtbaren Tendenz, interpersonale Kommunikation und eigene Erfahrungen zu ersetzen, alltägliches Lern- und Sozialverhalten weiter zu rationalisieren und zu instrumentalisieren, nicht gleichgültig sein.

Erst recht kann es für sie nicht wünschenswert sein, den traditionellen Dialog zwischen Lehrenden und Lernenden zugunsten technischer ‚Dialogsysteme' abzubauen. Ist die Entwicklung auch noch in den Anfängen begriffen, so läßt sich aufgrund der durch sie geforderten und geförderten Denkstrukturen jedoch vermuten, daß sie für den Bildungsprozess nur geringe Vorteile bieten, etwa für die Bereiche, wo eindeutige Wissensdaten, Fakten, Informationen standardisierbar und entsprechend elektronisch abfragbar sind. Überall dort aber, wo es nicht um frag-lose, sondern um komplexe individuelle oder sozio-kulturelle Zustände, Entwicklungen, Probleme geht, für die erst Problemlösungen und Orientierungen gefunden werden müssen, muß Bildschirmlernen, das Erfahrungen in vor-produzierter Form liefert und nacharbeiten läßt, versagen. Sein Anwendungsbereich erscheint von daher sehr begrenzt.

Das erst kürzlich fertiggestellte dreijährige Forschungsprojekt des Instituts für Schulentwicklungsforschung der Universität Dortmund kommt da zu keinen anderen Ergebnissen. Seine Autoren untersuchten mittels quantitativer und qualitativer Verfahren (ausgiebige Unterrichtsbeobachtungen), ob sich Unterricht mit Computern auf Interaktionsstrukturen auswirkt und darüber hinaus auch in bestimmte Wahrnehmungs- und Denkweisen einübt. Ihre Ergebnisse bestätigen zum einen die in bezug auf Computer- und Videospiele bereits gemachten Beobachtungen[7] und können auch unsere Vermutungen abstützen. Die relevanten sind:

- Zwar werden Schüler von der Kontrolle des Lehrers ein Stück weit entlastet. Diese wird jedoch ausgegeglichen „durch die verdeckte Kontrolle, die der Computer ausübt."[8]
- Zwar können die Schüler während der Arbeit essen, stöhnen, murmeln, sich die Haare raufen oder ganz einfach ins Leere starren. Aber sie „sehen und hören nur noch selten, was nebenan geschieht, richten ihre Aufmerksamkeit immer wieder auf den Bildschirm, entwickeln monotone, mechanische Bewegungsabläufe und irren nicht selten hilflos im Labyrinth ihrer oft unübersichtlichen Programme herum."[9]

Zugespitzt befürchten die Autoren aufgrund ihrer Untersuchungen folgende exemplarische Gefahren, die sich mit einem zu engen Kontakt mit angewandter Informationstechnik verbinden:

- "Einübung in mechanistische Denk- und Problemlösungsgewohnheiten
- Unterordnung unter Sachzwänge
- Desensibilisierung für soziale Erfahrungen
- einseitige Beanspruchung und Verdrängung expressiver und motorischer Bedürfnisse."[10] (Spiegelstriche v.V.)

Bauer und Zimmermann selbst schlagen vor, zumal Jugendliche entgegen werbeträchtiger Prophezeihungen Bildschirmmedien im Unterricht längstens nicht so attraktiv erachten wie persönliche Kontakte und konkretes Leben,

„zusammen mit den Schülerinnen und Schülern die Schule als Gegenwelt (zu) erhalten, als Gegenwelt zu einer letztlich auf wirtschaftliche Ziele ausgerichteten hochtechnisierten Alltagswelt, als Ort, an dem Menschen in Auseinandersetzung mit anderen Menschen ohne Automaten, Roboter und Bildschirme wahr(zu)nehmen, (zu)denken und (zu)fühlen lernen."[11]

Aus diesen Überlegungen allein könnte sich ein Nachgeben der Pädagogik gegenüber einer verstärkten technisierten Kommunikation zuungunsten interpersonaler Kommunikation „als äußerst verhängnisvolle Fehlentwicklung"[12] erweisen.

4.2. *Ästhetische Kommunikationsstruktur*

Direkt und unmittelbar ist die Ästhetische Erziehung und die Etablierung kunsttherapeutischer Praxis von der Entwicklung insbesondere der Medientechnologien wie von der durchgängigen Ästhetisierung aller Lebensbereiche betroffen.

Keine Frage nämlich auch, daß Texte, Klänge, Bilder unter dem Einfluß des digitalen Codes expandieren und sich neu formieren. „Tatsächlich", so Claus euphorisch, „ist der digitale Code in unserer Gegenwart zum Aufzeichnungs- und Senderaster aller denkbaren Bilder, Daten, Texte und Klänge geworden", der jedermann gleichermaßen zur Verfügung steht. Dabei muß man sich klarmachen, „daß damit ein neues digitales Grundalphabet geschaffen wurde, dessen Zeichen nicht mehr zwischen Klang, Wort und Bild unterscheiden."[13] Vielmehr können Daten beliebig in Töne, Wörter und Bilder umgesetzt werden. Darüber hinaus sind sie auf vorhandene Realitäten, die sie aufnehmen und umsetzen, gar nicht mehr angewiesen. Der digitale Code kann so also ganz neue, immaterielle Wirklichkeiten erzeugen.

In der Konsequenz bedeutet das, daß mit dem allseitigen Eindringen der Technologien, vor allem der audio-visuellen Medien, zugleich Änderungen im Verständnis des Kunstwerks, der ästhetischen Produktionsweise sowie Änderungen der Perzeptionsweisen wie der personalen Auseinandersetzungsbereitschaft überhaupt einhergehen, die die Handlungsgrundlagen Ästhetischer Erziehung substantiell gefährden.

Diese als These maskierte Problemstellung ist zunächst nicht mehr als die Frage danach, ob es sich so verhält und welche Hinweise sich für ihre Richtigkeit ergeben. Nur – und hierfür will die Erörterung Hinweise liefern-: Ihre Bearbeitung durch die Theoriebildung ästhetischer Erziehungs- und Therapiepraxis ist überfällig. Ein weiteres Abwarten oder Ignorieren der medientechnischen Entwicklung und ihrer Folgeerscheinungen nähme sich – je länger, desto mehr – Möglichkeiten konstruktiver Einflußnahme, denn:

> Der Zeitpunkt einer Wahlentscheidung zwischen Negieren und Affirmieren ist längstens überschritten.
> Wir haben es hier mit Fakten zu tun, die es notwendig machen, die audio-visuellen Medienrealisate, ihre Herstellungsverfahren, ihre Kommunikationsstruktur wie deren mögliche personale Auswirkungen durch Beschreibung, Analyse und kritischer Auslegung theoretisch anzueignen, zugleich Potentiale wie Grenzen auch praktisch zu erproben mit dem Ziel, sie gegenstandsangemessen und nicht ideologisch zu verhandeln.

Nur so läßt sich auch erst begründetermaßen an der Bedeutung und Funktion der ‚Medien des personalen Ausdrucks' - wie wir ästhetische Mittel in Absetzung zu technologischen Medien nennen wollen, weil sie bewußt und reflektiert zur Gestaltung eines individuellen Ausdrucks- oder Darstellungskonzepts angewendet werden[14] – für die Wirklichkeitserfassung, für die Wirklichkeitsverarbeitung, für die Sinnherstellung im Rahmen ästhetisch-therapeutischer Erziehungspraxis festhalten.

Die besondere analytische Schwierigkeit bei der Ermittlung der Medien- und Technologiewirkungen ergibt sich dadurch, daß die neuen Technologien nahezu alle Ebenen der lebensweltlichen Praxis z.T. unaufflechtbar durchdringen, also ästhetische, perzeptionelle, politische, soziale, ökonomische usf.Ebenen, was die Theorie der Ästhetischen Erziehung auf Hilfestellungen, Aufbereitungs- und Zubringefunktionen der Kunst- und Medienwissenschaft verweist.

Um aber überhaupt ein spezifisches Frageprofil zu gewinnen, gilt es, an die ästhetischen Grundlagen zu erinnern. Dies, weil jede medien- und adressatenspezifische ästhetische Erziehung mit Hilfe des hier vorgegebenen begrifflich-analytischen Instrumentariums medientechnologische Realisate erst fachspezifisch daraufhin befragen kann, inwieweit sie Ästhetizität bzw. Trivialität ausbilden, bzw. wie ihr Anteil an der Sinnkonstitution und Wirklichkeitsklärung resp. an deren Demontage einzuschätzen ist, inwieweit und unter welchen Prämissen sie in die ästhetische Erziehungspraxis einbezogen werden sollte.

Aber nicht nur aus analytischem, sondern auch aus praktischem Interesse ist die Erörterung der äthetischen Grundlagen unverzichtbar, insofern sich Ästhetische Erziehung hier gegenüber der aufgezeigten Problemlage ihrer eigenen Leistungsmöglichkeiten vergewissern kann und aktuell zu rechtfertigen vermag. Mehr noch:

> Gerade die Vergegenwärtigung ästhetisch produktiver und rezeptiver Potentialität läßt die eminent gewachsene Gegenwarts- und Zukunftsbedeutung kompensatorischer, komplimentärer wie präventiver Funktionen ästhetischer Prozesse in bezug auf die zeitgenössischen, subjekt-einschränkenden gesellschaftlichen Bedingungen in ihrer ganzen Tragweite erkennen.

Lassen sich also erst nach Maßgabe ästhetisch produktiver und rezeptiver Potentialität überhaupt erst Unterschiede gegenüber technologischer Interaktionspraxis ausmachen und lassen sich auf dieser Grundlage auch erst Orientierungen für die ästhetische Praxis gewinnen, so folgt hieraus auch, daß sich die kritische und konstruktive Funktion ästhetischer Theorie und Praxis nur aus ästhetischen Grundlagen herleiten läßt.

Wird an dieser Stelle die grundlagentheoretische Erörterung und Fundierung ästhetischer Prozesse noch ein Stück weit aufgeschoben, so um deren Potentialität genereller – personale und gesellschaftliche Wirklichkeitszusammenhänge umgreifend – entwickeln zu können. Dennoch ist die folgende Analyse von Kommunikationsstrukturen allgemein zugänglicher Medienrealisate bereits implizit von Einsichten zur ästhetischen Gegenstands- und Handlungsstruktur geleitet.[15]

Explizit soll an dieser Stelle jedoch der Begriff der ‚Ästhetischen Kommunikation' eingeführt werden, um Unterschiede des kommunikativen Austauschs mit Medienprodukten deutlich werden zu lassen.

Dem auf Kant zu begründenden engen Zuordnungsverhältnis von Ästhetischer Produktion und – der auf ihre spezifischen Produktionsresulate bezogenen – Rezeption entsprechend soll Ästhetische Kommunikation in Abgrenzung zu allen technologisch-funktionalen und interpersonal-sozialen Kommunikationsformen so definiert werden:

Bei Ästhetischer Kommunikation im Rahmen produktiver und rezeptiver Prozesse handelt es sich um eine besondere, nämlich ganzheitliche Form der Verständigung, insofern sie einen Selbstbezug auf intraindividuellen Ebenen des sinnlich-emotionalen Vorstellens und Erlebens, der Selbstreflexion wie es diskursiven Denkens einschließt.
Strukturell erfolgt Ästhetische Kommunikation bei der Herstellung oder Betrachtung ästhetischer Produkte (Bild, Plastik, Film, Aktion usf.)

Anders gesagt:
Ästhetische Kommunikation vollzieht sich bereits bei der ästhetischen Produktion: In ganzheitlichen Prozessen mobilisiert sie Ideen, Vorstellungen, Reflexionen, Gefühle, sinnliches Erleben. Diese gehen in den nach eigenen Regeln vorangetriebenen Gestaltungsprozess ein und bilden die spezifische Gestalt ästhetischer Produkte als Form-Sinn-Materialganzheit aus. In ihrer Gestalt stellen sie zugleich eine mögliche, exemplarisch ausgeformte Konkretisierung unfassenderer individueller Vorstellungen und Ideen dar, deren unexplizierter Ausdrucks- und Darstellungskontext vieldeutig und unbestimmt *(polyvalent)* mitgegeben ist.

Ästhetische Produkte weisen so über sich hinaus auf den Produzenten und seine Vorstellungen/Absichten/Ansichten zurück wie auf andere mögliche Wirklichkeitskeitszusammenhänge hin. Sie geben ‚viel zu denken Anlaß'(Kant).

Dehalb auch rufen sie ihrerseits auf der Betrachterseite sowohl einen Selbstbezug, als auch in ihrer ganzheitlichen Verfaßtheit ganzheitliche, nämlich die Sinne, das emotionale Erleben und die Reflexion ansprechende Kommunikationssprozesse hervor, wirken also *polyfunktional*. In diesem Kommunikationsverhältnis wird vom Betrachter:

- erstens: zu dem im ästhetischen Produkt enthaltenen Selbstausdruck und/oder seinen individuellen Wirklichkeitsansichten sinn-auslegenden Bezüge hergestellt;
- zweitens: der Gehalt am Leitfaden eigener Vorstellungen, Erfahrungen, Sichtweisen – annäherungsweise – erschlossen und – durch den inividuellen Erschließung-Kontext bedingt – auch personalisiert, transzendiert, verändert.

Die auf selbsttätiger und selbstbestimmter Produktion fußenden ästhetischen Resultate bilden demzufolge die Voraussetzung einmal für die vieldimensionale Ästhetische Kommunikation und zum anderen prinzipiell für die doppelseitige Verständigungsfunktion des Ästhetischen, nämlich:

Sinnaktualisierende Selbst- und Fremdverständigungsprozesse für Produzent und Rezipient über die in ästhetischen Produkten enthaltenen Selbst- und Wirklichkeitssichten hervorzurufen.

Wollten medientechnologische Produkte ebenfalls ganzheitliche Erfahrungs- und Auseinandersetzungsprozesse aktivieren, müßten sie entsprechend selbst ganzheitlich strukturiert sein. Hier aber zeigt bereits die Erfahrung, daß dies nur bei den wenigsten, zudem wenig massenwirksamen Medienprodukten zutrifft. Ihnen fehlen die über Reflexion und Erleben einzuholenden Bezugsmöglichkeiten.

Das wird deutlich, wenn man Medienrealisate auf ihre Kommunikationsmöglichkeiten hin befragt.

4.3. *Medientechnologische Kommunikationsstrukturen*

Medienprodukte benutzen ästhetische Mittel, häufig auch ästhetische Vorlagen, die sie jedoch nicht personalen Ausdrucks- und Mitteilungsabsichten, sondern außerästhetisch-instrumentellen – z.B. illustrierenden, dekorierenden, werbenden, überredenden, unterhaltenden – Zwecksetzungen unterstellen. Deshalb die Frage:

In welchem Ausmaß ändern sich ästhetische Kommunikationsstrukturen im nicht-ästhetischen Zweckzusammenhang, bzw. wie werden dadurch eigene Wirklichkeiten erzeugt?

Diese Frage resultiert aus folgender Überlegung:

Gerade wenn es so ist, daß, wie allseitig beklagt, kunstästhetische Kommunikation sich ohne Berücksichtigung insbesondere der durch audio-visuelle Medien etablierten Rezeptionsstrukturen und ästhetischen Normen der Gesellschaft nicht mehr zureichend analysieren läßt, und wenn das gleiche für musik-, literar-, film-, theaterästhetische Kommunikation zutrifft (was zugleich als Eingeständnis erschwerter pädagogischer Vermittlungsbedingungen zu werten ist), dann wird Ästhetische Erziehung verstärkt die Verwendung und Wirkung ästhetischer Mittel in nicht-ästhetischen Anwendungsfeldern abklären müssen.

Hier lautet die Hypothese:

Das zunehmende Eindringen ästhetischer Medien, vor allem von Bildmedien in Alltagsrealitäten bewirkt eine Ästhetisierung von Alltag, erzeugt zudem selbst fiktionale Wirklichkeiten, die sich als Bilder von der Wirklichkeit vermitteln.
Ihrer Qualität nach erschweren sie nicht nur eine tiefergreifende Auseinandersetzung mit eigener oder fremder Wirklichkeit, sondern zunehmend auch eine mehrdimensionale Kommunikation mit ästhetisch konstituierter Wirklichkeit.

Dabei ergeben sich sicherlich qualitative Unterschiede, je nach dem, ob die mediale Verbindung zur faktischen Wirklichkeit ästhetisch motiviert ist oder ob sie allein außer-ästhetischen Zwecken dient, wie exemplarisch an der ‚Mona-Lisa'-Verarbeitung gezeigt werden soll. An dem Mona-Lisa-Beispiel wird überdies deutlich:

1. Wie eine ästhetische Vorlage (künstlerisch oder nicht) immer wieder zur inner-ästhetischen Neuverhandlung veranlaßt, was durch ihre vieldeutig-vielschichtige Struktur ermöglicht wird.
2. Wie ästhetische Vorlagen in gesellschaftliche Wirklichkeitsfelder übertragen und außerästhetischen Zwecksetzungen dienstbar gemacht werden.

3. Wie in Alltagsfeldern schließlich mit ästhetischen Klischees operiert wird, weil von ihnen die gleichen positiven Wirkungen wie vom ästhetischen Original erwartet werden, ohne es selbst zeigen zu müssen.

Ausgangspunkt der ästhetischen wie nicht-ästhetischen Bezugnahme soll also das Frauenbild der ‚Mona Lisa' von L. da Vinci sein.

Erstmals ästhetisch verfremdet – und seiner Aura enthoben – wurde es 1919 von Marcel Duchamp, der die Mona Lisa mit einem Oberlippen- und Kinnbärtchen wie mit einem obszönen Spruch versah. Er begleitete sein Tun mit dem Appell: „Laßt Euch nicht von dem Lächeln von Gestern hypnotisieren, erfindet das von Morgen!"[16]
Duchamp verwies mit dieser grenzüberschreitenden Aktion – wie auch seinen ‚Ready-Mades' – den Betrachter auf seine eigenschöpferischen Potenzen[17] und mit dem durchaus pädagogisch gemeinten Appell, ‚die Dinge auch einmal anders zu sehen, als sie sind', zugleich auf die Notwendigkeit, faktische Wirklichkeit immer wieder in den ‚Stand ihrer Möglichkeit' zu setzen. Zudem öffnete er mit dieser Mona Lisa-Verfremdung das Motiv für ästhetische Neuverhandlungen.
Bis heute hat die Motivöffnung zahlreiche ästhetische Bezugnahmen zu den verschiedensten Wirklichkeitssphären hervorgebracht:
Angefangen von den Mehrfachhänden ‚Händel' von Silvia Hermann, die die Augen und und das Gesicht der Mona Lisa verstellen, über die totale Motiv-Negierung durch Endre Tot, der lediglich noch durch eine auf das Blatt gestreute Buchstabenreihe ‚Ein Lächeln irgendwo hier' an die Mona Lisa erinnert bis hin zur Ironisierung der Ess-Kultur durch Jan Voss, in dessen aufgerollter Sardinendose dem Betrachter das Bildnis der Mona Lisa entgegenlächelt.[18]

Diese ästhetischen Neuverhandlungen spielen allesamt mit dem bekannten Motiv und geläufigen Rezeptionserwartungen. Da sie aber zugleich vieldeutig irritieren, wird der Betrachter angeregt, die durchgeführten, aber unbestimmten Neubezüge für sich interpretierend zu vereindeutigen, mit eigenen Bezügen zu vergleichen, diese ggf. in Frage zu stellen oder zu erweitern.

Anders bei der Verwendung der ästhetischen Vorlage, wenn sie in gesellschaftliche Wirklichkeitsfelder übertragen und außerästhetischen Zwecken unterstellt wird. Hier wird dann der Funktionszusammenhang dominant mit der Folge, daß – bezogen auf unser Beispiel – das Mona-Lisa-Motiv als Dekor, als Werbeträger, Emblem, Comic-Figur udgl. um seine vieldeutigen semantischen und vielwertigen erlebnismäßigen Dimensionen, mithin um seine ehemals reflexive Energie gebracht wird:

So in der Übertragung auf das Wirklichkeitsfeld ‚Wohnen/Wohnumfeld', wenn die Mona Lisa in Großprojektion von einer häßlichen Hausfassade ablenken soll oder Bettlaken und Küchenhandtücher bebildert; so im Wirklichkeitsfeld ‚Werbung', wenn beispielsweise eine Zigarettenreklame werbewirksam im Louvre zwischen der Mona Lisa da Vincis und Raffael plaziert wird oder ihr massenhaft reproduziertes Bildnis für eine japanische Bank wirbt.
Mona Lisa erscheint ebenso im Wirklichkeitsfeld ‚Freizeit/Unterhaltung', wo sie in leicht verfremdeter Form zahlreiche Titelbilder von Zeitschriften schmückt oder in einem Comic von Walt Disney auftaucht. Im Wirklichkeitsfeld ‚Mode' dekoriert sie als Aufdruck T-Shirts und Stoffe.[19] Ausgespart ist sie schließlich auch nicht aus politischer Werbung: Hier operiert ein Wahlplakat der ‚Union' aus dem Jahr 1972 mit den unbewußt-latenten Wirkungen des positiv besetzten, inzwischen zum Klischee erstarrten Frauenbildes der Mona Lisa, ohne daß die abgebildete, lächelnde Frau noch ausdrücklich an die Mona Lisa erinnern müßte.

Dieses Beispiel ließe sich leicht in die Fernseh- und Videoproduktion hinein verlängern, ebenso für Männerbilder aufmachen, wovon hier jedoch abgesehen wird.[20]

Warum es bei diesem Beispiel vor allem ging, war die ästhetische Durchdringung und die durch die medientechnologische Entwicklung noch verstärkt vorangetriebene Bebilderung aller Lebensbereiche aufzuweisen. Weil diese in festen Zweckzusammenhängen stehenden Bilder weder auf ihr Gegenteil, noch auf die Negation ihrer selbst, noch auch auf irgendeine andere Sphäre als auf die eigene verweisen, also *monovalent* in ihrem Zweckzusammenhang aufgehen, bedürfen sie keiner besonderen Rezeptionsanstrengung oder Kommunikationsweise. Dasselbe gilt massiv auch für die verbreitete audio-visuelle Bildproduktion, wie zu zeigen sein wird.

Daß hiervon Einflüsse auf die ästhetische Wahrnehmung und Auseinandersetzungsbereitschaft gegenüber komplex konstituierter ästhetischer Wirklichkeit ausgehen, läßt sich vorstellen. Sie zeigen sich zudem bereits dem Pädagogen im Rahmen ästhetischer Bildungsprozesse, wenn sich die Interpretation ästhetischer Produkte als ausgesprochen mühselig für alle Beteiligten darstellt.

Maßgeblicher Einfluß bei der Veränderung von Perzeptionsstrukturen gegenüber Wirklichkeit kommt Fernsehen und Video zu.

Unabhängig von spezifischeren psychischen Auswirkungen spezieller z.B. gewalttätiger Kommunikationsinhalte muß nämlich generell angenommen werden, daß Fernsehen und Video in einem Maße an der Ästhetisierung und – in der Folge – an der Fiktionalisierung von Wirklichkeit beteiligt sind, daß langfristige Auswirkungen auf Kommunikation, auf Wirklichkeitserfahrung und Wirklichkeitsverständnis und hiermit schließlich wiederum auf ästhetische Kommunikationsformen zu erwarten sind.

Fiktionalisierung der Wirklichkeit durch Ästhetisierung[21] meint:

Die vermittelten Medienrealisate wandeln lebensweltliche Realität zunehmend zur Bildrealität, die -fälschlicherweise- suggeriert, Wirklichkeit abzubilden. Ihr wird zunehmend mehr Realitätsgehalt zugemessen als der eigenen,auf Handeln gründenden Erfahrung.

Man könnte auch so sagen:

Bilder von Wirklichkeiten (Fiktionen[22]) werden vermittelt und leiten als Bilder von Bildern der Wirklichkeit die Erfassung und Verarbeitung von Wirklichkeit.
Entwertung personaler Kommunikation, Interaktion, Primärerleben und Primärerfahrung sind die Folge.

Hiermit rückt die Frage nach der Wirkung der erzeugten Bilder und hier zunächst vor allem die Bedingungen, Mittel und Strategien ihrer Erzeugung in den Blickpunkt. Dabei kann der marktwirtschaftliche Einfluß auf die Produktion und Qualität der industriell erzeugten Bildwirklichkeiten nicht ausgeblendet werden. Er wird stichwortartig geprägt durch zunehmende Privatisierung, Kommerzialisierung und eine fortschreitende Tendenz zur Monopolbildung dieses so profitträchtigen Wirtschaftszweiges. Dies hat Rückwirkungen auf die Qualität des Gehaltes: Der Kampf um Marktanteile fördert mehrfach verwertbare Serienprodukte, die Unterhaltungsbedürfnissen eines Massenpublikums entgegenkommen und dem Mehrheitsgeschmack angepaßt sind. Als höchst problematisch erscheint die mit der Kommerzialisierung des Rundfunks einhergehende internationale Tendenz, die „öffentliche Kommunikation den Regelungsprinzipien des Marktes zu unterwerfen", in dem der demokratischer Meinungsbildung verpflichtete Auftrag öffentlich-rechtlicher Rundfunkanstalten von „rein ökonomischen Zielsetzungen einer optimalen Verwertung der industriell hergestellten Kommunikationsprodukte und einer optimalen Ausnutzung der ... technologischen Verteilungssysteme (Kabelnetze, Satelliten)"[23] unterlaufen und zugunsten der reinen Unterhaltungsware der Privatanbieter zunehmend verdrängt wird. Die abzusehende – und schon beobachtbare – Entwicklung ist, daß der öffentlich-rechtliche Rundfunk dem Konkurrenzdruck vermehrt mit den gleichen Mitteln und derselben Unterhaltungsausrichtung – bis in die Nachrichten hinein – zu begegnen sucht.[24]

Der Frage nach möglichen gesellschaftspolitischen Konsequenzen kann hier nicht nachgegangen werden.[25] Gezeigt werden sollte vor allem, unter welchen marktwirtschaftlichen Mechanismen ein Großteil heutiger Medienprodukte hergestellt wird. Auswirkungen auf den Einsatz der Mittel und die Qualität der Produkte sollen anhand eines fiktiven Beispiels – allerding mit hohem Realitätsgehalt –, in dem es um die audio-visuellen Umsetzung einer literarischen Vorlage geht, beleuchtet werden. Dabei kann deutlich werden, daß sich dabei nicht nur die ästhetische Vorlage verändert, sondern insgesamt deren vielschichtige Kommunikationsstrukturen.

Ausgangspunkt unseres Beispiels ist: ‚ROMEO und JULIA'.

Das Motiv ist aktuell genug, um einen fiktiven Produzenten auch heute zu interessieren. Unter Marktgesichtspunkten (‚Massenakzeptanz', ‚Hohe Einschaltqoten') von Medienspezialisten aufbereitet, entsteht ein allseits konsumtives Produkt, das hohen materiellen Gewinn verspricht. Das könnte so geschehen:

Die engagierten Medienexperten werden den Stoff zunächst aktualisieren, in ein zeitgemäßes Environment stellen, ggf. das kulturelle Profil tilgen; dann eine Themenselektion auf einige wenige gefühlsträchtige Ereignisse und Situationen vornehmen, die ihrerseits der Technik des ‚Suspence'[26] unterworfen werden mit dem Ziel, Anspannung zu erzeugen und den Spannungsbogen in der Schwebe zu halten. Dazu wird der Handlungsverlauf mit den Mitteln der Schockapperzeption[27], Zersplitterung und Erschöpfung von Aufmerksamkeit organisiert; (Hier wird mit vorhandenen Seh- und Wahrnehmungsgewohnheiten der Zuschauer gespielt und zugleich ihrerseits wiederum verfestigt).

Der Handlungsablauf wird sodann ebenso standardisiert wie die Handlungsträger durch einige wenige faßliche Attribute typisiert nach dem Motto: ‚Wir brauchen keine Charaktere, sondern Identifikationsfiguren!' Das heißt: Stars mit Idolcharakter; (auf unser Beispiel gewendet bedeutet das: Romeo werden die Attribute: ‚redlich, rechtschaffen, durchsetzungsfähig', Julia die Attribute: ‚geschmackvoll, empfindsam, lieb' zugeordnet. Sie sind positiv besetzt und Teil gängiger Selbstpostulate).

Die Erzählstruktur wird minimiert auf notwendig erscheinende, verbindene Sequenzen, die den Handlungsverlauf vorantreiben, zudem wird die Sprache funktionalisiert, damit eindeutig, statisch, stereotyp, undynamisch. Ebenso werden die Gegenstände voll in den Zweckzusammenhang integriert: Das heißt, der Marmeladenklecks auf Julias Bluse ist nur dazu da, um von Romeo wegewischt zu werden und dadurch Julia näherzukommen, der Schreibtisch, um Romeo Dokumente unterschreiben zu lassen usf.

Das wiederum heißt: Weder die verwendete Sprache noch die Gegenstände, haben hier eine über sich hinausreichende vorstellungs- oder reflexionsanregende Bedeutungsebene.

Neben diesen erzählenden Stilmitteln, werden natürlich auch technische eingesetzt, wobei die Organisation der Zeit ebenso eine Rolle spielt, wie der Einsatz von Farbe, Licht, elektronischen Effekten, die die Gefühlssensationen weiterhin intensivieren und die eigene Alltagserfahrung unbedeutend erscheinen lassen. Aus der begrenzt zur Verfügung stehenden Zeit resultiert, daß man komplizierte psychologische Zustände, komplexe Beziehungen, Reflexionen und deren Entwicklung nicht berücksichtigen kann, abgesehen davon, daß hierfür kaum telegene Entsprechungen oder eindeutige Bildäquivalenzen gegegeben werden können. Sie wären ebenso kompliziert und auslegungsbedürftig, wie die Bilder, die sie plausibel machen sollten.

All dies hat zur Folge, daß emotionale und kognitive Strukturen auf Zeig- und Verstehbares, kurz auf ihren Unterhaltungswert reduziert werden.

Aus der literarischen Vorlage ist ein international marktgängiges Serienprodukt geworden: Unter der Hand haben sich dabei Romeo und Julia zu Pamela und Bobby Ewing gewandelt.

Ein beabsichtigter Nebeneffekt: Die gesamte Produktausstattung (Wohnstil, Lebensstil, Kleidung der Protagonisten usf.) kann medien-übergreifend einer Mehrfachvermarktung zugeführt werden.

Erkennbar wird, daß hier die amerikanische Serie ‚Dallas' oder – nahezu austauschbar – irgendein westdeutsches Serienprodukt in seinen Kommunikationsstrukturen beschrieben wurde. Die durchgängige Tendenz hin zum Monovalenten, zum Nicht-Diskursiven, zu einfachen Bildern und eindeutigen Gefühlen ist die gleiche.

Insgesamt lautet das analytische Fazit:

Die medientechnologisch erzeugte ‚Superrealität' (Kluge) läßt die eigene Anschauung und Erfahrung unbedeutend erscheinen, ja läßt „Realerfahrung grundsätzlich abwerten(t)"[28].

Aber nicht nur das:

Der in solchen Produktionen minimalisierte Ausdrucks- und Darstellungsgehalt erübrigt ästhetische Interpretation, verunmöglicht ästhetische Kommunikation, verhindert somit die Ausbildung entsprechender Kompetenzen, ganz im Sinne Rohrachers, wonach: „Funktionen, die selten oder nie gebraucht werden, verkümmern und unentwickelt (bleiben)."[29]

Trivialisierung, Banalisierung, Komplexitätsreduktion von psychischer Wirklichkeit und physischer Realität auf der einen Seite, fiktive Kontakte, banale Allerweltsprobleme, -leute und -familien oder mystische Konflikte und unrealistische Konfliktverarbeitung wie Ästhetisierung von Wirklichkeit, die der eigenen nicht entspricht, auf der anderen Seite. Die auf Massenakzeptanz ausgehenden Unterhaltungsangebote betreiben die „Durchsetzung von Symbolen und Mythen von schlichtester Allgemeinheit; sie schaffen Typen, die sofort wiedererkennbar sind und verflüchtigen somit die Individualität und Konkretheit unserer Erfahrung."[30]

Natürlich ist den ‚Machern' der Bruch zur Alltagsrealität und Alltagserfahrung bewußt. Aber abgesehen davon, daß er vom Zuschauer gewünscht wird, denn nur so kann er sich von seinem Alltag entspannen und entlasten, werden Produktionstechniken eingesetzt, die die Distanz – das gilt auch für die Berichterstattung entfernter Ereignisse – wieder aufheben sollen:

Bildausschnitt, Face-to-Face-Kommunikation, wiedererkennbare Darsteller und Orte, Zeit- und Raum nivellierende Darstellungsweisen suggerieren, ‚als ob' man dabei sei (Omni-Präsenz), obwohl das Gezeigte sowohl von der eigenen Erfahrung oder zeitlich wie räumlich weit entfernt ist.[31] Fernsehen und Video erweitern so das ‚Ensemble zeitgenössischer Fiktionen' beträchtlich und tragen so maßgeblich an der Nivellierung von Realität und Fiktion, Realitätswahrnehmung und Fiktionsbewußtsein bei.

4.4. Entwertung von Primär-Erfahrung durch mediatisierte Erfahrung

Berechtigte Bedürfnisse nach Überschaubarkeit, emotionalem Erleben, interpersonaler Kommunikation, Wirklichkeitsteilhabe und physischer Aktivität werden durch audiovisuelles Nachleben nicht real, sondern mittelbar – und das heißt letzlich nur scheinbar – befriedigt: Ins Leere laufende Gefühle, hohle Probleme, leere Erfahrung. Die Notwendigkeit, eigene Erlebnisse, Erfahrungen, Probleme zu be- und verarbeiten, wird so kompensiert und beseitigt.

Bereits heute verweisen systematische Beobachtungsstudien darauf, daß sich nicht nur der ‚Schweigeanteil' bei Familien mit hohem Fernseh- und Videokonsum beträchtlich erhöht, sondern auch die anstehenden familiaren Konflikte seltener kommunikativ gelöst werden.[32] Sie weisen auch auf, daß je weniger kommunikative Alternativen da sind, Fernsehen zum unverzichtbaren Bestandteil der Tageseinteilung wird, dem umso mehr Zeit zur Verfügung gestellt wird, wie aus diesem Kommunikations-Ersatz Befriedigung nach Ablenkung und Distanzierung von Alltag und Umwelt, ‚persönliche' Kontakte, Wirklichkeitserklärung, Bestätigung und Sicherheit gezogen werden.[33]

Damit steht zu vermuten, daß mit steigendem Medienkonsum zugleich unmittelbare Wirklichkeitskontakte, das personale Aktivitätsniveau wie der zwischenmenschliche Kommunikationsaustausch abnehmen und – hieraus resultierend – Kommunikations-Schwächen zunehmen, deren psycho-soziale Korrelate Kontaktarmut, Beziehungsstörungen und Isolation sind.

Fernsehen und Video vermitteln, wie gesagt, permanent den Eindruck, überall dabei zu sein und über alles informiert zu sein (Omni-Präsenz), ohne dazu zu irgendeinem bestimmten Zeitpunkt irgendwohin gehen zu müssen. Erfahrung wird vermeintlich nahezu mühelos und mit einem Mindestaufwand an Anstrengung erworben. Daß dies langfristig innere und äußere Unbeweglichkeit erzeugt und die ursprünglichen Erfahrungskategorien ‚Raum' und ‚Zeit',in denen sich Erfahrungshandeln vollzieht, aushöhlt[34], liegt auf der Hand. Desinteresse am realen Umweltgeschehen und Gleichgültigkeit hinsichtlich seiner aktiven Bewältigung bedeuten die handlungsmäßigen Korrelate.

Die aufgezeigten psycho-sozialen und handlungsmäßige Auswirkungen medientechnischen Dauerkonsums bilden die Voraussetzung für unsere Annahme, daß sie therapiebedürftige Ausmaße annehmen könnten.

Immerhin wird durch die praktizierte mediatisierte Form von Erfahrung eigenes Erleben und Erfahrens ersetzt und entwertet, dadurch die Voraussetzungen, eigenes Leben zu erfahren und sinnvoll zu gestalten, untergraben.

Zugegeben, die tagtägliche Verkomplizierung unserer Lebenswelt birgt die Tendenz, real Belastendes zu verdrängen und Komplexitätsreduktion durch einfache Erklärungsmuster, Selbsttäuschungen, Zweckillusionen und Ablenkungen zu betreiben. Nur:

Diese verhalten sich gegenüber der tatsächlichen Realität als deren Fiktion.

Auch ist es richtig, daß für die Mehrheit Möglichkeiten zur Überprüfung des Wahrheitsgehaltes von Informationen zur Lebenswirklichkeit zunehmend schwinden. Sie ist entsprechend auf Erklärungsmodelle von Experten in Sachen ‚Empirie' angewiesen. Nur:

Die behaupteten, generalisierten Erfahrungstatsachen – Hypothesen, Fiktionen (?) – sind in aller Regel unspezifisch gegenüber der singulären Erfahrungswirklichkeit und selten auf sie zu übertragen, so daß ihr Kommunikationswert für das eigene Handeln zumindest fraglich ist.

Ferner mag es zutreffen, daß der allseitigen Zerstörung von natürlicher Umwelt gegenüber nur noch Wegsehen, Übersehen, Wahrnehmungs- und Kommunikationsverweigerung wie Flucht in Fiktionen, so ‚als ob die Welt noch in Ordnung wäre', die angemessene, weil selbsterhaltende Haltung ist. Vermutlich deshalb auch ist das Medium Fernsehen eine gesellschaftlich positiv sanktionierte Form der Realitätsverdrängung. Nur und noch einmal:

Alles dies führt dazu:

- Man macht seine Erfahrungen nicht mehr selbst, sondern man bekommt sie gemacht.

- Man verschafft sich nicht mehr selbst sinnliche Gewißheit, indem man eigene Erfahrungswerte über selbstbetreffende Wirklichkeit aufbaut, sondern erhält in der mediatisierten Erfahrung immer nur schein-sinnliche Gewißheit.
- Man sucht nicht nach eigenen Sichtweisen und Problemlösungen, sondern bezieht sich auf anderweitig Vorgearbeitetes.
- Vollumfängliche Erfahrung (Sinnliches Wahrnehmen und handelndes ‚Gewahrwerden') wird durch Fernsehkonsum ersetzt, „erst vor dem Bildschirm sieht man richtig."[35]

Drastisch resümiert Anders den Zusammenhang:
„Da wir es in einer Welt, die zu uns kommt, nicht nötig haben, eigens zu ihr hin zu fahren (hin zu begeben, d.V.), ist dasjeninige, was wir gestern Erfahrung genannt haben, überflüssig geworden."[36] Weil Urteile wesentlich über Erfahrungshandeln gebildet werden, muß eingeschränktes Handeln langfristig also auch zum Verlust von Urteils- und Entscheidungsfähigkeit führen.

Schließlich muß vermutet werden, daß mit der Banalisierung und Verarmung von Bild- und Wortsprache, wie sie vor allem in Unterhaltungsangeboten betrieben werden, sich das Phänomen des ‚funktionalen' oder ‚sekundären Analphabetismus' ausbreitet[37], der zwar Piktogramme, Gebrauchanweisungen und Schecks wie einfache Bild- und Wortzusammenhänge entziffern läßt, zum Ausdruck komplexer Wirklichkeit aber ebensowenig geeignet ist wie zu deren Erkennen und Verstehen. Insofern hiervon auch das Gefühlsleben, auch die Phantasietätigkeit[38] tangiert sind, ist mit Habermas gesprochen, ‚eine Verödung der kommunikativen Kapazitäten' nicht auszuschließen.

Damit sind von Fernsehen und Video, ihre Bilder und deren Wirkungen die Kommunikationsgrundlagen insgesamt betroffen:

- Löst die mediatisierte Auseinandersetzung mit Wirklichkeit auch nicht psycho-soziale Problementwicklungen direkt aus, so trägt sie umso mehr an ihrer Verhärtung und Verstärkung bei, weil sie von Konflikten, Beziehungsstörungen und problematischen Umweltentwicklungen ablenkt bzw. ihrer Bewußtwerdung (Gewahrnehmen) entgegenarbeitet.
- Fernsehen und Video sind es, die Wahrnehmungsstrukturen, Erfahrungskompetenzen und Kommunikationskapazitäten massiv beeinflußen.
- Sie sind es, die ästhetische Erfahrungsmöglichkeiten durch die durch sie bewirkte Ästhetisierung und Fiktionalisierung von Wirklichkeit zunehmend liquidieren.

Die gesamte Problematik spitzt sich graduell noch durch das künftig verstärkt mitzudenkende Faktum der digitalen Zeichentechnologien mit ihren Möglichkeiten, ausschließlich künstlich-synthetische Wirklichkeiten (Fiktionen) zu erzeugen, zu.

Man mache sich bewußt:

Galt beispielsweise das auf dem Bildschirm erscheinende Weiß der gezeigten Bettlaken als Ausweis für einen dahinterstehenden, real vollzogenen Waschgang, so verdankt sich das medientechnologisch erzeugte Weiß des Bettlakens, die elektronischen ‚Landschaftsbilder', das dreidimensional suggerierte Automodell nicht der Erfahrung. Sie sind hierauf auch gar nicht angewiesen, sondern gehen ausschließlich auf die digitale Vernetzung numerischer Signale zurück, die beliebig in Töne, Wörter, Linien und Bilder umgesetzt werden können. Das bedeutet:

- Die so ‚generierte' Wirklichkeit entfernt sich noch weiter von der Vollzugsrealität, indem deren faktische Materialität wie zeit-räumliche Präsenz getilgt sind.
- Da ihr darüber hinaus jede emotionale wie semantische Dimension fehlt, bedeutet deren Betrachtung auch keine Erfahrung reflexiv und handelnd erzeugter Wirklichkeit wie beim ästhetischen Produkt etwa, das, aus ganzheitlichen Herstellungsbedingungen hervorgegangen, ebensolche Kommunikationsprozesse auszulösen vermag.

Folgen und Auswirkungen einer breiten Anwendung für das Bewußtsein, die Erfahrungs- und Urteilsbildung, nicht zuletzt für die ästhetischen Normen – denkt man an den jetzt schon sich in Videoclips und Musiksendungen sich ausbreitenden elektronischen Kitsch – müssen ebenfalls aufgearbeitet werden. Immerhin wird in diesen Technorealisaten die bis zu Piagets kognitive Entwicklungspsychologie gültige Erkenntnisprämisse Kants auf den Kopf gestellt, die da lautet:

„Daß alle unsere Erkenntnis mit der Erfahrung anfange, daran ist kein Zweifel, denn wodurch sollte das Erkenntnisvermögen sonst zur Ausübung erweckt werden ... Der Zeit nach geht keine Erkenntnis in uns der Erfahrung vorher, und mit ihr fängt alles an."[39]

Auch die mit dem digitalen Code arbeitenden Künstler sind ebenfalls längstens aus dem Pionierstadium herausgetreten, wenngleich viele der gezeigten elektronischen ‚Filme', ‚Landschaften', ‚Interaktiven Disketten' usf. als schnell sich verbrauchender Augen- und Ohrenreiz erscheinen.

Ob die aufgrund Verdichtung, Miniaturisierung, Immaterialisierung, Aufsprengung von Einheit und Kontinuität erstellten, sich endlos erzeugenden, selbstbezüglichen, flüchtigen, inkonsistenten, multimedialen Prozesse überhaupt als ästhetische Produkte zu definieren sind oder ob sie mit Rötzer „eher als Experimente im Umgang mit technisch erzeugten Situationen, Prozessen oder Erfahrungsmöglichkeiten zu betrachten"[40] sind, die Beantwortung dieser Frage bedarf eigener Untersuchungen.

Nur:

Selbst wenn Fiktion, Imagination, originelle Neuschöpfung von Wirklichkeit (poësis) statt Abbildung und Darstellung (mimesis) ein wichtiges Bestimmungsmerkmal zeitgenössischer Kunst und einer ästhetischen Kunst überhaupt ist, als ‚bloße' person-neutrale Fiktion (Technoimaginäres) unter anderen macht sich diese ‚Kunst' grundsätzlich überflüssig.

Danach wäre Kunst in dieser Ausformung nicht deshalb an das von Hegel prognostizierte Ende gekommen, weil der bewußtgewordene Mensch des Geistig-Reflexiven in der Kunst nicht mehr bedarf, sondern umgekehrt, weil ihr der Geist und noch einige andere ästhetische Kriterien abgehen.

Wesentliches Definiens ästhetischer Gegenstände und damit auch grundsätzliche Voraussetzung vieldimensionaler ästhetischer Kommunikabilität und Erfahrbarkeit von Kunst, erfüllt digitale ‚Kunst' ja auch nicht:

Sie ist kein physisch hergestelltes und physisch erlebbares Ausdrucksphänomen.

Vor dem Hintergrund grundlagentheoretischer Einsichten ließe sich elektronische ‚Kunst' auch so charakterisieren:

- Ihre Bilder und Klänge sind zwar sinnlich wahrnehmbar, aber nicht sinnlich präsent, fühlbar, erlebbar wie etwa Farbspuren, Stein- und Materialformen, Aktionen usf.
- Sie verwendet zwar symbolische Zeichen (z.B.Mandelbrot-Set), aber die repräsentieren weder einen individuellen Ausdruck noch verweisen sie auf individuelle Erfahrungen.
- Technologisch ‚imaginierende' Kunst macht zwar etwas sichtbar, aber nicht reflexiv erstellte Selbst- und Wirklichkeitsentwürfe.
- Technoimaginäres (Rötzer) deutet oder irritiert keine subjektive Wirklichkeit, sondern ‚verfällt affirmativ bestenfalls zum Design'[41] einer technologisierten Wirklichkeit.

Demnach schafft diese Kunst also gar nichts, was der Wirklichkeit als ‚Gegenstand möglicher Erfahrung' (Kant) zugefügt werden und diese und uns um eine andere Sichtweise erweitern könnte.

Wenngleich die kunstinterne Entwicklung abzuwarten und sorgfältig zu beobachten ist, erscheint es aufgrund der aufgerollten Problematik und der zugrundeliegenden Prämissen einsichtig, auf die Einbeziehung elektronischer Kunst in unserem Bezugsrahmen vorerst zu verzichten und wenn Kunst einbezogen wird, uns auf ästhetisch verfaßte Kunst als Reflexions- und Handlungsanreiz zu beschränken.

Gegenüber digitaler Kunst ist nämlich an die unersetzbaren Möglichkeiten ästhetischer Kunst zu erinnern:

- Ästhetische Kunstobjekte vermögen immaterielle Vorstellungen (Imaginationen) der Einbildungskraft (Phantasie, Möglichkeitsdenken) in wahrnehmbaren, real erfahrbaren Formen zu präsentieren.
- In dieser Ausformung ist Ästhetische Kunst ‚Anti-Fiktion' (Marquard), Gegengewicht und Gegenwirklichkeit zur Fiktionalität gegenwärtiger Wirklichkeit.
- Sie holt mediatisierte Erfahrungen in die Wirklichkeit zurück.
- Ästhetisch produzierte Gegenstände sind Gegenstände, die wirklich erfahrbar sind, weil sie personal vieldimensional strukturiert und beziehbar sind.
- Ästhetische Kunst kann somit ganzheitlich formulierte Theorie und Erfahrung zugleich zur Anschauung bringen und damit dasjenige erfahrbar machen, „was selbst in der extrem zur Fiktur gewordenen Gegenwartswirklichkeit non-fiction-reality bleibt"[42]:
  Das Andere und Verschiedene, das singulär Individuelle, aber subjektiv Relevante, das Nicht-Standardisierte, das unbestimmte und unbestimmbare Subjektive und Objektive.

4.5. Präventiv-rehabilitative Zielperspektive

Welche programmatischen Konsequenzen lassen sich insgesamt aus den Erörterungen für die ästhetisch-therapeutische Erziehungspraxis ableiten?

Festzuhalten ist:

Der durchfunktionalisierten Wirklichkeit werden immer mehr unmittelbare Erfahrungs- und Handlungsspielräume geopfert.
Der Prozess wird massiv verstärkt durch die zunehmende Ästhetisierung und Fiktionalisierung von Wirklichkeit, wie sie durch die neuen Kommunikationstechnologien betrieben werden. Sie kompensieren den tatsächlichen Erfahrungsverlust dermaßen, daß er kaum noch als problematisch bemerkt und erlebt wird. Gerade mit Blick auf die Entwicklung von Heranwachsenden, deren Identitätsprozess heute maßgeblich von den Neuen Medien begleitet, geprägt und beeinträchtigt wird, muß diese Entwicklung alarmieren. Denn: Die mediale Auseinandersetzung mit Wirklichkeit ermöglicht allerlei Identifikationen mit anderen und anderem, aber nicht mit sich selbst.
Erst recht trägt sie nichts zur Identitätsbildung bei, die immer nur über reale Erfahrung und handelnde Einflußnahmen gegenüber sich selbst, dem sozialen Anderen und der Umwelt erfolgt.

Personale Identität ist eine lebenslang anzustrebende Leistung des Individuums. Sie konstituiert sich als Bewußtsein „immer über ‚reale Erfahrung' und direkte Kommunikation"[43] oder wie im Falle Ästhetischer Kommunikation über ‚reale Erfahrung' in Verbindung mit selbst- und fremdbezogener Reflexion.

Jede an Identität interessierte Erziehung muß also für Realerfahrungen und Handlungsspielräume Sorge tragen, um den selbst- und sozialentfremdenden Wirkungen der Gegenwart – mit ihren therapiebedürftigen Korrelaten – gegenzusteuern.

Ästhetische Erziehungspraxis unterliegt der Faktenlage entsprechend erheblich erschwerten Bedingungen, zumal die Verbreitung schnellfertig zu konsumierender Medienprodukte als wesentliche Ursache für die schwindende Fähigkeit und Bereitschaft aufzusuchen ist, sich mit hochkomplexen Bild- und Satzgefügen, mit vieldeutigen (polyvalenten) und mehrleistigen (polyfunktionalen) ästhetischen Produkten sinn-erschließend und sinn-erzeugend auseinanderzusetzen oder sie selbst produktiv herzustellen.

Insofern muß sich ästhetische Theorie und Praxis in Anlehnung an Christa Wolf fragen: ‚Wie schnell wird individuelle Sprach- und Bildlosigkeit, Erfahrungsverlust und Kommunikationsersatz zur Ich-losigkeit?'[44] Wird dieser Frage weniger als kulturkritischer, sondern als Sachfrage nachgegangen, dann dürfte man aufgrund der entwickelten Voraussetzungslage zu dem Ergebnis kommen, daß dieser Gefahr am ehesten noch und vor allem in ästhetischen Produktionsprozessen – auch mit audio-visuellen Medien[45] – gegengewirkt werden kann, weil sie individuell Vorgestelltes, Gedachtes, Erlebtes in Erfahrungs- und Kommunikationsgegenstände umsetzen, dabei konkretisieren und klären.

Daß hierzu das Ausdrucks- und Darstellungsinstrumentarium vielfach erst grundgelegt werden muß, dürfte aufgrund des Gesagten klar geworden sein. Daß dies in Verbindung mit individuell bedeutsamen Problemstellungen geschehen muß, ergibt sich generell aus der Erfahrungsbedingtheit von Urteilen, so auch von Urteilen über Sinn und Bedeutung ästhetischer Praxis für die eigene Wirklichkeit.

Auf diese Weise von der bloß passiv konsumierenden Wirklichkeitshaltung zur ver- und bearbeitenden Auseinandersetzungshaltung hingeführt, kann dem diagnostizierten Erfahrungs- und Kommunikationsverlust Entscheidendes entgegengesetzt werden. Denn noch einmal, wodurch anderes als durch die Erfahrung sollte unser Bewußtseins- und unser Erkenntnisvermögen in Gang gesetzt werden?

Ästhetische Handlungspraxis erscheint uns also als der Ort, an dem der Unterschied zwischen technisch-funktionaler und ästhetischer Kommunikation für die Persönlichkeitsentfaltung, Selbst- und Fremdklärung nicht nur erkannt, sondern auch unmittelbar erfahren werden kann.

Anmerkungen

1 Vgl.: Hierzu nur die aufwendige Werbung von IBM als Beilage der ‚ZEIT' 44(1989) Nr.18 mit der doppeldeutigen Titelüberschrift: ‚Die neue Kraft im Büro – Das IBM Personal System'

2 Hier sorgen private Kommunikationsnetze größten Ausmaßes für den Datenaustausch wie Schiller zeigt. Vgl.: Schiller, H.I.: Die Verteilung des Wissens. Information im Zeitalter der großen Konzerne. Frankfurt a.M. 1984

3 Vgl.: Bell, D.: Die nachindustrielle Gesellschaft. Frankfurt a.M. 1975, S.171-268

4 Vgl.: Hunzinger, P.: Medien, Kommunikation und Gesellschaft. Darmstadt 1988, S. 126

5 Schulz,W.: Politikvermittlung durch Massenmedien. In: Sarcinelli, U. (Hg): Politikvermittlung. Schriftenreihe für politische Bildung. Bd.238 Bonn

6 Berger,R.: Kunst und neue Technologien. Die axiologische Herausforderung. In: Bechtloff,D.(Hg): KUNSTFORUM international.(künftig: KF) Köln (1988) Bd.97 : Ästhetik des Immateriellen, Teil I: S.118

7 Vgl.: Bedarff,Th./ Wiesner,Ch.: Videospiele – kommunikationsarme Spiele. In: Deutsche Jugend. Mönchengladbach (1984),S.562-366. Fritz,J.: Videospiele-regelbare Welten am Draht. Bamberg 1984.

8 Bauer,K.O./Zimmermann,P.: Jugend, Joystick, Music-Box. Die Medienwelt Jugendlicher in Schule und Freizeit. Opladen 1989, S.195

9 dies.: eb.

10 dies.: a.a.O. S.196

11 dies.: eb.

12 Hunziger, P.: a.a.O. S.135. Ausführlich dazu auch: Roszak, T.: Der Verlust des Denkens. Über die Mythen des Computer-Zeitalters. München1986, S.75-109

13 Claus,J.: Medien – Parks -Labors. In: KF (1988) Bd.97. a.a.O. S.80

14 Vgl.: Richter-Reichenbach, K.S.: Teilstudium ‚Medienpädagogik (Ästhetik & Kommunikation)' an Fachhochschulen – Eine Planskizze. In: Zeitschrift f. Kunstpädagogik. Kastellaun (1978) H.4. Auch die Grafik: TEIL II, Kap.2.1.

15 Vgl.: Teil II, Kap. 2.1.

16 Duchamp, M.: Zitiert in: Imdahl, M.: Aspekte der Grenzüberschreitung in der bildenden Kunst der Gegenwart. In: Jauß, H.R.: Die nicht mehr schönen Künste. München 1968, S.495

17 Vgl.: Richter,H.: Dada- Kunst oder Antikunst. Köln 1972, S.92

18 Die entsprechenden Fotobelege finden sich in: Mona Lisa im 20.Jahrhundert. Wilhelm-Lehmbruck-Museum (1978)

19 Vgl.: eb.

20 Angesichts der massiven Bildbeeinflussung ist nebenbei zu fragen, wie Heranwachsende Jungen und Mädchen überhaupt zu eigenen Selbstbildern und -definitionen kommen sollen und welchen Beitrag ästhetische Kommunikationsvollzüge bei der Klärung des eigenen Selbstverständnisses leisten können. Einige Anschauungsbeispiele dafür in : Teil IV, Kap.1.2.

21 Wir möchten den Begriff der ‚Fiktionalisierung' an den der ‚Ästhetisierung' koppeln, weil sich das Wirklichkeitsverhältnis wesentlich durch die bildmediale Beeinflußung verändert. Nicht zu verwechseln ist ‚Ästhetisierung' mit der ‚Ästhetizität' kreativer Produkte, womit eine spezifische – ästhetische – Gegenstandsverfaßtheit angesprochen ist.

22 Gleichsinnig und eloquent entwickelt kommt Odo Marquard in seiner Abhandlung zu dem Schluß einer durchgängigen Fiktionalisierung der Wirklichkeit: „Realitätsprinzip und Irrealitätsprinzip (Fiktionsprinzip) fusionieren; ... die spätmoderne Wirklichkeit wird – und zwar zunehmend willentlich – zur Fiktur." Und weiter unten: „Das Fiktive zu sein, wird zum entscheidenden Definiens der Realität." (1)
(1) Marquard,O.: Kunst als Antifiktion. In : Henrich, D.und Iser, W. (Hg): Funktionen des Fiktiven. München 1983, S.50

23 Hunzinger, P.: a.a.O. S.128

24 Die problematische Entwicklung, jedes Thema, auch Konflikte, Politikgeschehen und Diskussionen ‚unterhaltend' darzubieten, zeigt Neil Postman eindringlich für amerikanische Verhältnisse. Diese medientechnische Aufbereitungsform ist inzwischen aber auch auf unsere zu übertragen. Vgl.: Postman, N.: Wir amüsieren uns zu Tode. Frankfurt a.M. 1985, vor allem: S.105-122

25 Vgl.: Dazu insgesamt: Sarcinelli,U. (Hg): a.a.O.

26 Vgl.: Negt,O./Kluge,A.: Öffentlichkeit und Erfahrung. Frankfurt a.M. 1972, S.115ff. Auch: Kluge, A.: Die Macht der Bewußtseinsindustrie und das Schicksal der Öffentlichkeit. In: Bismarck K.v./ Gaus,G./ Kluge,A.: Industrialisierung des Bewußtseins. München 1985, S.116f

27 Vgl.: Müller-Dohms,S. : Die Gewaltsamkeit des Bildschirms und die Schaulust des Betrachters. In: medien und erziehung (1985) H.2

28 Kluge, A.: Die Macht der Bewußtseinsindustrie. a.a.O. S.116

29 Rohracher, H.: Zitiert in: Olechowski,R.: das alternde Gedächntnis. Stuttgart/ Wien, 1969, S.21

30 Eco, U.: Apokalyptiker und Integrierte. Frankfurt a.M. 1986, S. 43

31 Vgl.: Bokelmann,F.: Theorie der Massenmedien. Frankfurt a.M.1975, S.97f.
Eskapismus-Erscheinungen unter Jugendlichen stellen auch Bauer und Zimmermann fest, besonders bei denjenigen mit Kabelfernsehen. Sie sehen am liebsten und vor allem „Musiksendungen und Unterhaltungsshows, also Programme, die vertraut sind und nur eine Ausweitung bestehender Programmvorlieben bedeuten." (1): Bauer,K.O./ Zimmermann, P.: a.a.O. S.194; Die empirischen Belege dazu: S.132f

32 Vgl.: Hunziger, P.: a.a.O. 92ff. Die von Hunziger zusammengetragenen Ergebnisse sind deshalb wertvoll, weil er verstärkt Studien heranzieht, die den engen behavioritischen Bezugsrahmen der reinen Wirkungsforschung übersteigen. Sie fragen auch nach langfristigen Auswirkungen auf die alltägliche Lebenspraxis und berücksichtigen dabei vermehrt auch die Motivlage und Bedürfnisse der Adressaten bei der Frage der Mediennutzung.

33 Bauer und Zimmermann stellen hierzu fest, daß die Polarisierungstendenzen unter Jugendlichen zunehmen: Jugendliche, die eh schon das Medium stark nutzen, sind auch diejenigen, die neue, zusätzliche Angebote nutzen, wodurch die Akzeptanz dieses Mediums bei ihnen weiter steigt, was wiederum die Nutzungsdauer erweitert, während umgekehrt bei den ‚Bildschirmmuffeln' der Prozess gerade in die umgekehrte Richtung führt. Vgl.Bauer,K.O./ Zimmermann, P.:a.a.O. S.194f

34 Vgl.: Boorstin, B.J.: Fernsehen verändert die menschliche Erfahrung. In: Fröhlich, W.D./ Zitzlsperger, R./ Franzmann, B. (Hg): Die verstellte Welt. Frankfurt a.M. 1988, S.28f

35 Welsch, W.: Zur Aktualität ästhetischen Denkens. In: KF (1989) Bd.100. Kunst und Philosophie. S.142

36 Anders, G.: Die Antiqiertheit des Menschen. München 1980^5, Bd.I. S.114

37 Dem Kulturoptimismus gegenüber den elektronischen Medien setzt Hoffmann den Hinweis „auf das Problem des grassierenden funktionalen Analphabetismus in den Industriestaaten" (1) entgegen.
Damit sind nicht jene gemeint, die überhaupt nicht lesen und schreiben können, sondern nur diejenigen, die diese Kulturtechnik zwar beherrschen, aber so unzureichend, „daß sie an der gesellschaftlichen Kommunikation nicht gleichberechtigt teilnehmen können" (2) und kaum über die Fähigkeit verfügen, aus Texten Problemstellungen zu gewinnen oder Schlußfolgerungen zu ziehen. (1 u.2) Hoffmann, H.: Nachwort. In: Fröhlich, W.D.u.a.: Die verstellte Welt. a.a.O. S.272

38 Denkt man daran, daß heute bereits Zweijährige täglich vor dem Bildschirm sitzen, so müssen die Folgen fatal werden: Phantasie- und Handlungsspiele, die eine wesentliche Rolle in der Entwicklung des Kindes spielen, in denen sie Wirklichkeit spielend erproben und antizipieren, werden durch Fernsehen nachhaltig beeinträchtigt. Ist auch der Zusammenhang zwischen Phantasiespiel und späterer Fähigkeit, vorausschauend zu planen, ungeklärt, so gibt es jedoch ausreichende „Anzeichen dafür, daß das allmähliche Aufbauen der Phantasiefähigkeit einen flexibleren Umgang mit Zukünftigem erlaubt."(1) Voraussetzung dafür aber ist, daß antizipierendes, phantasiegeleitetes Handeln weiterhin erfahren wird. (1) Singer,J.L./ Singer, D.G.: Wider die Verkümmerung der Phantasie. In: Fröhlich, W.D.: Die verstellte Welt. a.a.O. S.102

39 Kant, I.: Kritik der reinen Vernunft (künftig: KdrV). Darmstadt 1968, Bd.4., S.45 (B 1,2)

40 Rötzer, F.: Technoimaginäres – Ende des Imaginären: In: Bechtloff, D.(Hg): KF. (1989) Bd.98. Ästhetik des Immateriellen. Teil II, S.56

41 ders.: a.a.O. S.70

42 Marquard, O.: a.a.O. S.53

43 Eurich, Cl.: Das verkabelte Leben. Reinbek 1979, S.30

44 Vgl.: Wolf, Ch.: Voraussetzungen einer Erzählung. Darmstadt 1983.

45 Inzwischen gibt es gerade zu kommmerz-unabhängigen Video-Produktionen im Rahmen der Jugendarbeit oder auch des ‚Offenen Bürgerkanals' eine Fülle von Publikationen. Hier nur : Haufe, U.: Videoarbeit mit Kindern. Tübingen 1982. Arbeitskreis Medienwerkstätten Berlin (Hg): DAG-Medienwerkstatt. Berlin 1989. Jugendfilmclub Köln e.V./ Medieninformationszentrum (Hg): Herausforderung Video. Köln 1985. Frank, H./Ingenkamp, D.: Neue Medien vor der Schultür. Weinheim/ Basel 1984

5. Auswertung der Ergebnisse und ihre Diskussion unter pädagogischem Blickwinkel

Es gibt wenig Grund zu der Annahme, daß die bisher angestellten Überlegungen die Faktoren derzeitiger Alltagswelt und Lebenswirklichkeit in irgendeiner Weise erschöpfend behandeln, die für die konstatierte Selbstentfremdung des Subjekts, Identitätsdiffusion und Handlungsunfreiheit verantwortlich sind. Man kann aber sehr wohl behaupten, daß die hier behandelten Faktoren für diese Probleme relevant sind und pädagogische Gegenwirkungen – und nicht nur solche – fordern.

Die Frage ist nun, ob sich bereits Handlungskonsequenzen im Bildungssystem ausmachen lassen.

5.1. Pädagogische Reaktion zwischen Resignation und Zukunftsverantwortung

Wird das Bildungssystem unter dem Aspekt der Handlungsbefähigung über problementdeckendes Erfahrungslernen untersucht, so ergibt sich:

Die Bildungsinstitutionen wiederholen die gesamtgesellschaftliche Tendenz durchgängiger Funktionalisierung in Form standardisierter Lernstoffe und unpersönlicher Interaktionsprozesse. Das gegenwärtige Bildungssystem hat den ausgemachten Problementwicklungen wenig entgegenzusetzen.

Ehe noch das Bündnis von Kulturkritik und Bildungsreform der siebziger Jahre mit ihrem Selbstverständnis, emanzipatorische Bildungsprozesse zu ermöglichen, tragfähige Folgen zeitigen konnte, muß das Scheitern dieser qualitativen Umorientierung konstatiert werden.

Die ‚Realistische Wende' in der Pädagogik hat erneut voll durchgeschlagen, und zwar in dem Sinn, daß vornehmlich bedarfsanalytisch von Experten ermittelte, gesellschaftlich nützliche ‚Qualifikationen' – und das heißt, empirisch am Ist-Zustand der Gesellschaft und nicht hermeneutisch am Vollbegriff des Subjekts orientiert – als zu operationalisierende Zielvorgaben dem Bildungssystem zur Realisierung aufgegeben werden, mit der Folge, daß kaum je mehr realitätsübergreifende pädagogische Verantwortung theoretisch entfaltet und praktisch realisiert wird.

Eingeschüchtert von der Faktizität der Ereignisse und überrascht von der Geschwindigkeit eskalierender Problementwicklungen, ist dabei die Krise der Pädagogik nicht einmal den Bildungseinrichtungen in Gänze selbst anzulasten, wiewohl diese es versäumt haben, Autonomie von Bildung und Erziehung wie ihre Anwaltschaft für die Zukunft der Heranwachsenden zu behaupten. Und zwar in dem Maße, wie es notwendig gewesen wäre, bloß partikulare private oder überdimensionierte funktionale Zwecksetzungen und gesellschaftliche Indienstnahmen zugunsten der Realisierung ihres gedoppelten Auftrags zurückzuweisen[1], die Bedingung der Möglichkeit erzieherischen Handelns zu sichern[2] und hierfür Freiräume zu beanspruchen, um hierüber das übergreifende Bildungsziel der *Befähigung der Heranwachsenden zu eigener selbstbestimmter und selbstverantworteter Zukunftsgestaltung* – letztlich ja auch Daseinszweck und -sinn des Subjekts nach Kant[3] – realisieren zu können.

Aus diesem Auftrag heraus hätte die Pädagogik gesamtgesellschaftliche Fehlentwicklungen, die zu Lasten ihrer eigenen und zuungunsten der Handlungsmöglichkeiten ihrer Adressaten gingen, verstärkt ausmachen, kritisieren und demgegenüber an übergreifenden Bildungszielen festhalten und auch gegen faktische Widerstände politisch durchsetzen müssen.

Statt dessen hat sich die Pädagogik wie andere kulturelle Instanzen auch[4] – vom Resultat her gesehen – von anti-aufklärerischen Gesellschaftsentwicklungen entmachten und in derem Sinn normieren und instrumentalisieren lassen.

Dabei werden die ruinösen Folgen gesellschaftlicher Fehlentwicklungen wie das Versagen der Kritik, sich Gehör zu verschaffen und zielbezogene Handlungsmöglichkeiten zu behalten – wie gezeigt –, immer augenfälliger:

- Die fortschreitende Verkarstung und Entsinnlichung aller Lebensbereiche, die Verseuchung von Luft,Wasser, Erde, Licht sind ebenso als Fakten ausgemacht wie die Verkarstung und Entgeistigung der Kultur.
- Die ‚zivile' und militärische Nutzung der nuklearen Energie und deren zentralisierte Kontrollnotwendigkeit verringern demokratische Einflußmöglichkeiten und erzeugen Bedrohungs- und Ohnmachtsgefühle.
- Die allseitig eindringende Computertechnologie präformiert und funktionalisiert das Denken, reduziert und depersonalisiert Kommunikationsprozesse, ersetzt und entwertet Primärerfahrungen.
- Als ob es darum ginge, diese allgegenwärtige existenzielle Bedrohungssituation zu verflüchtigen, steht überdies die Konsum- und Freizeitindustrie, unterstützt durch immer niveau- und phantasielosere massenmediale Angebote, allzeit bereit, die sinnlich-emotionale-geistige Monotonie zuzudecken und die Welt statt dessen zu fiktionalisieren und zum Disneyland zu erklären.

Der mit diesen Entwicklungen einhergehende Erfahrungs- und Wirklichkeitsverlust wie die einseitigen Beanspruchungen treffen Heranwachsende – aber nicht nur diese – entscheidend im Prozess lebenslanger Identitätsfindung. Dies trifft sich mit den Einsichten der Kinder- und Jugendpsychiatrie: Historisch gesehen liegt erstmals die Hauptursache chronischer und psychosomatischer Krankheiten nicht mehr im medizinischen Bereich. Sie gehen auch nicht mehr vornehmlich auf genetische Anlagen zurück, sondern auf soziale und ökologische Umfeldbedingungen.[5]

Der konstatierte Kommunikations- und Wirklichkeitsverlust entsteht ja weniger, weil zuwenig gewußt wird, sondern dadurch, daß man das, was man weiß, kaum erlebt, erfahren hat und entsprechend kaum beurteilen, steuern und mitgestalten kann.

Und so verbinden sich mit der objektiven, komplex verdichteten Faktenlage subjektiver Sinn- und Erfahrungsverlust. Erfahrbares wird nicht mehr unmittelbar aufgenommen, sinnvoll für sich verarbeitet und strukturiert als Voraussetzung dafür, eigene Handlungs- und Gestaltungskompetenzen aufzubauen und schrittweise zur Übernahme der eigenen Zukunft befähigt und motiviert zu werden.

Und so muß festgestellt werden, daß Heranwachsene in unserem Kulturkreis in der Regel zwar alles ‚haben', aber nicht das ‚werden' können, was sie werden ‚könnten', wenn sie ein qualitativ vielfältiges und vieldimensionales Anregungspotential in ihrer Umwelt vorfänden, durch das sie Kompetenzen handelnd erproben wie entfalten könnten und deren Anwendung ihrem Leben einen Sinn geben könnte.

Viele Kinder und Jugendliche, das zeigten allein die wenigen Briefauszüge[6], wissen um die teilweise irreversiblen Entwicklungen, die Möglichkeiten eigener Zukunftsgestaltung verstellen – und sind dennoch nicht entmutigt. Andererseits bietet sich der entwickelte Interpretationskontext als Erklärungzusammenhang für die diversen Fluchtversuche Jugendlicher in Konsum und Selbst-Ausgliederung aus gesellschaftlicher Wirklichkeit durch Drogen, Alkohol, Okkultismus, New Age, aber auch Extremismus[7] an. Sie erscheinen uns als fehlgeleitete Sinnsuche aufgrund fehlender Erfahrungs- und Erlebnisspielräume im Realen.[8]

Auch müssen wir den Zusammenhang von gesellschaftlichem Ist-Zustand einerseits und minimierten selbstgeleiteten Handlungsmöglichkeiten andererseits als Erklärung für eine inzwischen alltägliche Erscheinung in fast allen Bildungseinrichtungen heranziehen: Initiativ- und Interesselosigkeit, Langeweile, vielfach verbunden mit Aggressivität und Lernverweigerung.

Das Ausmaß entsprechender Verhaltensweisen verbietet es, lediglich individuelle Fehlentwicklungen, vereinzelte Ausfallerscheinungen oder Verhaltensdefizite[9] zu diagnostizieren, sie nur auf ungünstige personale, familiäre oder milieuspezifische Voraussetzungen zurückzuführen. Vielmehr sind sie Folgen umfassenderer Ich-Einschränkungen: „Verhaltensauffälligkeiten oder auch psychische, psychosomatische und physische Erkrankung stellen eine Anpassungsform des Kindes an lebens- und menschenfeindliche Umweltbedingungen bzw. Reaktionen auf diese dar."[10]

Außerdem greift der Zusammenhang weiter. Mit ihm korrespondiert ein Rückzug praktizierender Pädagogen auf eine unlustig betriebene Vermittlung von fachlich Notwendigem, praktikablen Fertigkeiten, nützlichen Techniken und verwertbaren Kenntnissen, was – wie auch das durch Ratlosigkeit geprägte Erscheinungsbild elterlichen Erziehungsverhaltens gegenüber den technologischen und ökonomischen Verheißungen – auf mehr als auf bloße berufliche Frustration oder pädagogisches Unvermögen verweist.

Spiegelbildlich erscheint in einem erweiterten Blickwinkel der unübersehbare Markt an vorwissenschaftlich oder professionell betriebenen Therapien.

Ebensowenig aber, wie die Konjunktur an Therapien als bloße Modeerscheinung zurückgewiesen werden kann, ebensowenig kann der forcierte Drang nach spektakulären Erlebnissen oder die umtriebige Suche nach Unterhaltung oder hedonistischem Vergnügen als bloß zufällig aufgefaßt werden.

Vielmehr verdichtet sich all dies zum Ausdruck von und zum Symptom für Selbst-Entfremdungen. Und die durch die vorangestellte Zeitanalyse abgestützte Hypothese lautet:

- Die große Lebenslangeweile ist Ausdruck von und Symptom für existentielle Frustrationen.
- Diese ihrerseits sind bedingt durch die Erfahrung und Erkenntnis, in Lebenszusammenhänge, die einen selbst betreffen, keinen Einfluß nehmen zu können und statt dessen, von anderen und anderem bestimmt zu sein.
- Freud- und Sinnlosigkeit, Sinnleere und Resignation sind subjektive Korrelate der empfundenen Ohnmacht gegenüber der gegenwärtigen gesellschaftlich-kulturellen Problemlage.

Und so erweist sich die Bestimmung Kants vom selbst-bestimmenden und selbst-gesetzgebenden Subjekt als dessen Daseinszweck und Daseinssinn nicht nur als theoretisch relevant, sondern auch als praktisch gültig. Denn:

Die Stimmung, einem tiefen Bedeutungsverlust aller bislang sinnstiftender Diskurse ausgesetzt zu sein, schlägt um in Gleichgültigkeit, ausgleichsuchenden Überreaktionen oder letztlich in Krankheit.[11]

Anmerkungen

1 So schon wird von Kant die Autonomie der Pädagogik skizziert und diese aufgefordert, die Angemessenheit der an sie herangetragenen Zwecksetzungen ‚judiziös' am Maßstab ihres übergreifenden Bildungsziels – Selbstbestimmung – zu überprüfen. Vgl.: Kant, I.: Über Pädagogik. Darmstadt 1968, Bd.10, S.403ff (A15-18). Vgl.auch unsere Ausführungen in Teil II, Kap. 1.1.

2 Vgl.: Weniger, E.: Die Pädagogik in ihrem Selbstverständnis heute. In: Ausgewählte Schriften zur Pädagogik. Weinheim/Basel 1975, S.138

3 Vgl.: Kant, I.: Grundlegung zur Metaphysik der Sitten. Darmstadt 1968, Bd.6, S.63 (BA 70)

4 Sehr weit sind wir nicht von der Feststellung Beuys entfernt, wonach „wir in der Tat in einer Wirtschaftskultur (leben). Wir dürfen uns da gar nichts vormachen: Wir leben sonst in überhaupt keiner Kultur! Was sonst noch ist, hat Nischencharakter". Beuys, J.: zitiert in: Thönges-Strigaris, R.: Eine andere Lage von Kraft und Energie. In: KF.(1988) Bd.93, S.152

5 Krankheitsursachen für Infektionskrankheiten hat man heute medizinisch im Griff. Nicht aber die sozialen und ökologischen Umfeldbedingungen. Natürlich bedingen Schwierigkeiten in den Nahbeziehungen psychische Erkrankungen teilsweise mit, aber eben auch ökologische, verkehrsmäßige, massenmediale Beeinflussungen, die neue umwelt-, familien-, medien- und bildungspolitische Maßnahmen erfordern.

6 Vgl.: Teil I, Kap.3.3.

7 Vgl.: Bringmann,R./Gerhard,D.: Sie kamen mit Knüppeln und Messern – Von der Anziehungskraft rechter Parolen. In: Richter, Cl.: Die überflüssige Generation. Königstein/Ts. 1979, S.162ff. Die von den Autoren bereits vor 10 Jahren festgestellten Tendenzen haben inzwischen eine erweiterte Aktualität bekommen.

8 Vgl.: auch Bussick, H.: ‚Saturday Night-Philosophie' oder: Eine Jugend auf der Flucht. In: Richter, Cl.: a.a.O. S.64ff

9 Dagegen sprechen ja auch die bereits zitierten, offiziellen Zahlen, die ein enormes Anwachsen seelisch gestörter und psychiatrisch behandlungsbedürftiger Kinder signalisieren. vgl. TEIL I, Kap.3, Anm.30

10 Voß, R.: Anpassung auf Rezept. Die fortschreitende Medizinierung auffälligen Verhaltens von Kindern und Jugendlichen. Stuttgart 1987, S.15

11 Bereits Prinzhorn weist dem krisenhaften Verhältnis zur Umwelt entscheidende Funktion etwa bei der Entstehung psychotischer Krankheit zu: „Die Entfremdung der Wahrnehmungswelt" wird vom Schizophrenen „als ein grauenhaftes unentrinnbares Los erfahren, gegen das er lange kämpft, bis er sich fügt und langsam in seiner wahnhaft bereicherten Welt heimisch wird." Prinzhorn, H.: Bildnerei der Geisteskranken. Berlin 1923, S.347

5.2. *Rekurs: V.E. Frankls logotherapeutische Perspektive: Existenzgefährdung durch Sinnverlust*

Unerwartete Argumentationshilfe hinsichtlich der pathogenen Valenzen frustrierter existentieller Bedürfnisse nach sinnerfüllendem Handeln und selbstgeleiteter Tätigkeit fließt uns aus den klinischen und metaklinischen Erörterungen Viktor E. Frankls, dem Begründer der ‚Logotherapie' zu.[1]

Von manchen Autoren wird diese auch als 3. Wiener Psychotherapie neben der Psychoanalyse Freuds und der Individualtherapie Adlers bezeichnet. Frankl erweitert diese jedoch fruchtbar, weil er seinen Ansatz auf einem philosophisch gewonnenen Menschenbild fundiert, wodurch er den psychophysischen Determinismus seelischer Störungen der anderen Ansätze zu übersteigen vermag.

Im Befund übereinstimmend, wenngleich in den therapeutischen Konsequenzen abweichend, sollen seine Überlegungen ein Stück weit aufgenommen werden.

Ausdrücklich unterlegt Frankl ein der philosophischen Anthropologie entnommenes dreidimensionales Menschenbild, das neben psycho-physischen auch geistige (freiheitlich-willentliche) Dimensionen dem Vollbegriff des Subjekts zuordnet:

„Beim geistigen Bereich handelt es sich um jene Dimension, die wir bisher außer acht gelassen haben, als wir vom Somatischen und Psychischen als je einer Dimension des Menschseins – und möglichen Krankseins – sprachen; zum vollen Menschsein – zu dessen ‚Ganzheit' – gehört diese dritte, die geistige Dimension aber nicht etwa nur mit hinzu als eine eigene Dimension, sondern sie ist sogar die ... eigentliche Dimension des Menschseins insofern, als sich der Mensch als solcher überhaupt erst konstituiert in jenen (geistigen) Akten, in denen er sich aus der somatisch-psychischen Ebene heraus ... erhebt".[2]

An die Adresse herkömmlicher psychoanalytischer oder individualpsychologischer Therapien (auch Verhaltenstherapie) gerichtet, stellt er klar:

„Wir leugnen keineswegs das Triebleben. ... Was wir jedoch betonen, das ist die Tatsache, daß der Mensch als geistiges Wesen sich der Welt – der Umwelt wie der Innenwelt – nicht nur gegenüber gestellt findet, sondern ihr gegenüber auch Stellung bezieht ... und daß dieses Sich-verhalten eben ein freies ist. Sowohl zur naturalen und sozialen Umwelt, zum äußeren Milieu, als auch zur psychophysischen Innenwelt, zum inneren Milieu, nimmt der Mensch in jedem Augenblick seines Daseins Stellung."[3]

Das heißt, kraft seiner freiheitlichen Möglichkeiten ist der Mensch nicht allein bestimmt – wenngleich mitbedingt – von seinen Trieben, Bedürfnissen oder sozialen Ansprüchen. Vielmehr vermag er über ‚Selbstdistanzierung' und ‚Selbsttranszendierung'[4] ihnen aktiv und intentional etwas entgegen zu setzen, Verantwortung für sich und andere zu übernehmen, umfänglich zu lieben, für eine Sache zu engagieren, dabei ‚Sinn' für sich auszumachen und ihn wie sich verwirklichend, Sinn und Erfüllung in sein Leben zu bringen.[5]

Die Bedingung der Möglichkeit zu solcher sinnerfüllenden Tätigkeit liegt in der noetischen (geistigen) Dimension des Menschen begründet. Sie wird motivationstheoretisch von Frankl als ‚Willen zum Sinn' beschrieben. Gleichsinnig mit Maslow ist ihm der ‚Wille zum Sinn', das Streben des Menschen nach einem sinnerfüllten Leben d a s „ursprüngliche Anliegen"[6] und damit grundlegende Handlungsmotivation des Menschen.

Als solche ist dem ‚Willen zum Sinn' das Lust-Prinzip (Freud) und das Geltungsbedürfnis (Adler) nachgeordnet. Exzessive Sucht nach Ablenkung und Vergnügen und anderweitigem spektakulären Lustgewinn treten „eigentlich erst dann in Erscheinung, wenn der Wille zum Sinn frustriert ist"[7] und durch Geltungs- und Genußstrebungen kompensiert wird[8], um die existentielle Unerfülltheit zumindest für das Bewußtsein zu betäuben:

„Der Mensch ist auf der Flucht vor einer inneren Leere und auf dieser Flucht stürzt er sich eben in einen Trubel."[9]

Den herkömmlichen Psychotherapien hält denn auch Frankl immer wieder vor, daß sie in ihrem reduktionistischen, zweidimensionalen (psycho-somatischen) Menschenbild und ihrem Verständnis innerpsychischer ‚Mechanismen' den Ursachen für solche Verdrängungs- und Kompensationsvorgänge gar nicht auf die Spur kommen können. Weil sie die geistige Dimension ignorieren und jede Störung ins Psychische oder Somatische – oder wie die Verhaltenstherapie ins Soziale – projizieren, können sie Frustrationen auf der geistigen Ebene und hieraus resultierend, entsprechende psychische Erkrankungen nicht erkennen; muß folglich auch ihr therapeutisches Instrumentarium in diesem Bezug versagen.[10]

Abgesehen davon, daß die viel zitierten ‚Komplexe' aus frühkindlichen, biografischen, innerfamiliaren Konflikten ‚ubiquitär' (überall verbreitet) sind, nicht in jedem Fall zu neurotischen Erkrankungen führen, was ja auch darauf verweist, das offenbar die Gesamtkonstitution einer Person eine entscheidende Rolle für den Krankheitsausbruch spielt; abgesehen davon vermögen die derzeitigen Neurosenlehren keine plausible Erklärung für die massenhaft auftretenden Unlust-, Freudlosigkeits-, Sinnlosigkeits- und Leeregefühle von heute zu geben, die in gesteigerter und verfestigter Form neurotische Symtomatologie aufweisen.

Nur eine rehumanisierte, also eine um die humane (geistige) Dimension erweiterte Psychotherapie „kann die Zeichen der Zeit verstehen – sich den Nöten der Zeit stellen."[11]

Für unsere Zeit stellt Frankl fest:

„Tatsächlich sind wir heute nicht mehr wie in der Zeit von Freud mit einer sexuellen Frustration, sondern mit einer existentiellen Frustration konfrontiert." Der zeitgenössische Mensch von heute „leidet nicht so sehr wie zur Zeit Adlers an einem Minderwertigkeitsgefühl, sondern an einem abgründigen Sinnlosigkeitsgefühl, das mit einem Leeregefühl vergesellschaftet ist – weshalb ich von einem existentiellen Vakuum spreche."[12]

‚Existentielles Vakuum‘ manifestiert sich in Langeweile, Gleichgültigkeit gegenüber schwierigen Situationen, Motivations- und Zielschwäche wie in Gefühlen totaler Inhaltslosigkeit.

Und es mehren sich die Anzeichen, daß das Sinnlosigkeitsgefühl nicht nur zunimmt, sondern sich quer durch alle Schichten und Altersgruppen ausbreitet und grenzüberschreitend ebenso in kommunistischen Staaten anzutreffen ist.[13]

Als beherrschende Grundstimmung wird es von Frankl insbesondere bei der akademischen Jugend ausgemacht und der junge Mensch als besonders gefährdet angesehen.[14]

Heutiger Jugend fehlt es – materiell – an fast nichts. Materieller Wohlstand aber vermag offensichtlich weder Langeweile noch Sinnlosigkeitsgefühle auszugleichen.[15]

Anders nämlich als Motive, Wünsche, Triebe der Psyche, die mit Erreichung ihres Triebobjekts befriedigt und erst einmal gesättigt sind bis sie sich wieder einstellen, braucht der Geist nicht Befriedigung, sondern Sinn. Er läßt sich nicht abreagieren, sondern „braucht auch die Erfahrung, daß sein Leben sinnvoll ist, und sein Tun und Handeln in diesem Sinnzusammenhang eingeordnet werden kann."[16]

Nun ist der ‚Wille zum Sinn‘, das Bestreben, Sinn zu finden und zu realisieren, vielseitig gefährdet, frustriert, blockiert, wenn die Bedingungen zu sinnvoller Eigentätigkeit wie heute so denkbar ungünstig sind. Für die kollektive Verunsicherung macht Frankl in erster Linie Traditionsverlust aus:

„Weder wissend, was er (der Mensch, d.V.) muß, noch wissend, was er soll, weiß er aber auch nicht mehr recht, was er will. Und die Folge? Entweder er will nur das, was die anderen tun und das ist Konformismus. Oder umgekehrt: er tut nur das, was die anderen wollen – von ihm wollen. Und da haben wir den Totalitarismus."[17]

Ferner begünstigen „depersonalisierende(n) und dehumanisierende(n) Trends, die allenthalben überhandnehmen"[18] den Abbau von Sinnfindungsmöglichkeiten. Die Automatisierung unserer Zeit bringt zwar ein Mehr an Freizeit, „der existentiell frustrierte Mensch kennt jedoch nichts, womit er sie ausfüllen, nichts womit er sein existentielles Vakuum auffüllen könnte."[19]

Unfähig, Sinnerfüllung über die Realisierung ‚schöpferischer Werte‘ (Produktivität), ‚Erlebenswerte‘ (Kontemplation/Emotionalität) und ‚Einstellungswerte‘[20] zu finden, kann sich das Sinnlosigkeitsgefühl bis zur psychischen Apathie und zu einem spezifischen Neurotizismus steigern, der ‚Noogenen Neurose‘.

‚Noogene Neurosen‘ wurzeln in der geistigen Dimension – ohne eine Geisteskrankheit im herkömmlichen Sinne zu sein.

Sie ist „ätiologisch auf das Sinnlosigkeitsgefühl zurückzuführen, ... auf den Zweifel an einem Lebenssinn beziehungsweise auf den Zweifel, daß es einen solchen Sinn überhaupt gibt."[21]

Hier denkt Frankl zuende, was bereits bei Jung angeklungen war, daß nämlich die Neurose zu definieren sei „als Leiden der Seele, die ihren Sinn nicht gefunden hat."[22]

Motivationsschwäche und Langeweile sind charakteristische Symptome:

„Die Langeweile ist zu einer seelischen Krankheitsursache erster Ordnung geworden."[23]

Auf die existentielle Frustration läßt sich kein medizinisches Modell anwenden, weil es sich hier in erster Linie um eine soziogen bedingte Neurose handelt.

Natürlich sind Selbst- und Sinnzweifel nicht als solche pathologisch und per se krankmachend, sondern gehören zur humanen Existenz des Menschen dazu. Wenn aber dispositionelle, übermäßige Be- oder Entlastung von äußeren Bedingungen hinzukommen[24], so kann es zur Fixierung einer Noogenen Neurose kommen.

Zwar kannn nicht behauptet werden, daß die Häufigkeit neurotischer Erkrankungen i.e.S. zugenommen hat, wohl aber, daß deren klinisches Erscheinungsbild und ihre Symptomatologie sich geändert hat. Was die Ätiologie neurotischer Erkrankungen angeht, so hat das Sinnlosigkeitsgefühl Minderwertigkeitsgefühlen den Rang abgelaufen.

Unabhängig von einer klinisch behandlungsbedürftigen, fixierten Neurose, dürfen im vorklinischen Bereich ‚Quasi-Neurosen‘ nicht übersehen werden. Sie sind Ausdruck und Ausfluß einer ‚Pathologie des Zeitgeistes‘, die sich auch als Fixation auf individuelle Wohlstands- und Lustverwirklichung beschreiben läßt, bei der Sinnfindung und Sinnverwirklichung nicht mehr vorkommen.[25] Und so lassen sich im symptomatologischen Vorfeld Noogener Neurosen kollektive Quasi-Neurosen ausmachen, für die nach Frankl folgende Symptome in der Gegenwart charakteristisch sind:

1. ‚Provisorische Daseinshaltung‘
   Der Mensch in provisorischer Lebenseinstellung lebt in den Tag hinein und hält es nicht für nötig, zukunftsbezogen selbst- und fremdverantwortlich zu handeln.

2. ‚Fatalistische Lebenseinstellung‘
   In dieser Lebenseinstellung hält es der Mensch gar nicht für möglich, gegen Zustände und Entwicklungen etwas auszurichten.

3. ‚Kollektives Denken‘
   Halten die Menschen in den beiden obengenannten Haltungen Handeln für entweder unnötig oder unmöglich, so ist der kollektivistisch Eingestellte unfähig, personal zu erfassen und personal zu handeln. Er schließt sich kollektiven Meinungen an und entwickelt keine eigenen mehr.

4. ‚Fanatismus‘
   Der Fanatist ist der Rigorist im Schillerschen Sinne, der nur Grundsätze gelten und andere Ansprüche und Denk-

weisen nicht gelten läßt; der gegebenenfalls zur Durchsetzung seiner Ziele auch zu terroristischen Mitteln greift.[26]

Was die Ausbreitung solcher kollektiv-neurotischer Symptome angeht, so zeigt die von Frankl referierte Untersuchung, daß nicht ein einziger der Stichprobe frei von solchen Symptomen war und nicht weniger als die Hälfte der Personen mindestens drei der vier Symptome zeigte. Frankl interpretiert diese Lebenshaltungen als Verdrängungsformen fehlender Sinnmöglichkeiten, die zugleich ‚klinische Gesundheit' implizieren bzw. nicht als Neurose i.e.S. behandlungsbedürftig werden. Wird so erklärbar, daß Neurosen i.e.S. in unserer Zeit nicht merklich angestiegen sind, so belegen die referierten Zahlen aber auch, „daß Personen, die nicht klinisch neurotisch sind, kollektiv neurotisch sein können."[27]

Unbeschadet ihrer manifesten Erscheinungsform, muß also auch das symptomatologische Vorfeld beachtet werden. Frankl verweist auf die vielen maskierten, lavierten Formen der existentiellen Frustration wie Ehrgeiz und hektische Betriebsamkeit, wie die Betäubung innerer Leere durch die verschiedenen Süchte. Die Angst vor der Leere (‚Horror vacui') wird übertönt durch Motorlärm, Geschwindigkeitsrausch, Getöse, zwanghaften Konsum.[28]

Auch läßt sich zeigen, daß existentielle Frustration „mit Aggression, Regression, Ablenkungstendenz und Fluchtreaktion gekoppelt ist"[29], wobei unklar ist, „wie weit der Schritt von unbefriedigtem Sinnbedürfnis zur sinnlosen Aggressionsentladung ist"[30] oder auch in Selbsttötung[31] einmündet. Was Lukas, eine Schülerin von Frankl, aber aufgrund ihrer Untersuchungen weiß, „daß mit sinkender Sinnerfüllung die Frustrationsanzeichen zunehmen, neurotische und depressive Tendenzen stark werden und sich die allgemeine Psychohygiene verschlechtert."[32] Motivationsschwäche, Interesselosigkeit und Gleichgültigkeit sind weitere Korrelate.

Und so steht auch zu vermuten, daß selbst- und fremddestruktive Delekte, die Jugendliche verüben, Resultat von Sinnleere und Langeweile sind: „Wer das nicht zur Kenntnis nehmen will, versperrt sich auch die Möglichkeit, die Ursachen solcher sozialen Erscheinungen wie Jugendkriminalität, Alkoholismus, Rauschgiftsucht usw. zu erkennen, wenn diese gesellschaftlichen Charakter annehmen."[33] Mit Frankl ist deshalb auch zu empfehlen, „bei der Behandlung jugendlicher Fehlentwicklungen neben sozialen und biologischen Determinanten auch Sinnleere zu berücksichtigen."[34]

All dies spricht für die hohe Gefährdung, die von unserer Zeitsituation ausgehen. Nicht nur in dem Sinn, daß sie krankmachen kann, sondern daß sie das Individuum seiner spezifisch humanen Handlungs- und Verwirklichungsmöglichkeiten entfremdet.

Es ist Frankls Verdienst, auf diese Subjektgefährdung aufgrund gesellschaftlich fortschreitend verwehrter Handlungsmöglichkeiten und dem hieraus entstehenden Sinnverlust aus psychologischer Perspektive aufmerksam gemacht zu haben. Auch erscheint es verdienstvoll, Motivationsschwäche, Initiativlosigkeit, Langeweile und deren Verhaltenskorrelate auch in ihrer soziogenen und noogenen Auslösung/Bahnung für die Psychotherapie erkannt zu haben und Erklärungen für diese um sich greifenden Verhaltensweisen anzubieten.

Weiterhin scheint das von E. Lukas weiterentwickelte und validierte Meßinstrument zur Erfassung des Ausprägungsgrades Existentieller Frustration hilfreich[35], da es helfen kann, noogen involvierte Stimmmungslagen, Langeweile, Interesselosigkeit, bevor sie in neurotische oder depressive Psycho-Genesen abrutschen, zu erfassen, um ihnen prophylaktisch zu begegnen. Denn niemand wird bestreiten wollen, daß noogene Neurotiker zunächst der Normalpopulation angehören, bevor eine Verschiebung ins Pathologische einsetzt. Unstrittig dürfte auch sein, daß ‚existentielle Frustrationen', also die Frustration von Sinnfindungsmöglichkeiten in einer ‚Normalphase' einsetzt, bevor sie in psychische Apathie gleitet, sich in sinnlosen Aggressionen entlädt oder deren neurotische Valenz durch fatalistische, provisorische oder konformistische Lebenshaltungen abgebogen wird.

Logotherapie versteht sich entsprechend ihres Ansatzes ausdrücklich als eine „Psychotherapie auch für die Nöte des gesunden Menschen"[36], verweist also auf ihre präventive Funktion. Sie sucht „Rückbesinnung auf den Sinn, ... auf ein Sein-sollen und Selbstbestimmung, auf die Freiheit und die Verantwortlichkeit sowie Selbstbesinnung auf ein Sein-können"[37] zu bewirken. Kurz, sie will für Sinnmöglichkeiten sensibilisieren bzw. der Person dabei helfen, „die jeweils sinnvollste aller Möglichkeiten des Augenblicks zu entdekken und gerade diese zu verwirklichen und keine andere."[38] Sie will so Sinnlosigkeitsgefühlen gegenarbeiten und Gleichgültigkeit wie Motivationsschwächen abbauen. Insofern ‚Logotherapie' an die grundlegende menschliche Motivation, dem ‚Willen zum Sinn' appelliert, kennzeichnet sie sich auch als ‚appellative Psychotherapie'. Sie verfährt sprechend und reflektierend.

An dieser Stelle soll die Darstellung der psychotherapeutischen Positionen Frankls et.al. abgebrochen werden. Einig in den anthropologischen Prämissen und in der Zielsetzung, Sinnfindung zu ermöglichen, aber abweichend in den therapeutischen Konsequenzen, sollen Ergänzungen und Differenzen ihm gegenüber kenntlich gemacht werden:

1. Die existentiellen Gefährdungen des Subjekts haben sich inzwischen verschärft. Sie stellen sich umfassender und globaler dar. Sie sind primär nicht mehr durch Traditionsverlust gekennzeichnet, sondern genereller durch Verlust an selbst- und sinnfindenden Erfahrungs- und Handlungsmöglichkeiten. Das heißt, es fehlen zunehmend qualitativ unterschiedliche Handlungsräume, in denen über Erfahrungshandeln überhaupt erst diese freiheitlich-selbstge-

leiteten Potenzen entdeckt und sich ihrer vergewissernd der Sinnfindungsprozess in Gang kommen kann.
Insofern wäre der Sinnappellation die Schaffung von Handlungsräumen vorausgesetzt.

2. Überhaupt kommt der Handlungsaspekt in der Konzeption Frankls zu kurz. Wenn ein ganzheitliches Menschenbild zugrundegelegt wird, so müßten therapeutische Interventionen Sinnfindungsprozesse auch im Medium ganzheitlicher Handlungsprozesse anstreben.
3. Dies erst recht, wenn – abgestützt durch Lukas empirische Untersuchungen – belegt ist, daß Sinnverwirklichung in erster Linie in ‚schöpferischer Produktivität' und selbstgeleiteter ‚Aktivität' gesehen wird; hier aber auch das Bedürfnis nach sinnerfüllender Emotialität deutlich wird, insgesamt also Bedürfnisse, wie sie allein in ganzheitlichen Handlungsprozessen erfahren werden können.
Außerdem: Wie sollen Heranwachsende den Wert ‚schöpferische Produktivität' schätzen lernen, wenn sie ihn nicht im Tun selbst entdecken.
4. Depersonalisierende und dehumanisierende Prozesse haben in unserer Gegenwart dermaßen zugenommen, daß zumindest die Methode der ‚Dereflexion'[39], eingesetzt um ich-zentrierte Reflexion auf andere und auf anderes zu lenken, fragwürdig erscheint wie auch die eindimensionale, negative Auffassung von Selbstverwirklichung im Sinne der eitlen Selbstkreisung.
Abgesehen davon, daß der philosophische Begriff von Selbstverwirklichung immer eine Verwirklichung in Verantwortung vor anderen meint, gälte es, angesichts der aufgewiesenen selbstentfremdenden gesellschaftlichen Prozesse zunächst einmal wieder Selbstentfremdung durch Selbstwahrnehmung, -erfahrung und -identifikation ein Stück weit rückgängig zu machen, bevor – hierin enthalten und darauf aufbauend – selbsttranszendierende, um- und mitweltumgreifende Prozesse begünstigt werden können.
5. Gerade weil und wenn der Sinn eines Augenblicks oder einer bestimmten Handlung ‚unikal' ist, wie Frankl sagt, und zugeschnitten ist auf eine konkrete Person in einer konkreten Situation, so ist der Personbezug und die Selbstreflexion nicht zu überspringen. Sie erst bewirken, daß eigene Sinnmöglichkeiten gefunden und verhindern, daß Sinn aufoktroyiert wird.

Aus der – jetzt auch empirischen – Ermittlung sinnverwirklichender Kategorien durch die ‚Logotherapie' fließen uns nunmehr auch aus ihrer Sicht – wenngleich durch sie selbst nicht therapeutisch genutzt – starke Argumente für die prophylaktische und rehabilitative Funktion ästhetischer Prozesse zu. Hier ja können ‚schöpferische Aktivität (Produktivität)' wie ‚Erlebniswerte (Kontemplation und Emotionalität)' wie ‚Einstellungswerte' aufgefunden und realisiert werden, was noch grundlagentheoretisch zu zeigen sein wird. Dies auch erkennt Lukas, wenn sie schreibt:

„Aber nicht nur die Künste und künstlerische Betätigungen sind gemeint (mit den schöpferischen Werten, d.V.), die immer schon immens hohe Sinnqualität ... besaßen, sondern auch kleinere und einfachere Aktivitäten ... Es geht bei den schöpferischen Werten nicht um den materiellen Wert des zu erstellenden Werkes, es geht um den ideelen Wert, der mit Hingabe an eine Sache, dem Ideenreichtum und Liebe zur Arbeit steigt, selbst dann, wenn das Endprodukt markttechnisch gesehen, wertlos ist." ...
„Die schöpferischen Werte der Menschheit stehen an der Spitze all dessen, was wir zugunsten unserer Spezies hervorbringen können ... So spielen schöpferische Werte auch im Leben des einzelnen eine große Rolle ...; Eine kreative Arbeit, verbunden mit ein bißchen Schweiß und ein bißchen Engagement ist oft und oft die zentrale Sinnstruktur in einer langen Lebensphase."[40]

Leider werden von Lukas offenbar keine anderen therapeutischen Schlüsse gezogen als die, kreative Arbeit appellativ zu animieren.

Beim Wort genommen, müßte die Konsequenz ja lauten:

– Existentiellen Frustrationen aktiv über selbstgeleitete Produktivität im kreativen Medium entgegenzuwirken und Gelegenheiten zu eröffnen, sich über die Produktionsprozesse und -ergebnisse eigener sinn-, form- und gestaltgebender Realisationsmöglichkeiten zu verständigen.

Hier traut Holzkamp der „Kunst (ihren Vor- und Nebenformen)"[41] weit mehr zu, ja sie wird für ihn zur Wahrnehmung von unbewältigtem Dasein und gestörter Sozialisationsprozesse geradezu lebensnotwendig.

‚Unbewältigtes Dasein' wird von ihm definiert als „Eingefangenheit in der scheinbaren Zufälligkeit der eigenen subjektiven Erfahrung, Ausgeliefertsein an den übermächtigen Augenblick, Begriffslosigkeit gegenüber einem als blinde Faktizität undurchdringlichen Welt- und Selbsterleben, Hilflosigkeit angesichts des eigenen Lebensprozesses als eines unfaßbaren und unbeeinflußbaren <Vorgangs dritter Person>". Es charakterisiert sich gleichermaßen durch einen „Mangel an Selbstverständigung" wie durch das Fehlen von Perspektiven für ein „vernünftig zu entwickelndes(n) und zu entfaltendes(n) persönliches(n) Leben(s)!"

„Unbewältigtes Dasein", so Holzkamp, ist „einer Bewältigung durch Kunst (ihre Vor- und Nebenformen) bedürftig und ... fähig." Ästhetische Tätigkeit, solchermaßen für bestimmte Lebenssituationen als notwendig erachtet, kommt also nach Holzkamp existentielle Bedeutung zu. Dies, weil sie unabhängig von gesellschaftlichen Normen und jenseits bestimmt normierter Verständigungsformen Kommunikation mit sich selbst und eigene Erfahrungen ermöglicht.

Selbstverständigung aber ist unabdingbare Kommunikationsvoraussetzung, weil „der Mangel an Selbstverständigung ... auch einen Mangel an Möglichkeiten der Verständigung mit anderen (bedeutet); da man sich selbst nicht <begreift>, kann man sich auch nicht <begreiflich> machen; ... Da ich <in mir stecke>, <nicht aus mir heraus kann>, mich nicht zu artikulieren vermag, deswegen den anderen nicht erreiche, bin ich auch selbst für die anderen unerreichbar"[42].

Selbstverständigung nun wird im ästhetischen Tun geleistet; es schafft Übergänge zu reflexiven Interaktionsfähigkeiten. Holzkamp deutet hier eine der Funktionen an, die wir als wesentlich für ästhetische Tätigkeit herausarbeiten werden:

Die Möglichkeit, personale Kommunikationskompetenz (Selbst- und Fremdverständigung) grundzulegen bzw. zu restituieren.

Anmerkungen

1 Viktor E. Frankl ist Professor für Neurologie und Psychiatrie an der Universität Wien und Professor für Logotherapie an der Universität San Diego, Kalifornien. Er lehrte darüber hinaus an der Harvard Universität, Stanford Universität u.v.a.m.
2 Frankl, V.E.: Theorie und Therapie der Neurosen. München/Basel 1987^6, S.48
3 ders.: Antropologische Grundlagen der Psychotherapie. Bern/Stuttgart/Wien 1975, S.208
4 Um den Einwand einer möglichen Vergeistigung des Menschen zu begegnen, argumentiert Frankl verschiedentlich gegen Mißverständnisse, die seine Ausführungen als spiritualistisch abwerten wollen.
5 Vgl: Frankl, V.E.: Anthropologische Grundlagen. a.a.O. S.256f
6 Frankl, V.E.: Der Wille zum Sinn. Bern/Stuttgart/Wien 19823, S.181
7 ders.: Das Leiden am sinnlosen Leben. Freiburg i.Brsg. 19837, S.37ff
8 In ihrer Dissertation bestätigt E.Lukas anhand ihrer empirischen Untersuchung von 1340 Besuchern eines Wiener Vergnügungsparks, daß diese einen signifikant höheren Pegel existentieller Frustration aufwiesen als die Wiener Durchschnittsbevölkerung. Das kann durchaus so interpretiert werden, daß Menschen, die besonders auf Genuß und Vergnügen aus sind, offenbar in ihrem primären Anliegen nach Sinn frustriert geblieben sind. Vgl.: Lukas, E.: Logotherapie als Persönlichkeitstheorie. Diss. Wien 1971.
9 Frankl, V.E.: Das Leiden. a.a.O. S.136
10 Vgl.: Frankl, V.E.: eb. a.a.O. S.37ff; ders.: Theorie: a.a.O.S.77ff; ders.: Anthropologische Grundlagen. a.a.O. S.243ff;
11 Frankl, V.E.: Das Leiden. a.a.O. S.27
12 ders.: eb. a.a.O. S.11
13 Vgl.: Frankl, V.E.: eb. a.a.O. S.12
14 Vgl.: ders.: eb. a.a.O. S.73
15 Frankl gibt Untersuchungsergebnisse eines Hamburger Sozialinstituts wieder, wonach 58% der befragten Jugendlichen in ihrer Freizeit nichts mit sich anzufangen wissen". Frankl, V.E.: Theorie. a.a.O. S.136, Anm.:1
16 Lukas, E.: Von der Tiefen- zur Höhenpsychologie. Freiburg i.Brsg. 1983, S.213
17 Frankl, V.E.: Theorie. a.a.O. S.11
18 ders.: Das Leiden. a.a.O. S.27
19 ders.: Theorie. a.a.O. S.136
20 Das sind die drei Kategorien, in denen in einer repräsentativen Untersuchung (1000 VP) die Probanden angaben, hierin Sinnerfahrungen zu machen und Sinngebung zu finden. Wobei 2/4 auf die ‚Produktionswerte' und je 1/4 auf die ‚Einstellungs- und Erlebniswerte' entfielen. Vgl.: Lukas, E.: Zur Validierung der Logotherapie. In: Frankl, V.E.: Der Wille. a.a.O. S.245ff
21 Frankl, V.E.: Theorie. a.a.O. S.11
22 Jung, C.G.: Zitiert bei: Frankl, V.E.: Das Leiden. a.a.O. S.42
23 Frankl, V.E.: Theorie. a.a.O. S.137
24 Vgl.: Frankl, V.E.: Theorie. a.a.O. S.148ff
25 Vgl.: Frankl, V.E.: Anthropologische Grundlagen. a.a.O. S.6
26 Vgl.: Frankl, V.E.: Theorie. a.a.O. S.138. Ausführlich in: ders.: Anthroplogische Grundlagen. a.a.O. S.294f
27 Frankl, V.E.: Theorie. a.a.O. S.139
28 Vgl.: ders.: Der Mensch. a.a.O. S.69
29 Frankl, V.E.: Anthropologische Grundlagen. a.a.O. S.19
30 Lukas, E.: In: Frankl,V.E.: Der Wille. a.a.O. S.270
31 Frankl berichtet verschiedentlich von Untersuchungen zu Selbstmordversuchen, wobei in aller Regel die Probanden in gesicherten wirtschaftlichen Verhältnissen lebten, in bestem Einverständnis mit ihren Familien standen, sozial integriert waren und als Hauptmotiv ihres Selbstmordversuchs angaben, ‚in ihrem Leben keinen Sinn mehr zu sehen'.
32 Lukas, E.: In: Frankl, V.E.: Anthropologische Grundlagen. a.a.O. S.270
33 Schaff, A.: Entfremdung als soziales Phänomen. Wien 1977, S.255
34 Frankl, V.E.: Die neurotische Lebensproblematik unserer Zeit – von der Psychotherapie gesehen. In: Universitas (1972), H.1. S.622
35 Es könnte, so Lukas, beispielsweise in der Jugendfürsorge, in Schulen und Heimen eingesetzt, anzeigen, ob logotherapeutische Interventionen notwendig werden.
36 Lukas, E.: Von der Tiefenpsychologie. a.a.O. S.31
37 Frankl, V.E.: Anthropologische Grundlagen. a.a.O. S. 257
38 Lukas, E.: Von der Tiefenpsychologie. a.a.O. S.35
39 Dereflexion' und ‚Existenzanalyse' sind die tragenden Methoden der Logotherapie. Während die erstere die Person von sich selbst ablenken will, soll die letztere die Existenz der jeweiligen Person explizieren, entweder von ihr selbst oder vom Therapeuten.
40 Lukas, E.: Von der Tiefenpsychologie. a.a.O. S.216
41 Holzkamp, K.: Zitiert in: Hartwig, H.: jugendkultur. ästhetische praxis in der pubertät. Hamburg 1980, S.245
42 ders.: eb.

5.3. *Pädagogik unter dem Anspruch der Anwaltschaft für die Zukunft der Heranwachsenden*

Stellt man, wie versucht worden ist, einen Zusammenhang zwischen ‚Mangel an Initiative‘ und ‚Gleichgültigkeit‘ als Ausdruck von Motivationsschwäche einerseits und Sinnleere aufgrund frustrierter Motive nach Selbsttätigkeit und handelnder Einflußnahme in bezug auf die jeweils betreffende Lebenswirklichkeit andererseits her und erkennt in ihrer zunehmend instrumentalisierten, depersonalisierten, entsinnlichten und erfahrungsreduzierten Ausprägung selbstentfremdende, identitätsbehindernde, sogar krankmachende Lebensbedingungen, dann erhält die Rede von einer ‚therapiebedürftigenden‘ Gesellschaft einen Sinn.

Wenn Langeweile, Initiativlosigkeit, Lernverweigerung bereits schulische Alltagserscheinungen sind; wenn dieselben Verhaltensweisen Begleiterscheinungen von Motivationsschwäche sind, die ihrerseits Resultat versagter sinnerfüllender Eigentätigkeit sind und wenn schließlich solche Versagungen Fehlverhalten und langfristig Krankheit erzeugen, dann ist dieser phänomenologische Befund nicht nur motivationstheoretisch interessant:
Vielmehr erscheint die Lernbasis v i e l e r und nicht nur diagnostizierter Einzelfälle so massiv gestört, daß dies entschiedene Handlungskonsequenzen der Pädagogik verlangt.

Dabei ist es unerheblich, ob Heranwachsende die ganze Tragweite ihrer – aus heutiger Sicht – perspektivlosen Zukunft erkennen. Schon heute erfahren sie ohnehin tagtäglich, daß sie nur geringfügig selbsttätig werden und Einfluß auf ihre schulische wie außerschulische Wirklichkeit nehmen können. Zudem stimulieren eine qualitativ immer reizärmere und dürftigere Umgebung zunehmend weniger weder das Auge noch den Geist zu selbsttätigen Aktivitäten. Das heißt, daß auch das Ausmaß sozio-kultureller Deprivation, von der Sonderpädagogik ebenfalls als Bedingungsfaktoren für Lernstörungen und Lernbehinderung ausgemacht[1], weitaus verbreiteter und eben nicht nur auf ihre Bezugsgruppe beschränkt ist, wie diese es nahelegt.

Unsere Analyse berechtigt demgegenüber zu der Annahme, daß partikulare oder fehlende Teilhabe an der sozio-kulturellen Umwelt zunehmend weniger allein ein schichtspezifisches Problem darstellt, sondern sich vielmehr als gesamtgesellschaftliches Problem abzeichnet, indem ein kulturelles Angebot mit umfassender personaler Beanspruchung immer mehr von Freizeit- und Konsumangeboten mit niedriger und eindimensionaler Beanspruchung verdrängt wird.[2]

Daß hiermit wiederum nicht nur die Bedingungen zur Entwicklung und Befähigung zu ästhetisch-ganzheitlicher Kommunikation, sondern ganzheitliche Identitätsprozesse überhaupt beeinträchtigt werden, dürfte evident geworden sein.

Dies macht die derzeitige Herausforderung der gesamten Pädagogik aus.

Ferner berechtigt uns unsere Analyse zu der Auffassung, daß Erziehung heute unter erschwerten Bedingungen stattfindet. Danach würde nicht nur eine dezidierte ‚Behinderung‘ „die Identität einer Person, den Aufbau der Selbstkonsistenz und ihre Perspektiven in Gefahr“ bringen und mit ihr „Autonomie herabgesetzt“[3] werden, sondern dieselbe Gefahr die Heranwachsenden insgesamt aufgrund der vorliegenden Zeitbedingungen treffen.

Wie nun soll die Pädagogik auf die beschriebene Problemlage reagieren ? Hat sie überhaupt Ansatzmöglichkeiten?

Nützlich dabei ist es, sich zu vergegenwärtigen, daß fast alle pädagogischen Richtungsänderungen aus dem Erkennen und Verarbeiten sozio-kultureller Fehlentwicklungen[4] hervorgegangen sind. Wenn auch die zeitspezifische Krisenlage ungleich globaler, auch irreversibler erscheint, weil die psycho-physischen Lebensgrundlagen insgesamt betroffen sind, so muß die Pädagogik, will sie nicht auch noch ihren Sinn verfehlen, etwas beginnen, ohne dabei zu verzweifeln.[5]

Wie nun kann die Pädagogik initiativ werden?

Zunächst ist die Pädagogik gehalten, die ‚Bedingung der Möglichkeit von Bildung und Erziehung erneut dadurch zu sichern, daß sie nachdrücklich und energisch ihren abhanden gekommenen autonomen Status zurückfordert, auf ihre Filterfunktion gegenüber ungerechtfertigten gesellschaftlichen Indienstnahmen besteht und ihr bildungspolitische Realität verschafft.

Dabei kann sie deutlich machen, was nicht mehr gelten sollte. Weil aber die „Negation des Bestehenden allein noch keine Garantie dafür ist, ... zukunftsträchtige Lösung zu sein“[6], so wird es weiterhin notwendig sein, erneut einen handlungsfähigen Konsens zwischen Theorie und Praxis über Auftrag, Ziel und Funktion von Bildung und Erziehung herzustellen.

Ohne den Bildungsauftrag letztlich inhaltlich vereindeutigen zu können, gerade weil die Zukunft offen ist und bleiben muß, besteht er formal nach wie vor in der Sicherung von und Befähigung der Heranwachsenden zu eigener, selbstbestimmter Zukunftsgestaltung. Abgeleitet ist er von der aus dem menschlichen Daseinszweck hergeleiteten ‚Regulativen Idee‘ der SELBSTBSTIMMUNG. (Kant)[7] Den zeitspezifisch konkreteren Sinn von ‚Selbstbestimmung‘ kann Pädagogik u.E. derzeitig nur in definitiver Abgrenzung von Gesellschaft formulieren.

Mit dieser – gegenüber der faktisch konstituierten Realität – kontrafaktischen Zielsetzung ist zugleich der Maßstab benannt, mit dem gesellschaftliche Indienstnahmen, fähigkeitsbehindernde Fakten und einseitig funktionale Leistungsanforderungen aufgedeckt und gegebenenfalls als unzulässige Normierungen zurückgewiesen können. Selbst wiederum realitätsübergreifende Ziele formulierend, verhielte sich die Pädagogik so auftragsgemäß erneut ‚judiziös‘.

Gerade weil Heranwachsende die Ursachen ihrer Unlust und Langeweile in aller Regel nicht selbst auszumachen und ihre Bedürfnisse nach Primärerfahrung wie selbsttätigem Handeln nicht zu artikulieren vermögen, muß die Pädagogik im Wissen

erstens um die Handlungsbedingtheit und Einübensnowendigkeit von selbstbestimmter Zukunftsgestaltung und
zweitens um die pathogene Potenz unerfüllter Motive nach verursachender und sinnerfüllender Eigentätigkeit

entsprechende Handlungs- und Erfahrungsräume einfordern. Aus der von hier aus abgeleiteten Anwaltschaft für die Zukunft der Heranwachsenden läßt sich dieses Vorgehen der Pädagogik auch erst bildungspolitisch begründen und rechtfertigen.

Zur Einlösung ihres Auftrages muß Erziehung und Bildung desweiteren qualitativ über das derzeitig gesellschaftlich geforderte Maß an zu vermittelnden, überprüfbaren Kenntnissen, Techniken und Fertigkeiten hinausgehen. Danach müssen Bildungsfunktionen und -ziele, die im Inneren des Subjekts liegen (Willen, Verstehen, Urteilsfähigkeit, Verantwortung u. v. a. m.) und die zugunsten überprüfbaren Wissens und Könnens ausgeblendet wurden, re-aktualisiert und in Bildungszusammenhängen re-aktiviert werden. Sie sind nur handlungsmäßig grundzulegen.

Anders gesagt, darf die Auswahl zielbezogener, d.h. eigene Handlungsfähigkeiten intendierende Bildungsinhalte und -aktivitäten nicht weiter nur den Operationalisten und wertneutralen Bedarfsanalytikern in und außerhalb der Pädagogik überlassen werden, die letztlich im Dienst gesellschaftlich-nützlicher Jetztforderungen nahezu unbemerkt, zumindest kaum gehindert, ihren Leitanspruch im Bildungssystem etabliert haben.[8] Im Gegensatz zu diesen wird:

Bildung und Erziehung eben gerade nicht von der additiven Summierung einzelner Verhaltensweisen, sondern über reflexions- und handlungsbezogene Auseinandersetzungsprozesse erwartet; also insgesamt von emanzipatorischen Bildungsprozessen, die Fähigkeiten anstreben und die geeignet sind, eigene Zukunft, denkend, urteilend und kreativ handelnd zu gestalten.

Anmerkungen

1 Vgl.: Richter, H.G.: Pädagogische Kunsttherapie. a.a.O. S.147
2 Auf der Subjektseite bedeutet das, daß ein allgemein-gesellschaftlicher, auf funktionalale Aussagestrukturen ‚restringierter' Sprachgebrauch ebensowenig weiterhin nur ein Unterschichtenproblem darstellt.
3 Speck, O.: System Heilpädagogik. München/Basel 1987, S.263. Hiermit soll nicht bestritten werden, daß die Heilpädagogik unter graduell erschwerteren Bedingungen arbeitet.
4 Hierzu seien nur die sog. ‚Realistische Wende' in der Pädagogik (H.Roth) und die im sog. ‚Picht-Gutachten' diagnostizierte ‚Bildungskatastrophe' und deren reformierende Wirkungen genannt.
5 Vgl.: Weniger, E.: Die Pädagogik. a.a.O. S.150
6 Wehle, G.: Führen und Wachsenlassen. In: Nicolin,F./ Wehle,G. (Hg): Theodor Litt. Bad Heilbrunn/Obb.1982, S.63
7 Vgl.: TEIL II, Kap. 1.1.
8 Vgl.: Die Diskussion curricularer Ansätze. In: Richter-Reichenbach, K.S.: Bildungstheorie. a.a.O. S.157ff

5.4. Prävention und Korrektur individueller Fehlentwicklungen durch PÄDAGOGISCHE KUNSTTHERAPIE

All dies ist für geisteswissenschaftlich orientierte Bildungstheoretiker und -praktiker ja nichts Neues, wenngleich aus heutiger Problemsicht die Realisierung dieses emanzipatorischen Bildungsauftrages und hiervon abgeleiteter Bildungsziele nachgerade existentielle Bedeutung zukommt.

Es gilt nun, konkretere pädagogische Handlungsansätze primär, aber nicht nur auf Heranwachsende bezogen auszumachen. Hierzu soll noch einmal die These von der ‚Therapiebedürftigkeit' im nunmehr zu präzisierenden Sinne herangezogen werden:

Stimmt man dem phänomenologischen Befund zu, wonach Unlust, Interesselosigkeit, Motivationsschwäche und deren Verhaltenskorrelate das gegenwärtige gesamtgesellschaftliche Erscheinungsbild bestimmen und Ausfluß vorenthaltener sinnerfüllender Eigeninitiative und handelnder Einflußnahme sind; bestätigt man darüber hinaus, daß dies Verhaltensphänomene sind, die zunehmend das Lernverhalten in fast allen Bildungseinrichtungen prägen und Kennzeichen gestörter Lernbasen sind, dann wird deutlich, daß ‚Therapiebedürftigkeit ,

erstens weit früher, nämlich bereits im symptomatologischen Vorfeld erkennbarer Problementwicklungen und

zweitens weitaus breiter als auf einzelne Problemfälle beschränkt gesehen werden muß.

Dem Umfang des Symptomfeldes entsprechend ist die Frage nach therapeutisch wirkenden Eingriffen von allgemeinem pädagogischen Interesse und muß umfassend an ART, STRUKTUR und INHALTE pädagogischer Vermittlungsprozesse herangetragen werden.

Daraus folgt, daß ‚Therapie' in dem hier verstandenen Sinne nicht dem klinischen oder heil- und sonderpädagogischen Bereich vorbehaltbar oder als in hierfür ausgegrenzte Räume abschiebbar erachtet wird.[1] Aufgrund der soziogen und noogen zu vermutenden Ätiologie einer Vielzahl heutiger Problementwicklungen wie der spezifischen Symptomatik der von uns beschriebenen psycho-pathogenen Zuständlichkeit vieler wären medizinische und psychiatrische Therapieformen als „Maßnahmen, durch die Störungen und Leidenszustände aufgehoben und gelindert werden"[2], ohnehin wenig geeignet. Sie heben mit vornehmlich medizinischen Maßnahmen etwas auf oder lindern etwas, aber sie setzen die Person nicht konstruktiv auf ein anderes Verhalten/Handeln frei.

Das Gleiche gilt für andere Therapien, weil und wenn sie jedwedes defizitäre und problematische Verhalten ausschließlich vom Psychischen und/oder Somatischen oder Soziologischen herleiten und dabei diagnostisch die personale Gesamtgefährdung übersehen wie therapeutisch den emanzipatorischen Anspruch auf ganzheitliche personale Instandsetzung (Herstellung/Wiederherstellung) verfehlen bzw. aus dem Auge verlieren.

Deshalb wird hier ‚Therapie' im pädagogischen Bezug, dem Begriffsverständnis Bittners et.al. folgend, im weiten Sinne[3] verstanden, dabei rehabilitierende und präventive Funktionen bei der „Korrektur gestörter und unentwickelter Fähigkeiten"[4] akzentuiert:

Pädagogisch-therapeutische „Maßnahmen dieser Art zielen darauf ab, die gesunden Anteile der kindlichen Persönlichkeit zu stärken, Anreize zur gesunden Entwicklung im vorbeugenden und vorsorgenden Sinne bereitzustellen."[5]

In diesem Sinne hat jedwede Pädagogik in bezug auf jede Altersstufe therapeutische Funktion. Insofern ist die Begriffsübertragung auf den allgemein-pädagogischen Bereich zulässig. Beide, Therapie und Pädagogik, haben die personale Instandsetzung im doppelten Wortsinn im Blick.

Pädagogische Kunsttherapie sucht sie im Rahmen ästhetischer Prozesse voranzutreiben und Hindernisse bei einer ganzheitlichen Identitätsbildung abzubauen.

Weit entfernt also von dem Versuch, Bildungseinrichtungen zu therapeutischen Anstalten zu erklären, werden ihnen jedoch sehr wohl therapeutische Wirkungen i.w.S. abverlangt, die die Lernbasis vieler wiederherstellen bzw. prophylaktisch motivationale und gesamtpersönliche Fehlentwicklungen verhindern sowie das symptomatologisch beschriebene Erscheinungsbild mildern.

Unserer Prämisse folgend kann dies am ehesten durch die Stimulierung und Ermöglichung selbständiger und zunehmend selbstbestimmter Aktivitäten erreicht werden.

In der Konsequenz bedeutet das, daß solche therapeutischen Leistungen vom und im Bildungssystem selbst und den ihm zuzurechnenden pädagogischen Einrichtungen zu erbringen sind.

Zugebenermaßen haben nicht alle Bildungsgegenstände in gleicher Weise und in gleichem Ausmaß fähigkeitsfördernde und damit therapeutische Wirkungen. Wenn jedoch nicht vom Gegenstand her, so muß zumindest methodisch gewährleistet sein, daß ein „selbsttätiger geistiger Akt oder Gefüge solcher Akte" ermöglicht werden, „durch die der Lernende die Struktur einer Erkenntnis oder eines Könnens geistig nachvollzieht und sich aneignet."[6]

Handlungstheoretische Curriculumansätze zeigen seit längerem praktikable Wege auf, die, weil Selbsttätigkeit und Entscheidungsschulung von vorneherein Grundlage der Arbeitsinitiative sind, zielrealisierende Prozesse gewährleisten.[7]

Nicht zu verkennen sind demgegenüber genau gegenläufige Unterrichtsstrukturen, die Schule und Unterricht selbst als Anlass und Verstärker von Fehlverhalten und Verhaltensstörungen ausmachen lassen. Die Fixierung auf formalanalytische und rezeptive Fähigkeiten und funktional nützliche Fertigkeiten der Lernenden,

„die Ignoranz gegenüber grundlegenden somatischen, emotionalen oder axiologischen Bedürfnissen, die weitgehende Ausschaltung von handwerklichen, ästhetisch-musischen, lebensweltlichen und allgemein-bildende Erfahrungsbereichen, werden durch eine übersituative Theorieauffassung von Unterricht verschärft."[8]

Hier wiederholt Schule gesamtgesellschaftliche, erfahrungsabbauende und selbstentfremdende Tendenzen.
In übersituativ vorherbestimmten Lernprozessen müssen individuelle Bedürfnisse, lebenspraktische Erfahrungen, situationsgebundene Lernmöglichkeiten als potentielle Störfaktoren erscheinen und zugunsten vorfixierter Lernresultate zurückgedrängt werden. Übersituativ ausgerichtete Lernstrukturen tragen „somit zur Stabilisierung oder ‚Produktion' auffälligen Verhaltens bei."[9] Grassierendes Störverhalten und gehäufte Verhaltensauffälligkeiten als Krankheit zu definieren und medizinisch zu behandeln[10], geht demnach an dem hausgemachten Problem vorbei. Ihnen kann nur über eine stärkere Individualisierung, Erfahrungs-, Situations- und Handlungsbezogenheit von Leben und Lernen, und das heißt wiederum, nur kontrafaktisch zu gegenwärtigen Prozessen wirkungsvoll begegnet werden.

Deutlich werden sollte, daß die Allgemeine Didaktik aufgefordert ist, ihre z.T. sehr einseitigen – auf Planbarkeit, Überprüfbarkeit und Wissensmaximierung abgestellten Unterrichtsintentionen zugunsten fähigkeitssteigernder, auf Selbstkompetenz ausgehende Bildungsprozesse zurückzustufen und diese gegenüber Klagen hinichtlich ‚schleppender Lernstoffprogression' zu verteidigen.

Weil die Pädagogik gesellschaftliche Fehlentwicklungen und die hiermit einhergehenden massenhaften Problementwicklungen Heranwachsender nur in ihrem eigenen Feld wirkungsvoll begegegnen kann – was politische Einflußnahmen nicht ausschließt, sondern unabdingbar mit sich führt –, muß die Allgemeine Didaktik demgegenüber:

Diejenigen Bildungsgegenstände und -inhalte aufwerten, die, weil sie reflektierte Selbsttätigkeit fordern und fördern, in besonderer Weise geeignet sind, Selbstkompetenz wie handelnde Einflußnahme und somit therapeutische Wirkung in unserem Sinne zu entfalten.

Aufgrund des Ausmaßes beunruhigender Problementwicklungen unter Heranwachsenden betonen wir die Mitverantwortung der Bildungsinstutionen und erwarten von ihnen ebenfalls gegenwirkende Bildungmaßnahmen.

Damit ist nicht gesagt, daß nicht auch innerhalb ihrer, neben- oder nachgeschaltet speziellere und gezieltere therapeutische Arbeit mit spezifischeren Mitteln und Methoden vollzogen werden muß. Sie soll wegen ihrer ganzheitlich rehabilitierenden Wirkungen von der zu entwickelnden Pädagogischen Kunsttherapie geleistet werden.

Auf der Grundlage Ästhetischer Erziehung sieht Pädagogische Kunsttherapie gestufte, je nach der Voraussetzungslage der Adressaten methodisch zu modifizierende Interventionen vor. In pädagogisch-therapeutischer Absicht konzipiert, handelt es sich bei ihnen stets um didaktisch intendiertes Eingreifen in Kommunikations-, Sozialisations-, Konflikt- und Lernfelder mit dem Ziel, Kräfte und Fähigkeiten behinderter und benachteiligter Heranwachsender zu mobilisieren und alternatives Verhalten zu erproben. Hier findet die Aktivierung des Individuums in einem spezifisch organisierten Lernfeld statt.[11] Dadurch soll die identifizierte, spezifisch gestörte Lernbasis wiederhergestellt werden. Sie will dabei aber nicht stehenbleiben, sondern überleiten zu weiterführenden, persönlichkeitsbildenden ästhetischen Prozessen. Das heißt, alle kunsttherapeutischen Maßmaßen sind orientiert am Begriff der Pädagogischen Kunsttherapie, die bestimmt wurde als:

Die Gesamtheit aller pädagogischen Initiativen, die im Dienst des Aufbaus bzw. der Ausweitung personaler Identität, ästhetisch-ganzheitliche Kommunikationsfähigkeit über selbstfindende und selbstrehabilitierende Ausdrucks-, Darstellungs- und Verstehensaktivitäten im Medium und aufgrund ästhetischer Produktions- und Rezeptionsprozesse und unter Indienstnahme ästhetischer Mittel anzielen und progressiv freizusetzen suchen.

Allen ästhetisch präventiven und rehabilitativen Prozessen sind also wie allgemein-pädagogischen Prozessen von Beginn an emanzipatorische Ziele unterlegt. Gleichzeitig wird hiermit für jede pädagogisch initiierte, speziellere Therapie postuliert, ihrer Arbeit nicht nur das Normalisierungs- und Sozialisierungsprinzip, sondern selbstverständlich auch das Emanzipationsprinzip zu supponieren. Alles andere verbleibt letztlich an der personalen Peripherie des Individuums und verfehlt den pädagogischen Auftrag, auf selbstgeleitete Fähigkeiten im Denken, Fühlen, Handeln und Urteilen freizusetzen und so an den Basisbedingungen für eine sinnvolle und sinnerfüllte Lebenspraxis mitzuarbeiten.

Daß ästhetisches Arbeiten bei der Realisierung dieses Bildungsauftrages in besonderer Weise behilflich sein kann und kompatibel mit allgemein-pädagogischen Zielsetzungen ist, soll im folgenden grundlagentheoretisch und gegenstandsanalytisch plausibel gemacht werden.

Einsichtig dürfte dabei auch werden, daß und worin immer schon therapeutische Valenzen Ästhetischer Erziehung i.w.S. bestanden. Dass Sie angesichts derzeitiger Lebensbedingungen fruchtbar gemacht werden sollten, erscheint mehr denn je geboten.

Anmerkungen

1 Es gilt ja auch als umstritten, ob dies überhaupt für lern- oder verhaltensgestörte ‚Problemkinder' erforderlich ist. Nach Auffassung von Bittner et.al. werden nämlich weniger andere Gegenstände und besondere Institutionen als vielmehr andere Methoden notwendig. Vgl.: Bittner, G. u.a.: Schule. a.a.O. S.15
2 Meyers: Großes Taschenlexikon. Mannheim/Wien/Zürich Bd.22. 1983, S.75
3 Therapie im ‚engen' Sinn wäre demgegenüber als „Heilbehandlung zur Behebung psychischer Störungen, die Krankheiten im medizinischen Sinne ... sind", zu verstehen. Bittner, G.: a.a.O. S.88
4 Ertle, C.: Im Vorfeld der Psychotherapie – Päd. Formen des Umgangs mit erziehungsschwierigen Kindern. Sonderschule 2 (1972), S.173
5 Bittner, G.u.a.: Schule. a.a.O. S.85
6 Klafki, W.: Didaktik und Methodik. In: Enzyklopädisches Handbuch für Sonderpädagogik. Berlin-Charlottenburg Bd.I. 1969, S.584
7 Besonders günstige Erfahrungen liegen mit der Projektarbeit ebenso mit Formen individualisierten Unterrichts vor.(1) Ohne dabei pädagogische Intentionen ausblenden zu müssen, kann der Lehrende Beratung, Anleitung und Auswertung mit sachlichen Motiven verbinden. Angesichts der herkömmlichen, lerneinheits-gegliederten schulischen Lernprozesse sind wir uns allerdings der derzeitigen Grenzen im Einsatz solcher Bildungsformen bewußt. Gleichwohl fordern wir sie für die Pädagogische Kunsttherapie. (1) Vgl. Bittner et.al.: a.a.O. S.55
8 Voß, R.: Anpassung auf Rezept. a.a.O. S.88
9 ders.: eb. a.a.O. S.89
10 Ausführlich erarbeitet Voß das Problem: eb. a.a.O. S.104ff
11 Richter, H.G.: Therapeutischer Kunstunterricht. a.a.O. S.11f

Teil II:
Ästhetische Fundierung der Pädagogischen Kunsttherapie:
Theorie der Ästhetischen Erziehung

Geht es um Wiederaufwertung derjenigen Bildungsgegenstände, die im besonderen Maße geeignet sind, kompetenzsteigernde und fähigkeitsfördernde Selbsttätigkeit vorsorgend zu entfalten und Erfahrungs- und Wirklichkeitsverlust auszugleichen, darum Problementwicklungen vorzubeugen und Verhaltensdefizite auszugleichen wie Fehlentwicklungen in Bildungseinrichtungen selbst zu korrigieren, dann rückt die Ästhetische Erziehung und zunächst deren allgemein – therapeutische (bildende) Wirkmöglichkeiten ins Blickfeld.

Hier lautet die These:

Allgemein-therapeutische Wirkungen Ästhetischer Erziehung liegen in der spezifischen Struktur ihrer Handlungsprozesse und der durch sie bedingten Gegenstandsverfaßtheit ihrer Produkte.

Gründen die spezifischen Erfahrungs- und kommunikativen Auseinandersetzungsmöglichkeiten in den Produkten, die ihrerseits auf einen Produktionsprozess mit ebenso spezifischen Prozess-Strukturen zurückverweisen, der sie erst in ihrer spezifischen Verfaßtheit bedingt, so gilt es, vor allem den Produktionsprozeß und das Produktionsresultat zu analysieren.

Es sollen an dieser Stelle nicht erneut alle grundlagentheoretischen Herleitungen zur ästhetischen Handlungs- und Gegenstandsstruktur wiederholt werden, weil dieses bereits an anderem Ort ausführlich geschehen ist.[1] Gleichwohl müssen unserer Auffassung gemäß, wonach eine gegenstandsangemessene Kunsttherapie nur aus ästhetischen Grundlagen herzuleiten und deshalb an ein Konzept Ästhetischer Erziehung anzubinden ist, die für uns maßgeblichen bildungstheoretischen und erkenntnistheoretischen Einsichten wie kunstphilosopischen und gegenstandsanalytischen Erkenntnisse zur Sache aufgenommen werden, in einer Gegenstandsbestimmung einmünden und didaktisch reflektiert werden. Dem eiligen Leser mag die Vorgehensweise umständlich erscheinen, andererseits kann er durch die grundlagentheoretischen Einsichten ein Fundament zur Begründung und Rechtfertigung ästhetischen Handelns für pädagogisch-therapeutische Intentionen gewinnen.

1. Erkenntnistheoretische Positionen zur Bildungsbedeutsamkeit ästhetischer Produktion und Rezeption

Kant hat sich mit dem ästhetischen Phänomen in erster Linie erkenntnistheoretisch und weniger aus bildungstheoretischem oder gar zeitkritischem Interesse heraus befaßt. Dennoch haben seine erkenntniskritischen wie bildungstheoretischen Aussagen mehr denn je aktuelle Bedeutung und orientierende Funktion für jede wie auch immer spezifierte Erziehung. Auch bietet es sich an, seine Erkenntnisse zur Autonomie des Subjekts und zur Eigengesetzlichkeit des Ästhetischen mit seinen bildungtheoretischen Überlegungen zu verbinden und in unseren Begründungszusammenhang zu den präventiven und rehabilitativen Funktionen ästhetischer Prozesse aufzunehmen. Immerhin zeigt er, daß das Ästhetische spezifischer Ausdruck autonomer Aktivität ist, entsprechend trägt sie umgekehrt zur Entfaltung von Autonomie bei.

Zunächst soll der allgemeine Bildungsauftrag am Leitfaden Kantischer Bestimmungen kenntlich gemacht werden, um erkennbar zu machen, welchen Beitrag ästhetisches Handeln zu seiner Realisierung leisten kann. Kant hat hierzu maßgebliche Einsichten geliefert.

1.1. Der emanzipatorische Bildungsauftrag der Pädagogik allgemein, auf der Grundlage Kantischer Prämissen

Der Autonomiebegriff selbst ist nach Kant eine Leistung der theoretischen Vernunft des Subjekts und Ausdruck seines spezifischen Vermögens, Ideen ‚a priori' zu bilden, also im Gegensatz zu Verstandesbegriffen unabhängig von der sinnlichen Wahrnehmung. Wären sie der Empirie abgezogen, so wären sie Erkenntnisse des Verstandes, der empirische Fakten zu Erkenntnissen der Objektwelt verarbeitet. Sie würden mit Gegenständen der Erfahrungswelt korrespondieren und wären hier ‚demonstrabel'. Anders beim Autonomiebegriff. Er ist wie alle Vernunftbegriffe ‚indemonstrabel', insofern ihm keine Anschauung in der Erfahrungswelt je völlig entsprechen kann. Dennoch soll er gerade hier mit Notwendigkeit praktisch werden, muß also bestimmter werden.

Entspricht der Autonomie-Begriff weder einer Konkretisierung im Faktischen, ist er nicht aus der Natur abzuleiten und sind entsprechende Möglichkeiten als Potenz zwar jedermann zu unterstellen, aber nicht als bereits angeborene Idee anzunehmen[2], so muß zunächst gefolgert werden:

Die Idee des Subjekts von sich selbst, seinem Daseinszweck und Daseinssinn muß in einer selbst hervorgebrachten Vorstellung des Subjekts gründen.

Diese stellt den Menschen „als Zweck an sich selbst"[3] vor. Das Subjekt als Selbstzweck zu begreifen, heißt, Subjektspezifisches als undeterminiert von metaphysischen Instanzen, objektiven Zwecken und Sachzwängen, innerpsychischen Mechanismen oder äußerer Natur aufzufassen; es also als selbstbestimmend und selbstgesetzgebend bei allen empirischen Abhängigkeiten vorzustellen.
Diese Vorstellung/Idee wird nicht ‚aufgefunden', sondern kann nur im menschlichen Zusammenleben, nur vor dem Hintergrund des sozialen Anderen (Alter ego) erwachsen, ist demnach ausschließlich Erkenntnisleistung und Bewußtseinsresultat des Subjekts.
SELBSTBESTIMMUNG heißt danach der letzte unhintergehbare Zweck und Daseinssinn des Menschen.
Mit ihr ist durch Kant die Möglichkeit und Verpflichtung der Menschheit, jedes Menschen benannt.
Weil absolute Selbsterkenntnis dem Menschen aufgrund seines je zeit-räumlich begrenzten Erkenntnisvermögens versagt ist[4], kann Inhalt und Bedeutung dieser Idee menschlicher Selbstbestimmung nicht vollständig erkannt werden, nicht bewiesen werden wie ‚demonstrable' Verstandesbegriffe. Dennoch kann sie nicht geleugnet werden, beweist sie doch in jedem selbstbestimmten Akt ihre Faktizität.

Aus der prinzipiellen Unerkennbarkeit und der damit verbundenen inhaltlichen Unbestimmheit folgt,

1. daß der Autonomiebegriff, soll er praktisch werden, auf Lebenspraxis bezogen und auf die je individuelle und zeitspezifische Voraussetzungslage hin immer wieder neu inhaltlich ausgelegt werden muß.
2. daß Autonomie immer nur als Annäherungziel zu begreifen ist.

Der Begriff ist unbestimmt abstrakt in seinem Sollens- und Aufforderungscharakter, aber auch bestimmbar und konkretisierbar in einem Realitätsbezug. Das heißt: Zu seiner inhaltlichen und praktischen Konkretisierung bedarf es des jeweiligen synthetisierenden Bezugs, in dem der Selbstbestimmungsbegriff auf das jeweilige zeitspezifische, individuelle und kollektive Sein (Erfahrungswelt) bezogen wird und zugleich eines dialektischen Handlungsprozesses, in dem sich Sein und Sollen/Können vermitteln.

Systematisch erweist sich so die Idee von der Selbstbestimmung des Menschen als ‚Regulative Idee'. Regulative Ideen drücken solches „Sein/Sollen"[5], Sein/Können aus. Die regulative Idee der Selbstbestimmung, „der man sich zwar nähern, sie aber nie erreichen kann"[6], soll praktisch-konkretes Handeln motivieren, leiten und orientieren.

Selbstbestimmung als allgemeines Prinzip, als Daseinssinn und lebenslanges Annäherungsziel des Menschen weist intersubjektive Gültigkeit auf. Dies,

1. weil unter dieser Perspektive individuelle und kollektive Wirklichkeit nicht mehr resignativ als unbeeinflußbares Fatum, gottgegebenes Schicksal oder Los, sondern als durch Ideen geleitetes Handeln veränderbar und verbesserbar erscheint.
2. weil unter dieser Selbstauffassung und diesem Selbstanspruch Erfahrungswelt auch erst zum sinn- und selbstverwirklichenden Handlungsfeld des Menschen wird, der sich dabei selbst lebensgeschichtlich und das Gesamtsubjekt unendlich verwirklicht.
3. weil es für jedermann wünschenswert ist, sich seiner eigenen Vernunft-, Verstandes- und Erlebenskräfte zu bedienen und hierzu (pädagogisch) instandgesetzt zu werden.
4. weil hiermit zugleich die formalen Rahmenbedingungen mit angegeben sind, die eine größtmögliche Entwicklung solcher freiheitlich selbstbestimmten Anlagen erlauben und ermöglichen.

Doch ist mit dieser theoretischen Bestimmung des Menschen als Selbstzweck die Realisierung von Selbstbestimmung im Praktischen weder zu sichern noch zu verhindern, daß das Subjekt nicht andere oder anderes zum Mittel seiner Zwecke gebraucht, also Selbstbestimmung mißbraucht, wodurch alle Freiheit wieder verlorenginge.

Hier nun setzt die praktische Vernunft ein, die an der empirischen Realität des Menschen als Selbstzweck und Selbstbestimmung interessiert ist. Ein Mißbrauch von Freiheit, Willkür und Egoismen ist aber nur auszuschließen, wenn das Ausmaß an Freiheit eines jeden Subjekts durch allgemeine Gesetze der praktischen Vernunft näher eingegrenzt wird. Deshalb bestimmt Kant den Freiheitsbegriff so:

> „Freiheit (Unabhängigkeit von eines anderen nötigenden Willkür), sofern sie mit jedes anderen Freiheit nach einem allgemeinen Gesetz zusammen bestehen kann, ist dieses einzige, ursprüngliche, jedem Menschen, kraft seiner Menschheit, zustehende Recht."[7]

Die Freiheit jedes einzelnen wird also eingeschränkt durch ein allgemeines Gesetz, eine Verfassung, der sich jedermann deshalb unterstellen kann und sich an sie binden kann, weil sie seine Handlungsfreiheit nur insoweit einschränkt, wie sie die eines anderen gefährdet.

Konkretere Gesetze, die das mitmenschliche Verhältnis regeln, basieren ebenfalls auf dem Freiheitsbegriff und werden von Kant als ‚Imperative' bestimmt.[8]

Im Blick auf die Freiheitssicherung eines jeden muß unbedingt (kategorisch) von jedermann gefordert werden:

> ‚Handle so, daß die Menschheitsbestimmung (Selbstbestimmung) in dir und anderen Personen jederzeit berücksichtigt wird, indem du dich und andere niemals als bloßes Objekt von Bestimmungen (Fremdbestimmung) oder als Sache gebrauchst.'[9]

Gegenüber diesem freiheitssichernden Imperativ sind alle besonderen, auf individuelles Glück, Wohlergehen, Bedürfnisbefriedigung, Prestige und Macht abzielenden konkreten Zwecke zurückzustufen.

Allen Skeptikern gegenüber Selbstbestimmung und Selbstverwirklichung wird klar, daß ein auf diesen Grundlagen basierendes selbstbestimmtes Handeln weder egozentrisch noch beliebig zu nennen ist.

Ohne diese Vernunftmaximen wird der Mensch zur Sache und Objekt, bemächtigen sich Menschen über Menschen. Ohne sie werden Heranwachsende im Erziehungszusammenhang zum bloßen Mittel fremdgesetzter Zwecke und nicht zu ihrer Bestimmung (Selbstzweck und Selbstbestimmung) hingeführt.

In der regulativen Idee der ‚Selbstbestimmung' und dem Freiheitsbegriff ist zugleich der Pädagogik ihr Bildungsauftrag und ihr Annäherungsziel vorgegeben wie die Regeln und die formalen Rahmenbedingungen für praktisches Zusammenhandeln angegeben. Sie müssen ebenso wie die Mittel- und Inhaltsfragen je zeitspezifisch ausgelegt werden.

Kantisch gesprochen strukturiert sich Erziehung immer wechselseitig durch faktische Gegebenheiten (Ist-Zustand) und kontrafaktischen Könnens- und Sollensfragen (Soll- und Kann-Zustand), deren Vermittlung die Erziehungsverantwortlichen in Richtung auf vermehrte Selbständigkeit und Selbstbestimmung progressiv anzustreben haben als Voraussetzung der Übernahme individueller und gesellschaftlicher Handlungsverantwortung. Die Einsicht in die letztliche Unbestimmtheit und inhaltliche Offenheit von menschlicher Bestimmung als Selbstbestimmung macht aber auch deutlich, daß der Bildungsauftrag wesentlich als formaler, pädagogische Tätigkeit entsprechend als fähigkeits-steigernde Tätigkeit begriffen werden muß, die Heranwachsende nicht auf eine bestimmt-inhaltliche Entwicklung und Zukunft ausrichten und festlegen darf:

Erziehung kann nie mehr als die ‚proportionierliche' und das heißt ‚ganzheitliche' Entfaltung menschlicher Anlagen[10] leisten wollen. Um aber den regulativen Status der Freiheitsidee nicht zu verfehlen, muß sie auch die Mittel, Inhalte und konkreteren Ziele auslegen und diskutieren. Anderenfalls würde sie dem innergesellschaftlichen Interessensstreit preisgegeben, was der Realisierung des übergreifenden Zielbegriffs, wie sich zeigt, nur abträglich sein kann.
In diesem Sinne ist Pädagogik *autonom* und aufgefordert, die Angemessenheit der an sie herangetragenen bloß privaten, nationalen, wirtschaftlichen oder sonstwie eindimensionalen Zwecksetzungen zu überprüfen und ggf. zurückzuweisen. Das heißt: Pädagogik muß zur Sicherung ihres Bildungsauftrages „judiziös"[11] und initiativ werden.

Bei all dem aber, was Pädagogik realisiert, hat sie Begründungs- und Argumentationspflicht[12], die jedem Erzieher abverlangt, spezifische Anweisungen, Praktiken, Inhalte zu rechtfertigen und zu zeigen, inwieweit sie Anlagen proportionierlich fördern und selbstgeleitetes Handeln freisetzen. Da diese Anlagen zwar bei jedem Menschen vorauszusetzen, aber „nicht schon fertig in ihn gelegt"[13] sind, müssen Heranwachsende zu ihrem Gebrauch instandgesetzt werden.

Terminologisch auf den pädagogischen Leitbegriff ‚Emanzipation' gewendet, bedeutet dies, daß er eine doppelte pädagogische Aufgabe beinhaltet. Pädagogisch Emanzipationshilfe zu leisten, würde demnach bedeuten, Hilfeleistung bei der Befreiung aus einschränkenden (sozialisatorischen) Bedingungen und Zwängen zu leisten, andererseits aber zugleich pädagogisch planvoll auf die Freisetzung eigener Denk-, Urteils- und Handlungsfähigkeiten auszugehen.

Jede pädagogische Maßnahme hat jedoch in der Subjektbestimmung jedes einzelnen als Selbstzweck und Selbstbestimmung ihre Grenze. Die von der Pädagogik ausgelegten zeit- und adressatenspezifischen Ziele und Mittelfragen sind also keineswegs individuell beliebig oder ausschließlich am Leitfaden der je konstituierten Wirklichkeit zu formulieren, erst recht nicht ungefragt zu übernehmen, sondern stets am Leitfaden der Realisierung ihres Bildungsauftrages zu orientieren.

Bereits an anderer Stelle haben wir deutlich gemacht, daß angesichts derzeitiger Daseinsbedingungen und der mit ihnen verbundenen konformierenden, selbstentfremdenden und subjektentmachtenden Tendenzen, gegenwärtige Pädagogik ihre Ziele, Mittel und Prozesse wesentlich kontrafaktisch formulieren muß, Handlungsspielräume schaffen und zurückgewinnen muß, um die subjektnotwendige und -mögliche proportionierliche Entfaltung ganzheitlicher Anlagen zu sichern.

Erkennbar dürfte geworden sein, vor welchem Hintergrund unsere Zeitanalyse im Ergebnis so kritisch ausgefallen ist und an welchen Prämissen sie sich orientierte:

Es war das allgemeine und intersubjektiv gültige Prinzip der Selbstbestimmung, das uns zu der Frage veranlaßte, wie derzeitige gesellschaftliche Handlungsräume aussehen und welche Handlungsspielräume gegeben sind, in denen subjektgemäße Freiheit (Selbstbestimmung) durch Freiheit (selbstbestimmtes Handeln und Erfahren) entstehen und wie ein verantwortlicher Freiheitsgebrauch eingeübt werden kann.
Gemessen an dem formulierten Annäherungsziel ‚Selbstbestimmung' als Daseinszweck und -sinn des Subjekts mußte der Befund negativ ausfallen.

Anmerkungen

1 Richter-Reichenbach, K.S.:Bildungstheorie. a.a.O. S.115-154
2 Vgl.: Kant, I.: KU S.515 ff. (A336, B337-332, 333ff)
In Klammern werden die zugrundegelegten Originalausgaben als A (1. Fassung) und als B (2. Fassung) oder gleichzeitig als A und B zitiert, sofern zwei Fassungen vorliegen.
3 Vgl.: Kant, I.: Grundlegung zur Metaphysik der Sitten. Darmstadt 1968, Bd.6, S.63 (BA70)
4 Vgl.: Kant, I.: Kritik der reinen Vernunft (KdrV). Darmstadt 1968, Bd.4, S.344 ff (B404, 405 – A346)
5 Vgl.: Kant, I.: KU, S.520 (BA343-A339)
6 Vgl.: Kant, I.: Anthropologie und Pädagogik. Darmstadt 1968, Bd.10, S.510 (BA121, 122)
7 Vgl.: Kant, I.: Die Metaphysik der Sitten. Darmstadt 1968, Bd.7, S.345 (AB45)
8 Kant unterscheidet ‚Kategorische Imperative', die unbedingte Geltung für jedermann besitzen und ‚Hypothetische Imperative', die konkretere Mittel für die Erreichung von individuellem Glück und Wohlergehen angeben. Letztere sind jedoch den Kategorischen Imperativen unter der Perspektive der durch sie geforderten Freiheitssicherung stets untergeordnet. Vgl. hierzu: Grundlegung. a.a.O. S.43ff (BA40 ff.)
9 Vgl.: Kant, I.: Grundlegung. a.a.O. S.61 (BA67)
10 Sie werden von Kant näher als technische, pragmatische und moralische Anlagen bestimmt. Die beiden ersten gehen wesentlich auf Fähigkeiten und Fertigkeiten aus, letztere erlauben die Befähigung zu verantwortlichem Freiheitsgebrauch im Sinne des Kategorischen Imperativs.
11 Vgl.: Kant, I.: Über Pädagogik. Darmstadt 1968, Bd.10, S.703 (A15-16)
12 Vgl.: eb. S.711 (A32, 33)
13 Vgl.: Kant, I.: eb. a.a.O. S.702 (A13,14)

1.2. *Die Subjektbestimmtheit produktions- und rezeptionsästhetischer Prozesse nach Kant*

Was nun vermag das Ästhetische zur Selbstidentifizierung und zur Realisierung von freiheitlich-selbstbestimmtem Handeln und damit zur Emanzipation aus gegebenen Realitäten beizutragen? Auch diese Frage soll zunächst noch grundlagentheoretisch im Horizont Kantischer Überlegungen zumindest kursorisch angegangen werden.

Aus seiner grundsätzlichen, transzendental-kritischen Frage nach der Bedingung der Möglichkeit ästhetischer Produktion – also vor jeder inhaltlichen Verwirklichung –, läßt sich ebenso Grundsätzliches über die Erfahrungsmöglichkeiten ästhetischer Prozesse wie für die Struktur der an sie anzubindenden, ästhetisch grundgelegten Kunst-Therapie ableiten.

Wie sich bereits andeutete, operieren die Erkenntnis- und Urteilsvermögen Vernunft und Verstand auf unterschiedlichen Wirklichkeitsebenen. Der Verstand (und seine Ideen) bezieht sich auf Materie, verfährt objektbezogen und geht auf die Analyse und Bestimmung der Subjekt- und Objektwelt aus zwecks ihrer verstandesmäßigen Ausrichtung oder auf sie bezogener, wissenschaftlicher Systembildung. Die Vernunft (und ihre Ideen) bezieht sich umgekehrt auf das geistige, ideenbestimmte, intentionale Subjekt, dessen vielfältige Sinngebungen und Konkretisierungen im zwischenmenschlichen Handlungsbereich sie fordert. Der Empirie abgezogene oder auf sie bezogene Verstandesbegriffe sind wie gesagt ‚demonstrabel', ansichtig, prüfbar. Vernunftbegriffe oder besser Ideen und deren Wirkweisen sind dies alles nicht.

Vielleicht erklärt dies die etablierte Dominanz kognitiver Strukturen. Selbstbestimmung, Selbst- und Fremdverantwortung, Selbstbewußtsein, Solidarität mit anderen und anderem und dergleichen können zwar intendiert werden, auch ‚kategorisch geboten' erscheinen, sind aber eben nicht in operationalisierbaren (überprüfbaren) Lernzielen[1] zu fassen. Sie lassen sich im innergesellschaftlichen Interessenstreit nicht so machtvoll durchsetzen wie Verstandesinteressen, Fakten und empirische Sachzwänge.

Verstand und Vernunft sind also getrennte Vermögen, ihre Vermittlung ist problematisch, wie die empirische Existenz jedes einzelnen und die gesamtgesellschaftliche Lage insbesondere zeigt.

Kant interessierte sich in transzendental-kritischer Reflexion jedoch weniger für die Frage, wie Vernunft und Verstand versöhnbar sind, auch wenn dies als Extrakt der Überlegungen zum Ästhetischen ableitbar wird. Ungeklärt war ihm vielmehr, wie denn eine produktive Veränderung der materiellen, personalen und objektiven Wirklichkeit zu denken ist und von welchen Fähigkeiten/Vermögen sie abhängt. Von der Vernunft allein in ihrer unsinnlichen und nur zu erschließenden Wirkweise ist sie nicht zu erwarten. Vom Verstand auch nicht, denn er unterstellt sich realistisch immer dem Gegebenen und orientiert sich daran. Von ihm ist ‚Neues' nicht zu erwarten.

Die Frage ist auch, wie und wodurch das konkretgeschichtliche Objekt (Individuum) ein Bewußtsein von sich selbst bilden kann, sich seiner Ideenpotenzen und seiner Selbstbestimmungsmöglichkeiten vergewissern, sich selbst wenigstens situativ und punktuell identifizieren wie je auf Zeit definieren und inhaltlich realisieren kann.

Zunächst gilt wie für alle empirischen (zeit-räumlich bezogenen) Erkenntnisse die schon angesprochene und nunmehr in vollem Wortlaut zu zitierende erkenntnistheoretische Prämisse:

> „Daß alle unsere Erkenntnis mit der Erfahrung anfange, daran ist gar kein Zweifel; denn wodurch sollte das Erkenntnisvermögen sonst zur Ausübung erweckt werden, geschähe es nicht durch Gegenstände, die unsere Sinne rühren und teils von selbst Vorstellungen bewirken, teils unsere Verstandestätigkeit in Bewegung bringen ... und so den rohen Stoff sinnlicher Eindrücke zu einer Erkenntnis der Gegenstände zu verarbeiten, die Erfahrung heißt? Der Zeit nach geht keine Erkenntnis in uns vor der Erfahrung vorher, und mit dieser fängt alles an."[2]

Diese Erkenntnisprämisse gilt allgemein und ist Voraussetzung jeder Urteilsbildung. Hiernach entwickeln sich Bewußtsein und Erkenntnis aus dem Zusammenspiel von sinnlicher Wahrnehmung, bewirkten Vorstellungen und Verstandestätigkeit, deren Synthese ‚Erfahrung' heißt. Nicht die Übernahme von Vorhandenem oder die Nacharbeitung vorgegebener Erfahrungen, sondern die eigene Verarbeitung des ‚rohen Stoffes sinnlicher Eindrücke' ist Erfahrung. Angesichts der Nivellierung des Wahrnehmungsangebots und der Primärerfahrung in Schule und Gesellschaft, kann dies nicht nachdrücklich genug betont werden.

Hiermit allein sind die Bildungsinstitutionen zur sinnlichen Anschauung ihrer Bildungsgegenstände verpflichtet, die individuell verarbeitet zum Vollbegriff der Erfahrung (Anschauung und Begriff) und im Resultat zu eigenen Urteils- und Bewertungsgrundlagen führt. Weiterhin werden sie zur Sensibilisierung von Wahrnehmung verpflichtet:

> Der Zugang zur Wirklichkeit ist dem Individuum allererst durch sinnliche Wahrnehmung gegeben.
> Eine sensible Wahrnehmung macht aufmerksam, auch kritisch gegenüber Wahrnehmungsangeboten, ist zuträglich auch für die Steigerung der Erlebnisfähigkeit, die immer an sinnliche Wahrnehmung gebunden ist.

Daß Wahrnehmungssensibilisierung hingegen nicht ausreicht für produktive Veränderungen von Ich und Wirklichkeit, wurde schon an anderer Stelle betont[3]. Wahrnehmung ist ein primär rezeptives Vermögen. Sie vermag Vorstellungen über die Erscheinungswelt hervorzurufen und verbunden mit der Verstandestätigkeit Erkenntnisprozesse in Gang zu setzen. Die durch das Zusammenwirken beider gebildeten Erkenntnisse bleiben aber immer nur empirische Urteile, die das je Vorhandene ‚erläutern'. So fügen beispielsweise wahrnehmungspsychologische Erkenntnisse über die Wirkweise von Wahrnehmung oder ökologische Erkenntnisse über natürliche Kreisläufe dem Vorhandenen kein Prädikat (Merkmal, Eigenschaft, Qualität) hinzu, was im Empirischen nicht bereits implizit ‚begriffen' ist. Derartige Erkenntnisse erzeugen von sich aus auch keine Notwendigkeit, Natur etwa verantwortungsvoll zu schützen und keine Vorstellungen über eine natur- und menschengerechte Gestaltung und Veränderung von Wirklichkeit. Um es so zu sagen:

Auch die Synthese von Sinnlichkeit und Verstand ergibt noch nichts Neues, trägt auch nichts für die Entfaltung ich-identischer Prozesse bei. Sie bringt Erfahrung über etwas und erweitert vor allem den Wissen- und Urteilshorizont, bringt aber selbst nichts hervor.

In Sachen produktive Veränderung und Erweiterung von Handlungsfähigkeit gegenüber der subjektiven und objektiven Wirklichkeit erweisen sich demnach Sinnlichkeit und Verstand für sich allein als begrenzt. Zwar müssen gemäß der Erfahrungsgebundenheit jedweder Erkenntnis Verstand und Sinnlichkeit beteiligt bleiben, schon allein um eine Rückkopplung und Anbindung an die objektive Wirklichkeit zur gewährleisten.

Jeder eigenständigen Hervorbringung aber ist ein Selbst-Bezug, ein reflexives Verhältnis zu sich selbst, genauer der Rekurs auf ein spezifisches Vermögen vorausgesetzt: der produktiven Einbildungskraft.
Sie ist „sehr mächtig in der Schaffung gleichsam einer anderen Natur aus dem Stoffe, den ihr die wirkliche gibt"[4].
Sie ist es, die das Individuum von objektiven Zwecken und Zwängen loslöst und auf seine eigenen Vorstellungen freisetzt; die Erlebens- und Erkenntniskräfte in ein fruchtbares Zusammenspiel bringt (ästhetische Reflexion), auf dessen Grundlage Ideen allererst entstehen und Form- und Gestaltvorstellungen über Mögliches im Kontrast zur gewohnten, geregelten, festgefahrenen Faktizität entworfen werden.

Mit der *Produktiven Einbildungskraft* ist von Kant ein spezifisches Vermögen benannt, dem sich hervorbringendes Handeln verdankt. Das Produkt nun, das paradigmatisch für die Wirkweise der Einbildungskraft steht, ist für Kant der *ästhetische Gegenstand.*

Als realer, sinnlich gegebener Gegenstand ist er selbst zunächst einmal bivalent:

Er ist anschaulicher Erfahrungsgegenstand, somit der sinnlichen Wahrnehmung, der Verstandes- und Erlebenstätigkeit zugänglich.

In seiner Ideenbestimmtheit ist er zugleich Reflexions- und Erkenntnisgegenstand dafür, wie und wodurch jede produktive Veränderung individueller und kollektiver Wirklichkeit zustandekommt:

Sie geht, wie der ästhetische Gegenstand, zurück auf synthetisierende (synkretische) Vollzüge im Subjekt, in denen reflexiv Ideen mit Vorstellungen verbunden werden, die, konkretisiert und der Objektwelt eingearbeitet, diese zu entgrenzen und qualitativ durch neue Gegenstände, Ideen, Sichtweisen, Sinngebungen, Vorstellungen unbestimmt – vieldeutig – zu erweitern vermögen.

Läßt sich auf der bi-valenten, gegenständlich-ungegenständlich-ideenmäßigen Gegenstandsstruktur die polyfunktionale, synthetisierende Wirkweise ästhetischer Objekte (sinnlich, verstandesmäßig, erlebnismäßig) in bezug auf den Rezipienten grundlegen, so ist noch der prinzipielle Unbestimmtheits- und Mehrdeutigkeitsstatus ästhetischer Objekte plausibel zu machen. Er ist zurückzuführen auf zugrundeliegende subjektive Ideen, ästhetische Ideen:

Ästhetische Ideen entstehen auf der Grundlage des freien, spannungsreichen auch widerstreitenden Zusammenspiels von begriffs- und zweckungebundener, ungerichteter Verstandestätigkeit und der Einbildungskraft, in ihrer Möglichkeit, eigenständige Form- und Gestaltvorstellungen zu entwerfen. Auf diesem offenen, dynamischen Zustand gründen ästhetische Ideen.[5]
Wären sie ausschließlich der zeitspezifischen Umgebung abgezogen, würde nicht „Unnachahmliches"[6] produziert, oder, um es mit Paul Klee zu sagen, könnte nicht Individuenspezifisches sichtbar gemacht, sondern nur Bekanntes wiederholt werden.

Ebensowenig aber wie Vernunftideen gibt es für ästhetische Ideen eine Entsprechung in der phänomenal gegebenen Wirklichkeit. Beide bezeichnen „Unbenennbares"[7]. Wie Vernunftideen indemonstrable Begriffe der Vernunft sind, denen keine Anschauung je adäquat sein kann, ebenso ist die ästhetische Idee „eine inexponible Vorstellung" der Einbildungskraft, weil sie das Begriffliche übersteigt und sie „kein Ausdruck ... völlig erreicht".[8]

Vor ihrer Konkretisierung durch den Produzenten sind ästhetische Ideen demnach ebenso unbestimmt wie Vernunftideen. Das heißt nicht, daß sie nicht zu konkretisieren und nicht näher (approximativ) durch Realisierung auf der einen Seite und Ausdeutung auf der anderen Seite zu bestimmen sind, sondern heißt zunächst und vor allem:

1. Ihre Realisationsmöglichkeiten werden durch das konkrete Produkt nie vollends ausgeschöpft, wodurch ästhetische Ideen für andere Realisierungen offen bleiben (vgl. Mona Lisa)
2. Das ästhetische Produkt ist immer nur eine exemplarische Konkretisierung der in ihren möglichen Bedeutungs-, Form- und Materialverknüpfungen sehr viel umfänglicheren ästhetischen Idee. Diese sind, unexpliziert zwar, dem ästhetischen Objekt mitgegeben und machen dessen prinzipielle Vieldeutigkeit (Polyvalenz) und mehrdimensionale Wirkweisen (Polyfunktionalität) aus.
3. Aufgrund ihres subjektiven Leistungsursprungs und ihres Unbestimmtheitsstatus legen ästhetische Ideen das Individuum in seinen form-, sinn- und gestaltgebenden Vollzügen nicht fest. Es gibt sich hier – autonom – seine Regeln selbst, sodaß sich das ästhetische Produkt – bei allen möglichen äußeren Anstößen – in allen seinen Ausführungsdimensionen dem produktiven Subjekt verdankt. Hierauf läßt sich die Autonomie und Eigenständigkeit ästhetischer Produkte begründen.
4. Schließlich verstehen wir die Unbestimmtheit ästhetischer Ideen so, daß auch der Produktionsprozeß für den Produzenten unbestimmt-offen, nicht völlig absehbar und abschließbar ist. Vielmehr entstehen laufend offene Situationen, die erneut die Einbildungskraft mobilisieren und neue Ideen über den weiteren Fortgang des Gestaltungsprozesses hervorbringen lassen.
5. Weil ästhetische Ideen nicht vollends zu verwirklichen und deren Vergegenständlichung in ästhetischen Produkten nie vollends zu realisieren und zu rationalisieren sind, sind ästhetische Objekte

nicht zu ge- und verbrauchen, sondern behalten ihre reflexionsanreizende Energie über die Zeit hinweg.

Von hieraus wird nun verständlich, warum Kant die ästhetische Idee als „diejenige Vorstellung der Einbildungskraft" definiert, „die viel zu denken veranlaßt, ohne daß ihr doch irgendein bestimmter Gedanke, d.h. Begriff adäquat sein kann, sie folglich keine Sprache völlig erreicht, und verständlich machen kann"[9], die „mithin den Begriff selbst auf unbegrenzte Art ästhetisch erweitert"[10].

Mit dieser Vieldeutigkeit und Inexponibilität ästhetischer Objekte bringt Kant bereits auf den Punkt, was moderne Ästhetiken mit dem Begriff der Negativität zu bestimmen suchen: „Die ästhetische Gestalt spielt (vieldeutig) an, was sich sprachlicher Explikation entzieht und nicht anders als in vielfältiger analoger Abwandlung umschrieben werden kann."[11]

Wenn also ästhetische Ideen vom Produzenten selbst „ungesucht", allererst „reichhaltigen, unenentwickelten Stoff für den Verstand (im Sinne der Reflexion, d.V.) liefert"[12], den dieser normalerweise in seinen begriffsbildenden Intentionen teilweise eliminiert, so bedeutet dies zugleich, daß die Manifestationen ästhetische Ideen in ihrer selbstbestimmten, formalen, materialen und inhaltlichen Strukturierung ebenso besonders geartete Rezeptionsvollzüge appellieren und auszulösen vermögen.

Der ästhetische Gegenstand verweist in seiner konkreten, anschaulichen Gestaltung zwar auf etwas (Vorstellungen, Sichtweisen, Ideen etc. des Produzenten) zurück, aber eben begrifflich unbestimmt, mehrdeutig.

In seiner gegenständlich-ungegenständlichen Erscheinungsweise, die Wahrnehmbares und Begriffliches mit Erlebnis- und Ideenmäßigem (Begriffloses)[13] synthetisiert, kann das rezipierende Subjekt das ästhetische Produkt auf keinen bestimmten Begriff (eines Objekts, einer Sache, einer Bedeutung) festlegen, vollends rationalisieren und damit in der Erscheinungswelt aufgehen lassen. Dies fordert und fördert Toleranz (Ambiguitätstoleranz) des Rezipienten gegenüber dem mehrdeutig strukturierten Sinngefüge. Das heißt aber auch: Er ist in seinem Rezeptionsvollzug nicht auf eine einzig ‚richtige' Interpretation festgelegt.

Weil ästhetische Produkte gar nicht objektive Sachverhalte abbilden oder kenntlich machen, sondern allenfalls die persönliche Auffassung und Verarbeitung davon, also primär Ausdruck einer Selbstbeziehung sind, lösen sie ebenfalls eine Selbstbeziehung, Reflexionsvollzüge beim Rezipienten aus. Er sucht am Leitfaden des gegebenen Produkts und rekurrierend auf seine eigenen Erfahrungs-, Verstehens- und Vorstellungsmöglichkeiten das Produkt für sich -annäherungsweise – zu vereindeutigen.
Dabei erfährt er einerseits etwas von den Ausdrucks- und Darstellungsabsichten des Produzenten, wodurch er seinen Reflexionshorizont um diese Vorstellungen erweitern kann. Insofern er seinen Reflexionsprozeß aber immer nur vor dem Hintergrund seines eigenen Vorverständnisses, seiner Erfahrungen und Vorstellungen vollziehen kann, die er in ihn einbringt, erfährt er in diesem sinn- und bedeutungsauslegenden Vollzug andererseits zugleich etwas über seine eigenen form- und sinngebenden Potenzen.
Anders gesagt, wird der Betrachter angesichts der Vieldeutigkeit ästhetischer Produkte ebenfalls in einen aktiven Zustand versetzt, in dem Verstehens- und Erlebniskräfte spannungsreich zusammenwirken.

Die grundsätzlich freisetzende Wirkung des ästhetischen Phänomens ist schließlich noch in der Abwesenheit fremdgesetzter Zwecke oder vorfixierter Ideen aufzusuchen. Ästhetische Produkte sind zwar intentional durch die Ausdrucks-, Form- und Bedeutungsabsichten des Produzenten gegeben, aber diese leiten sich von seinen eigenen Ideen und Vorstellungen und nicht aus anderweitig bereits ausformulierten Begriffen oder vorfixierten Zwecken ab. Ästhetische Produkte realisieren entsprechend auch nichts dergleichen.

Zudem gehen Ausdrucks- und Darstellungsabsichten des Produzenten im ästhetischen Produkt eine Synthese mit den ebenfalls nach eigenen Vorstellungen geformten Materialien ein und bilden so nicht gänzlich zu vereindeutigende Mehrdeutigkeit aus (Polyvalenz). Entsprechend können sie nicht auf bestimmte, z.B. therapeutisch eindeutige Ziele und Inhalte „abgezweckt"[14] werden. Ästhetische Produkte haben also ihren Wert, ihre Wirkmöglichkeiten und Beurteilungsmaßstäbe in sich selbst. Oder um es wieder mit Kant zu sagen: „Ihr Richtmaß oder Regel der Beurteilung"[15] liegt in ihnen selbst, bzw. in demjenigen, der sie produziert hat.

Die Form des Verstehensvollzugs (Reflexion) ist damit ebenso angegeben wie die Grenzen ihrer (pädagogischen) Bewertung damit abgesteckt.

Kant macht hier also nebenbei auf das enge Zuordnungsverhältnis von nach subjektiven Vorstellungen strukturierten ästhetischen Produkten und der auf sie bezogenen Rezeption aufmerksam. Sie muß ebenfalls auf der Grundlage subjektiver Reflexion erfolgen (ästhetische Reflexion).

Die Verstehensmethode, die dem ästhetisch strukturierten Ausdrucks- und Darstellungsgehalt am angemessensten ist, ist der hermeneutische Verstehensprozeß. Weil er die Subjektivität des Verstehenden im Verstehensprozeß nicht ausblendet, ist die hermeneutische Methode noch am ehesten geeignet, dem subjektiv ausgeformten Gehalt ästhetischer Produkte auf die Spur zu kommen.

Das ästhetische Phänomen ist zweckmäßig ohne Zweck[16], heißt denn auch zusammengefaßt:

- Ohne schon inhaltlich Bestimmtes zu bedeuten und anzuzielen sind ästhetische Produkte vor allem subjektiv zweckmäßig[17], nämlich für die Belebung und Freisetzung der Bewußtseins- und Erlebenskräfte schlechthin.

Würden ästhetische Produkte Vorhandenes reproduzieren oder vorgefundene Zwecke realisieren, sie könnten nur *monovalent* wirken. Wie bei der Auffassung und Betrachtung anderer Wahrnehmungsgegenstände, z.B. Gebrauchsgegenstände, würde der bemühte Verstand diese mit Hilfe objektiver Sach- oder Eigenschaftskriterien identifizieren und sich danach beruhigen. Bei der Produktion wie bei der Rezeption ästhetischer Produkte würden nicht alle intra-individuellen

Ebenen des Erlebens, der sinnlichen Wahrnehmung und der Reflexion insgesamt mobilisiert, immer wieder neue und andere Wahrnehmungsprozesse angeregt, Vorstellungen, Erlebnisse, Erfahrungen begünstigt werden, die alte irritieren oder problematisieren und auch neue freisetzen. Das produzierende wie rezipierende Selbst und dessen Wirklichkeitssichten würde so auch weder entgrenzt noch erweitert.

Es liegt demnach an den Entstehungsbedingungen des ästhetischen Phänomens, seinem subjektiven Leistungsursprung, daß es denjenigen konkretisiert und definiert, der ästhetisch produziert, und daß es auch denjenigen, „der es erfaßt, zu bestimmen vermag".[18] In seinen unexplizierten Bedeutungen für Verstand, Vernunft und Sinnlichkeit kann sich das ästhetische Produkt „über die ganze Sphäre des Urteilenden"[19] erstrecken, ihn ganzheitlich ansprechen, gemeinhin Unverbundenes (Affektives, Verstandes- wie Vorstellungsmäßiges) im ästhetischen Zustand zusammenschließen.

Dieser besonders spannungsreiche, dynamische Zustand, wird von Schiller später als ‚Nullzustand' gekennzeichnet und heute von Csikszentmihalyi wechselweise als holistisches (ganzheitliches) oder als in sich befreiendes und belohnendes ‚autotelisches Erleben' bezeichnet werden.

Daß nun das ästhetische Objekt nicht als bloß privatistische Geste abgewertet werden kann, sondern intersubjektive Gültigkeit[20] besitzt, liegt darin begründet, daß

1. in ästhetischen Produkten die Basis jedweder Erkenntnis und jedweder Produktion anzutreffen ist, nämlich begründet zu sein, im fruchtbaren Zusammenwirken sinn- und formgebender Vorstellungen der Einbildungskraft einerseits in Verbindung mit der Verstandestätigkeit andererseits.[21]
2. ästhetische Produkte „auf einem obzwar unbestimmten Begriffe"[22] des selbstbestimmten Subjekts gründen. Deshalb vermögen sie als paradigmatische Beispiele für freiheitlich-selbstbestimmte Vollzüge zu fungieren.

Das ästhetische Phänomen partizipiert also am Freiheitsbegriff, wenngleich in Kants erkenntnistheoretischer Sicht: ‚indirekt'[23]. Es symbolisiert freiheitliche Vollzüge, die damit aber nicht schon selbst ethische Vollzugsweisen (Freiheitsvollzüge nach Kant) sind.

Das Ästhetische ist „Symbol des Sittlich-Guten"[24] (konkretisierte Freiheit, d.V.) besagt demnach:

Ästhetische Phänomene verweisen wie das sittlich-moralische Handeln auf die intelligiblen (ideenmäßigen) Potenzen des Menschen. Beide gründen auf freiheitlich-selbstbestimmten Vollzügen im Selbstbezug. Ästhetische Produkte symbolisieren und machen anschaulich die Bedingung und Form – nicht den Inhalt -jeder freiheitlichen Vollzugsweise:
Nämlich auf Ideen zu gründen und diese in Verbindung mit der Erscheinungswelt zu bringen, wodurch diese erweitert und das Subjekt sich selbst – unendlich – verwirklicht.

Freiheit in bezug auf das Ästhetische meint also, sich in ästhetischen Vollzügen von Fremdbestimmungen freizumachen und zunächst auf sich selbst freizusetzen. Der Rezipient graduell weniger als der Produzent, insofern er sich ja vom ästhetischen Produkt zunächst ansprechen lassen und an ihm orientiert bleiben muß, um nicht an ihm vorbeizugehen. Jedoch entzündet das aus der Einbildungskraft und der Reflexion entstandene vieldeutige Produkt auch seine Einbildungskraft[25], mobilisiert eigene Vorstellungen und Erfahrungen, erzeugt eigene Ideen und animiert selbsttätige Prozesse vor aller inhaltlich spezifizierten moralischen, intellektuellen, erlebnismäßigen Ausrichtung. Potentiell heißt dies natürlich auch, sich ‚auf etwas Konkreteres freisetzen' zu können oder sich auszurichten.

Letzteres ist so aber bei Kant nicht ausformuliert.

Wie wir meinen mit gutem Grund, würden damit doch wiederum nur Fremdbestimmungen hereinkommen, von denen das ästhetische Phänomen ja gerade freimacht und demgegenüber auf individuelle Kräfte ganzheitlich freisetzt.

Außerdem zeigt die Geschichte, wie sehr gerade das ästhetische Phänomen als ‚Kunst' durch moralische, weltanschauliche und ideologische Indienstnahmen bis in die Gegenwart hinein normiert und zum Transport eben solcher Zwecksetzungen mißbraucht wurde. Emanzipatorische Bildungs- und Therapiewirkung kommt ästhetischen Vollzügen auch unabhängig konkreterer, inhaltlicher Ausrichtungen zu. Abgeleitet aus den bisherigen Erörterungen:

Sie liegen in der reflexiven, selbstaktivierenden, belebenden Struktur ästhetischer Zustände und ästhetischer Handlungsvollzüge begründet, wodurch das konkrete Subjekt sich zu transzendieren vermag, zu sich oder wieder zu sich kommen kann (Selbstbildung/Selbstheilung).
Sie liegen in der Potenz ästhetischer Vollzüge, gemeinhin Unverbundenes oder auseinanderentwickelte Persönlichkeitsdimensionen (Erleben, Sinnlichkeit, Verstand) zusammenzuschließen und unter eigene ‚Ausdrucks- und Sinngebungen' zu stellen.

Werden ästhetische Prozesse pädagogisch ermöglicht, so sind sie allen anderen Lern-, Bildungs- und Therapieprozessen insofern überlegen, als sie das reflexive und sinnlich-erlebnismäßige Individuum mit seinen Vorstellungen, Ideen, Wünschen etc. gerade nicht ausblenden oder nur partiell ansprechen, sondern ihm unverstellten Raum, Entfaltungs- und Konkretisierungsmöglichkeiten bieten.

Daß derartige Prozesse identitätsfördernd sind bzw. fehlgeleitete Entwicklungsprozesse zu korrigieren vermögen, dürfte offensichtlich werden.

Dem möglichen Einwand, Produktion und Rezeption könnten womöglich im begrifflosen Erleben oder gar in willkürlichem Handeln und beliebigen Interpretationen aufgehen, wäre noch mit Kant selbst entgegenzutreten.

Zwar enthält er sich konkreterer Ausführungen zum Bedeutungs- oder Inhaltsgehalt ästhetischer Produkte, wodurch der Eindruck von Privatheit und Wirklichkeitsabgewendetheit entsteht. Nur, würden ästhetische Produkte keine bestimmtere Ausprägung durch den konkreten Gestaltungsprozeß erfahren, sie besäßen keine intersubjektive Verständigungsvalenz. Diese aber müssen ästhetische Produkte nach Kant aufweisen. Festzuhalten ist mit ihm, daß das ästhetische Produkt zwar „unter Absonderung von aller Gesellschaft“ entsteht, nämlich durch Selbstbezug, aber nicht ohne deren zumindest indirekte Präsenz zustandekommen muß, wenn das ästhetische Produkt, wie Kant selbst sagt, „in Beziehung auf Gesellschaft, (in der es sich mitteilen läßt,) ein Interesse“[26] bekommen soll.

Beim ästhetischen Objekt kann es sich also gar nicht um ein wirklichkeitsabgewendetes Phänomen handeln.

Es ist Humboldt und Hegel vorbehalten, auf die zeitspezifische Verwiesenheit ästhetischer Objekte (‚Kind ihrer Zeit‘) nachdrücklich hingewiesen zu haben. Auch sind Hegel Hinweise auf die Thematik ästhetischer Produkte zu verdanken. Sie umfaßt das ‚Allgemein Menschliche‘, das eben auch Unschönes und Häßliches mit sich führt und darstellen läßt.[27]

Kant macht demgegenüber deutlich, daß Zeitspezifisches im Produktionsprozeß individuell gefiltert durch eigene Vorstellungen und eigenen Ausdruck erreicht und ausgeformt wird. Als anschauliche Objektivationen mit der Realität wieder verbunden und durch Interpretation und Auslegung an gesellschaftliche Wirklichkeit anschließbar, vermögen ästhetische Objekte das individuelle und gesellschaftliche Wirklichkeitsverständnis zu erweitern. Kant hat das ästhetische Phänomen in transzendental-kritischer Perspektive prinzipiell

als Vollzugsleistung eines spezifisch subjektiven, ideenbildenden und -hervorbringenden Vermögens (Einbildungskraft) herausgearbeitet und es dabei als primär subjektiv bewirktes und wirkendes Phänomen bestimmt. Es belebt und aktiviert sinnlich unmittelbar ohne Dominanz des diskursiven Denkens das Individuum als Ganzes.
Hierauf gründet unsere nunmehr begründete Hoffnung auf die bildende, therapierende und rehabilitierende Wirkmöglichkeit ästhetischer Prozesse.

Der unhintergehbare Subjektbezug ästhetischer Vollzüge hat maßgebliche Konsequenzen für die didaktisch-methodische Struktur, sofern und solange das Ästhetische Anlaß und Medium entsprechender bildender und/oder therapeutischer Maßnahmen sein soll:

Sollen die prinzipiellen Wirkmöglichkeiten nicht verfehlt werden, so richtet sich der pädagogische Rahmen unabdingbar subjektzentriert aus.

Was Subjektzentriertheit pädagogisch-therapeutisch initiierter ästhetischer Prozesse meint und worauf sie sich erstreckt, muß noch kenntlich gemacht werden. Hier soll sie nur grundsätzlich festgestellt werden.

Auch bedingt der subjektive Leistungsursprung ästhetischer Ideen und deren Konkretisierung spezifische Gegenstandsmerkmale und -eigenschaften, die Gegenstände als ästhetische kennzeichnen lassen. Bisher läßt sich sagen:

- sie sind autonom;
- sie sind sinnlich und – insofern sie Ideen und Sinngebungen implizieren – zugleich unsinnlich;
- sie bilden sich als Form-, Sinn-, Materialganzheit aus, die Unbestimmtheit und Mehrdeutigkeit zur Folge hat, sodaß sie sich nicht vollends begrifflich vereindeutigen lassen.

Alle diese Merkmale werden wir ebenfalls noch an anderer Stelle in eine Gegenstandsbestimmung aufnehmen.

Zuvor gilt es jedoch unter Hinzunahme weiterer Überlegungen noch deutlicher, als dies bei Kant wurde, zu zeigen, daß ästhetische Prozesse nicht nur förderlich für das Verhältnis des Individuums zu sich selbst, sondern auch bedeutsam für dessen Verhältnis zur Wirklichkeit erscheinen, insofern es durch ästhetisches Tun auch für diese aufgeschlossen werden kann.

Hierdurch wird jedoch die Erkenntnis Kants von der Subjektbestimmtheit ästhetischer Produktion und Wirkweise nicht außer Kraft gesetzt:

Jeder Umgang und jede Bearbeitung von innerer oder äußerer Wirklichkeit und ihrer Inhaltlichkeit wird im ästhetischen Vollzug unter subjektive Bedingungen gestellt, dabei aktiv geformt oder umgeformt.
Aktiv verarbeitete Inhaltlichkeit ermöglicht aber auch neue Perspektiven, Sichtweisen oder – genereller – einen neuen oder anderen Wirklichkeitszugang. Damit aber kann zugleich eine neue, andere Handlungs- und Entwicklungsbasis gewonnen werden.
Anders gesagt, müßte sich die festgestellte Selbstbildungsmöglichkeit im ästhetischen Tun sowohl auf das Verhältnis der Person zu sich selbst, wie der Person zu anderen und anderem erstrecken.
Ästhetisches Tun hätte also in beide Richtungen ‚Brückenfunktion‘[28].
Ästhetische Produktion würde dann dazu verhelfen, auch vorgegebene Realität subjektiv anzueignen bzw. sich dadurch ihr zugleich zu nähern, was in therapeutischer Absicht angestrebt, Realitätsverlust ausgleichen und grundlegende Kommunikationsmöglichkeiten mit der Umwelt wiederherstellen ließe.

Anmerkungen

1 Dies weil sie immer mehr bedeuten als die Summe aller operationalisierten Feinziele.
2 vgl.: Kant, I.: KdrV. a.a.O. S.45 (B1, 2)
3 Vgl.: TEIL I, Kap. 2.3.,
4 vgl.: Kant, I.: KU. a.a.O. S.415, (B195-A192, 193)
5 ders.: KU. S.419 (B201-A198, 199)
6 Ähnlich bestimmt Humboldt auf der Grundlage Kants unter bildungstheoretischen Gesichtspunkten in seinen ‚ästhetischen Versuchen‘: Durch die Einbildungskraft (Möglichkeitsdenken, Phantasie) „wird etwas Wirkliches in ein Bild“ (1) oder anders gesagt, die individuelle oder kollektive Wirklichkeit in den Zustand ihrer Möglichkeit gesetzt, die dann sinnlich-anschaulich konkretisiert der Wirklichkeit hinzugefügt werden kann. (1) Humboldt, W.v.: Ästhetische Versuche (LII). S. 132. Zitiert wird nach der Akademie-Ausgabe: Leitzmann, A. u. Gebhard, O. (Hg). Bd.I-XV, Berlin 1903 (zitiert als L).
7 Kant, I.: KU. a.a.O. S.417 (B198-A195, 196)
8 ders.: KU. a.a.O. S.448 (B241-A238)
9 ders.: KU. a.a.O. S.414 (B194-A191)
10 ders.: KU. a.a.O. S.415 (B195-A192,193)

11 Szukala, R.: Philosophische Untersuchungen zur Theorie ästhetischer Erfahrung. Stuttgart 1988, S.167 So auch bestimmt dieser in bezug auf literar-ästhetische Texte das Phänomen als ‚Negativität'. Vgl. hierzu auch: Iser, W.: Der Akt des Lesens. München 1976, S.353

12 ders.: KU. a.a.O. S.417 (B198-A195,196)
Wenn U. Eco die Offenheit ästhetischer Objekte allgemein „im Sinne einer fundamentalen Ambiguität der künstlerischen Botschaft" (1) kenntlich macht, dann spricht er eben denselben Sachverhalt nur unter anderem Namen an.
(1) Eco, U.: Das offene Kunstwerk. Frankfurt/M. 1977, S.1

13 Wir möchten hier nicht in der Terminologie Freuds vom Unbewußten oder Vorbewußten sprechen, weil dies allzu leicht in die reduktionistische tiefenpsychologische Sichtweise künstlerischer Produktion führt, die jedes ästhetische Produkt entweder als Sublimations-, Ventil- oder als Verdrängungsobjekt sexuell unbefriedigter Bedürfnisse auffassen läßt und damit jede freiheitlich-schöpferische Potenz leugnen muß.

14 Kant, I.: KU. a.a.O. S.236 (B14,15-A14,15)

15 ders.: KU. a.a.O. S.406 (B127-B125,126)

16 vgl.: Kant, I.: KU. a.a.O. S.319 (B62-A91)

17 Vgl.: ders.: KU. a.a.O. S.308 (B46,47-A46)

18 Wienbruch, U.: Problematik der Alternative Darstellungs- oder Wirkungsästhetik. in: Perspektiven transzendetal-philosophischer Forschung. Den Haag 1972, S.270

19 Kant, I.: KU. a.a.O. S.293 (B24,25-A24,25)

20 vgl.: Kant, I.: KU. a.a.O. S.383 (B149-A147)

21 Die ausgelöste Reflexion „bringt die Erkenntniskräfte in die proportionierte Stimmung, die wir zu allen Erkenntnissen fordern, und daher auch für jedermann, der durch Verstand und Sinne in Verbindung zu urteilen bestimmt ist, (für jeden Menschen) gültig halten". Kant, I.: KU. a.a.O. S.298 (B32-A32)

22 Kant, I.: KU. a.a.O. S.446 (B149-A147)

23 vgl.: KU. a.a.O. S.460ff (B258,259-A255)

24 Kant, I.: eb. S.461

25 vgl.: Humboldt,W.v.: LII (Ästhetische Versuche). a.a.O. S.138

26 Kant, I.: KU. a.a.O. S.367 (B127-A125,126)

27 vgl.: Hegel, G.W.F.: a.a.O. Bd.2 S.137ff

28 vgl.: Hartwig, H.: jugendkultur. ästhetische praxis in der pubertät. Reinbek b. Hamburg 1980, S.238ff

1.3. Der ästhetische Zustand als personale Übergangssituation nach Schiller

Schiller und nach ihm andere haben versucht, den objektiven Status und die objektive Bedeutsamkeit ästhetischer Prozesse für Individuum und Gesellschaft dadurch abzusichern, daß sie ihnen ein objektives Prinzip unterlegten. Schiller unterstellt ihm das Vernunftprinzip, Herbart später direkt das Sittlich-Moralische, wodurch Ästhetische Erziehung zur puren sittlichen Erziehung umgebogen wird. Schiller nimmt diese vereindeutigende Ausrichtung noch nicht vor, zumal er sich an den wichtigsten Bestimmungen Kants zum Ästhetischen orientiert und hier übernimmt:

- die Abwesenheit von bestimmten Zwecken im ästhetischen Zustand,
- die Verbindung sinnlich-geistiger Grundmöglichkeiten,
- die selbstbestimmte ganzheitliche Struktur ästhetischer Handlungsprozesse.

All dies ist ihm aber nur Voraussetzung für und Übergangsstadium zu freiheitlich-sittlichem Verhalten des einzelnen und der Gesamtgesellschaft.

Nach seiner Auffassung hat Kant

1. ethische Selbstbestimmung viel zu sehr an rationale Einsicht und Zustimmung zum Sittengesetz geknüpft, sodaß um die Realisierung dieses Postulats zu fürchten ist.
2. das Ästhetische viel zu abstrakt und subjektiv bestimmt und damit in seiner fördernden Funktion für eine sittlich-selbstbestimmte Entwicklung und Entfaltung des konkreten Individuums wie der Gesellschaft entwertet.

Weil der subjektbestimmte Schönheitsbegriff Kants stets

> „nur auf die Form und nie auf den Inhalt achtet, so gibt er dem Gemüt zuletzt die gefährliche Richtung, alle Realität überhaupt zu vernachlässigen und einer reizenden Einkleidung Wahrheit und Sittlichkeit aufzuopfern"[1].

Das aber ist für Schiller nicht ‚schön' (ästhetisch). Das Prädikat ‚schön' verdient nur dasjenige, was sinnlich und zugleich nach Vernunftregeln strukturiert ist. Der ästhetische Gegenstand ist ihm ein solcher Gegenstand, weil sein Grund nicht die Einbildungskraft, sondern nach seiner Auffassung die Vernunft ist.

Weil wir implizit ästhetische Objekte auf die Wirkweise der Vernunft zurückführen, finden wir ästhetische Produkte ‚schön'.

Abgesehen davon, daß es Schiller letztlich nicht gelingt, diesen Vernunftgrund zu zeigen, vermag er unsere Überlegungen zur bildenden und therapeutischen Bedeutung ästhetischer Vollzüge dennoch um Gesichtspunkte zu ergänzen, zumal er mit seinen anthropologischen Überlegungen das Ästhetische stärker an die empirische Existenz des Menschen anbindet.

Vor dem Hintergrund der Französischen Revolution stellt er in seiner vorangestellten Gesellschaftsanalyse fest, daß sich die menschlichen Vernunft-, Verstandes- und Erlebniskräfte zuungunsten des einzelnen und der Gesellschaft auseinanderentwickelt, spezialisiert und zersplittert haben. Entweder dominieren ausschließlich gefühls- oder bedürfnisorientierte oder egoistische machtorientierte Strukturen, die den möglichen Freiheitsstatus des Menschen vernachlässigen, oder es herrschen rationale, rigoros-sittliche Grundsätze, die alle Individualität, Sinnlichkeit aufheben:

„und so wird denn allmählich das einzelne konkrete Leben vertilgt, damit das Abstrakt des ganzen sein dürftiges Dasein fristet und ewig bleibt der Staat seinen Bürgern fremd“[2].

Eine bloß auf moralischen oder bloß aufgesetzten Grundsätzen gründende Staatsform ist ihm ebensowenig wünschenwert wie ein bloß vernunft- und verstandesgeleiteter Mensch. Soll sich langfristig einen Gesellschaftsform konstituieren, die auf freier Zustimmung aller basiert, eine, mit der sich jeder identifizieren kann, weil sie ihm nur soviel Beschränkung wie nötig auferlegt und ihm soviel freiheitliche Entfaltung wie möglich beläßt, müssen freiheitliche Selbstbestimmungsmöglichkeiten in jedem einzelnen erst grundgelegt werden. Von sich als Selbstbestimmung-Selbstzweck hat der Mensch zwar ein Bewußtsein, auch dazu eine Anlage. Er hat aber weder eine Anschauung davon, noch besitzt diese Selbstauffassung schon Realität.

Die Anlage ist im Menschen in seiner sinnlich-sittlichen Doppelnatur grundgelegt. Damit sie „selbst zur Kraft“[3] wird, müssen die angelegten sinnlichen wie geistigen Dimensionen erst entwickelt werden.

Die ästhetische Erziehung ist ein vorzügliches Medium hierfür, „weil es die Schönheit ist, durch welche man zur Freiheit wandert“[4].

Das Ästhetische, die ästhetische Gestalt, der ästhetische Zustand, der sich selbst als gedoppelter Zustand erweist, gibt ein anschauliches Beispiel für die gedoppelte Existenz des Menschen wie seinen Möglichkeiten, Widersprüchliches in ihm (Sinnlichkeit-Vernunft/Verstand; Person/Zustand) zu vermitteln und zu objektivieren, diese und sich selbst dabei zu formen und in Freiheit zu setzen.

Das nämlich ist Aufgabe und Selbstanspruch des Menschen:

Er soll Geistiges und Sinnliches in ihm und außerhalb seiner vermitteln, weil einzig in den unendlichen Vermittlungsversuchen sich Freiheit in der Zeit biographisch und konkretgeschichtlich realisiert.

Nach Maßgabe des Freiheitsbegriffs und der gedoppelten empirischen Existenzweise (psycho-psychisch/geistig-ideenmäßig), von denen beide gleichermaßen Existenzberechtigung und Entfaltungsanspruch haben, erwächst die Forderung an den Menschen

„er soll alles Innere veräußern und alles Äußere formen“[5].

Anders gesagt:

Alles bloß Innerliche-Ideenmäßige soll real, lebendig, faßlich werden und alles Reale soll nach Ideen geformt werden.

Vor dem Hintergrund menschlicher Doppelexistenz macht Schiller einsichtig, daß reale Freiheit nicht durch Selbstentwurf oder Forderung an den Menschen allein zustandekommt. Vielmehr stellt sich die Freiheitsfrage im Realen erst im Zusammenhang mit konkreten Realitätswidersprüchen, Ziel- und Interessenskonflikten ein; also dann, wenn man hier vor die Wahl gestellt wird, sie so oder so zu lösen. Bezogen auf die reale menschliche Existenz heißt das:

„Erst die Entgegensetzung zweier Notwendigkeiten gibt der Freiheit den Ursprung.“[6]

Wie und durch was werden die in der menschlichen Doppelnatur widerstreitenden psycho-physischen und geistigen Tendenzen zusammengebracht und welche Funktion kommt bei den Vermittlungsbemühungen dem ästhetischen Zustand zu?

Entsprechend der festgestellten, in sich widersprüchlichen Doppelnatur entwickelt Schiller seine Trieblehre.

Grundsätzlich verfügt der Mensch über zwei Triebe:

- Der psycho-physischen Existenzweise ist der Stoff- oder Sachtrieb zugeordnet.
  Er ist die sinnlich-erlebnismäßige, emotionale und bedürfnisorientierte Triebfeder, die der Aneignung von Realität wie der Befriedigung individueller Bedürfnisse dient. Er läßt ihn ‚wirklich‘ sein. Der Stofftrieb ist zustandsgebunden und seine Befriedigung fordert ständig neue situative Veränderungen.
- Der geistig-ideenmäßigen Existenzweise ist der Formtrieb zugeordnet.
  Der Formtrieb bezeichnet die vernünftige, sinn-, form-, ordnungs- und gesetzgebende Kraft im Menschen. Sie ist personbezogen. Bei aller situativen und lebensbedingten Veränderung strebt sie die unverwechselbare, in sich konsistente Person an und ist bestrebt, sie in Übereinstimmung mit sich zunehmend „in Freiheit zu setzen“[7].

Entgegengesetzt ausgerichtet, haben sie getrennte Wirkbereiche.

Der sinnliche Trieb fordert zwar Veränderung zu seiner Befriedigung, aber nicht die Veränderung nach Grundsätzen.
Der Formtrieb dringt wohl auf Einheit der Person und ihre Orientierung an vernünftigen Grundsätzen, vermag jedoch nichts in der sinnlichen-affektiven Erlebnissphäre auszurichten.[8]

Dennoch benötigen und bedingen sie einander, soll Identität als Ganzes verwirklicht werden:

Die aus dem Formtrieb erwachsenen Ideen benötigen das konkretgeschichtliche Leben und die Materialität, um konkret zu werden, während umgekehrt die konkretgeschichtlichen Gegebenheiten formender Ideen bedarf.

Keiner der Triebe aber darf übermächtig werden, weil sonst nur das Existenzrecht des anderen beschnitten würde. Vereinseitigungen und Fehlentwicklungen wären die Folge.

Deshalb müßen sie einander eingrenzen.

Paradoxerweise wird dies am ehesten in der Wechselwirkung beider erreicht, wodurch beide zugleich zu höchster Bedeutsamkeit mobilisiert werden.

Der Stofftrieb entfaltet die sinnlich-empfindungsmäßigen Anlagen am stärksten, je rezeptiver und welt-ergreifender er ist. Der Formtrieb steigert die freiheitlich-selbstbestimmten Dimensionen der Person dort am stärksten, wo er welt-begreifend agieren kann.

Ergreifen und Begreifen von Ich und Welt können also nur in Abhängigkeit voneinander geschehen. Nun ist diese Wechselwirkung allerdings nicht gegeben, sondern ist zu fordern. Zudem muß sie, weil weder die Widersprüche in der Person noch außerhalb ihrer je getilgt werden können, unendlich hergestellt werden, entsprechend Identitätsentwicklung unendlich geleistet werden.

Wo nun kann das Individuum solche Wechselwirkungen und die Vereinbarkeit widerstreitender Grundtendenzen erfahren? *Es ist der ästhetische Gegenstand.*

Er ist das Resultat des fruchtbaren Zusammenspiels von Form- und Stofftrieb.

Der ästhetische Gegenstand ist „Freiheit in der Erscheinung“[9].

In ihrer präzisen Bedeutung meint das: Mit Blick auf die gedoppelte Existenzweise des Menschen zeigt er sich selbst als gedoppelte Erscheinung.

Er ist „lebendige Gestalt“[10].

Er ist material-gegeben, sinnlich anschaulich und erfahrbar, damit lebendig und zugleich darüber hinausreichend, nach Ideen geformtes Material, also sinn- und bedeutungshaft gegeben.

Als ‚lebendige Gestalt‘ ist der ästhetische Gegenstand vermittelter Widerspruch.

Er geht aus einer intra-individuellen Wechselwirkung sinnlich-vorstellender und erlebender Kräfte einerseits und ideenmäßig-reflektierender Kräfte andererseits hervor und löst diese zugleich aus. Geleistet wird diese Wechselwirkung von einem dritten, dem Menschen innewohnenden Trieb, dem Spieltrieb.

Vergleichbar mit dem Wirken der Einbildungskraft setzt er Form- und Sachtrieb je neu in eine fruchtbare Wechselwirkung.

Vom ästhetischen Gegenstand, von dem man zu Recht sagen kann, in ihm herrsche „ein Gleichgewicht der Realität und der Form“[11], kann mit Gründen erwartet werden, daß er auch einen nämlich bivalenten Zustand im Betrachter auslöst, der ihm ebenfalls auf sich selbst in seinen sinn- und bedeutungsauslegenden wie sinnlich-rezeptiven Potenzen freisetzt.

Daß der ästhetische Zustand, aus dem der ästhetische Gegenstand hervorgeht und in den ästhetische Gegenstände den Betrachter versetzen, als identitätsfördernd und freiheitlich-selbstbestimmte Vollzüge animierend aufgefaßt werden kann; mithin von ihm und seinen zugeordneten Prozessen bildende wie therapeutische Wirkungen erwartet werden können, vermag durch Schillers Bestimmungen des ästhetischen Zustandes einsichtig zu werden.

Schiller bestimmt den ästhetischen Zustand näher als ‚Nullzustand‘[12].

Dabei bestimmt Schiller den Nullzustand prinzipieller, aber sinnähnlich wie der Motivationstheoretiker Csikszentmihalyi, der ihn als Schwebezustand (Flow) bezeichnet. Auf ihn soll an anderer Stelle noch einmal eingegangen werden.

Dieser ‚Nullzustand‘ wird als Zustand in der Schwebe zwischen absoluter Realitätsbejahung (in seinen sinnlich-wahrnehmenden-emotionalen Persönlichkeitsanteilen) und absoluter Realitätsverneinung (in der Abwesenheit fremdgesetzter Zecksetzungen) charakterisiert, in dem also das Individuum im Selbstbezug frei agiert.

In diesem Zustand sind beide Grundtendenzen des Menschen gleichberechtigt tätig, ohne sich zu entmachten. Sinnliches und Affektives wie selbstbestimmte Gedanken/Vorstellungen/ Ideen sind gleichermaßen anerkannt, ja werden laufend ganzheitlich herausgefordert.
Im ästhetischen Zustand ‚spielt‘ das Subjekt mit sich selbst, seinen Vorstellungen und Handlungsmöglichkeiten, ohne jede bestimmtere Bestimmung oder Ausrichtung.

Dieser Nullzustand meint jedoch keineswegs pure Bestimmungslosigkeit. Vielmehr befindet sich das Individuum auf einer Basis, auf der er im Vollbesitz seiner potentiellen Selbstbestimmungen ist, mithin im Zustand aktiver Bestimmbarkeit.

Für Schiller ist dieser Zustand überdies nicht nur freisetzend, sondern auch freiheitsbefördernd, weil in der hier erfahrenen Wahlfreiheit des Verhaltens sich erst die Selbstbestimmungsfrage stellt.

Die Regelung, Ausrichtung und der Gebrauch unserer Selbstbestimmungsmöglichkeiten, werden in solchen bivalenten Zuständen erst „unsere(r) eigene(n) Willensbestimmung“[13] überantwortet.

Es läßt sich vorstellen, daß ein derartiges Zusammenwirken menschlicher Triebe zweckmäßig für ganzheitliche Selbstverwirklichung ist, zumal sie sich bei einem Maximum an Weltbesitz und Selbstbehauptung vollzieht, wodurch die Person einer bloßen Anpassung an gegebene Verhältnisse entgehen kann.

Unter diesem Blickwinkel nun erscheint der ästhetische Zustand bei ästhetisch-produktiven und -rezeptiven Vollzügen als Medium der Persönlichkeitserweiterung und als Übergangsstadium zu vermehrter, selbstbestimmter Ausdrucks- und Handlungskompetenz, insofern er „den Denkkräften Freiheit verschafft, ihren eigenen Gesetzen gemäß sich zu äußern“[14].

In diesem Sinn kann auch der These Brodskys sowohl in anthropologischer als auch entwicklungsmäßiger Hinsicht zugestimmt werde, daß nämlich „der Mensch ein ästhetisches Wesen (ist) noch bevor er zu einem ethischen wird“[15].

Die Charakterisierung des ästhetischen Zustandes ist nun sowohl pädagogisch wie therapeutisch belangvoll:

Pädagogisch belangvoll ist der ästhetische Zustand:
weil danach die Erfahrung ganzheitlicher Handlungsmöglichkeiten und Handlungsresultate ein Bewußtsein generell von produktiven Prozessen schafft und ein Bewußtsein von der Struktur wirklichkeitsverändernder Aktivitäten grundlegt; vorausgesetzt, sie bleiben keine Einzelerfahrungen im sonstigen Lernkontext und werden nicht als ‚Ausnahme-Erfahrung' abgewertet.
Ästhetische Erfahrungen erscheinen so als Vehikel der Entfaltung und als Vorbedingung für die Ausrichtung, Neuorientierung oder Umformulierung eigenen Handelns in Richtung auf vermehrte Selbstbestimmung.
Die Freiheit im ästhetischen Zustand ist demnach „Freiheit zur Herstellung und Bewältigung von (konkreter, d.V.) Freiheit überhaupt"[16].
Therapeutisch belangvoll ist der ästhetische Zustand:
weil ästhetische Prozesse gemeinhin gegenläufige senso-motorische und kognitive Aktivitäten verbinden, Prärationales und Affektives zurück- oder einholen und mit reflexiven, logisch-begrifflichen und materialisierenden Operationen synthetisieren.
Auf diese Weise im erneuten Besitz seiner in der Persönlichkeitsentwicklung unterentwickelten, ausgeblendeten oder abgespalteten Ausdrucks- und Gestaltungskompetenzen, – die immer ja auch Kommunikationspotenzen bedeuten – , kann der einzelne nicht nur einen Neuanfang im Gebrauch ästhetischer Ausdrucksweisen machen, sondern zugleich eine neue, andere Basis für die weitere Persönlichkeitsentwicklung gewinnen.

Dies ja auch meint Richter, wenn er im Rekurs auf Piaget den Synkretismus[17] ästhetischer Erfahrungen unterstreicht: Er verbindet gemeinhin getrennte oder auseinanderentwickelte Persönlichkeitsdimensionen. Ihre erneute Verbindung im Medium ästhetischen Tuns, die ggf. mit Hilfe pädagogischer Rückgriffe/ ‚Regression' angestrebt wird, gilt als Vorbedingung ganzheitlicher Entwicklungsprozesse. „In vielen Fällen der Rehabilitation mit ästhetischen Mitteln wird die (pädagogische) Regression Vorbedingung für die Neuformulierung"[18] nicht nur bildhaft-symbolischer Äußerungen, sondern auch eines neuen Selbstverständnis und einer anderen Handlungsbasis sein.

Ein letzter Hinweis von Schiller scheint uns nach wie vor gültig und spielt erneut auf den pädagogischen Rahmen an, in dem ästhetische Erziehung in bildender oder therapeutischer Absicht erfolgen muß, soll sie ziel- und gegenstandsangemessen sein:

Damit Selbstbestimmung und Selbstreflexion im ästhetischen Vollzug überhaupt ins ‚Spiel' kommen können, hätte sich pädagogisches Verhalten im ästhetischen Bezugsrahmen – und nicht nur dort – nach der Maxime Schillers auszurichten: „Freiheit zu geben durch Freiheit"[19]. Auch dies verweist auf die Subjektzentrierung entsprechender bildender/therapeutischer Prozesse.

Auch wenn wir meinen, daß zur Erziehung zu Freiheit und Verantwortung noch mehr hinzukommen muß, nämlich Aufklärung, rationaler Diskurs wie Einsicht in Problemlagen und Entwürfe ihrer Veränderung, so bilden dennoch die im ästhetischen Tun grundgelegten, ganzheitlichen selbstbestimmten Handlungsmöglichkeiten generell Voraussetzungen für den vernünftigen Umgang mit allgemeineren Problemlagen. Übertragen in den gesellschaftlichen Raum können sie hier nützlich werden. In diesem Sinn, kann ‚Ästhetik' auch indirekt zur Mutter ‚ethischen' Verhaltens werden (Brodsky)[20].

Anmerkungen

1 Schiller, F.: a.a.O. 10. Brief, S.38
2 ders.: 6. Brief, S.22
3 ders.: 8. Brief, S.29
4 ders.: 3. Brief, S.7
5 ders.: 12. Brief, S.45
6 ders.: 19. Brief, S.80
7 ders.: 12. Brief, S.47
8 vgl.: Schiller, F.: 13. Brief, S.49
9 Schiller, F.: 23. Brief, S.27
10 ders.: 15. Brief, S.59
11 ders.: 16. Brief, S.65
12 vgl.: Schiller, F.: 21./22.Brief, S.85ff
13 Schiller, F.: 22. Brief, S.87
14 vgl.: Schiller, F.: 19. Brief, S.77
15 Brodsky, J.: a.a.O. S.55
16 Menze, C.L.: Der Übergang von der ästhetisch-politischen zur literarischen-musischen Erziehung. in: Vierteljahresheft für wissenschaftliche Pädagogik. 47 (1971) H1, S.10.
17 vgl.: Richter, H.G.: a.a.O. S.86ff
18 Richter, H.G.: a.a.O. S.89
19 Schiller, F.: 27. Brief, S.125
20 vgl.: Brodsky, J.: a.a.O. S.55f

1.4. Selbstbildung durch Selbsttätigkeit: Zur gegenstandsimmanenten Bildungsfunktion nach Humboldt

Bei Kant wurde die Vielschichtigkeit (Polyfunktionalität), Vieldeutigkeit (Polyvalenz) und Unbestimmtheit des ästhetischen Gegenstandes, bei Schiller dessen bivalente Verfaßtheit als ‚lebendige Gestalt' herausgearbeitet. Beide führen diesen dynamischen Objektcharakter auf den intrapersonalen, wechselwirkenden Zustand, aus dem ästhetische Objekte hervorgehen, zurück.

Humboldt rückt noch einmal den spezifischen Objektcharakter unter eine andere Perspektive. Nach ihm kommt er aufgrund eines Selbstbezuges einerseits und eines Bezuges zur konkretgeschichtlich-gesellschaftlichen Lage zustande.

Ohne seine Wendungen mitmachen zu können, Bildung allein von ästhetischer Bildung zu erwarten bzw. beides ineinander aufgehen zu lassen, vermag er doch für unseren Zusammenhang zu verdeutlichen, daß ästhetisches Tun wie Bildung überhaupt immer auch in Wechselwirkung zur sozialen Mit- und Umwelt sich vollzieht. Folgt man seinen Ausführungen, so wird erkennbar, daß ästhetische Objekte insofern ‚Übergangsobjekte' werden können, weil sie Individuelles und Allgemeines in verarbeiteter Form beinhalten, von dem man sich entsprechend ablösen und von hier aus einen Übergang zu selbst- und realitätsgerechterem Verhalten finden kann.

Auch Humboldts bildungstheoretische Überlegungen zielen das autonome Subjekt an.

Zur Verwirklichung verfügt der Mensch über physische, intellektuelle und moralische Kräfte. Ihre proportionierliche (ganzheitliche) Entfaltung anzustreben und für selbstbestimmte Aktivitäten empfänglich zu machen, ist Ziel der Erziehung. Die ‚Totalität' des Menschen wird so grundgelegt, sie ist lebenslang anzustrebendes Ziel des einzelnen und Annäherungsziel der Pädagogik. Bildung muß letzlich von jedem selbst geleistet werden (Selbstbildung); Pädagogik kann hierzu nur die Rahmenbedingungen schaffen. Alle, bloß auf intellektuelle, moralische oder physisch-motorische Instandsetzung ausgehende Erziehung muß, weil sie Selbstbestimmung nur partiell verwirklicht, unter Humboldts und unserer Perspektive als einseitig bezeichnet werden. Er spielt die Ganzheitlichkeit (Totalität) gegen eine ‚bloße Gelehrsamkeit' aus.

Was Humboldts Bildungsprinzip also leisten will, ist der Gefahr menschlicher „Entfremdung"[1] von seinen Selbstbestimmungsmöglichkeiten, wie sie mit der zeitspezifischen Entwicklung offenbar verbunden scheint, zu begegnen. Jede Interpretation Humboldts nun, die in seinen Ausführungen zur allseitigen Bildung des Individuums das uneingeschränkt autonome Individuum gefeiert sieht, geht jedoch fehl.

Für Humboldt ist es ganz klar, daß zum Vollbegriff des faktischen Subjekts nicht nur der transzendentale Selbstentwurf (Freiheit/ Selbstzweck-Selbstbestimmung), sondern zugleich seine biographische Zeitlichkeit und seine Zeitsituation gehören. Zusammen geben sie die Bedingungen konkreterer Selbst- und Handlungsentwürfe an. Mithin bedarf das faktische Subjekt, um Selbstbestimmung überhaupt praktizieren zu können, erstens seiner psycho-physischen Individualität und zweitens der zeitspezifischen Gesellschaft. Diese beschränkt zwar stets die individuelle Kräftebildung und Äußerung, hält den vernünftigen Fortschritt „innerhalb bestimmter Grenzen"[2]; umgekehrt aber begünstigen gerade diese zeitspezifischen Begrenzungen unendlich dialektische Wechselwirkungen zwischen Individuum und Gesellschaft, die Vereinzelung vorbeugen und Intersubjektivität gewährleisten.

Individuelle wie kollektive Geschichte wird in dialektischer Wechselwirkung bewirkt.[3] Der Prozeß ist so zu denken:

1. Durch seine psycho-physische Existenzweise vermag das Individuum vielfältige Wirklichkeit außer sich aufzunehmen, wodurch sich in ihm sein jeweiliges Realitätsfeld für konkretere, selbstbestimmte Handlungen erst eröffnet.
2. Der stets notwendige Selbstbezug ermöglicht umgekehrt erst, sich mit Hilfe der Einbildungskraft (Möglichkeitsdenken) seine und die Wirklichkeit anderer auch anders vorzustellen, als sie ist, und unter der Frage, wie sie sein sollte, andere Zustände und Entwicklungen zu entwerfen.
3. Damit der im Selbstbezug hervorgebrachte Entwurf nicht allein innerlich bleibt, muß er veräußert, objektiviert werden. Nur so kann er potentiell intersubjektive Zustimmung und Geltung erhalten.
4. Der an die empirische Realität angekoppelte Entwurf kann hier dann diskutiert, korrigiert und vermittels erneut angestrengter Selbstbeziehungen ergänzt und erweitert werden.

Auf diese Weise werden Ich und Welt, Gegenwart mit Vergangenheit und Zukunft verbunden.[4]

Geschichte, nach Humboldt, ist nicht die Summe einzelner Gegebenheiten, sondern durch lebendige Selbsttätigkeit des Menschen Wirkungsgeschichte. Sie dokumentiert sich in Manifestationen und Objektivationen. Erscheinen alle Objektivationen aufgrund der je nur zeit-räumlich begrenzt zu leistenden Wechselwirkungen auch als je eingeschränkt; stets sind ihnen Selbsttätigkeit – wiederum in den zeit-räumlich eingegrenzten Bedingungen des Individuums – vorausgesetzt. Insofern impliziert Selbsttätigkeit auch Irrtümer, Fehlhandlungen. Andererseits ist aber ohne sie auch keine Veränderung, keine individuelle oder gesellschaftliche Vervollkommnung zu erreichen.

Was Humboldt deutlich macht:

Ohne Individualität ist keine Intersubjektivität möglich und umgekehrt keine Intersubjektivität ohne Individualität möglich. Beide ergänzen und korrigieren einander, lassen Entwürfe erst an einem faktischen Rahmen anpassen und real werden.

Vor diesem Geschichtsverständnis wird die dritte Bedingung faktischer individueller Selbstbestimmung nach Humboldt einsichtig:

Neben dem (transzendentalen) Selbstentwurf und der konkreten, bio-physischen Existenzweise ist es das Zeit- und Geschichtsbewußtsein.

Gegenstände, die diese drei Bedingungen in sich enthalten, sind *ästhetische Gegenstände*.

Weil sie aus wechselwirkender Selbsttätigkeit hervorgehen und Selbst- oder Wirklichkeitsentwürfe mit Materialien zusammenbringen, wodurch Idee und Materie eine sinnlichfaßliche Verbindung eingehen, werden sie zu Bildungsgegenständen 1. Ordnung:

Ästhetische Produkte sind ‚Spiegel' des faktischen Subjekts und seiner transzendentalen Bestimmung, die mannigfaltigsten zeitspezifischen Inhalte aufzunehmen, in einem reflektierenden Selbstbezug mit Hilfe der Einbildungskraft ein Bild ihres Andersseins zu entwerfen und sie in einer neuen Einheit zu veräußern.

Ersichtlich wird, Humboldt setzt bereits alle Bestimmungen Kants zum Ästhetischen voraus. Im Unterschied zu ihm akzentuiert er:

Das fruchtbare Zusammenspiel von Einbildungskraft und Verstand in der ästhetischen Reflexion ist nicht nur ein gedachtes, sondern die Einheit beider drückt sich im ästhetischen Gegenstand selbst aus.

Anders wäre nicht zu erklären, nach Humboldt, daß Einbildungskraft und Verstand angesichts ästhetischer Gegenstände gleichermaßen auch beim Betrachter angeregt werden. Wiederum erscheint, auch bei Humboldt, Verstandesmäßiges nicht als Bestimmt-Begriffliches, sondern in vieldeutiger Ausformung, weil Gedankliches eine unauflösbare Einheit mit der Form und dem Material eingeht. Denn nur durch eine Form, in der die vom Verstand und der Einbildungskraft ausgelöste „unsinnliche Idee in die Sinnlichkeit verwebt ist"[5], wird das unbestimmte Zusammenspiel von Einbildungskraft und Verstand beim Betrachter ausgelöst. Ästhetische Produkte weisen so – in Abgrenzung zu allen anderen Gegenständen – in sinnlicher Form auf die Ideen, Vorstellungen des Produzenten zurück und schaffen auf diese Weise den Zugang zu ihm, allerdings unbestimmt. Mithin ist das ästhetische Objekt auch in keinem vorgegebenen Interpretationsraster zu fassen. Um etwas vom Produzenten zu erfahren, muß sein Selbstausdruck reflektierend ausgelegt werden.

So schafft sich einerseits der Produzent durch seine selbsttätigen Objektivationen Zugang zur Außenwelt, wie sich umgekehrt andererseits der Betrachter über selbsttätige Reflexionsprozesse Zugang zu den Ideen und Vorstellungen des Produzenten verschafft:
‚Die Einbildungskraft wird durch die Einbildungskraft entzündet.'[6]

Die objektive Bedeutsamkeit ästhetischer Produkte wird von Humboldt mit Blick auf die Tätigkeit von Künstlern noch einmal anders verdeutlicht.

Im Gegensatz zum sonstigen entwerfenden Denken, das zwar auch immer einer Wirklichkeitsdistanzierung und eines Selbstbezugs bedarf, um Handlungsmodelle, -strategien, Technologien zu entwerfen, ist das entwerfende Denken im ästhetischen Bezugsrahmen weitaus hervorbringender. Es wird nicht von vornherein eingeschränkt durch Fakten, Sachzwänge, praktische Erfordernisse oder bestimmte Zwecksetzungen, für die es nützlich werden soll. Entwerfendes Denken im ästhetischen Zusammenhang ist zwar nicht losgelöst von intellektuellen Erwägungen und materialen Gegebenheiten, aber hier ist die Einbildungskraft dominant. Durch die Einbildungskraft (Phantasie, Möglichkeitsdenken) „wird etwas Wirkliches in ein Bild"[7], die Wirklichkeit in den Zustand ihrer Möglichkeit gesetzt, die dann als anschauliche Utopie der Wirklichkeit zugeführt werden kann.

Der Künstler produziert ‚ideale Formen' heißt nach Humboldt:

Er verwandelt wirkliche Gegenstände/Gegebenheiten in Objekte seiner Phantasie.
Mit Hilfe seiner ganzheitlichen Kräfte und „ganz auf seine Weise", sucht er, „sich und die Außenwelt um ihn her auf das innigste miteinander zu verknüpfen, diese erst als einen fremden Gegenstand in sich aufzunehmen, dann aber als einen frei und selbst organisierten wieder zurückzugeben"[8].
Entsprechend ist der ästhetische Gegenstand:
Objekt, ohne bloß Objekt zu sein; er beinhaltet Subjektives, ohne bloß Subjektives zu sein.
Er weist sowohl (sinnlichen) Seins-Charakter als in seiner Gestalthaftigkeit Werdens-Charakter auf.

Durch die Person des Künstlers, der immer eingebunden ist in die konkret-geschichtliche Situation, gehen Biographisches, Lebenspraktisches, Zeitspezifisches ein. Sie bilden ebenfalls Entstehungsanlässe für die ästhetische Produktion. Durch den selbsttätigen Entwurf aber werden die realen Gegebenheiten zugleich aus ihrer Begrenztheit herausgehoben und entgrenzt. Der Künstler bringt also wirklichkeitsentgrenzende Produkte hervor, die seine und die Wirklichkeit anderer erweitern.

Dazu muß das Produkt nicht einmal in allen Teilen fertig ausgestaltet sein. Selbst in seiner fragmentarischen oder partiellen Ausformung animiert es den Rezipienten, „das Fehlende selbst auszumalen"[9], selbst Erfahrenes und selbst Vorgestelltes hinzuzufügen.

Humboldt nimmt hier vorweg, was zeitgenössische Ästhetiken als die ‚appellative' Funktion von Leer- und Unbestimmtheitsstellen im ästhetischen Gegenstand kennzeichnen.[10]

Weil Kunst also Selbsttätigkeit appelliert und Wege und Mittel – nicht inhaltliche Ziele – anschaulich macht, wie denn auf Wirklichkeit bezogene Selbsttätigkeit aussehen kann, vermag Kunst bildend und aufklärend zu wirken. Sie geht hervor aus dem ästhetischen Zustand, der sich nunmehr nach Humboldt so charakterisiert:

1. durch die Aktivität aller individuellen Kräfte unter dem Primat der Einbildungskraft.
2. durch den Entwurf einer neuen, möglichen Wirklichkeit, die die faktische übersteigt, ohne sie zu verlassen.[11]

Humboldt hat dabei, wie gesagt, die Aktivität des Künstlers, aus der Kunstprodukte entstehen, vor Augen, die bildend sind, weil sie ganzheitliche Selbsttätigkeit im Rezipienten aktivieren.

Kritisch gegenüber Humboldt ist anzumerken: Wiewohl Kunstwerken reflexions-aktivierende Funktion zuzusprechen ist; allein von der Rezeption der Kunst, Bildung zu erwarten, scheint überhöhte Hoffnung.

Selbst wenn Kunstobjekte – angefangen von den Natur-Mensch-Verhältnisbildern C.D. Friederichs bis hin zu Beuys Bäume- Steine-Projekt in Kassel – ein Bewußtsein von der lebensgeschichtlichen Aufgabe und ein Bewußtsein von Selbsttätigkeit mit Bezug auf Wirklichkeit vermitteln, Kunst-Rezeption befähigt nicht, mit einer viefältig spezialisierten Wirklichkeit handelnd umzugehen.
Insofern können Bildung und ästhetische Bildung nicht zusammenfallen.

Sehen wir hiervon einmal ab und versuchen die ‚bildende' Wirkung der Kunst einzuschätzen.

Zweifellos kommt Kunst ganz grundsätzlich auseinandersetzungsanreizende Funktion zu. Im Zusammenhang mit pädagogischen Prozessen zeigt sich jedoch immer wieder, sie ‚funktioniert' in dem umfassenden reflexions-stimulierenden Sinne nur dann und dort, wo sie sich mit erfahrenen und/oder selbst bearbeiteten Problemstellungen verbinden läßt. Vor allem die eigene ästhetisch-produktive Auseinandersetzung mit z.B. Selbstbildern, Natur, Umfeldgestaltung, Videoproduktionen usf. macht aufgeschlossen für die Frage, wie Künstler mit dieser Problemstellung umgehen, welche Sichtweisen sie konkretisieren, und wie sie den gegebenen Inhalt individuell ausformen. Hier dann entfaltet sich die von Humboldt gekennzeichnete Selbsttätigkeit in ihrem vollen Umfang und schafft transitorische Übergänge zu einem erweiterten Bedeutungs- und Wirklichkeitsverständnis. Unter diesen Voraussetzungen kann Kunst diesen Stellenwert auch in unserem pädagogisch-therapeutischen Zusammenhang einnehmen.

Der besonders dynamische und hervorbringende Aktivitätszustand im ästhetischen Zustand, den Humboldt am Künstler und in bezug auf Kunst beispielhaft verdeutlicht, ist darüber hinaus nicht nur Künstlern vorbehalten, sondern trifft auf jeden zu, der ästhetisch produktiv arbeitet. Auch dies zeigt langjährige, subjektorientierte pädagogische Praxis mit den verschiedensten Adressatengruppen. Sie bestätigt:

Ästhetisch-produktives Arbeiten – sofern und solange man sich darauf einläßt – :

- setzt das konkrete Individuum in seinen ganzen begrifflos-begrifflichen, sinnlichen wie unsinnlichen Kräften mit Prävalenz der Einbildungskraft frei.
- löst von anderen Beanspruchungen ab und zentriert auf sich selbst.[12]
- löst Innenaktivität aus, die sich über den gesamten Gestaltungsprozeß erstreckt.

Von hier aus entstehen Produkte, von denen zu Recht gesagt werden kann:

1. Sie sind Akte der Selbstgestaltung, insofern sie den Selbstausdruck gestalten.
2. Sie können als Kommunikationsanlaß fungieren.
3. Sie motivieren Folgeaktivitäten.

Drei Beispiele aus der Praxis (teilnehmende Beobachtung) sollen dies an dieser Stelle bereits belegen und veranschaulichen.

Beispiel 1:
Eine Gruppe Drittkläßler erhält – ermüdet durch fortwährendes Zeichnen – endlich ein neues Medium: Ton. Jeder bekommt einen Batzen Ton, der als Klumpen ungeformter Masse vor jedem liegt und zunächst experimentierend erfahren werden soll. Nach einer kurzen Instruktionsphase fangen alle Schüler an, den Ton zu drücken, beginnen, seine buttrige Nachgiebigkeit zu spüren, bohren Löcher, verlängern sie zu Höhlen, lassen Gänge, Furchen, Risse entstehen, werden aufgesogen durch ihre Tätigkeit, arbeiten zunehmend absichtsvoller. Während der Arbeit entstehen Pläne; sie halten sich nicht durch, werden solange verändert, bis das räumliche ‚Gebilde' eigener Zufriedenheit entspricht.
Wenig später verlangt das Werk nach ‚Verewigung'; es ist so aber nicht zu brennen. Deshalb wird Gips angerührt und über das Lehmgebilde und in seine Höhlen gegossen. Der nächste Tag kann kaum erwartet werden. Wer weiß, wie oft die Kinder den übrigen Tag an ihr Werk gedacht haben?
Am nächsten Tag fingern sie höchst eifrig den Ton wieder aus den Höhlen, Gängen und Oberflächen, stürzen geradezu zum Wasserbecken, spülen die letzten Tonreste ab und sind sprachlos über ihre skurrilen Gebilde. Kurz darauf beginnt der gegenseitige Vergleich, das Hinweisen auf besonders gelungene Details, Assoziationen werden frei, Erfahrungen, Erinnerungen an bereits Gesehenes wach, von anderen vehement als ‚völlig falsch' oder anders als selbst gedeutet zurückgewiesen und längere Zeit völlig ernsthaft über ‚nichts' geredet. Natürlich ist es ‚etwas', aber eben nichts, was sich als richtig oder falsch, bestimmt Inhaltliches und sofort bestimmen ließe.

Beispiel 2:
Der fünfjährige Christoph in einer Kindergruppe, als sehr ängstlich und ausgesprochen empfindlich geltend, wird augenscheinlich immer nervöser, angespannter. Daraufhin vorsichtig angesprochen, vermag er nicht einmal über seine Schulter zu sehen, sondern deutet lediglich mit dem Finger hinter sich.
Der Blick aus dem Fenster zeigt, der Himmel verfinstert sich, offenbar naht ein Gewitter. Bislang völlig unbemerkt. Ich breite lange Papierbahnen aus, besorge dicke Borstenpinsel und Dispersionsfarben. Christoph nehme ich mit, die anderen Kinder sind in ihrem Spiel vertieft. ‚Christoph' sage ich, ‚komm, wir malen Gewitter'. Er steht dabei und bleibt

völlig unbeteiligt. Ich fange an, große, wässrige Wolken zu malen, verreiße mit dem Pinsel die Farbfläche, dunkle sie stellenweise nach links ab, so als würde das Gewitter heranziehen.
Ich fordere Christoph erneut auf, doch mitzumachen. Zakkige fahlgelbe Pinselstriche signalisieren den ersten Blitz. Christoph sieht inzwischen interessiert zu, bleibt selbst aber untätig. Ich setze den zweiten Blitz, versuche einen Baum. Er biegt sich in dem herannahenden Sturm nach rechts. (Inzwischen blitzt es draußen wirklich). Ein zweiter Baum neigt sich noch mehr der Erde zu, ich male schließlich einen dritten Baum. An dieser Stelle schaltet sich Christoph ein: ‚Der kann doch gar nicht so grade sein bei so einem Sturm'. ‚Mal du ihn doch!'. Christoph versucht ihn mit dem Pinsel ebenfalls nach rechts zu biegen, malt dann, kleckernd und tropfend, den nächsten Baum. Er wagt sich aber auch an die Blitze, kann gar nicht aufhören, zackt sie senkrecht und waagerecht, vergißt völlig bzw. bemerkt gar nicht die wirklichen. Er ist es, der beim Malen der Blitze zischt und dumpf wie ein Gewitter grollt.
Der Bann ist im wahrsten Sinne gebrochen. Die Angst ist völlig aus Christophs Gesicht und Haltung gewichen, stattdessen hat er wieder Farbe im Gesicht, und es macht ihm ganz offensichtlich Spaß, im Gewitter ein Gewitter zu malen. Als ich nach draußen deute, lacht er richtig.

Beispiel 3:
Quintaner probieren Papp-Schablonen-Druck mit vereinfachten Tier-Motiven. Die Formen werden mit Druckfarbe eingewalzt und in mehreren Arbeitsgängen mit den Schablonen Tierszenen gestaltet. Alle Kinder sind vom Druckfieber angesteckt. Ein Mädchen fällt dabei besonders auf. Sie entdeckt für sich die unterschiedlichen Wirkungen unterschiedlich dicht aufgerollter Farbe – porös, deckend, gebrochen usf. – was sie zum weiteren Ausprobieren mit unterschiedlichen Form- und Farbstellungen animiert.
Unvorhergesehene Wirkungen entstehen wieder. Sie werden bewußter und geplanter von ihr eingesetzt. Sie verdünnt die Farben mit Wasser, was erneut andere, lasierende Wirkungen mit sich führt. Sie nimmt ein Schwämmchen hinzu und wischt stellenweise die Farbe ab, läßt sie an anderer Stelle stehen und so fort. Wiederum stellen sich andere Wirkungen ein. Die Bildfläche bekommt eine neue Bildaufteilung, Felder werden freigelassen, andere werden verdichtet, sodaß das ganze Bild auf diese Weise dynamisiert wird.
Die übrigen Kinder sind inzwischen beiseite getreten, beteiligen sich aber aktiv mit Form- und Farbanregungen. Sie verfolgen gespannt den Prozeß und fiebern dem jeweiligen Druckergebnis entgegen. Später setzen sie selbst die beobachteten Erfahrungen in ihrem eigenen Druckprozeß ein und unterstellen sie eigenen Ausdrucksabsichten.
Das Ausdrucksrepertoire hat sich so auch bei ihnen im kommunikativen ästhetischen Prozeß progressiv erweitert.
Bezieht man diese Praxisbeispiele auf die bisherigen Erörterungen, so läßt sich schlußfolgern:

Im ersten wie im letzten Fall kommt vor allem die Möglichkeit ästhetischer Prozesse zum Tragen, im Prozeß und durch den Prozeß selbsttätige, in sich ständig erneuernde, verändernde, befriedigende Aktivitätsprozesse zu mobilisieren.

Von solchen, die gesamten individuellen Kräfte animierenden Prozessen, muß mit Csikszentmihalyi intrinsische Motivationswirkung erwartet werden.

Der Zufall, Spontan-Imaginiertes, die Erfahrung unvorhersehbarer Wirkungen, die Entdeckung neuer Gestaltungsmöglichkeiten durch Experimentieren und Neu-Montieren spielen dabei eine entscheidende Rolle. Lust am Machen und an der Körperaktivität entsteht, ebenso wie Lust auf Ausprobieren und Umformen.

Hier wird ‚Wirkliches aktiv in den Zustand seiner Möglichkeit' (Humboldt) gesetzt als Voraussetzung jeder Wirklichkeits- und Selbstveränderung. Auf diese Weise wird ein Handeln eingeübt, das auch für die Verarbeitung und Neugestaltung von außerästhetischer Wirklichkeit sinnvoll und zweckmäßig ist.

Wie für die Kunst gilt: Hier werden Realitäten umgestaltet und zugleich die Möglichkeit realer Umgestaltung wahrgenommen.

Anders gesagt:

In solchen aktiven Selbsttätigkeitsprozessen wird die Therapiebestimmung Bittners et. al. i.w.S. voll umfänglich eingelöst:
Es werden die gesunden Anteile in der Persönlichkeit der Heranwachsenden mobilisiert und ‚Anreize zur gesunden Entwicklung im vorbeugenden und vorsorgenden Sinne' gegeben.
Zugleich muß solchen Prozessen, die die kreativen Potenzen der Heranwachsenden ganzheitlich aktivieren, intrinsisch motivierende Funktion zugewiesen werden.

Im Fall des fünfjährigen Christoph werden bereits therapeutische Funktionen ästhetisch selbsttätiger Prozesse i.e.S. erkennbar.

Die beherrschende und lähmende Angst vor Gewitter wurde im Malen objektiviert und aktiv verarbeitet.

Christoph hat dabei nicht nur einen angstmachenden Gefühlszustand abgebaut und sich davon distanziert, sondern konnte eine realistische Einschätzung der Situation vornehmen (‚der Baum kann nicht so sein!'). In diesem Sinne läßt sich sagen:

Das Gewitterbild wurde nicht nur zum Ablöseobjekt, sondern zum Übergangsobjekt, das ihm zu einem realitätsgerechteren, angstfreieren Verhalten und vermehrter Ich-Stärke verhalf.

Damit ist die Brückenfunktion ästhetischer Produktion in Bezug auf Realität beispielhaft benannt: Ästhetische Produktion dient der Aneignung von Wirklichkeit.

Die Bewegung ist genauso von außen nach innen möglich und durch ästhetische Prozesse einzuleiten, und zwar dann, wenn inneres Erleben durch einseitige Beanspruchung oder

Abspaltung blockiert oder zugeschüttet ist. Hier ginge es darum, durch ästhetisches Arbeiten Selbsterleben zu ermöglichen und dadurch ‚die gesunden Anteile der Persönlichkeit' erneut zu wecken. Die Wahrscheinlichkeit besteht, daß die Person Sinn für sich durch sinngebende Selbsttätigkeit entdeckt, was insgesamt Heilungsprozesse im Sinne der Wiederherstellung destabiler Persönlichkeitsstrukturen begünstigt. Immer wieder vorausgesetzt: Derartiges Tun und derartige Erfahrungen bleiben nicht Einzelerfahrung und Ausnahmeerlebnis im Kontext sonstiger Lebenspraxis.

Was wir im Anschluß an Humboldts Überlegungen zur ästhetischen Selbsttätigkeit herausarbeiten konnten, ist vor allem die selbstaktivierende, selbstbildende und selbstrehabilitierende Funktion und hierüber die selbstgestaltende Wirkung ästhetischer Produktion und Rezeption. Von Benedetti wird diese Wirkweise in Anlehnung an anglo-amerikanische Terminologie als ‚Ego-building-Function' ästhetischer Produktion bezeichnet.

Die entstehenden Produkte bergen erneut Selbstverständigungsmöglichkeiten, aber auch Fremdverständigungsmöglichkeiten mit anderen, insofern der Produzent und der Rezipient über das ästhetische Produkt in Beziehung zueinander treten.

Ästhetische Produkte als bloßen Selbst-Ausdruck irgendwelcher psychischer Zuständlichkeiten oder als bloßes unreflektiertes Tun verstehen zu wollen, verkennt und verfehlt die bewußten, absichtsvollen, form- und sinngebenden Dimensionen ästhetischer Prozesse; die erste vom Kind zum Kreis geschlossene Linie verweist bereits darauf.

Anders gesagt: Der Grad der Bewußtheit und Reflektiertheit ästhetischen Tuns mag in bezug auf Form, Inhalt und Material variieren. Sobald aber Inhalt und Materie geformt und gestaltet werden, wird der ästhetische Prozeß zur Planhandlung nach eigenen, selbstgesetzten Regeln, die auch zufällig sich einstellende Situationen und Gegebenheiten mit einschließt.

Aus speziell motivationstheoretischer Sicht lassen sich die Erörterungen noch um die des ungarisch-amerikanischen Soziologen Csikszentmihalyi zur intrinsisch motivierenden Funktion ästhetischer Arbeitsprozesse ergänzen. Sie durchzieht implizit bereits die gesamten Ausführungen zum ästhetischen Zustand und ist grundsätzlich mit der Aktivierung von Selbsttätigkeit bereits benannt.

Csikszentmihalyi legt sich die Frage vor, wie Situationen und Tätigkeiten strukturiert sein müssen, sollen sie intrinsische Motivation grundlegen.

Zu seinen Überlegungen angeregt wurde er durch die Beobachtung künstlerischer Arbeit. Er beobachtete hier einen hohen Grad an Intensität, Konzentration und ganzheitlicher Beanspruchung wie eine hohe Bedeutung des Prozesses für die Produzenten. Er führt diesen hohen Beteiligungsgrad auf die Struktur des ästhetischen Arbeitsprozesses zurück, der auch nach seiner Einschätzung sowohl sinnliche Dimensionen (Materialgegebenheiten, materielle Verarbeitungsformen), kognitive Dimensionen (Auswahl und Definition der Problemstellung, Arbeits- und Problementscheidungen) sowie emotionale Erfahrungen umschließt, sodaß der Produzent „im entstehenden Werk seine eigene Vergangenheit, Gegenwart und Zukunft wiederzuerkennen"[13] vermag. Csikszentmihalyi wurde dabei klar, „daß irgendetwas in der Aktivität des Malens selber lag, was ... ‚bei der Stange' hielt"[14].

Leicht lassen sich den Ausführungen Csikszentmihalyis die aufgewiesenen Strukturmerkmale ästhetischer Prozesse, ihre ganzheitlichen Vollzüge und ihre Selbststeuerung, ebenso auch deren sinnerfüllende Wirkung entnehmen. – Daß sie keine Mystifikationen darstellen, zeigt die eigene pädagogische Praxis – .

Von hier aus leitet Csikszentmihalyi seine Hypothese von der intrinsisch motivierenden Funktion ganzheitlicher Prozesse ab und versucht sie auch bei anders gearteten selbstgesteuerten Arbeitsvollzügen empirisch zu belegen. Für uns entscheidend ist seine Schlußfolgerung, wonach autotelisches (ganzheitliches) Erleben ‚intrinsisch motivierende Wirkungen' zeitigt.

‚Autotelisches Erleben' wird durch Aktivitäten hervorgerufen, die wie der ästhetische Prozeß laufend ganzheitliche Herausforderungen bietet, Experimentieren ermöglicht und Neugierde weckt, die direkte Rückmeldungen über Ursache und Wirkung des Handlungsprozesses geben, weder langweilig noch überfordernd noch angsterzeugend sind und in der potentiellen Kontrolle des Handelnden liegend, Gefühle der Kompetenz und Erfahrungen persönlicher Verursachung erzeugen.[15]

Dies alles sind Wirkungen und Funktionen ästhetischen Handelns.

„In der Schwebe zwischen Langeweile und Angst ist das autotelische Erleben eines des völligen Aufgehens des Handelnden in seiner Aktivität."[16] Diesen besonders dynamischen Zustand, „das holistische Gefühl beim völligen Aufgehen in einer Tätigkeit"[17], bezeichnet Csikszentmihalyi im folgenden als ‚Flow': „Flow ist das, was wir ‚autotelisches Erleben' nannten."[18]

Die Übereinstimmung ist offenkundig:

Kant arbeitete denselben dynamischen Schwebezustand als ‚ästhetische Reflexion', Schiller sinnähnlich den ästhetischen Zustand als ‚Nullzustand' heraus.

Weist ästhetisches Arbeiten also Motivation als inhärentes Moment auf, weil es Kompetenzerfahrungen ermöglicht und derartige Bedürfnisse befriedigt, dann muß ästhetischen Prozessen intrinsisch motivierende Funktion zugesprochen werden.[19] So auch erst wird einsichtig, warum vollzogene ästhetische Aktivität ästhetische Folgeaktivitäten motiviert, wie bereits aus unseren Beispielen ersichtlich wurde.

Derartigen Erlebnissen und Erfahrungen läßt sich, nunmehr auch empirisch belegt, intrinsisch motivierende Funktion zuordnen.

Anmerkungen

1 Humboldt, W.v.: LI, S.285 (Theorie der Bildung)
2 Ders.: LI, S.96 (Über die Gesetze der Entwicklung der menschlichen Kräfte)
3 Vgl.: Humboldt, W.v.: LI, S.107 (Ideen zu einem Versuch, die Grenzen der Wirksamkeit des Staates zu bestimmen)
4 Vgl.: Humboldt, W.v.: eb.
5 Humboldt, W.v.: LX, S.19 (Briefe an Körner)
6 Vgl.: Humboldt, W.v.: LII, S.138 (Ästhetische Versuche)
7 Humboldt, W.v.: e.b. a.a.O. S.132
8 Humboldt, W.v.: LII, S.143 (Ästhetische Versuche)
9 Ders.: LII, S.153 (eb.)
10 Vgl. hierzu z.B. Iser, W.: Die Appellstruktur der Texte. Konstanz 1970. Auch: Ingarden, R.: Das literarische Kunstwerk. Tübingen 1965
11 Vgl.: Humboldt, W.v.: LII, S.138 (Ästhetische Versuche)
12 Auch hier wird ein Aspekt der Subjektzentriertheit ästhetischer Prozesse deutlich.
13 Csikszentmihalyi, M.: Das Flow-Erlebnis. Stuttgart 1985, S.14
14 ders.: eb.
15 Vgl.: Csikszentmihalyi, M.: a.a.O. S.58ff
16 Csikszentmihalyi, M.: a.a.O. S.58
17 ders.: eb.
18 ders.: a.a.O. S.59
19 Vgl. hierzu auch: Richter-Reichenbach, K.S.: Aktivitäts- und Motivationssteigerung im Medium ästhetisch-therapeutischer Prozesse. In: Merkert, R. (Hg): Wandlungen der Pädagogik in 30 Jahren (Festschrift für G. Wehle). Düsseldorf 1989, S.153ff

1.5. Inhaltliche Auseinandersetzung im ästhetischen Medium nach Hegel

Halten wir den bisherigen Extrakt zunächst fest.

Im Anschluß an Kants erkenntnistheoretische, Schillers anthropologische und Humboldts bildungstheoretische Überlegungen konnte vor allem herausgearbeitet werden:

1. Die selbstaktivierenden und intrinsisch motivierenden Funktionen ästhetischer Prozesse,
2. ihre selbstklärenden und somit selbstbildenden und selbst-rehabilitierenden Wirkmöglichkeiten,
3. ihr transitorischer Charakter in ihren selbsterweiternden und realitätsöffnenden Erfahrungsmöglichkeiten.

Objektiviert und ausgeformt als ästhetische Produkte bergen sie erneut Selbstverständigungsmöglichkeiten und vermögen zugleich als Kommunikationsanlaß zu fungieren, indem Produzent und Rezipient über das ästhetische Produkt als ganzheitlicher Selbstausdruck und Bedeutungsträger in kommunikative Beziehung zueinander treten können.

Letzteres verweist darauf, daß ästhetische Produkte über ihre ganzheitliche Verfaßtheit hinaus, die ganzheitliche Kommunikationsprozesse beim Rezipienten auslösen, kommunikative Funktion auch von den in ihnen dargestellten Inhalten zukommt.

Auf die Inhalts- und Bedeutungsstruktur muß noch einmal gesondert eingegangen werden, um auch von hier aus Grenzen und Möglichkeiten inhaltlicher Kommunikation mit ästhetischen Produkten zu bezeichnen.

Unmittelbar einsehbar durch die vorausgehenden Erörterungen ist,

1. daß Inhalte und Bedeutungen in ästhetischer Form immer eine unauflösliche Einheit mit Form und Material eingehen; insofern sind sie nicht mehr bloß Begriffliches oder bloß Bedeutungsmäßiges.
2. daß Inhalte oder Bedeutungen durch den ästhetischen Gestaltungsprozeß eine individuelle Ausformung erfahren.
3. daß ästhetische Produkte exemplarisch einen Aspekt oder eine Perspektive der bedeutungs- und vorstellungsumfänglicheren ästhetischen Idee konkretisieren.

Auf der Inexponibilität ästhetischer Ideen gründet die prinzipielle Vieldeutigkeit und der nicht gänzlich zu rationalisierende Gehalt ästhetischer Produkte nach Kant. Diese nicht zu tilgende Vieldeutigkeit und die damit verbundene Grenze bedeutungsauslegender Vollzüge kann auch vom Inhaltlichen selbst deutlich gemacht werden. Hiermit sollen zugleich Fehlformen im therapeutisch-interpretierenden Umgang mit ästhetischen Produkten vorgebeugt werden.

Folgt man Hegel, so leitet sich Vieldeutigkeit vor allem aus der Individualität und Vereinzelung des jeweiligen Produzenten ab.

Ohne seinen geschichts- und identitätsphilosophischen Überlegungen und deren Uminterpretationen durch die nachfolgenden Philosophiegeschichte nachgehen zu müssen[1], kann mit Hegel nicht nur in bezug auf Kunst, sondern in bezug auf ästhetische Produktion generell festgehalten werden:

Anders als zu früheren geschichtlichen Epochen spiegeln ästhetische Produkte in dem Sinne keine allgemeine Wahrheit mehr, als der Mensch auch ohne sie um seine Aufgabe weiß, je ein Selbstbewußtsein zu entwickeln und sich selbst reflektierend zu verwirklichen.
Damit hat die Kunst ihre universelle Aufklärungs- und Vorbildfunktion für den Menschen, so Hegel, verloren.
Die in der Kunst zum Tragen kommende Wahrheit ist immer nur eine individuelle Perspektive vermeintlicher Wahrheit so wie ästhetische Produkte je individuelle Vollzugsresultate sind. Ihr Gehalt ist damit als sowohl perspektivisch als auch partikular zu bestimmen.

Hat der Mensch, nach Hegel, zwar eine Vorstellung von Identitätsverwirklichung, so ist ihm ein Wissen um den Weg, die Form, den Inhalt verschlossen. Weil die konkrete Ausfüllung erst recht nicht überindividuell-allgemein ausgemacht und geltend gemacht werden kann, ist jedermann gehalten, Identitätsentfaltung über Reflexionsprozesse je neu zu leisten.

Die ästhetische (Kunst) Produktion nun spiegelt diesen je individuellen Selbstklärungsprozeß, das Ringen um Selbstverwirklichung und Selbstbewußtwerdung. Weil dieser Prozeß mit Konflikten, psycho-physischen Begrenzungen, Qualen, Ängsten und Verunsicherungen in lebenspraktischen Bezügen verbunden ist, kommt all dieses, also auch Häßliches, Widersprüchliches, Unschönes, Gräßliches in die Darstellungen herein.[2]

Ästhetische Produkte sind Resultat der reflektierenden Auseinandersetzung mit sich in Beziehung zur Welt. Das ist der Darstellungsgehalt der Kunst und ästhetischer Produkte. Er wird von Hegel als ‚Humanus'[3] bezeichnet, das allgemein Menschliche: das Ringen nämlich um Identität.

Weil die Mittel und Verfahren in die Verantwortung des einzelnen fallen, jeder selber Identitätsentwicklung leisten muß, ist auch die Reflexion der Mittel in die Verantwortung jedes einzelnen gelegt. Für die ästhetische Produktion hat das zur Folge: die produktiven Mittel und Verfahrensweisen folgen den Ausdrucks- und Darstellungsabsichten des Produzenten.[4] Weil schließlich für inneres Erleben nicht bereits Ausdrucksformen zur Verfügung stehen und weil dem immateriellen Gedanken und dem inneren Reflexionsprozeß keine Anschauung adäquat sein kann; zudem dessen sinnlich-materiale Ausformung der eigenen Mittel- und Verfahrenswahl unterliegt, wird jede Darstellung vieldeutig abstrakt. Sie repräsentiert Gedanken/Ideen/Bedeutungen/Vorstellungen in symbolischer Form. Das heißt, sie werden in sinnlich-anschauliche Formen transponiert, hierbei auch verändert, sodaß sie die Bedeutung nicht selbst sind, sondern deren gleichwertiges individuelles Äquivalent in sinnlich-anschaulicher Gestalt. Form- und Materialverhältnisse in ästhetischen Produkten werden so zu Trägern individuell verarbeiteter und ausgeformter – auch allgemeinerer – Bedeutungen. Oder um es mit Lorenzer zu sagen, sie werden zu ‚präsentativen Symbolen' in Abgrenzung zu sprachlichen, gesellschaftlich normierten und konventionalisierten Symbolen und Zeichen.

Das „Prinzip der inneren Subjektivität"[5], in dem alles, was sich im ästhetischen Produkt darstellt, auf einen Selbstrekurs zurückgeht, wird auch nach Hegel zum Strukturprinzip ästhetischer Produktion überhaupt bestimmt.

Verwies Humboldt auf Enstehungsanlässe ästhetischer Produktion aufgrund der Realitätsauseinandersetzung und individuellen Realitätshinwendung, so verweist Hegel auf Entstehungsanlässe, die aus der Auseinandersetzung mit sich selbst in Konfrontation mit Welt resultiert. Die hiermit gegebene Polykausalität ästhetischer Produkte durch die verschiedenen an der Entstehung beteiligten Anlässe erhöhen die bereits ausgeführte Vieldeutigkeit ästhetischer Produkte um ein weiteres. Ist man nunmehr versucht, ästhetischen Produkten gänzlich Kommunikabilität abzustreiten, so muß dagegen gehalten werden:

Das Zeitspezifische ästhetischer Produkte durch die biographische Person des Produzenten (‚Kind seiner Zeit', nach Hegel), der durch Erziehung mit der Zeit und mit dem tradierten Bedeutungshorizont verbunden ist, der dann durch ihn in das Produkt einfließt, gewährleistet, daß auch über die Bedeutungs- und Inhaltsdimensionen ästhetischer Objekte kommuniziert werden kann. Aber eben – aufgrund der je individuellen Konkretisierung – nie im Sinn der vollständigen Rationalisierbarkeit.

In der Terminologie moderner Ästhetiken weisen ästhetische Produkte entsprechend im Blick auf die inhaltliche Deutbarkeit sowohl ‚erfüllte wie erfüllbare, unerfüllte wie unerfüllbare Qualitäten'[6] oder nach Mukarovsky ‚autonome' und ‚kommunikative' Zeichen auf.[7] Danach enthalten ästhetische Objekte einmal direktere Verweise (kommunikative Zeichen) und Bezüge zu allgemeineren Bedeutungen, Fakten, Prozessen, Lebenssituationen usf. auf. Sie können im Anschluß an einen allgemeinen Wirklichkeits- und Verständigungshorizont im Auslegungsprozeß vereindeutigt werden. Sie schaffen dem Rezipienten Zugang zu Problemsichten und eröffnen ihm neue inhaltliche Perspektiven. Zum anderen aber bleiben inhaltliche und bedeutungsmäßige Implikationen, weil sie entweder höchst privat, abstrakt, nach eigenen Vorstellungen ausgeformt oder durchaus absichtlich partiell ausformuliert sind, auch vorläufig oder gänzlich unerschließbar (autonome Zeichen).

Hier gilt, daß je mehr der Produzent willentlich oder krankheitsbedingt den Bezug zu überkommenen Verständigungshorizonten oder zur Realität abgebrochen hat oder krankheitsbedingt seine Realitätswahrnehmung gestört ist; also je mehr er sozusagen ‚aus der Welt gefallen ist' (Bader/Navratil) und in eine ausschließliche Ich-Beziehung oder in einen realitätsabgewandten psycho-physischen Zustand getreten und hierin befangen ist, um so hermetischer entzieht sich der Darstellungsgehalt in seiner privaten Ausformung einer Interpretation.
Wenn sich der Prozeß umkehrt und eine Wiederannäherung an Wirklichkeit erfolgt, erhöht sich entsprechend wiederum der Mitteilungs- und Interpretationsanteil.

Generell ist aber festzuhalten, ästhetische Produkte besitzen auch vom Inhaltlich-Bedeutungsmäßigen Verständigungsvalenzen und können so zum Selbstklärungsanlaß und Fremdverständigungsobjekt werden. Die verschiedenen Entstehungsanlässe im individuellen Erleben oder in der Auseinandersetzung mit Wirklichkeit treten im abgeschlossenen Produkt „als verschiedene Bedeutungsschichten auf, zwischen denen der Betrachter zu wählen hat"[8] bzw. die er je zum Ausgangspunkt seiner Interpretation machen kann.

Eingedenk der vieldeutigen und vielwertigen Struktur muß sich nun jeder Interpretationsvollzug der Interpretationsgrenzen symbolischer Repräsentanten in ästhetischen Produkten bewußt bleiben. Durch die subjektiven Herstellungsbedingungen bedingt, kann eine Vereindeutigung des inhaltlich Gemeinten und sinnlich-materiell Ausgeformten immer nur annäherungsweise, partiell und auch nur im individuellen – hermeneutischen – Auslegungsvollzug geleistet werden. Als solcher umschließt er:

1. Objektbezüge: Form-, Farb-, Materialverhältnisse und deren Verarbeitung
2. Subjektive Bezüge: Vermutungen, Anmutungen, Erinnerungen, Phantasien, Empathie und Assoziatioen über das Gemeinte
3. Bezüge zum zeitgeschichtlichen Kontext
4. Produktions-relevante Bezüge: Vergewisserung der lebensgeschichtlich-biographischen Lage des Produzenten.

Dies gilt auch bereits für die Interpretation von Kinderzeichnungen. Insofern eignen sich ihre Darstellungen allein auch keineswegs, um auf ihr kognitives Leistungsniveau zu schließen.

Auch Kinder bilden bei aller Gegenstandsanalogie in ihren Bildern nicht nur bekannte Objekte ab, auch nicht nur das Wissen, was sie von ihnen haben, sondern stellen diese in individuell verarbeiteter Form dar, angereichert mit Empfindungen, Vorstellungen und erfahrungsbedingten Urteilen über sie. Sie weisen Ausdrucks- und Darstellungsqualitäten auf, sind nach Richter als „Mitteilung in der Darstellung"[9] aufzufassen. Sie sind demnach umfassender als momentane Anschauungsbilder einer individuellen Person zu werten und in dieser subjektiv-objektiven Gegebenheit aufzufassen und zu interpretieren. Erlebendes Hineinversetzen ist mithin für das Verstehen des Produkts ebenso notwendig wie der Versuch, seinen Kontextbedingungen auf die Spur zu kommen.

Speziell aus therapeutischer Sicht sollte zudem die Schutzfunktion vieldeutiger und unbestimmter bildnerisch-symbolischer Kommunikation für das produzierende Individuum beachtet werden, worauf Holzkamp verweist.

Die Vergegenständlichung von Momenten des eigenen Selbst in symbolischen Formen verbleibt – trotz aller anschaulichen Offenlegung – im Stadium des Vieldeutigen, Verschlüsselten. „Die Bemühung um Verständigung, die ja immer auch eine Überwindung der Angst des Sich-Stellens und Sich-Exponierens einschließt, mag sich die Mehrdeutigkeit des bildlichen Bereichs zunutze machen: Man kann hier die Verständigung gleichsam erst erproben ..."[10] Symbolische Formen sind jedoch verständigungsoffen für denjenigen, der bereit ist, sich aktiv auf eine Entschlüsselung einzulassen. Im therapeutischen Umgang würde es sich, so Holzkamp – auch Benedetti – empfehlen, dem Produzenten sozusagen auf der gleichen bildlich-präsentativen, phantasie-, assoziations-, erinnerungsgeleiteten Kommunikationsebene zu begegnen und in der „Sprache des Symbols"[11] zu sprechen, bis der Produzent bereit ist, die Ebene selbst zu vereindeutigen.

Hiermit sind alle grundlagentheoretischen Positionen zur Herleitung spezifischer Wirkmöglichkeiten ästhetischer Prozesse eingeholt. Ferner ist die Kompatibilität eines auf vermehrte Selbstbestimmung ausgehenden Bildungs- und Therapieauftrags mit der ebenso auf Selbsttätigkeit ausgehenden wie Selbstbestimmung begünstigenden sachstrukturellen Intentionalität ästhetischer Produkte festgestellt.

Alle Bestimmungen wurden von dem Interesse geleitet, Fehlformen pädagogischer oder therapeutisch gemeinter Maßnahmen im Medium und mit Hilfe ästhetischer Prozesse zu vermeiden und eine Kunsttherapie grundzulegen, die diesen Namen verdient.

Es kann nunmehr direkt eine Bestimmung des Gegenstandscharakters ästhetischer Objekte vorgenommen und den praktischen Teil vorbereitend, die bildenden und therapeutischen Funktionen in einer Zusammenschau resümiert werden.

Anmerkungen

1 Vgl. ausführliche Erörterung in: Richter-Reichenbach, K.S.: Bildungstheorie. a.a.O. Teil I, Kap.4.2., S.85-101
2 Vgl: Hegel, G.W.F.: Bd.2, S.133
3 Hegel, G.W.F.: Bd.2, S.237
4 Vgl.: Hegel, G.W.F.: Bd.2, S.236
5 Hegel, G.W.F.: Bd.2, S.128
6 Vgl.: Wienbruch, U.: a.a.O. S.261
7 Vgl.: Mukarovsky, J.: Aus der Ästhetik. Frankfurt a.M. 1970, S.140ff
8 Vgl.: Hofmann, W.: Kunst und Politik. Spiegelschrift 1. Köln 1969, S.13
9 Richter, H.G.: Pädagogische Kunsttherapie. a.a.O. S.45
10 Holzkamp, K.: Zitiert bei: Hartwig, H.: jugendkultur. a.a.O. S.247
11 Benedetti, G.: Die Symbolik des schizophrenen Patienten und das Verstehen des Therapeuten. in Hartwig, H. und Menzen, K.H. (Hg): Kunst-Therapie. Berlin 1984, S.54

2. Ästhetischer Gegenstand, ästhetische Kommunikation, ästhetische Mittel

2.1. Bestimmung des Gegenstandscharakters, der zugeordneten Kommunikations-Formen und Medien des personalen Ausdrucks

Die spezifischen Werdeformen ästhetischer Produkte (subjektiver Leistungsursprung und subjektives Erleben) bei allen objektiven Implikationen und Bezugsmöglichkeiten macht die besondere Seinsweise, den spezifischen Gegenstandscharakter ästhetischer Produkte einsichtig. Weil zu den Bedingungen alle wesentlichen Bestimmungen vorgenommen wurden, kann direkt zur Charakterisierung ästhetischer Gegenstände übergegangen werden.

Die 1. Bestimmung des ästhetischen Gegenstandscharakters lautet:

1. Das ästhetische Objekt ist von stofflich-materialer Beschaffenheit. Es bildet Gegenständlichkeit von zeit-räumlicher Präsenz aus. Als ein dem Subjekt gegenüberstehender Gegenstand ist es der Wahrnehmung sowie der Beschreibung prinzipiell zugänglich.

In dieser Bestimmung unterscheiden sich ästhetische Objekte noch nicht von anderen Wahrnehmungsobjekten. Dennoch ist der Hinweis auf ihre sinnliche Erfahrbarkeit insofern wichtig, weil sie so zum kommunikativen Bezugsobjekt für den Produzenten wie den Betrachter werden.

In seinen beschreibbaren Form- und Farbverhältnissen geht der ästhetische Gegenstand hingegen nicht auf. Seine ästhetische Valenz vermag der Gegenstand erst unter der Perspektive seines subjektiven Ursprungs im inneren Erleben freizulegen. Werden die vom Produzenten bedingten Ausdrucks-, Sinn- und Formsetzungen nicht berücksichtigt, so wird der ästhetische Gegenstand zum ‚bloßen Ding'[1] nivelliert.

Deshalb muß die zweite Bestimmung lauten:

2. Der ästhetische Gegenstand ist nicht vor seiner Konkretisierung, er wird in all seinen Bezügen aufgrund eigener Regeln erst erzeugt. (Er ‚gibt also nicht Sichtbares wieder, sondern macht sichtbar'[2] – erfahrbar.) Zurückverweisend auf seinen subjektiven Ursprung im bildnerischen/anschaulichen/ fiktionalen Denken oder in der produktiven Einbildungskraft sind die Formvorstellungen (Ausdrucksgehalt) und Bedeutungsintentionen (Darstellungsgehalt) immanent.

Abgelöst vom Produzenten gibt sich der ästhetische Gegenstand sodann als vollzogener Vollzug (‚lebendige Gestalt') oder als angehaltener, manifest gewordener Prozeß. In der Terminologie Navratils würde es heißen, sie sind Ausdruck und Resultat kreativer Grundfunktionen des Menschen: Im ästhetischen Gegenstand sind physiognomisierende, formalisierende und symbolisierende Grundfähigkeiten[3] zu einem Produkt synthetisiert. Seine Form- und Materialverhältnisse werden zum individuellen Ausdrucks- und Bedeutungsträger. Insofern er objektive und subjektive Dimensionen umschließt (aufgrund der subjektiven Herstellungsbedingungen der Subjektbezug jedoch vor dem Objektbezug dominiert), lautet die dritte Bestimmung:

3. Der ästhetische Gegenstand weist subjektiv-objektiven Gegenstandscharakter auf. Er ist subjektiv bedingt und objektiv gegeben.
   Als selbständiges Form-Sinn-Material-Gefüge ist es auch ohne die aktuelle Vergegenwärtigung durch eine potentielle Rezipientenschaft, behält sozusagen seine zeitübergreifende semantische wie ich-verweisende Energie.
   Den subjektiven wie objektiven Valenzen sind im (hermeneutischen) Erschließungsverfahren selbst Rechnung zu tragen.

Hieran direkt anschließbar lautet die vierte Bestimmung:

4. Als ein selbständiges, einzeitig (nicht unbedingt gleichzeitig) überschaubares Sinngefüge, das Ausdruck form-sinn-materialsynthetisierender Vollzüge des Subjekts ist, kennzeichnet sich der ästhetische Gegenstand zugleich als autonomer.

Zur Bestimmung der Polyfunktionalität und Polyvalenz als weitere Konstituenten der ästhetischen Gegenstandsverfaßtheit soll noch einmal erinnert werden:

Polyfunktionale Wirkungen, die den Betrachter emotional-sinnlich-verstandesmäßig ansprechen und polyvalente Bedeutungsimplikationen sind Funktionen des Ästhetischen.

Prinzipiell:
weil keine ästhetische Idee – verstanden als inexponible Begriffe nach Kant – je gänzlich realisiert werden kann. Mithin findet sie im ästhetischen Medium stets nur eine exemplarische, damit partiale Konkretisierung und bleibt für andere Realisationen möglich. Prinzipiell zum anderen, weil vielfältige subjektive wie objektive Entstehungsanlässe in das ästhetische Produkt einfließen. Weil sich das ästhetische Objekt auf keine einzige Entstehungsbedingung zurückführen und durch sie erklären läßt, erhöht sich seine Polyvalenz durch seine Polykausalität um ein weiteres. Die verschiedenen – vermehrt ichbezogenen oder vermehrt wirklichkeitsbezogenen – Entstehungsanlässe treten im abgeschlossenen Resultat als verschiedene Bedeutungsschichten auf, die einer ästhetischen Interpretation zugeführt werden müssen.

Strukturell:
sind Polyvalenz und Polyfunktionalität Funktionen des Ästhetischen, weil Unbestimmtheit in ästhetischen Objekten zugleich Funktion ästhetisch-ganzheitlicher Strukturierung ist, in der Vorstellungen mit Materialien in einer bestimmten individuellen Ausformung zusammengeschlossen werden.
Wird die Form- und Mittelfrage absichtlich bestimmten Wirkungsabsichten unterstellt und aufgrund dessen Formen und Materialien noch zusätzlich bewußt mehrleistig strukturiert, so erhöht sich der Unbestimmtheitscharakter wie die Vieldeutigkeit erneut.

Partiale Ideen-Realisation, jedoch ganzheitliche Gegebenheitsweise formaler, materialer, inhaltlicher Momente, unexplizierter Bedeutungshof auch im Blick auf künftige Bedeutungsvarianten aufgrund veränderter Reflexionsperspektiven, bedingt:

5. Ästhetisch strukturierte Objekte implizieren zugleich vom Produzenten erfüllte/konkretisierte und für den Betrachter – partiell – erfüllbare/konkretisierbare wie vom Produzenten unerfüllte/nicht konkretisierte und vom Rezipienten nicht (oder noch nicht) zu konkretisierende Wirkungs- und Bedeutungsdimensionen, die mit ihrer Vergegenständlichung mitgegeben sind.

Das ästhetische Objekt umschließt also die vielfältigsten Sicht- und Wirkweisen. Sofern sie vereindeutigend ausgeformt ‚Mitteilungs-Charakter' aufweisen, verweisen sie auf Bekanntes, Erfahrenes, Tradiertes. Ästhetische Objekte geben so einen bestimmten Auslegungsspielraum vor.

Insofern Inhalte und Bedeutungen in synthetisierter Form (Gehalt) jedoch nie eindeutig gegeben sind, weist der ästhetische Gegenstand Variabilität in Bezug auf mögliche Sinn- und Bedeutungsausfüllungen auf. Unbestimmtheit/Mehrdeutigkeit lösen also reflektierende und sinnhervorbringende Selbsttätigkeit (Kant/Humboldt) aus. Mögliche Bedeutungen werden so vom aktiven Betrachter auf der Grundlage eigener Vorstellungen, Erfahrungen und im Anschluß an tradierte Sinngebungen mitgebildet. In diesem Sinne auch ist der Betrachter produktiv, allerdings graduell weniger als derjenige, der das Produkt hervorgebracht hat.

Halten wir fest:

6. Umbestimmtheit, die vielgestaltige Konkretisierungen auf Seiten des Rezipienten freisetzt, bedeutet grundlegendes Bestimmungsmerkmal ästhetischer Produkte.

Wegen der unterschiedlichen Entstehungsanlässe und unterschiedlichen Ausdrucks- und Darstellungsabsichten müssen die am ästhetischen Objekt beteiligten formalen, sinnlich-materialen, inhaltlich-erlebnismäßigen Dimensionen nicht unbedingt gleichgewichtig ausgeformt sein. Allerdings müssen sie im ästhetischen Objekt auffindbar sein. Denn: wenn eine dieser Dimensionen übermächtig wird oder gänzlich fehlt, verlieren die Objekte ihren ästhetischen Charakter und nähern sich Gegenständen oder Zuständen anderer Bestimmung an. Wird der gefühlmäßig-reflexive Selbstbezug getilgt, so werden die Objekte lediglich zu ich-neutralen Kopien, Berichten, Beschreibungen, Funktions- oder Dekorgegenständen; fehlt der gedanklich-reflexive Selbstbezug gänzlich, so sollte man angemessener von gestischem, rausch- oder traumhaftem Geschehen sprechen. Fehlt gar jede sinnlich-anschauliche Materialisierung, so läßt sich nicht einmal mehr – wie beim experimentellen, material-erprobenden Umgang – von einer Vorstufe ästhetischer Gestaltung oder von sensomotorischen Vorübungen sprechen .

Wird auf diese Weise Polyvalenz getilgt, so vermögen die vorliegenden Gegenstände auch nicht mehr wie das ästhetische Produkt polyfunktional zu wirken. Ihnen kann keine freisetzende und belebende, Selbsttätigkeit und Reflexion mobilisierende Energie zugeordnet werden, weil der Gegenstand nicht mehr ganzheitlich-unmittelbar, sondern nur noch entweder über den Verstand oder über die Gefühle oder über die Sinne wahrgenommen werden kann.

Nebenbei bemerkt, werden so auch die spezifisch aktivierende Funktionen, die ästhetische Gegenstände für Bildung und Therapie besitzen, aufgehoben.

Weil also Unbestimmtheit Reflexionsverhältnisse auslöst und formgebende wie sinnauslegende Rezeptionsvollzüge animiert, liegt hierin kein Manko, sondern im Gegenteil die selbst- und fremdaufklärende Potenz ästhetischer Objekte.

Alle Bestimmungsmerkmale übergreifen will die letzte Bestimmung:

7. Gestalt (Ganzheit) unter dem Primat der produktiven Einbildungskraft, das ist das oberste Prinzip, unter dem jedes ästhetische Objekt erscheint und ästhetische Strukturen ausbildet. Die vielwertige ästhetische Gestalt entsteht durch Synthetisierung formaler, materialer und inhaltlicher Gestaltkonstituenten auf der Grundlage selbsthervorgebrachter Vorstellungen und Ideen. Sie ist nicht auf bestimmte Begriffe, Bedeutungen, Sachverhalte zu reduzieren und abzuzwecken.
Allein als Gestalt vermag das ästhetische Produkt auch erst in jenes Auffassen einzustimmen, das über bloße Erlebnisse oder bloße Begrifflichkeit hinausgeht: die Ästhetische Kommunikation.

Dem engen Zuordnungsverhältnis von Produktion und Rezeption entsprechend soll ‚Ästhetische Kommunikation' in Absetzung zu allen anderen technologisch-funktionalen, interpersonal-sozialen Kommunikationsformen so definiert werden:

Bei Ästhetischer Kommunikation im Rahmen produktiver und rezeptiver Prozesse handelt es sich um eine besondere, nämlich ganzheitliche Form der Verständigung, insofern sie intra-individuelle Ebenen des sinnlich-emotionalen Vorstellens, Erlebens und Erfahrens, der Selbstreflexion wie des diskursiven Denkens einschließt.
Strukturell erfolgt Ästhetische Kommunikation bei der Herstellung von oder Auseinandersetzung mit ästhetischen Produkten (Bild, Plastik, Film, Aktion usf.).

Anders gesagt:

Ästhetische Kommunikation vollzieht sich bereits bei der ganzheitliche Prozesse mobilisierenden Produktion. Sinnlichkeit/Verstand/Erleben gehen in die Produkte ein und bilden seine Ganzheitlichkeit aus.
Deshalb auch rufen sie ihrerseits ganzheitlich-ästhetische, nämlich die Sinne, die Reflexion und Emotionalität ansprechende Kommunikationsprozesse auf der Betrachterseite hervor, die ihn ebenso etwas über die Person des Produzenten (dessen Verfassung, Selbstsichten und Wirklichkeitsentwürfe) als auch über sich selbst (die angeregten eigenen Vorstellungen, Erfahrungen, Positionen) erfahren lassen.

Mithin führen die über das ästhetische Produkt vermittelten Kommunikationsprozesse zum Produzenten zurück als auch den Rezipienten zu sich selbst hin.

Auch hierin erweisen sich die transitorischen Wirkmöglichkeiten des Ästhetischen.

Selbsttätige Produktion wie deren ästhetische Resultate werden hier als Voraussetzung ästhetischer Kommunikation verstanden, soll die potentiell doppelseitige Verständigungsmöglichkeit des Ästhetischen (Selbstbezug und Sozialbezug) frei werden, nämlich:

Selbst- und Fremdverständigungsprozesse für Produzent und Rezipient über die in ästhetischen Produkten enthaltenen subjektiven Selbst- und Wirklichkeitsentwürfe hervorzurufen.

Um dieses Produkt zu erreichen, steht ein Potential mannigfaltigster Mittel bereit, die dadurch zu ästhetischen Mitteln, zu ‚Medien des personalen Ausdrucks' werden, daß sie zunehmend bewußt und reflektiert zum Ausdruck wie zur Darstellung des individuellen Konzepts eingesetzt werden.

Die Grafik[4] zeigt die zur Verfügung stehenden Medien und ihre multimediale Verknüpfungsmöglichkeit an. Das gesamte Potential steht kunsttherapeutischen Handlungsprozessen zur Verfügung. Gerade im Bereich kunsttherapeutischer Verfahrensweisen oder -sequenzen – aber nicht nur dort – sind mehrmediale Aktivitäten sinnvoll. Auf diese Weise können eingeschränkte Wahrnehmungsfähigkeiten vermehrt sensibilisiert, hierüber eingeschränkte Vorstellungskräfte intensiviert und Primärerfahrungen auf mehreren Ebenen begünstigt und gefördert werden.[5]

Anmerkungen

1 Holz, H.: Vom Kunstwerk zur Ware. Darmstadt/Neuwied 1972, S.12ff
2 Die Einheit sinnlich-erlebnismäßiger und verstandesmäßiger Aktivitäten im ästhetischen Vollzug wird von Paul Klee treffend im Begriff des ‚bildnerischen Denkens' gefaßt. Weder auf das eine noch auf das andere zu reduzieren, geht es bildnerischem Denken darum, vermittels vergegenständlichender Tätigkeit etwas ‚sichtbar zu machen', was vorhandene Gegenständlichkeit (Realität) nicht wiederholt (abbildet), sondern ihr Gegenstände (erfahrbare Realität) hinzufügt. Klee, P.: Das bildnerische Denken. Basel/Stuttgart 1971
3 Vgl.: Bader, A./Navratil, L.: Zwischen Wahn und Wirklichkeit. Luzern/Frankfurt a.M. 1979, S.60ff. u. S.167ff.
4 Vgl.: Richter-Reichenbach, K.: Bildungstheorie. a.a.O. S.222
5 Vgl.: Richter, H.G.: Pädagogische Kunsttherapie. S.131

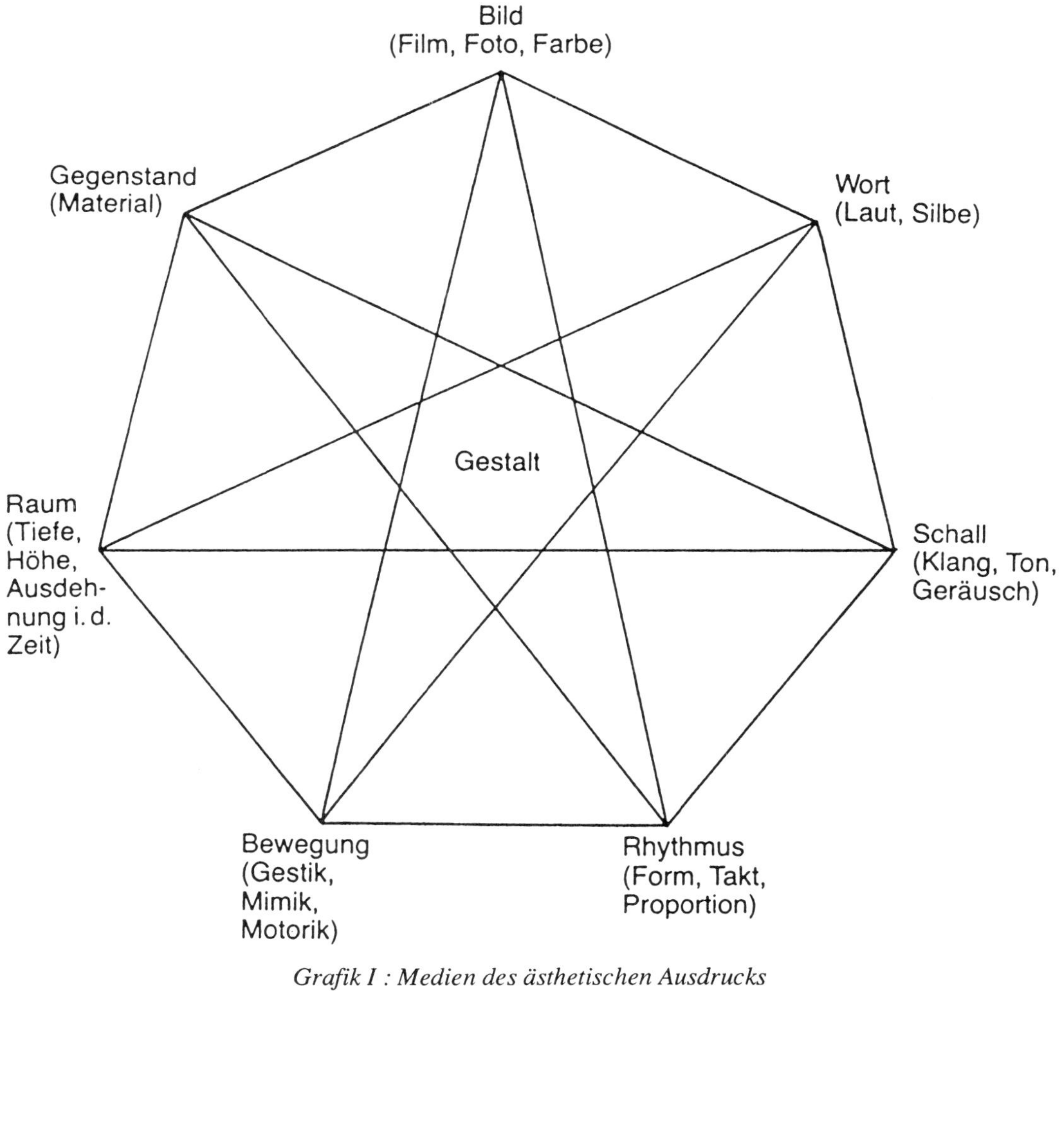

Grafik I : Medien des ästhetischen Ausdrucks

2.2. *Ästhetische Produkte im Spektrum zwischen Ausdruck und Darstellung*

Ästhetische Produktion und Re-Produktion gründen ebenso wie deren Resultate auf Bedingungen, die für den Menschen schlechthin bestimmend sind, nämlich aktiv wahrnehmend und sinngebend individuelle und allgemeine Wirklichkeit zu formen und sie andererseits sinnlich-empfindungsmäßig aufzunehmen und anzueignen.

Dieser nach Plessner „radikale Doppelaspekt"[1] des Menschen bedeutet zugleich „Impuls vollziehender Existenz"[2], weil menschliches Leben sich stets im Spannungsfeld von Notwendigkeiten, Zwängen und Vorgegebenheiten einerseits und freiheitlich-selbstbestimmten, spontanen Vollzügen andererseits entfaltet. Dieser Konflikt der „Gleichgewichtslosigkeit"[3], der für Menschen konstitutiv ist, bildet auch in der ästhetischen Produktion und Rezeption den Impuls aus, stetige Vermittlungsversuche zwischen Ich und anderen/anderem; zwischen vorgegebenen Sichtweisen, Themenstellungen, Materialien und ästhetischen Ideen wie deren Realisation; zwischen ästhetischer Mitteilung des Produkts und dessen Auffassung zu leisten.

Hierbei werden ‚sinnlich-perzeptive' und ‚arbeitend-appetitive' Vollzüge[4] zu einem freien Zusammenspiel (Kant/Schiller) zusammengeschlossen, das ganzheitliche Selbst- und Fremderfahrung für Produzent und Rezipient ermöglicht.

Der Anteil an subjektiven wie objektiven Bezügen kann variieren. In jedem Fall aber erfolgt der ästhetische Ausdruck wie der ästhetische Eindruck des Wahrgenommenen in subjektiven Vollzügen; ebenso wie der jeweils produzierende wie rezipierende Gegenstandsbezug aufgrund des Selbstbezugs im ästhetischen Kontext stets in „ichbestimmte Gestaltung"[5] wie ichbestimmte Auffassung umgewandelt wird. Bei ästhetischer Produktion wie der ihr zugeordneten Rezeption ist also der Subjektbezug vor dem Sach- und Gegenstandsbezug vorherrschend. Der individuelle Anteil erhöht sich noch, je mehr sich die Produktion zum Ausdrucks-, Wirkungs-, Aktionspol bewegt; er nimmt ab, je mehr sich die Produktion dem Darstellungs- oder Widerspiegelungspol nähert und es dem Produzenten um Vereindeutigung des Gemeinten geht. Hier wird die Gestaltungsart auf möglichst hohe Mitteilbarkeit hin ausgerichtet.

Anders gesagt, läßt sich ästhetische Produktion generell – das gilt auch für die Kunstproduktion – als auf einer Dimension oder in einer Spannbreite variierend vorstellen[6]. Zwischen diesen Grenzmarkierungen – die immer auch produktiv überstiegen werden können – realisieren und präsentieren konkrete Produkte entsprechend mehr innere Wirklichkeitserfahrung oder vermehrt äußere, allgemeinere Wirklichkeitserfahrung und deren widerspiegelnde Verarbeitung.

In dem einen Fall (Ausdrucks-/Aktionspol) formt sich also der Bezug auf ‚mich' (begriffslos-empfindungsmäßiger Zustand, Erleben, Vorstellungen), im anderen Fall (Darstellungs-/Widerspiegelungspol) der Bezug auf ‚etwas' (empirische Welt) aus.

Je nachdem herrschen dann entweder vermehrt expressive, aktionistische, ungeplante, informelle, zufällige bildnerische Aktivitäten oder vermehrt geplante, bewußte, kalkulierende, wirkungsantizipierende Strukturierungsweisen vor. Mit der Formulierung ‚vermehrt' soll zugleich aber darauf verwiesen werden, daß in beiden Realisationsmodi das je andere nicht gänzlich fehlt, insofern in ästhetische Produkte immer sowohl Ausdrucksmäßiges wie Darstellungsmäßiges einfließen.

Psychologisch ausgedrückt schlägt sich damit im ästhetischen Produkt entweder vermehrt ein introvertiertes Verhältnis oder vermehrt ein extrovertiertes Verhältnis zur Wirklichkeit nieder.

Speziell zeitgenössische Kunst konkretisiert sich in der gesamten Bandbreite[7] und liefert der Kunsttherapie eine Fülle an Anregungen für je akzentuierte Verfahrens- und Strukturierungsmodi. Ohne an dieser Stelle auf veranschaulichende, exemplarische Konkretisierungen im Kunstbereich eingehen zu können, so sollte auch so plausibel werden:

- Im ästhetischen Bereich gibt es weder pure Abbildungen empirischer Gegebenheiten noch einen puren emotional-sinnlichen Zustand[8]. Entsprechend sind ästhetische Produkte weder gänzlich zu rationalisieren noch lesbar zu machen.
- Angst, Trauer, Destruktivität sind Gefühle. Ihre ästhetische Verarbeitung im Bild sind sie schon nicht mehr, sondern bereits eine durch Formung bedingte Distanzierung von ihnen. Im ästhetischen Objekt sind sie ‚geformter' Ausdruck.

Die letzten Bemerkungen wurden vor allem mit Blick auf

a) vereinseitigende Produktions-(Kunst-)Auffassungen,
b) übertriebene Hoffnungen in Bezug auf diagnostische Bestrebungen in bezug auf ästhetische Produktionen

getroffen. Andererseits kündigen sich abermals die unterschiedlich ausgerichteten Erfahrungs-, Be- und Verarbeitungsmöglichkeiten ästhetischer Produktion als deren präventive und rehabilitative Funktionen an.

Anmerkungen

1 Plessner, H.: Zitiert in: Speck, J.: Sachartikel ‚Person'. in: Speck, J. u. Wehle, G. (Hg): Handbuch pädagogischer Grundbegriffe, Bd.2. München 1970, S.314
2 ders.: Eb.
3 ders.: Eb. a.a.O. S.317
4 Vgl.: Holz, H.: Kritische Theorie des ästhetischen Zeichens, in: Documenta 5/Katalog. Kassel 1972, S.19
5 Wienbruch, U.: a.a.O. S.271
6 Vgl.: Richter-Reichenbach, K.S.: Bildungstheorie. Ausführungen zur ästhetischen Dimension. S.118ff.
7 Vgl.: dies.: Grundlagen einer museumsdidaktischen Konzeption zur Vermittlung zeitgenössischer Kunst an Jugendliche und Erwachsene. Kastellaun 1977, S.82ff
8 Hier weisen Bader/Navratil bspw. deutlich darauf hin, daß etwa auf dem Höhepunkt einer Psychose, bei dem der Patient geradezu von seinem inneren Erleben überflutet ist, ihm eine Objektivierung durch ästhetisches Tun unmöglich ist. vgl.: Bader, A./Navratil, L.: a.a.O. S.31

2.3. *Die symbolische Dimension ästhetischer Produkte*

Nach sporadischen Hinweisen auf die (bildnerische) Symbolik soll hierauf noch einmal in komprimierter Form eingegangen werden.

Unter dem Blickwinkel des Symbolcharakters des Ästhetischen tritt vor allem das spezifisch Expressive (Ausdrucksgehalt) und Semantische (Darstellungsgehalt) des ästhetischen Produkts in den Vordergrund. Die vorgenommene Gegenstandsbestimmung wirkt sich dabei auf das Symbolverständnis aus.

Unbestimmtheit und Vieldeutigkeit ästhetischer Objekte ergeben sich nach unseren bisherigen Erörterungen ganz allgemein und grundsätzlich aufgrund der subjektiven Herkunfts- und Herstellungsbedingungen des Ästhetischen. Das gleiche läßt sich spezieller auch für den Ausdrucksgehalt (Gefühle, prärational-vorbegriffliche Erlebnisse) und den Darstellungsgehalt (Gegenstandsbezüge, Sinn- und Bedeutungsgebungen) sagen. Weil der Individualbezug im ästhetischen Kontext vor dem Gegenstandsbezug dominiert, Inhaltliches entsprechend erstens individuell determiniert ist (Zeitkontext, Situation, Sozialisation, Erleben, Erfahrungsbestand usf.) und zudem zweitens in sinnlich-materialer Form sich vergegenständlicht, ist das Symbolische im ästhetischen Produkt ebenfalls vieldeutig und unbestimmt wie das ästhetische Phänomen insgesamt.

Anders also als das gesellschaftlich überkommene, konventionalisierte, normierte und damit entpersonalisierte Sprachsystem und anders auch als die bildhafte Sprache/Metaphern (‚am Fuße des Berges',die Tafel aufheben'), die bekannte Bilder mit bekannten Bedeutungen verbinden, birgt das ästhetische Medium einen großen individuellen form- und sinngebenden Spielraum für den eigenen Ausdruck und für die Darstellung vieldimensional erlebter und erfahrener Sachverhalte. Gegenstands-, Form-, Materialbestände wie deren Behandlungsweise werden so zu Trägern individueller Zuständlichkeiten und Bedeutungsgebungen, die sie ‚symbolisch' präsentieren.[1]

Oder anders gesagt: Bedeutungen werden in Bildhaft-Anschauliches übertragen.

Formen und Materialien gehen eine unlösbare Beziehung mit Bedeutungen (Ganzheit) ein und zwar in einem Ausmaß, daß sie selbst zu bedeutungsspezifizierenden Bestandteilen werden. Der interpretierende Zugriff kommt also gar nicht umhin, eine Analyse der gegebenen Formen, ihre Ausformung, Größen- und Beziehungssetzungen vorzunehmen:

So geben Form-Akzentuierungen (Größe, Farbgebung, Strichführung, -stärke), Abweichungen von gewohnten visuellen Schemata, Gegenstandsgruppierungen, Detailbehandlung, Weglassungen, Deformationen und Überzeichnungen von Details Hinweise auf bewußt oder unbewußt vorgenommene Bedeutungsgebungen.

Die im ästhetischen Produkt erscheinenden Gegenstände fallen also keineswegs mit ihrer Abbildungsbedeutung zusammen, so als ob der dargestellte Baum lediglich ein Baum und nichts anderes wäre. Vielmehr verweist das anschaulich Gegebene (Phänomenebene) auf situative Erlebensprozesse, Bedeutungsgebungen, Erfahrungen, Wertungen, Urteile, kurz: auf den Ausdrucks- und Darstellungsgehalt.

Und es läßt sich sagen:

Sofern und solange diese Bedeutungsebene nicht bewußt und durch die ästhetische Strukturierung absichtsvoll unterlaufen wird, wie in den auf der Wirkungsseite anzusiedelnden künstlerischen Produkten des Informels, der geometrischen Abstraktion, kinetischen Kunst usf. – wobei über das Intentionale wiederum Bedeutungsmäßiges zumindest indirekt hereinkommt –, können wir davon ausgehen, daß jede ästhetische Bearbeitung eines selbst- oder fremdgesetzten Themas individuelle Bedeutungen in präsentativ-symbolischer Form mit sich führt.

Präsentative Symbole sind Ausfluß und Resultat eines bestimmten, nämlich aktiv-erlebnismäßigen Wahrnehmungs- und Auseinandersetzungsverhältnisses des Individuums zur empirischen Wirklichkeit und zugleich dessen sichtbarer Ausdruck.
Bildhaft-symbolische Äußerungen sind als authentische Verarbeitung von Wirklichkeit (naturale und technische Umwelt/Mitwelt) zu begreifen. Sie verfährt ich- und welterschließend im Gegensatz zu einem rational-begrifflichen Zugang zur Wirklichkeit, in dem das Ich eingeschränkt durch das logisch-diskursive Denken agiert und sich in ebensolchen diskursiven Symbolen (Sprache) äußert. Präsentative Symbolik dokumentiert einen aktiven Wechselwirkungsprozeß zwischen Innenwelt und Außenwelt, zwischen Abgrenzungen und Öffnungen zur Welt.

In einem weiten Begriffverständnis könnte man sagen, daß das ästhetische Produkt Symbol für dieses umfassende menschliche Beziehungsverhältnis zur Wirklichkeit ist, von der das Inividuum mannigfaltige Impulse erhält, die es aber gestalthaft verarbeitet und so in seine Persönlichkeit integrieren kann[2]. In einem engeren terminologischen Gebrauch würden die anschaulichen Bildbestände konkretere, emotionale und gedankliche Inhalte in komplex verdichteter Form, sozusagen ‚brennpunktartig'[3] präsentieren bzw. auf die Bedeutung, die ihm das Individuum verleiht, hinweisen.

Weil – wovon hier ausgegangen wird – aktives Wahrnehmen und Verarbeiten von Wirklichkeit entwicklungsmäßig von Beginn an wesentliche Zugangsweisen des Individuums zur Wirklichkeit bedeuten und es hierfür von früh an (präsentative) symbolische Ausdrucksformen gibt, sind auch in den bildnerischen Produkten von Kindern stets Bedeutungsebenen anzunehmen[4]. Darauf verweisen nicht nur die bildhaften Äußerungen selbst, sondern auch das sonstige Verhalten. Offenbar bemüht, eine ich-adäquate Anschauung des Gemeinten zu erreichen und bildnerische Unzulänglichkeiten auszugleichen und zu ergänzen, arbeiten besonders Kinder zudem mit allen (Ausdrucks-)Mitteln einschließlich Gestik, Mimik, Stimme und Sprache. Das will sagen: Aktions- und Funktionslust sind dabei, stehen aber nicht im Vordergrund, sondern es ist der sinn- und bedeutungserarbeitende Umgang mit Wirklichkeit, die auf diese Weise individuell einverleibt werden kann.

Zu Recht kann man deshalb in Bezug auf Kinderzeichnungen von einer „selbsterarbeiteten Symbolik"[5], besser noch von einer *selbsterzeugten Symbolik* sprechen, die auf individuelle Erfahrungen und deren emotionale Bewertungen, Erlebnisse, Einsichten etc. des Produzenten zurückverweisen. Richter drückt diesen Sachverhalt sehr treffend mit der Formulierung aus, daß die Bildnerei von Heranwachsenden „Mitteilung in der Darstellung"[6] sei.

In diesem referentiellen (verweisenden) und expressiven Sinne wird hier der Symbolbegriff verstanden.

Trotz aller begrifflichen Unterschiede im einzelnen scheint in der Literatur zum Thema ein Konsens darin zu bestehen, daß präsentative Symbole – wie der ästhetische Gegenstand insgesamt – im Gegensatz zu sprachlich-konventionalisierten Symbolen direkt mit der Person korrespondieren. Präsentative Symbole synthetisieren gemeinhin Getrenntes, Individuelles und Allgemeines, Denken und Fühlen, Ich-Erfahrung und Welt-Erfahrung, subjektive und objektive Wirklichkeit in simultaner und zugleich komplex verdichteter Ausformung[7]. Mit Gründen wird deshalb auch Symbolisierungsakten im ästhetischen Kontext eine hohe ich-bildende Funktion im Auseinandersetzungsprozeß zwischen Individuum und Welt zugeschrieben. Symbolisierungsversuche sind demnach nicht nur ‚aktiver schöpferischer Ausdruck menschlicher Existenz'[8], sondern mit Cassirer u.a. Ausdruck von Vermittlungsbemühungen des Individuums, das subjektive Bedeutungsgebungen mit objektiven (Ding- und Gegenstandsbedeutungen) zu verbinden sucht und dabei Subjektivität erst konstituiert[9].

Weil die bildnerischen Produkte Bedeutungsträger sind, kann der Produzent zugleich über diese Bedeutungsträger in Beziehung mit anderen treten, wodurch Inter-Subjektivität hergestellt wird.

Weil Symbolbildung Vorbegriffliches und Begriffliches, Diskursives und Erlebnismäßiges vereinigt, führt sie in der psychoanalytischen Sicht im Anschluß an C.G.Jung zur Integration der Persönlichkeit[10]. Auch der maßgeblichste Vertreter der kognitivistischen Entwicklungspsychologie J.Piaget betont die Bedeutsamkeit eines individuellen Symbolsystems für den – kindlichen – Entwicklungsprozeß.

Generell, und hier wird der Einfluß der Kantischen Erkenntnistheorie[11] deutlich, führt Piaget in bezug auf die kindliche Entwicklung aus:
„Für sein affektives und intellektuelles Gleichgewicht ist es deshalb notwendig, daß es (das Kind, d.V.) über einen Tätigkeitsbereich verfügen kann, dessen Motivation nicht die Anpassung an das Wirkliche, sondern im Gegenteil die Anpassung des Wirklichen an das Ich ist, ohne Zwang und Sanktionen"[12].
Diese Tätigkeit ist für Piaget das symbolische Spiel in Abgrenzung zum Regel- und Konstruktionsspiel, in Absetzung auch zur Sprache, die ihm primär „Werkzeug der sozialen Anpassung"[13] ist und „nicht dazu taugt, die erlebten Bedürfnisse und Erfahrungen des Ich auszudrücken"[14].
Wenngleich sich Piaget hier auf das Spiel bezieht, wird an anderer Stelle deutlich, daß die gleichen Funktionen dem bildnerischen Ausdruck des Kindes zukommen, zumal Piaget ihm analoge Merkmale zuweist[15]. Und so ist es folgerichtig, daß er für eine ich-adäquate Aneignung und Verarbeitung von Wirklichkeit folgert:
„Es ist deshalb für das Kind notwendig, daß es über ein eigenes Ausdrucksmittel verfügen kann, d.h. über ein System von Zeichen, die es selbst aufgebaut hat und die es nach seinem Willen zurechtbiegen kann: das ist das System der Symbole ...."[16]
Leider verlieren Symbolbildungen und die in ihnen vollziehbaren synthetisierenden Aktivitäten im Zuge differenzierterer, intellektueller Operationen für Piaget an Bedeutung. Sie dienen dann zwar immer noch dem Erkennen der Zustände[17], aber sie bedeuten nichts anderes mehr als Erarbeitungs- und Integrationsinstrumente.
Nun muß man sich vor Augen führen, daß Piaget keine pädagogischen oder therapeutischen Ziele verfolgte, sondern daß es ihm um die wissenschaftliche Erkundung der kognitiven Entwicklung ging, dabei psychische Fehlentwicklungen und Vereinseitigungen nicht im Vordergrund des Interesses standen. Wir räumen ein, daß intellektuelle (analytische, logische, theoriebildende usf.) Höchstleistungen ohne ästhetisches Arbeiten auskommen können. Wir halten jedoch dagegen, daß Selbst- und Fremdverständigungsprozesse, also Prozesse, die vollumfänglicher innere und äußere Wirklichkeit erfahren und gestalten lassen, nicht ohne dermaßen synthetisierende Vollzüge auskommen.
Ästhetisches Arbeiten dient ja auch gar nicht in erster Linie – wenngleich es auch für uns und für Piaget entwicklungsfördernd ist – der Ausbildung und Ausdifferenzierung intellektueller Fähigkeiten, sondern umfassender der Ausbildung und Entfaltung ganzheitlicher Ausdrucks-, Darstellungs- und Kommunikationsmöglichkeiten.
Bilder und Objekte von Kindern und Erwachsenen ‚sagen' mehr als Kognitives aus: Sie sagen etwas, teilen mit, stellen dar, drücken aus die Gesamtverfassung der Person; ästhetische Objekte führen zur ganzen Person hin.

Wird ästhetischen Symbolbildungen ein derartiger Stellenwert zugemessen, so wird verständlich, daß gänzlich fehlende, um ihren Sinn verkürzte oder ihn verzerrende Symbolbildungen als Hinweis für dissoziierte, gestörte Persönlichkeitsdimensionen; hingegen das Auftreten von Symbolisierungen als Zeichen psychischer Gesundung gewertet wird. Für den Psychoanalytiker Benedetti deuten Symbole auf selbstentfremdetes Erleben des Patienten dann hin, „wenn das eine (das Bild) für ein zweites (den Sinn) verwendet wird; als Ersatz für einen Sinn, welcher abgespalten und dem Patienten verloren gegangen ist"[18]. Für diesen Fall der Substitution (Bedeutungsverschiebung oder -ersetzung durch anderes) geben Bader/Navratil ein eindringliches Beispiel, wenn sie von einem Patienten (Arthur) berichten, der in seiner Auffassung, es sei praktisch alles herstellbar, ‚seinen Sohn' in Planzeichnungen konstruiert und ihn mit einem Märklinbaukasten zusammenbaut. Dieser mechanische Sohn symbolisiert Bedeutungsverschiebung und Sinn-Ersatz. Zugleich verweist er auf eine Persönlichkeitsverfassung, in der der Patient alles Emotionale fernzuhalten, „unerträgliche Gefühle auszuschalten und zu beherrschen"[19] sucht. Der Sinn des ‚Sohnes', nämlich, ein wie auch immer geartetes emotionales Beziehungsverhältnis zu ihm zu haben, ist, wie die Gefühle insgesamt, in dieser symbolischen Vergegenständlichung dispensiert. Entsprechend muß es, nach Benedetti, dem Therapeuten in „psychosynthetische(r) Tätigkeit"[20] in der Kommunikation mit dem Patienten darum gehen, mit ebenfalls präsentativen und sprachlichen wie projektiven Deutungsverfahren das eigentliche Symbol (Bild und Sinn) wiederherzustellen, das abgespaltene Emotionale zurückzuholen.[21]

Nebenbei bemerkt, hier wird nunmehr auch therapeutisch fruchtbar gemacht, was strukturanalytische Kunstwissenschaft, auch Literaturtheorie, wie wir selbst im Anschluß an Kant schon seit langem aufgrund der vielwertigen Strukturqualität des Ästhetischen und der mit ihr verbundenen Konkretisierungsoffenheit herausstellen[22] :
Die Möglichkeit des Betrachters angesichts ästhetischer Vieldeutigkeit aktiv mitgestaltend (re-produzierend) sich dem Bedeutungsgehalt zuzuwenden, ihn approximativ (annäherungsweise) zu konkretisieren, ihn dynamisch um mögliche Bedeutungselemente zu erweitern, die ‚so nicht gedacht oder deutlich' geworden sind.[23]

Es ist naheliegend auf diesen Unbestimmtheitscharakter ästhetischer Produkte auch ein gemeinsames Deutungsgespräch wie ggf. bedeutungsspezifizierende Um- und Ausformungen in bezug auf die Bedeutungsträger zwischen Produzent und Rezipient (Teilnehmer, Pädagogen, Therapeuten) zu installieren.

Dies ist auch mit dem hermeneutischen Verfahren[24] vereinbar, das ohnehin schon immer den Individuumsbezug (Vorstellungen, Anmutungen, Assoziationen, sinn-entwerfende Projektionen etc.) vorsieht, also gewissermaßen immer schon präsentativ-symbolische Vollzugsformen einschließt.

Ein gemeinsames sinnerschließendes und sinngestaltendes Vorgehen[25] bietet sich auch geradezu an, wenn schon der Produzent anwesend ist. Hier läßt sich dem Produzenten mitteilen, wie sein Produkt auf mich wirkt, was mir dazu einfällt, wie ich es auch sehen könnte und zur Veranschaulichung das von mir Gemeinte (mit Einverständnis des Produzenten) bildnerisch hinzufügen. Vorstellbar ist, daß meine eingefügten Bedeutungselemente den Produzenten seinerseits zu weiteren Aspekten animieren und wir schließlich zu einem gemeinsamen Erschließungsresultat kommen können. Es ist zwar nicht mehr das ursprüngliche Produkt, sondern dies in seiner möglichen produktiven Erweiterung, mit dem sich beide identifizieren können. Überdies:

Es erweist sich schon heute in praktischen Zusammenhängen:
Im gemeinsamen Austausch über die Bedeutungsträger kommen unvorhersehbare Vorstellungsresultate zustande, die pädagogisch insofern sinnvoll sind, daß

- der eigene Verstehenshorizont auch durch neue Sichtweisen überstiegen werden kann und
- neue Fragestellungen entstehen, durch die ein ggf. konfliktbesetzter Darstellungsinhalt anders aufgefangen und problematisiert werden kann.

Um Mißverständnissen vorzubeugen:

Mit Blick auf die angestrebte Ausweitung personaler Kommunikationsmöglichkeiten, wie sie angeregt und ermöglicht werden durch das ästhetische Medium, sollte der gemeinsame Verstehensprozeß nicht auf der präsentativen und intuitiven Ebene verbleiben, sondern auch in das Medium der Sprache einmünden. Zwar gilt, daß das ästhetisch Ausgeformte nicht vollends in Begriffe überführt werden kann, aber es können vereindeutigende Begriffe gefunden werden. Zwar gilt auch, daß ästhetische Symbolisierungen durch Verbalisierungen partiell wiederum ihrer Vielwertigkeit beraubt werden. Andererseits wird durch die Verwendung eines gemeinsamen Verständigungsmediums auch das Ausmaß interpersonaler Mitteilbarkeit des individuell Gemeinten erhöht. Überdies:
Die Überlegenheit ästhetischen Ausdrucks gegenüber anderen Ausdrucksmedien liegt ja weniger in dessen Nicht-Sprachlichkeit, sondern in der personalen Breite, in der sich das individuell Gemeinte – mehrdimensional – präsentiert. Entsprechend vermag sich der Verstehensvollzug, auch wenn er sich der Sprache bedient, auf eine größere Reflexionsfläche zu beziehen und das jeweils Ausgedrückte umfassender zu konkretisieren.
Insgesamt dient der intuitiv-präsentative wie begrifflich-rationalisierende Verstehensvollzug dann nicht nur der Vereindeutigung des Gemeinten, sondern sowohl dem durch Selbsterleben gesteigerten Bewußtsein auf beiden Seiten (Produzent/ Rezipient) und auch einer erweiterten sprachlichen Mitteilbarkeit individuellen Erlebens und damit einem umfassenderen Selbst- und Fremdbewußtsein.

Ist also der subjektiv-intuitive und objektiv-gegenstandsbezogene Verstehensvollzug bereits durch den ästhetischen Gegenstandscharakter vorgegeben und erweist es sich als sinnvoll, Unbestimmtheits- und „Leerstellen"[26] in der „Sprache der Bilder"[27] auch bildnerisch-tätig auszufüllen, um auf diese Weise den möglichen Bedeutungsgehalt der Symbole umfassender zu konkretisieren, so gibt es auch triftige psychologisch-pädagogische Gründe dafür. Dazu mache man sich noch einmal bewußt, daß der Produzent in präsentativen Symbolen Individuell-Allgemeines (Gefühlsmäßiges und Bedeutungsmäßiges, Prä-Rationales und Begriffliches, Reflexives und Erlebnismäßiges) in anschaulich vermittelter Form veräußert. Vielfach wird es erst durch diesen Veräußerungsprozeß für den Produzenten (wie für den Betracher) präsent und kann so Reflexions- und Verarbeitungsanlaß werden. Hierin liegt die Chance von Symbolbildungen.

Zugleich veräußert sich der Produzent, wenn er sich symbolisch äußert, in unbestimmter Form. In Symbolen kann das Individuum höchst Privates und Negatives in geschützter Form ausdrücken und sich zugleich davon distanzieren. Symbolisierungen bieten Schutz- und Distanzierungsmöglichkeiten, also eine doppelte Chance[28] gegenüber bloßen Gesprächen etwa, wo nicht nur Sprachbarrieren auftreten könnten, sondern wo auch die Eindeutigkeit von Sprache viel eher Artikulationshemmungen verursacht.

Hier ist der Gedanke Benedettis ganz allgemein und nicht nur in bezug auf seine Klienten aufzunehmen, wonach die durch Symbole geschaffene Distanz (zum Produzenten, der sie veräußert und für den Rezipienten, für den sie uneindeutig sind) bis zu dem Zeitpunkt zu wahren, bis der Produzent bereit ist, sich nach außen zu öffnen, sich auf das gemeinsam formulierte Symbol einzulassen[29] oder auch eine andere (verbale) Kommunikationsform einzugehen. Erleichtert wird ihm die Außenöffnung sicherlich dadurch, daß der Betrachter ebensolange in der vorgegebenen ästhetischen Verständigungsform verbleibt, auf das Produkt einfühlend eingeht und mit Hilfe bildnerischer Aktivitäten bedeutungsverstehend und -erweiternd einen Prozeß in Gang setzt, der die mögliche Bezugs- und Reflexionsfläche für beide erweitert und gegenseitiges Verstehen fördert.

Hierin auch sehen wir die präventiven und rehabilitativen Möglichkeiten eines solchen produktiven Verstehensprozesses: er schafft personale Beziehungen und leitet ein bzw. weitet aus selbstreflexive Auseinandersetzungs- und Interaktionsformen.

Halten wir für unseren Zusammenhang fest:

- Der symbolisierte Ausdrucksgehalt ästhetischer Produkte löst innerpsychische Wirkungen beim Betrachter aus. In einem Selbstbezug eigenständig verarbeitet und konkretisiert, werden zugleich individuelle Empfindungen und Gedanken wie weiterführende Vorstellungen und Ideen mobilisiert.
- Der symbolisierte Darstellungsgehalt aktualisiert/repräsentiert inhaltliche Bezüge zur empirischen Wirklichkeit, zumindest so, wie sie das aufnehmende Subjekt erlebt und ausdeutet.

Auf der Darstellungsebene kann der Produzent sich mitteilen über das, was ihm selbst in seiner Auseinandersetzung mit der sozial-gesellschaftlichen Wirklichkeit, der Natur- und Dingwelt bedeutsam ist.

Auf der Ausdrucksebene, die sich einer spezifischen individuellen Formung und Strukturierung (Syntax) bedient, entstehen mehrdeutige und vieldimensionale Sinnzusammenhänge, die in selbstbestimmten Reflexionsvollzügen jeweils neu konkretisiert werden können.

- Erst im Vorhandensein syntaktischer und semantischer Gehalte bekommt das ästhetische Produkt die ihm zugeschriebene umfassende bildende und rehabilitierende Kommunikationsfunktion.
  Das ästhetische Produkt inhäriert Selbstidentifizierungs- und Selbstrehabilitierungsakte für Produzent und Rezipient und verbindet beide über seine gegenständlich-anschaulichen Repräsentanzen.

Anmerkungen

1 Um den Unterschied zum sprachlich-diskursiven Symbolsystem kenntlich zu machen und um ein bestimmtes Beziehungsverhältnis der bildnerischen Zeichen zu Gegenständen der empirischen Welt zu bezeichnen, wird auch von einer repräsentionalen (1), geläufiger von einer präsentativen (2) oder ikonischen (3) Symbolik gesprochen.
(1) vgl.: Godman, N,: Sprachen der Kunst – Ein Ansatz zu einer Symboltheorie. Frankfurt a.M. 1973; (2) Cassirer, E.: Wesen und Wirkung des Symbolbegriffs. Darmstadt 19694; Langer, S.: Philosophie auf neuem Weg. Frankfurt a.M. 1965; (3) Kaemmerling, E. (Hg): Ikonographie und Ikonologie. Köln 1979

2 Vgl.: Cassirer, E.: a.a.O. S.78

3 Vgl.: Richter, H.G.: Pädagogische Kunsttherapie. S.29

4 Untersuchungen zur Entwicklung der Kinderzeichnungen zeigen, daß bereits Kinder im Vorschulalter (etwa ab dem 3. Lebensjahr) weder für sich noch für ihre Entwicklungen sinnloses Zeug produzieren. Sie drücken auch nicht pure Gefühle aus oder bloß ihr Wissen von den Gegenständen, die sie darzustellen suchen. Sehr früh schon weisen sie – währenddem und nachträglich (verbal) – ihren Kritzeln, Kreisen, Strichen Bedeutungen zu, während sie dabei zugleich ihr Formrepertoire sichern und ausweiten. Wird der Produktionsvorgang motorisch und formenmäßig kontrollierter, so läßt sich ebenfalls noch im Vorschulalter bereits beobachten, daß Kinder Darstellungswürdiges auswählen, für sie bedeutungsvolle Bildsequenzen und Gegenstände unterstreichen, Gliedmaßen kürzen oder längen wider besseren Wissens, wenn sie damit Bestimmtes ausdrücken wollen. vgl. Richter, H.G.: Die Kinderzeichnung. Entwicklung-Interpretation-Ästhetik. Düsseldorf 1987, S.27ff

5 Meily-Dowretzki, G.: Das Bild des Menschen in der Darstellung und Vorstellung des Kleinkindes. Bern/Stuttgart 1957, S131

6 Richter, H.G.: Pädagogische Kunsttherapie, S.45

7 Schütz, H.G.: Kunstpädagogische Theorie. München/Basel 19752, S.8ff

8 Vgl.: Pochat, G.: Der Symbolbegrif in der Ästhetik und Kunstwissenschaft. Köln 1983, S.133, auch: Holzkamp, K. in Hartwig, H.: jugendkultur. a.a.O. S.240ff, auch: Hartwig, H. u. Menzen, K.H.: Kunsttherapie. Berlin 1984, S.208f

9 Vgl.: Pochat, G.: a.a.O.S. 131

10 Vgl.: Eckes-LAP, R.: Symbolbildung und Symbolik in psychoanalytischer Sicht. in: Benedetti, G./RauchFleisch, U. (Hg): Welt der Symbole. Göttingen 1988, S.187

11 Vgl.: Muuss, R.E.: Jean Piagets Theorie der kognitiven Entwicklung in der Adoleszenz. in: Döbert, R./Habermass, J./Nunner-Winkler, G.: Entwicklung des Ich. Königstein/Ts. 1980, S.90

12 Piaget, J./Inhelder, B.: Die Psychologie des Kindes. München 1986, S.66

13 Ders.: eb. S.14

14 Ders.: a.a.O. S.67

15 Vgl.: Piaget, J.: a.a.O. S.70ff

16 Piaget, J.: a.a.O. S.67

17 Vgl.: Piaget, J.: a.a.O. S.84

18 Benedetti, G.: Das Symbol in der Psychopathologie. In: Benedetti, G./Rauchfleisch, u. (Hg): Welt der Symbole. Göttingen, S. 216

19 Vgl.: Bader, H./Navratil, L.: a.a.O. S.95

20 Benedetti, G.: Die Symbolik des schizophrenen Patienten und das Verstehen des Therapeuten. in: Menzen, H.H./Hartweg, H.: S. 55

21 Vgl.: Benedetti, G.: Die Symbolik. eb.

22 Vgl. hierzu z.B. Ingarden, R.: Erlebnis, Kunstwerk und Wert. Darmstadt 1964, S.25; Iser, W.: Die Appellstruktur der Texte. Konstanz 1970, S.8

23 Chvatik, K.: Strukturalismus und Avantgarde. München 1970; Richter-Reichenbach, K.S.: Grundlagen. a.a.O. S.58 ff

24 Abgekürzt dargestellt kennzeichnet sich die hermeneutische Erschließung von Symbolrepräsentanzen durch ihre doppelte Zugangsweise aufgrund der subjektiv bedingten und objektiv in Form und Material vorhandenen Gegenständlichkeit des Objekts.
Der Verstehensprozeß umschließt:
– *direkte* subjektiv-intuitive Reflexionsphasen:
Sie werden auf der Grundlage des eigenen Erlebens, eigener Vorerfahrungen, Verstehensmöglichkeiten, Vermutungen über den Bedeutungssinn des ästhetischen Objekts durchgeführt.
– theoretische Phasen:
In indirekten, theoretisch-objektiven Phasen, die auf der Grundlage allgemeiner Kenntnisse (empirische Fakten über die entstehungsgeschichtlichen, arbeitstechnischen, biographischen und sozialen Bedingungen) wird der intuitiv entworfene Bedeutungsgehalt abzusichern versucht.
Die Phasen werden in einem spiralförmig vorzustellenden Verstehensprozeß so lange durchlaufen, bis der unterstellte Bedeutungsgehalt zumindest vorläufig (annäherungsweise) konkretisiert ist. Der Verstehensprozeß kann sich sowohl nicht-sprachlich präsentativer Mittel wie sprachlicher Mittel bedienen.

25 Vgl. hierzu die Ausführungen zum hermeneutischen Prozeß in: Richter-Reichenbach, K.S.: Bildungstheorie. a.a.O. S.210ff.

26 Iser, W.: Die Appellstruktur. a.a.O. S.15

27 Schütz, H.G.: Didaktische Ästhetik. München 1975, S.132

28 So auch Richter, H.G.: Pädagogische Kunsttherapie. a.a.O. S.85

29 Vgl.: Benedetti, G.: Die Symbolik, a.a.O. S. 54

3. *Resultate aus der Auseinandersetzung mit der Theorie der Ästhetischen Erziehung*

Da die empirische Konkretisierung des Ästhetischen, die hieran beteiligten personalen Kräfte und Zustände in Gänze den empirischen Bedingungen und psycho-sozialen-intellektuellen Voraussetzungen des konkreten Individuums unterliegen, erweisen sich die getroffenen Bestimmungen immer auch als ideal-typisch, als Antizipation des Optimalen ‚vor' ihrer zeit- und individuenspezifischen Bedingtheit und Ausformung. Daß der Mensch ‚nichts ist', „als was die Erziehung aus ihm macht"[1] oder ihm ermöglicht, gilt generell und so auch für den Gebrauch ästhetischer Handlungsmöglichkeiten.

Das impliziert:

Ästhetische Handlungsfähigkeit muß vielfältig angeregt, eine Fülle von Vorstufen, Entwicklungs- und Übergangsstadien durchlaufen, bevor das selbst- und wirklichkeitserkundende ästhetische Ausdrucks-, Darstellungs- und Verstehensinstrumentarium bewußt gebraucht und umfänglich der ‚eigenen Regelgebung' untersteht.

Unbeschadet der begründeten und berechtigten Auffassung, daß ästhetisches Tun zu vermehrtem (r) Bewußtsein, Selbst- und Handlungskompetenz hinführt, sind umgekehrt Vollzüge im ästhetischen Bezugsrahmen immer auch Spiegel dessen, was in der Person ‚drin' ist; welche Anreize zur Aneignung des Instrumentariums sie hatte, welche Wertungen, Einstellungen sie zum ästhetischen Handeln gewinnen konnte, welche Auseinandersetzungsmöglichkeiten mit sich und der Umgebung in ihr grundgelegt und was sie überhaupt eigentätig erfahren und somit sich ‚zu eigen' machen konnte.

Navratils Feststellung in Bezug auf die Kreativität und Bildnerei von Geisteskranken trifft in ihrer Umformulierung ebenso auf die Produktion und Rezeption von jedermann zu:

Ästhetische Vollzüge können nie mehr in einem Menschen aktivieren als in seiner Persönlichkeit potentiell und konkret biographisch angelegt ist, mit anderen Worten, nicht mehr als das, was „seinem angeborenen und durch Übung und Ausbildung entwikkelten Talent (ästhetische Ideenbildung, Ausdrucks- und Darstellungsmöglichkeiten, d.V.) sowie seinen sonstigen Fähigkeiten und seiner Bildung entspricht".[2]

Konsequenterweise folgt auch aus dieser Überlegung, daß ästhetische Produkte nicht nur wegen des spezifischen Unbestimmtheitsstatus ästhetischer Ideen nicht gänzlich zu vereindeutigen und auf eine ganz bestimmt geartete Zuständlichkeit des Produzenten hindeuten, sondern daß sie unspezifisch sein können, weil sie auf je eingeschränkte oder unentwickelte geistig-intellektuelle, affektive, sinnliche Anlagen wie auf unentwickelte symbolisierende Fähigkeiten zurückgehen.

Deshalb auch wirken Produkte von Jugendlichen und Erwachsenen trotz aller personalen und kreativen Beteiligung häufig so banal und personneutral: „Kreativität und Banalität schließen einander nicht aus".[3] Das ästhetisch ungeübte Individuum kann nur seine erlernten visuellen Schemata (ggf. bildnerischen Klischees) aktivieren. Es kann seinem inneren Erleben nicht den Ausdruck geben, wie es ihm möglich gewesen wäre, wenn es die Ausdrucksmittel und Gestaltungsmöglichkeiten zur Verfügung gehabt hätte. Entsprechend erfährt man anhand solcher Produkte vielleicht etwas über den allgemeinen alterstypischen Entwicklungsstand der Person, aber wenig Person-Spezifisches.

Hier ist eine entscheidende Stelle in bezug auf die empirische Realisierung des Ästhetischen angesprochen:

Damit ästhetische Tätigkeit ihre Ich-Funktionen (Synthetisierung, Selbstverständigung, Selbstbildung, Abbau von Diskrepanzen von innerem Erleben und Ausdruck) erfüllen kann, muß das Instrumentarium ästhetisch-schöpferischer Tätigkeit zumindest minimal benutzbar und als Handlungsform verfügbar werden.[4]
Hierdurch ja unterscheidet sich ästhetisches Handeln von zwanghaftem und zufällig entstehenden Tagträumen, Räuschen oder ‚zustandsgebundener Kreativität' (Navratil) in der Psychose.
Die absichtsvolle Handhabung des Instrumentariums dient als Vehikel im Dienst des Ichs und muß deshalb, wenn es nicht verfügbar ist, ausgeweitet werden.
Erst dadurch, daß ich mich artikuliere und mein Ich in Produkten objektiviere, vermag ich mich mit mir selbst und mit anderen auf eine persönliche Art und Weise zu verständigen.

Davon aber sollten die bisherigen grundlagentheoretischen Bestimmungen einen Begriff und zugleich ein Bewußtsein vermitteln: von den besonderen Wirkmöglichkeiten ästhetisch-ganzheitlicher Produktions- und Rezeptionsvollzüge. Sie sind Annäherungsziel jeder bildenden und therapeutischen Bemühungen im ästhetischen Bezugsrahmen, weil sie ganzheitliche Identitätsentwicklung intendieren und kraft ihrer Handlungsmöglichkeiten auch begünstigen können. Diese Potentialität richtet ästhetisch bildende und rehabilitierende Maßnahmen aus.

Fundiert und abgesichert durch erkenntnistheoretische, kunstphilosophische und gegenstandsananalytische Erkenntnisse läßt sich grundsätzlich und verallgemeinernd festhalten:

Ästhetisch produzierende und rezipierende Prozesse weisen ein Höchstmaß an Sebsttätigkeit und Subjektbeteiligung auf. Alle Prozeßbezüge verweisen auf ihren subjektiven Leistungsursprung zurück. Jede Auseinandersetzung mit individueller oder kollektiver Wirklichkeit ist den subjektiven Bedingungen und Perspektiven des Individuums unterstellt. Beiden, Produktion und Rezeption, ist ein Selbstbezug auf intra-individuellen Ebenen des Denkens, Fühlens und sinnlichen Auffassens vorausgesetzt. Beide nehmen die Einbildungskraft (Phantasie, Möglichkeitsdenken) in Anspruch.

Für die ästhetische Produktion gilt:

Formvorstellungen, Bedeutungs- und Darstellungsintentionen in Bezug auf die Verarbeitung eines selbstgewählten oder vorgegebenen Themas sind selbst hervorgebracht. Sie fließen in den ebenfalls nach eigenen Regeln vorangetriebenen Gestaltungsprozeß ein und werden mithilfe der Medien des personalen Ausdrucks zu einer Form-Sinn-Material-Ganzheit (oder ‚Gestalt') synthetisiert.
In seiner Gestalthaftigkeit und vielwertigen wie vieldeutigen subjektiv-objektiven Gehaltlichkeit (Ausdrucks- und Darstellungsgehalt) als Folge einer je individuellen Bearbeitung, Um- und Ausformung allgemeinerer, auch gesellschaftlicher Inhalte, gehen ästhetische Produkte demnach auf ganzheitliche verbindende und erzeugende Produktionsvollzüge zurück und sind Ausdruck entsprechender personaler Potenzen.

In dieser spezifischen Verfaßtheit vermögen ästhetische Produkte auch erst jenes ganzheitlich-ästhetische Auffassen auszulösen, das über bloße Erlebnisse oder bloße Begrifflichkeit hinausgeht.

Für die ästhetische Rezeption gilt entsprechend:

Vorausgesetzt, man läßt sich von ästhetischen Produkten ansprechen, so können bedeutungsauslegende und sinnerschließende Reflexionsprozesse ausgelöst werden, die nicht nur etwas über das spezifische Erleben, die individuellen Ausdrucks- und Darstellungsabsichten des Produzenten erfahren lassen, sondern es können ebenso eigene form- und sinngebende Kompetenzerfahrungen gemacht werden.
Dies eben, weil die vielwertigen inhaltlichen und erlebnismäßigen Strukturen ästhetische Objekte die Rezeption einerseits nicht festlegen und andererseits den Betrachter veranlassen, aktiv Selbst-Erfahrenes wie Vorgestelltes hinzuzufügen.

Weisen selbst- oder fremderstellte ästhetische Produkte also ein hohes Maß an Selbst- und Fremdverständigungswerten auf, die ganzheitliche Kommunikations- und Handlungsprozesse begünstigen, so erfüllen sie zugleich ihre personale Funktion, zweckmäßig für die Aktivierung und Freisetzung der Erfahrens-, Erlebens- und Reflexionskräfte zu sein. In ihrer Verbindung mit sinnlich-materialisierender und formender Tätigkeit wird selbstgeleitetes Denken, Handeln und Urteilen mit objektiven Implikationen und mit Bezug auf äußere Wirklichkeit eingeübt. In Verbindung mit ästhetischer Arbeit werden vorgegebene Realitäten individuell verarbeitet und angeeignet.

Mehr noch, vor allem ästhetische Produktionsprozesse müssen als Akte der Selbstgestaltung aufgefaßt werden. Sie erstrecken sich vom Ich-Ausdruck über Ich-Entdeckung bis hin zu selbst-klärenden und selbst-reflektierenden Auseinandersetzungsprozessen, motivieren also Vollzüge, durch die das aktiv produzierende Individuum zunehmend selbstkompetenter, sich selbst ganzheitlich in Abgrenzung und Beziehung zur sozialen Umwelt zu definieren, also Ich-Identität zu entwickeln vermag.

Aus der selbstbestimmten, d.h. konkretisierungsoffenen Struktur ästhetischer Prozesse, an denen das produzierende Subjekt ganzheitlich beteiligt ist, lassen sich deshalb mit Gründen Akte der Selbst-Verständigung, der Selbst-Identifikation und Selbst-Gestaltung ableiten.

Der besondere Überleitungscharakter ästhetisch produktiver wie rezeptiver Vollzüge hin zu verändertem Selbstverständnis und Wirklichkeitszugang, hin zu ganzheitlichen Ausdrucks-, Gestaltungs- und Kommunikationsmöglichkeiten macht die präventive und rehabilitierende Wirkmöglichkeit ästhetischen Handelns aus.

Die potentielle Bedeutung ästhetischen Handelns für eine ganzheitliche Persönlichkeitsbildung bzw. für die Wiederherstellung einer entsprechenden Lern- und Entwicklungsbasis im kunsttherapeutischen Zusammenhang ist damit grundlagentheoretisch angezeigt.

Die grundlagentheoretische Analyse wurde mit dem Ziel vorgenommen, eine gegenstandsangemessene Kunsttherapie und -praxis zu installieren.

Anmerkungen

1 Vgl.: Kant, I.: Über Pädagogik. a.a.O. S.699 (A6,7,8)
2 Bader, H./Navratil, L.: a.a.O. S.108
3 dies.: eb.
4 Vgl.: Hartwig, H.: jugendkultur. a.a.O. S.238

Teil III :
Didaktik der ästhetisch-therapeutischen Prozesse

1. Präventive und rehabilitative Valenzen ästhetischer Handlungsprozesse

Da wir einerseits davon ausgehen, daß aktive und selbstgeleitete Auseinandersetzungsprozesse mit sich und der umgebenden Wirklichkeit das Medium sind, in dem sich das personale Selbst konstituiert und lebenslang Ich-Identität verwirklicht (vgl. anthropologische Prämissen); da wir andererseits aber davon ausgehen müssen, daß die gewordenen, gegenwärtigen sozio-kulturellen, ökologischen und ökonomischen Lebensbedingungen solche Auseinandersetzungsprozesse weder fordern noch fördern, Identitätsentwicklung und -entfaltung heute vielmehr unter erschwerten Bedingungen stattfindet (vgl. gesellschaftliche Bedingungsanalyse) gilt es, die verbleibenden Selbsttätigkeits- und Gestaltungsmöglichkeiten, wie sie sich im ästhetischen Handlungsfeld bieten (vgl. ästhetische Prozeß- und Gegenstandsanalyse) in den Dienst der bildenden und rehabilitierenden Instandsetzung/Erweiterung der Persönlichkeit zu stellen mit dem Ziel, hierüber Reflexions- und kreative Handlungsmöglichkeiten grundzulegen bzw. zurückzugewinnen, die – gemäß dem hier maßgeblichen Bildungsauftrag – auch für eine auf selbstverantwortete Veränderung und Gestaltung zeitgenössischer Lebensbedingungen ausgehenden Bildung zweckmäßig erscheinen. Nach Maßgabe des Erziehungs- und Bildungsauftrags haben wir die Notwendigkeit präventiver – Vereinseitigungen und psychischen Fehlentwicklungen vorbeugender – pädagogischer Prozesse auf dem gesellschaftlichen Ist-Zustand, die Notwendigkeit restituierender und rehabilitierender pädagogisch-therapeutischer Prozesse auf dessen destabilisierende und depersonalisierende Folgen zu begründen versucht. Als für instandsetzend-fähigkeitsfördernde wie instandsetzend-restituierende pädagogische Zielsetzungen gleichermaßen bedeutsam – bzw. für deren Realisierung in besonderer Weise geeignet – hat die vorgenommene Analyse ästhetisch-produzierende und -rezipierende Vollzüge mit ihren Erfahrungs-, und Kommunikationsmöglichkeiten aufgewiesen.

Die bisherige Vorarbeit erlaubt es, nunmehr direkt und zusammenfassend die Wirkmöglichkeiten ästhetischer Prozesse als deren präventive und therapeutische Funktionen im einzelnen zu kennzeichnen.

Unter der Perspektive, daß nach Bittner et. al. ‚Therapie i.w.S.' die doppelte Aufgabe zugewiesen wird, Hilfestellung a) bei der Entwicklung unentwickelter und b) bei der Korrektur gestörter Fähigkeiten zu geben und unter dem Blickwinkel, daß ästhetisches Tun immer Selbsttätigkeit und damit sowohl fähigkeitsteigernde wie fähigkeitskorrigierende Potenzen impliziert, ist es gestattet, ungeschieden nach erziehlich-bildenden und restituierend-rehabilitierenden Funktionen allgemein von der ‚therapeutischen Valenz' ästhetischer Auseinandersetzungsprozesse zu sprechen.

Inwieweit ästhetisches Arbeiten vermehrt ich-restituierende bzw. vermehrt ich-stützende und selbstidentifizierende Wirkungen zeitigt, das hängt ohnehin einmal von der Voraussetzungslage wie dem Fähigkeitsniveau des/der Adressaten ab und ist zum anderen zugleich Funktion der pädagogischen Vorgehensweise. Je nach ermittelter Voraussetzungslage kann es dann angezeigt sein, gezielter entweder kommunikative, reflexive, affektive oder sinnlich-anschauliche Momente zu betonen. Möglicherweise verlangt die Indikation auch, daß überhaupt erst einmal ein Zugang zum ästhetisch umfänglicheren Tun geschaffen werden muß. Spielerische, materialerprobende, senso-motorische Aktivitäten dienen hier als Vorbereitung und als Mittel, eine Lern- und Erfahrungsbasis für ästhetische Auseinandersetzungsprozesse aufzubauen. All dies aber sind Resultate pädagisch-kunsttherapeutischer Entscheidungen, die im Dienst der Mobilisierung der Ich-Funktionen ästhetischer Prozesse gefällt werden. Solange sich die pädagogische Struktur an den spezifisch-ästhetischen Prozeß- und Gegenstandsimplikationen ausrichtet, laufen pädagogisch-therapeutische Prozesse auch nicht Gefahr, die spezifischen Wirkmöglichkeiten ästhetischer Selbsttätigkeit zu verfehlen, sondern bergen im Gegenteil die Chance, das Individuum kontinuierlich und planvoll auf seine eigenen Fähigkeiten freizusetzen und Ich-Stärke zu begünstigen. Als in diesem Sinne besonders belangvoll, kristallisieren sich dabei folgende therapeutische Valenzen des Ästhetischen heraus. Da sie Aspekte ein und desselben Phänomens sind, sind Funktionsüberschneidungen gegeben.

1.1. Der selbstgeleitete Vermittlungsmodus

Das ästhetische Phänomen verweist in all seinen Teilen auf seine subjektive Bedingtheit (subjektiver ‚Leistungsursprung') zurück. Diese Bestimmung gilt für ästhetische produzierende wie rezipierende Prozesse gleichermaßen. Ästhetische Auseinandersetzung vollzieht und realisiert sich in Selbst-Verhältnissen. Von hier aus leitet sich ab, daß auch bei ästhetischer Auseinandersetzung mit objektiver Wirklichkeit der Subjektbezug vor dem Sachbezug rangiert. Aus der subjektiven Bedingtheit des ästhetischen Phänomens ergeben sich alle strukturellen Besonderheiten ästhetischer Handlungsvollzüge und Objekte in Abgrenzung zu anderen, ebenso auch alle Besonderheiten pädagogischer Prozesse, die die gegenstandsimmanenten Wirkmöglichkeiten des ästhetischen Phänomens pädgogisch-therapeutisch fruchtbar zu machen suchen.

Ästhetische Produktion nimmt die Einbildungskraft (Phantasie, Möglichkeitsdenken) in Anspruch. In einem freien, dynamischen Zusammenspiel mit dem Verstand werden über den gesamten Produktionsprozeß hinweg Vorstellungen, Ideen, Sinn- und Bedeutungsgebungen entwickelt, bewußt und zielgerichtet wie teilbewußt-spontan Ausdrucks-, Darstellungs- und Strukturierungsentscheidungen getroffen und zu einem vieldeutigen Ganzen geformt. Ästhetische Produkte basieren so also auf selbstgeleiteter Hervorbringung und Regelgebung.

In analoger Weise verfährt die Rezeption subjektzentriert mit dem graduellen Unterschied, daß sich der sinnerschließende und -herstellende, ggf. gestaltende Verstehungsprozeß auf ein vorgegebenes, nicht selbst produziertes Objekt einer anderen Subjektivität bezieht. In jedem Fall aber muß der Betrachter – mitschöpferisch – seine eigenen Erfahrungen, Ver- und Anmutungen, Vorstellungen in ein fruchtbares Zusammenspiel bringen, weil anderenfalls gar nichts von dem individuell Anderen verstanden und erfahren werden könnte.

Es liegt nahe, in diesem Spezifikum der Selbstleitung und vieldimensionalen Eigenaktivität die besondere bildende und therapeutische Valenz ästhetischer Aktivität aufzusuchen, weil sich mit Gründen sagen läßt, daß sich hier das Individuum selbst ‚ausgestaltet' oder sich in bildenden Prozessen ‚selbst bildet'. Pädagogisch ausgedrückt erfährt das ästhetisch produzierende Individuum die Form und den Weg selbstbestimmter Handlungen, das ästhetisch rezipierende Individuum eine subjektbestimmte Auseinandersetzungsform mit fremderzeugter Wirklichkeit.

Der amerikanischen ‚Art-Therapie' entlehnt spricht Benedetti hier von der ‚Ego-Building-Function'[1], die er weniger aus dem deutungsbedürftigen expressiven Ausdrucks- oder Darstellungsgehalt ableitet als von der Wirkmöglichkeit ästhetischer Produktivität als solcher, in der das „schöpferische Selbst, unabhängig vom Inhalt, zum Zentrum des Erlebens wird und sich gestaltend erfährt"[2]. Aufgrund der grundlagentheoretischen Einsicht in die mitschöpferische Selbsttätigkeit des aktiven Betrachters ist es jedoch gegenüber Benedetti angebracht, die ich-bildende und selbst-gestaltende Potenz ästhetischer Auseinandersetzung nicht nur für den Produzenten ästhetischer Prozesse zu reservieren, zumal sich auf dieser grundsätzlichen Möglichkeit ästhetisch-rezeptiver Eigentätigkeit auch folgende pädagogische Konsequenzen schlüssig begründen lassen:

1. Kreative Produkte anderer in den pädagogisch-therapeutischen Prozeß miteinzubeziehen, die den Adressaten zu anderen Erfahrungen und zusätzlichen Verstehensmöglichkeiten verhelfen sollen.
2. Dem Pädagogen, Therapeuten, Teilnehmer eine aktive Rolle im Verstehensprozeß zuzuweisen.
3. Ein pädagogisches Interaktionsverhältnis zu antizipieren, das auch – sequenziell – Rollenumkehrungen wahrscheinlich werden läßt, in dem der Pädagoge/Therapeut durch das Produkt beeinflußt und konstruktiv in seinen eingeschliffenen Wahrnehmungsmustern, präformierten Sichtweisen und eingefahrenen Verhaltensweisen durch das Produkt verunsichert wird.[3]

Unbeschadet dieser Schlußfolgerungen für den pädagogisch-therapeutischen Bezug muß die rezipierende Eigentätigkeit gegenüber der ästhetisch produzierenden Tätigkeit zurückgestuft werden. Ästhetisch produzierende Tätigkeit wird, weil sie direktere, umfänglichere und unverkürztere Erfahrung des Eigenschöpferischen und Selbstregulierten inhäriert, ein höherer bildender und therapeutischer Stellenwert für das Ich zugewiesen.

Deshalb auch verfährt pädagogische Kunsttherapie vor allem produktions-orientiert und nicht diagnostisch-orientiert.

Diese besondere Bedeutung kommt ästhetischer Produktivität erst recht mit Blick auf heutige Lebensbedingungen zu, in denen die Möglichkeiten, eigene Gestaltungspotenzen zu erkennen, eigene Erfahrungswege zu entdecken und selbstgeleitetes Handeln zu erproben, minimiert sind.

Unter dem Eindruck selbstentfremdender sozio-kultureller-ökologischer Gegebenheiten erscheint ästhetisches Produzieren als das Medium, in dem sich das Ich als Selbstzweck und Selbstbestimmung (Kant) erfahren kann und somit als Vehikel, über das das Ich – in einem Vollbegriff – zu sich selbst kommen kann.

Vorausgesetzt, daß solche existentiellen Erfahrungen, nämlich ‚Zentrum des Erlebens' und Verursacher des Gestaltungsprozesses zu sein, nicht Ausnahmeerfahrungen im pädagogisch-therapeutischen Bezug bleiben, vermag ästhetisches Produzieren zu einer sinnstiftenden Tätigkeit zu werden, die diagnostizierte Lebenslangeweile und Sinnleere abbaut bzw. ihnen vorbeugt.

Anmerkungen

1 Vgl.: Benedetti, G.: Die Symbolik. a.a.O. S.52
2 Benedetti, G. eb. a.a.O. S.53
3 Buxbaum macht ähnliche Erfahrungen in Bezug auf Produkte psychisch Kranker. vgl. Buxbaum, R.: Kunst und Psychiatrie. in: KF (1989) Bd.101 ‚Bild und Seele', S.116

1.2. Der intrapersonal-ganzheitliche Vermittlungmodus ästhetischer Aktivität

Wir haben zu zeigen versucht, daß im ästhetischen Produktionsprozeß vom Vorstellungsstadium bis zum fertigen Produkt das Individuum als Ganzes (polyfunktional) aktiviert wird und gemeinhin unverbundene wie widerstreitende Persönlichkeitsdimensionen (Geistiges, Sinnliches, Erlebnismäßiges) synthetisiert, zusammengeschlossen werden. Ästhetisches Arbeiten dient so einer ganzheitlichen Persönlichkeitsentwicklung bzw. der Reintegration auseinanderentwickelter Persönlichkeitsdimensionen und vermag Persönlichkeitsintegration zu leisten. Je nach Bedingungs- und Voraussetzungslage des Adressaten kann es sinnvoll sein, die Mehrdimensionalität des Ästhetischen je schwerpunkthaft in einer Dimension anzusprechen. Der prinzipiell ganzheitliche Aktivitätsmodus wird dadurch nicht aufgehoben.

So gälte es bei Personen, die von ihren Gefühlen und psychischen Zuständen überschwemmt und ggf. von fixierten Ängsten heimgesucht werden und hierin ich-zentriert befangen sind, schrittweise durch aktionistische, zufalls- und einfallsgeleitete Form- und Farbhandlungen nach Art des Informels oder des Action-Paintings Ablösung und Entlastung zu ermöglichen. Deren anschauliche Korrelate mögen zwar wenig kommunikabel sein, aber sie haben befreiende Funktion für den Handelnden. Überdies kann das mögliche Überangebot an unstrukturierten Formen oder Farbspuren von sich aus bewußte Strukturierungsvollzüge animieren.
In diesen Phasen hätten auch Aufgabenstellungen nach Art der geometrischen Abstraktion, die kontrollierteres und kalkulierteres Arbeiten zulassen, die nämlich festigende Funktion; auch die, eine sach- und themenbezogene Arbeit einzuleiten, dabei form- und bedeutungsgebende Planhandlungen zu appellieren und dadurch den Prozeß der psychischen Ausbalancierung und Stabilisierung weiter zu intensivieren.
Aktionistische Akivitäten werden also im ästhetisch therapeutischen Bezugsrahmen nicht selbstzweckhaft eingesetzt.

Bei Personen, deren sinnliche Anschauung und Erlebnisfähigkeit sozialisations-, alltags- oder zustandsbedingt eingeschränkt sind und die – wie auch andere – unter ihren entemotionalisierten, versachlichten Beziehungen und Wirklichkeitszugängen leiden, ist der genau umgekehrte Weg innerhalb des ästhetischen Mediums angebracht.
Ausgehend von objektiveren, planmäßigen Strukturierungsformen, fortschreitend zu sensibilisierenden Wahrnehmungsübungen hin zu elementareren Form- und Farbhandlungen mit expressiven Ausdrucksmöglichkeiten, sollte hier die Bewegung gehen. Die befreiende und erlebnisteigernde Wirkung von großflächigen Form- und Farbhandlungen, die in senso-motorisch ausgreifenden Bewegungen ausgeführt werden, bilden hier ebenso wie Gestaltungsprozesse im Schutzraum präsentativer Symbolbildungen die Voraussetzung dafür, daß psychische Verhärtungen aufgeweicht, verdrängte Emotionalität re-aktiviert und Affektives zurückgeholt werden kann, was insgesamt dem Ziel dient, dissoziierte Persönlichkeitsdimensionen erneut zu verbinden, hierüber einen ganzheitlicheren Persönlichkeitsstatus und ganzheitlichere Kommunikationsformen zu gewinnen.

Bereits an dieser Stelle ist der Stellenwert einer pädagogisch initiierten ‚Regression' herauszustellen. Regression in dem hier verwendeten Wortsinn meint nicht ein bloßes Zurückfallen in ontogenetisch frühere Entwicklungsstufen, auch nicht bloße Flucht dorthin[1]. Indem ästhetisches Arbeiten affektiv-unbewußte, emotional-sinnliche und verstandesmäßig begriffliche Prozesse zusammenschließt, mobilisiert es ja nicht nur eine ungeteilte Erlebnisweise, die für den Wirklichkeitszugang einer bestimmten ontogenetischen Entwicklungsstufe kennzeichnend war, sondern Erlebnisweisen, die von uns als Voraussetzung vollumfänglicher Erfahrungsbegriffe und Urteile herausgearbeitet wurden. Erfahrungen also, die gegenüber mediatisierten Erfahrungen aktiv handelnd erworben werden und damit weder personneutral noch fiktiv noch auch wirklichkeitsfremd sind.

Entsprechend begünstigt die im ästhetischen Medium vollzogene ‚Regression' auch ganzheitlichere Erlebnisvollzüge unabhängig von ihrer Inhaltlichkeit – worauf bei der dritten therapeutischen Valenz einzugehen ist – erfahrens- und erlebnissteigernde Verhaltensmodi. Pädagogische Regression im ästhetischen Medium ist also kein negativ zu wertender Rückfall oder Rückschritt, sondern positiv als Möglichkeit des Neuanfangs, als Vorbedingung für neue Zugangs- und Äußerungsweisen zu eigener und fremder Wirklichkeit einzuschätzen. Die wiedergewonnene ‚sensomotorische Intelligenz' (Piaget) dient nicht nur dem Aufbau symbolisch-repräsentativer Aktivitäten, sondern dient auch dem begrifflich operativen Denken, weil sie mit Richter „eine Verbindung zur empirischen Welt aufrecht (erhält). Sie hat damit nicht nur funktionale Bedeutung, sondern in ihr wurzeln auch Erfahrung und Experiment"[2] im Prozeß der individuellen Anverwandlung von Wirklichkeit.

Auf die beziehungsschaffende und -verändernde therapeutische Valenz ästhetischer Aktivität geht der vierte Punkt ein.

Anmerkungen

1 Gleichsinnig auch Richter, H.G.: Pädagogische Kunsttherapie. S.89; auch Richter, H.G.: Zur Grundlegung pädagogisch-therapeutischer Arbeitsformen in der ästhetischen Erziehung. in Richter, H.G. (Hg): Therapeutischer Kunstunterricht. Düsseldorf 1977, S.53ff
2 Richter, H.G. Die Kinderzeichnung. a.a.O. S.105

1.3. Die Konkretisierungsoffenheit ästhetischer Aktivität

Aus der Subjektbestimmtheit des ästhetischen Phänomens folgte, daß die Konkretisierung ästhetischer Ideen (als Inbegriff aller auf dem Zusammenspiel von Einbildungskraft und Verstand basierenden inhaltlichen und formalen Vorstellungen, Phantasien, Bilder, Impressionen etc.) der eigenen Regelgebung unterliegt. Gleichzeitig liegt es in der Präferenz des Ich-Spezifischen und dem Faktum polykausaler Entstehungsbedingungen (äußere Impulse, Reflexionen, situative Einflüsse, unbestimmte Gefühlszustände, Zufälle, spontane Einfälle und Entscheidungen usf.) begründet, daß die ästhetisch selbstgeleitete Regelgebung in Bezug auf die materiale, formale und inhaltliche Strukturierung nicht als gänzlich intentionale oder gar als durchrationalisierte Planhandlung mißzuverstehen ist. Die selbstgeleitete Materialisierung und Veranschaulichung immaterieller geistig-vielschichtiger Prozesse zu einem gegenständlichen Produkt (Form-Sinn-Material-Gefüge) führt zugleich Mehrdeutigkeit im Inhaltlichen (Polyvalenz) und mehrleistige, die Sinne, den Verstand, das Erleben ansprechende Wirkmöglichkeiten (Polyfunktionalität) mit sich.

All dies bedingt die – positiv ausgedrückt – prinzipielle Konkretisierungsoffenheit ästhetisch produzierender Aktivität, auch die nur graduell eingeschränkte Konkretisierungsoffenheit rezipierender Prozesse. Die hierin begründete therapeutische Valenz liegt in der Erfahrungsverstärkung, im ästhetischen Vollzug ‚Zentrum des Erlebens' und Verursacher des Gestaltungsprozesses und seiner Ergebnisse zu sein. Dies dient der Kompetenzerfahrung.

Weil der Produzent seinen Gestaltungsvorgang selbst organisiert, sind bei der ästhetischen Strukturierung „Umwege, Kehren, Wendungen, Brücken, Abbrüche"[1], Irrwege, Rückschritte, Neuansätze möglich. Sie sind auch sinnvoll, eben weil die Lösung eines selbst- oder fremdgesetzten Themas „aus einer individuellen Synthese (Vermengung, Vereinigung, Verbindung) aller psychischen Zustände beruht"[2]. Das ist für jeden individuellen Hervorbringungsakt, der nicht Vorhandenes wiederholt, sondern äußere Gegebenheiten zur eigenen Erfahrung macht oder mögliche Wirklichkeit (gedachte, vorgestellte, empfundene) konkretisiert, charakteristisch (vgl. Humboldt).

Konkretisierungsoffenheit besteht desweiteren in der Realisationsform. Hier steht die gesamte Variationsbreite ästhetischer Realisationsformen zur Verfügung, wie sie beispielhaft in der künstlerischen Produktion von multimedialen Happenings bis zur ideenbetonten Conzeptart bzw. in den Grenzmarkierungen zwischen Ausdruck/Aktion einerseits und Darstellung/Widerspiegelung andererseits anzutreffen ist. Je nach den dominierenden Selbstbezügen auf sinnliche, erlebnismäßige oder kognitive Persönlichkeitsebenen variieren auch Inhalte und Bedeutungen in symbolischer Form in der Bandbreite zwischen expressiv-privater Symbolik bis zu konventionalisierten, allgemeineren Symbolen.

Zusätzlich ergibt sich für einen selbstgeleiteten Produktionsprozeß Konkretisierungsoffenheit, was die vielfältigen Materialien und Medien und deren mannigfaltige Kombinationen angeht.

Hegel trifft die gemeinte Konkretisierungsoffenheit, wenn er schreibt, daß ästhetische Produktion ein „freies Instrument" sei, „das er (in diesem Fall der Künstler, d.V.) nach Maßgabe seiner subjektiven Geschicklichkeit in bezug auf jeden Inhalt, welcher Art er auch sei, ... handhaben kann"[3]. Auch sonstige Beschränkungen sind nicht aufzuerlegen, jede Form wie jeder Stoff „kann zu Dienst und Gebote"[4] stehen.

Die Un-Bestimmtheit ästhetischer Produktion und die Vieldeutigkeit des Inhaltlichen in symbolischer Ausprägung bewirkt schließlich auch Konkretisierungsoffenheit im Verstehens- und Erschließungsprozeß.

Auch der Rezipient muß hier ein Selbstverhältnis eingehen und vermag einerseits auf der Grundlage selbsterfahrener, aber existentieller Gemeinsamkeiten vorbegrifflich-expressive Symbole für Geburt, Liebe, Freude, Angst, Schmerz und Tod wie unter Heranziehung überlieferter Bedeutungskonnexe allgemeinere bildnerische Symbole zumindest annäherungsweise erschließen. Andererseits kann er selbst Vorgestelltes, Bedeutungen und Sinngebungen in den offenen, nicht eindeutig vorgegeben Spielraum hinzufügen. Auf der Grundlage von Erschlossenem und Hinzugefügtem vermag er eine für sich bedeutsame Synthese, die einer interpersonalen Verständigung dient, zu bilden.

Die unabdingbare Selbst-Leitung und Konkretisierungsoffenheit ästhetisch zu klassifizierender Prozesse hat maßgebende Konsequenzen für die pädagogische Kunsttherapie, sollen die person-integrierenden, selbsterlebenden und kompetenzsteigernden therapeutischen Valenzen nicht willkürlich aufgehoben werden.

Sie beziehen sich:

a) auf die Zielqualität der formulierten pädagogisch-therapeutischen Zielformulierungen,
b) auf den Prozeßcharakter pädagogisch-therapeutischer Prozesse,
c) auf das Interaktionsverhältnis oder den Sozialbezug zwischen Pädagogen/Therapeuten und Adressaten/Klienten.

Die Konkretisierungsoffenheit ästhetischer Prozesse im Inhaltlichen, Formalen, Materialen fordert einmal einen pädagogischen Rahmen, der diese zuläßt. Hierauf soll noch einmal gesondert eingegangen werden. Andererseits erlaubt die aufgezeigt Konkretisierungsoffenheit der pädagogischen Kunsttherapie umgekehrt, sie für bestimmte Interventionen zu nutzen.

Anders als die an anderer Stelle aufgezeigte Möglichkeit einer pädagogisch initiierten Regression mit dem Ziel, auseinanderentwickelte Persönlichkeitsdimensionen zu reintegrieren, ergibt sich aus der Konkretisierungsoffenheit eine weitere Rechtfertigung für eine pädagogisch initiierte Regression.

Gerade weil der ästhetische Produktionsprozess selbst mit Rückgriffen, Umwegen, Vorgriffen außerhalb festgelegter Denkoperationen und Zielvorgaben operiert, kann pädagogische Kunsttherapie (nach Maßgabe der Voraussetzungslage des Adressaten) mit bestimmten Problemstellungen (z.B. ‚Stadtbau') in einem bestimmten Aktionsfeld (Flußlandschaft) mit Hilfe geeigneter Materialien (Sand/Matsch) versuchen, Erlebnisweisen zu re-aktivieren, Erfahrungsinhalte wiederzubeleben, ganzheitlichere Aktivitätsformen zu re-animieren, die im Laufe der Biographie verschüttet oder blockiert worden sind mit der Folge, daß dem Ich wichtige Erfahrungs- und Erschließungszugänge verlorengegangen sind.

Dient so die pädagogische Regression der Wieder-Erinnerung, dem Wieder-Erleben und Wieder-Beleben, so besteht hierüber auch die Chance, eine neue (alte) Erfahrungsbasis zu begünstigen, von der aus neue (alte) Zugangsweisen und Auseinandersetzungsformen aufgenommen werden können, die sich dann progressiv auf neue Auseinandersetzungsinhalte in ästhetischen Medien mit anderen Erfahrungsmöglichkeiten richten können bzw. ausdehnbar sind.

Auch das dient der Integration und Stabilisierung der Person hier in dem Sinne, daß ihre Vergangheit mit ihrer Gegenwart verbunden und sie für eine andere Zukunft mit reicheren Aktionsformen geöffnet wird, wodurch Vergangenheitslosigkeit und Zukunftslosigkeit zugleich abgebaut werden.

Anmerkungen

1 Richter, H.G.: Pädagogische Kunsttherapie, S.87
2 Ders.: eb. S.88
3 Hegel, G.W.F.: Bd.2, a.a.O. S.235
4 Ders.: eb. a.a.O. S.236

1.4. Der wirklichkeitsaneignende und -verändernde Vermittlungsmodus ästhetischer Tätigkeit

Während vormals die intrapersonale Wirkmöglichkeit herausgestellt wurde, rückt hier die besondere sozial- und umfeldintegrierende Funktion ästhetischer Tätigkeit, die durch sie bewirkte dynamische Wechselbeziehung von Ich und Welt in den Vordergrund.

Die Aneignungstheorie und die (erweiterte) Tiefenpsychologie akzentuieren diese Verbindungsmöglichkeit zwischen Ich und Umwelt, wenn sie mit der ‚Brücken-Funktion' ästhetischer Aktivitäten operieren. Ästhetische Praxis ist dann Übergangs- oder Überleitungspraxis, die ein realitätsangemesseneres Verhalten begünstigt und einübt. Ästhetische Objekte werden hier als ‚Übergangsobjekte'[1] (Winnicott) begriffen, die einerseits dem Ablöseprozeß – des Kindes – von anderen Beziehungspersonen (Objektbeziehungen) und andererseits dem Aufbau anderer Objektrepräsentanzen dienen. Der Vorteil ästhetischer Objekte liegt dabei sozusagen darin, daß sie einen weichen, weil lustvollen und gefühlszulassenden Übergang schaffen.

So anschaulich und treffend der Begriff der ‚Brücke' das Transitorische, die Verbindung von innerer und äußerer Realität bezeichnet, er erscheint die therapeutische Valenz ästhetischer Aktivität nicht vollends zu erfassen, weil er zuwenig den produktiven Hervorbringungscharakter und den Eigenanteil (Imagination, Entwurf, Zuordnungs- und Strukturierungsarbeit) berücksichtigt. Wenn Widlöcher auf das inszenierende Moment der Materialisierung und Formgebung im ästhetischen Kontext eingeht, so hat er vermutlich auch diesen dynamischen Charakter vor Augen[2]. Worauf wir mit Gründen hinweisen können, ist der Mehrwert ästhetisch produktiver Auseinandersetzung gegenüber anderen Wirklichkeitsbezügen. Er liegt darin

1. daß durch ästhetische Aktivität das Ich sich Wirklichkeit erschließt wie es umgekehrt für diese geöffnet wird und beide sich verbinden.

Er liegt darin, daß

2. dabei ein Vokabular zur Darstellung von Wirklichkeit gewonnen wird.

Aber er liegt mehr noch darin, daß

3. beide ein Stück weit in den Stand ihrer Möglichkeit und qualitativen Bereicherung gesetzt werden.

Der Aneignungs- und Veränderungsmodus soll im Begriff des Transformatorischen zum Ausdruck kommen. Wirklichkeitsveränderung im Rahmen ästhetischer Aktivität gründet auf deren hervorbringenden Persönlichkeitsanteilen. Der Hinweis auf diese transformierende ästhetische Auseinandersetzung soll daran erinnern, daß vorgegebene Gegenstände, Materialien, Sachverhalte der umgebenden Wirklichkeit zwar angeeignet werden, aber anders als in anderen Lernprozessen der individuellen, ganzheitlichen Auseinandersetzung unterstellt werden. Das heißt eben, daß in den Prozeß eigene Vorstellungen, Perspektiven, Gefühle und Bewertungen einfließen, die einerseits angetroffene empirische Realitäten wie andererseits den personalen Fähigkeitsstatus, Verstehens-, Reflexions-, Handlungsniveau verändern. Aufgrund dieser produktiven Beteiligung der Person können ästhetische Objekte ja auch der Wirklichkeit – für sich und andere – Erfahrbares hinzufügen. Weil Produktion und ästhetische Produktionsresultate, daran ist mit Kant zu erinnern, im produzierenden wie auffassenden Individuum „zwar ungesucht, reichhaltigen, unentwickelten Stoff für den Verstand" liefern, worauf dieser in seiner üblichen Objekt- und Begriffsbezogenheit „nicht Rücksicht nahm"[3], deshalb auch kann ihnen und ihrer Produktion entwicklungs- und identitätsfördernde Funktion zugeschrieben werden.

Hier wird ein anderer, nämlich verändernder Umgang mit Wirklichkeit auf der Grundlage selbstvergewissernder und fähigkeitssichernder Möglichkeiten eingeübt und werden zugleich dafür Bedingungen geschaffen. Der Prozeß zwischen Individuum und Wirklichkeit ist ganz im Sinne Schillers als dialektisch zu begreifen und bewegt sich mit selbstidentifizierenden Momenten während des gesamten Prozesses von Wirklichkeit-Ergreifen, -Begreifen, -Formen bis Wirklichkeit-Verändern, was dann wiederum zu neuen Zugriffen auf einem qualitativ anderen Persönlichkeitsniveau führt und so fort.

Auf dieser – therapeutischen – Wirkmöglichkeit gründen beispielsweise Aufgabenstellungen pädagogischer Kunsttherapie, die sich um ästhetische Selbstdefinitionen, Selbstbildnisse, Selbstpräsentationsobjekte oder auch multimediale Festinszenierungen (s. Praktischer Teil) gruppieren. Die vorgenomme Selbstdefinition im ästhetischen Medium oder die artifizielle Veränderung der eigenen Person zur ‚scultura vivente'[4] (lebendige Plastik) oder die multimediale Gestaltung eines Festes zu einem ‚Gesamtkunstwerk' dienen hier nicht der blanken Selbstbespiegelung und können auch nicht als „Rückzugsterritorien des Spieltriebs"[5] verächtlich gemacht werden. Vielmehr dienen solche vorstellungspotenten, aber auf anschauliche Konkretisierung ausgerichtete Themenstellungen dazu, sich von gegebenen Selbst-Bildern oder Fremd-Bildern zu distanzieren, sich in Selbst-Inszenierungen zu erproben wie die hierbei gewonnene Selbsterfahrung der Wirklichkeit in Form anderer Verhaltensmöglichkeiten wieder anzubinden.
Zur Verstärkung selbstklärender Prozesse sollte in diesem Zusammenhang die Auseinandersetzung mit gesellschaftlich angebotenen Idolen, Kult- und Identifikationsfiguren der Massenmedien/Werbung usf. und in Abgrenzung hierzu mit den vieldimensionalen künstlerischen Selbstklärungsversuchen eingeleitet werden.

In diesem Sinne stellt die ästhetisch produktive und rezeptive Aktivität ein Auseinandersetzungsinstrument dar, durch das sich das Ich im Austausch mit und in Beziehung zu subjektiver und objektiver Wirklichkeit je (neu) definieren kann, was individuell bereicherte Interaktionsformen mit anderen/anderem ermöglicht.

Die aus unserer Perspektive lebenslang zu erneuernde und im ästhetischen Medium in besonderer, nämlich ganzheitlicher Weise leistbare Selbstdefinition in bezug auf je veränderte Lebenslagen, begründet sich in der Priorität des Subjektiven im ästhetischen Vollzug.

Anmerkungen

1 Vgl.: Winnicott, W. D.: Vom Spiel zur Kreativität. Stuttgart 1973, S. 19
2 Vgl.: Menzen, K. H.: Ansätze der Kunstpsychologie in der Kinder- und Kinderbehandlung. In: Hartwig, H./Menzen, K. H.: a.a.O. S. 215f.
3 Kant, I.: KU. S.417 (B198/A195,A196)
4 Kultermann, U.: Leben und Kunst. Tübingen 1970, S.102
5 Hofmann, W.: Kunst und Politik. Spiegelschrift 1. Köln 1969, S.22

1.5. Der ganzheitliche Kommunikationsmodus ästhetischer Prozesse

Daß ästhetische Produkte aus ganzheitlichen kommunikativen Selbstbezügen hervorgehen und diese als vieldimensionales Gefüge ganzheitlich (synthetisch) repräsentieren, wurde ausführlich ausgeführt. Ebenso hinlänglich ist darauf verwiesen worden, daß diese vielwertige ästhetische Ganzheit ebensolche selbstbezüglichen, vieldimensionalen Kommunikationsprozesse beim Rezipienter. animieren; ihn über das Produkt mit den veranschaulichten Positionen, Sichtweisen und Ausformungen des Produzenten konfrontieren. Auf diese Weise treten Produzent und Rezipient in eine kommunikative Beziehung ein, die intersubjektives Verstehen erweitert und den eigenen Standort festmachen und präzisieren läßt.

Gegenüber dieser therapeutischen Potenz ästhetischer Kommunikation steht die empirische Realität gesellschaftlicher Kommunikationsprozesse, die sich pädagogische Kunstherapie bewußt halten muß. Als besonders relevant für unseren Zusammenhang erwiesen sich hier die neuen elektronischen Medien und Zeichentechnologien, die zunehmend Kommunikationsprozesse in gesellschaftlichem Raum bestimmen und dabei funktionalisieren:

- Der Gebrauch von Informationstechnologien richtet tendenziell das Denken auf logisch-mathematisierende Operationen aus und erzwingt computergerechtes Verhalten.
- Der ausgiebige Konsum audio-visueller Unterhaltungsmedien mit ihren komplexitätsreduzierten Bildwirklichkeiten, trivialbanalen Aussagegehalten und Erzählstrukturen ohne Rückbezüge auf konkrete (komplexe) Lebenssituationen begünstigen ich-neutrale und realitäts-ferne Auseinandersetzungsprozesse, die langfristig Realitätsverlust, Verarmung der eigenen Phantasie- und Reflexionstätigkeit wie Verödung des Gefühlslebens mit sich führen.
- Nicht von der Hand zu weisen war auch die Gefahr der zunehmenden Ersetzung eigener handlungsbezogener Erfahrungen durch audio-visuell mediatisierte Erfahrungen, die allenfalls nachgearbeitet, aber nicht mehr selbst vollzogen werden, was zu weiterem Realitätsverlust führt und der Urteilsbildung abträglich ist.

Insgesamt erbrachte das analytische Fazit, daß die Ausbreitung der neuen Medien und Kommunikationstechnologien die personalen kommunikativen Kapazitäten nachhaltig tangieren und im Sinne der eindimensionalen Ausrichtung nachteilig beeinflussen.

Schließlich mußte mit Gründen angenommen werden, daß die Verbreitung schnellfertig zu konsumierender Medienprodukte eine wesentliche Ursache darstellt für die schwindende Bereitschaft und Fähigkeit,

- erstens sich mit hochkomplexen, vieldeutigen und mehrleistigen ästhetischen Strukturen auseinanderzusetzen und
- zweitens das ästhetische Instrumentarium als erfahrungs- und kommunikationsbildendes Medium wie als Vehikel des Selbstausdrucks und der Selbstverständigung zu gebrauchen.

In die gleiche Befundrichtung gehen Klagen der Vertreter der sog. musischen Fächer, aber auch die psycho-analytischen Feststellungen von Blos, der etwa bei Jugendlichen eine Flucht aus symbolischer Kommunikation, zugleich affektive Vereinsamung und Langeweile im Wechsel mit ‚Affekt- und Objekthunger'[1] feststellt. Gleichsinnig auch konstatiert Ziehe noch ausdrücklicher ‚Schwächen der Symbolbildung'[2] bei Jugendlichen, ohne daß sich diese bereits als Ausdruck psychischer Erkrankung bewerten ließen.

Andererseits stellen sowohl Blos wie Ziehe ‚ästhetisches' Verhalten bei Jugendlichen fest in ihrer ‚Vorliebe für diffuse, atmosphärische Gruppensituationen in Zusammenhang mit exzessivem Musikerleben oder Bewegungsgenuß bei ritualisierten Tanzbewegungen'. Dieses Verhalten bringen sie mit regressiven Tendenzen der Adoleszenz in Verbindung, frühkindliche Einheitserfahrungen und symbiotische Verschmelzungserlebnisse wieder zu beleben.

Unabhängig von dieser psychoanalytischen Deutung ist in der Vorliebe für sinnlich-emotional aufgeladene Situationen einerseits auch deren gesellschaftliches Substrat im Sinne des Ausgleichs für vorenthaltene Erlebnisse aufzusuchen, wie andererseits Parallelen zur festgestellten Fiktionalisierung und Ästhetisierung von Wirklichkeit zu sehen, wie sie in audio-visuellen Spektakeln vorgenommen werden. In Absetzung zu Ziehe und Blos würden wir dieses Verhalten eher als quasi-ästhetisches denn als als ästhetisches Verhalten kennzeichnen, weil letzteres die Person mehrdimensional mobilisiert.

Wir sehen zudem dieses quasi-ästhetische Verhalten Jugendlichen nicht unkritisch, eben weil es nur eine, die affektiv-unbegriffliche Komponente ästhetischer Kommunikation streift. Weil diese sich auch nicht anschaulich ausformt, der unbestimmte Gefühlszustand nicht in einen bestimmteren symbolischen Ausdruck überführt wird, bleibt quasi-ästhetisches Verhalten unkommunikabel, sozial einsam, nichtssagend. Man kann es auch so verdeutlichen: Beim rhythmisch ritualisierenden Discotanz (oder auch Standardtanz) bewegt sich der Körper, aber hier ‚spricht' Körpersprache nicht, symbolisiert nichts Spezifisches, weist nicht auf das personale Selbst zurück, teilt entsprechend auch nichts von ‚mir' einem ‚anderen' mit. Der Körper agiert lediglich diffuse und unspezifische Gefühlszustände aus.

Das unterscheidet quasi-ästhetisches Kommunikationsverhalten und quasi-ästhetischen Zustand vom ästhetischen Verhalten und Zustand in Zusammenhang mit ästhetisch strukturierten Produkten: Es ist eindimensional und beteiligt die Person nur einseitig.

Und das unterscheidet quasi-ästhetisches Verhalten vom ästhetisch produktiven Handeln: Es bringt keine Produkte (Werk, Aktion, Prozeß) hervor, die für den Produzenten wie den Rezipienten/Mitagenten Selbst- und Fremdverständigungswerte aufweisen und beide in Beziehung zueinander setzen.

Von hier aus wird auch plausibel, daß quasi-ästhetisches Verhalten, auch wenn es sich in der Gruppe abspielt, keine Beziehung schafft. Insofern es nicht auf Selbstverständigung fußt und entsprechend keine Selbstverständigungsanteile aufweist, geht ihm die Verständigungsmöglichkeit mit anderen ab, sodaß auch durch Sozialkontakte in Zusammenhang mit quasi-ästhetischen Kommunikationsformen Isolation und Beziehungslosigkeit nicht abgebaut werden.

Pädagogische Kunstherapie muß die gesellschaftlich eingefahrenen funktionalisierten und eindimensionierten Kommunikationsformen als Fakten behandeln, denen sie Rechnung zu tragen hat.

Wohlwissend, daß ästhetisches Handeln grundlegende personale Kommunikationsfähigkeiten vieldimensional ausweitet bzw. Kommunikationsschwächen abbaut, stellt die Entwicklung von Kommunikationsfähigkeit mit ästhetischen Mitteln und im ästhetischen Handlungszusammenhang ein wesentliches Ziel ihrer Bemühung dar. Ästhetisches Arbeiten ist zugleich der Ort, an dem der Unterschied von technisch-funktionaler, eindimensionaler und ästhetischer Kommunikation erfahren und kritisch aufgeklärt werden kann.

Ist also einerseits davon auszugehen, daß ästhetische Kommunikationsfähigkeiten allgemeiner und nicht nur bei dezidierten psychischen Störungen und Krankheiten eingeschränkt oder schwach ausgebildet sind, was die kompensierende und komplementäre therapeutische Tätigkeit erschwert, aber eben auch notwendig macht und auf vielfältige Pionierarbeit im Aufbau eines ästhetischen Instrumentariums verweist, so signalisiert andererseits das im quasi-ästhetischen Verhalten Jugendlicher zum Ausdruck kommende Bedürfnis nach emotionalem Erleben und nicht-sanktionierter Verhaltensmöglichkeit im Schutzraum der Gruppe Anknüpfungspunkt für die pädagogische Kunsttherapie. Die Beteilung affektiver Persönlichkeitsdimensionen und der unzensierte Prozeß ist per se Kennzeichen ästhetischer Tätigkeit.

Ferner erlaubt die Konkretisierungsoffenheit des ästhetischen Phänomens Problemstellungen mit zunächst expressivem Schwerpunkt, desweiteren ebenfalls Gruppen- oder Partnerarbeit, die die Funktion hätten – zunächst sozial-emotional durch die Gruppe abgesichert –, Gestaltungs- und Symbolisierungsversuche zu wagen.

Weil es im ästhetischen Kontext aber in erster Linie um die Ausweitung personaler Kommunikationspotenz, um Selbstbegreifen geht, damit man sich anderen begreiflich machen kann; es also primär weniger um Sozialverhalten geht – es aber hierdurch auch verbessert wird –, wäre es von Anfang an wichtig, das gemeinsame Tun vor seiner reflektierenden Bearbeitung auf der präsentativen Ebene zu halten, sodaß der einzelne Gelegenheit hat, bildnerisch-bewegungsmäßig auf seine Weise im gemeinsamen Prozeßgeschehen zu reagieren und dabei zugleich sich auf das Aktionsgeschehen des anderen einzustellen.

Auf diese Weise wird das zum Ausdruck und zur Darstellung benötigte Instrumentarium eingeübt und der bildhafte Ausdruck reicher. Zugleich werden Symbolbildungen angeregt wie auch präsentative (ästhetische) Kommunikationsformen eingegangen, die die diskursive (sprachliche) Verständigung zwar ein Stück weit aussetzt, aber auch potentiell bereichert, weil sie zusätzliche semantische Bezugsmöglichkeiten für die intersubjektive Verständigung schaffen.

Als Anknüpfungs- und Ausgangspunkt der Neueinführung von Symbolen und der Erweiterung präsentativer Symbolisierungs- und Kommunikationsfähigkeiten beispielsweise bei Jugendlichen und Erwachsenen trauen wir dem gemeinsamen, unthematisch aktionistischen Malgeschehen eine Menge zu (vgl. Teil IV). Es lässt affektive, körperlich-sinnliche wie sozial-emotionale Komponenten zu, die unzensiert Äußerungsbarrieren abzubauen in der Lage sind. Als Anknüpfungspunkt geeignet erscheinen elementare Malhandlungen auch, weil sie sich im und durch den Prozeß sozusagen fast von alleine zu figurativ-strukturierenden und schließlich zum partiell absichtsvoll-planenden Malprozessen mit Symbolwerten wandeln. Ferner deshalb, weil sich parallel dazu zunehmend der Wunsch einstellt, das zufällig Entdeckte und Erlebte für sich allein weiter zu agieren und das Medium auszuprobieren. Das heißt, daß in solchen Prozessen Entdeckungserfahrungen gemacht werden, die weitere motivieren.

Sind solche Selbsterfahrungen erst einmal motiviert und hierüber Eigeninteressen erwacht, kann der pädagogisch-therapeutische Prozeß auch schrittweise thematische Aufgabenstellungen angehen, die ggf. wieder in der Gruppe kommunikativ (bildnerisch und reflektierend) ausgestaltet werden können.

Zwar nicht also als Feld sozialen Lernens konzipiert, kann soziales Lernen als Funktion ästhetischer Kommunikationsprozesse nicht zurückgewiesen werden. Im Gegenteil:

Uns erscheint ästhetische Kommunikation besonders förderlich für sozial-integrierende Intentionen, etwa der Sozialpädagogik, weil sie vermehrte Toleranz gegenüber eigen-artigen, unbekannten, fremden, mehrdeutigen Ausdrucksformen und Produkten (Ambiguitäts-Toleranz) schafft. Kurzschlüssige, vereinfachende, vereindeutigende, intolerante Verhaltensreaktionen gegenüber Andersartigem wird so im Vorfeld sozialer Konfliktsituationen vorgebeugt.

Gerade bei Jugendlichen und jungen Erwachsenen, die ihren Standort vielfach in Absetzung zu tradierten, ästhetischen Normen, kulturellen und sozialen Interaktions- und Kommunikationsformen auszumachen suchen, gälte es, technische Medien und Kommunikationsmaterialien, die im lebenspraktischen Zusammenhang der Adressaten vertraut sind, miteinzubeziehen. Es gälte auch, thematische Problemstellungen zu antizipieren, die dem Wunsch nach sozio-kultureller Abgrenzung und Eigenerfahrung entgegenkommen. Neben dem Selbsterfahrungswert sollten sie also auch *Gebrauchswert* für die gewünschte Selbstdarstellung und Abgrenzung in der eigenen Gruppe wie außerhalb ihrer aufweisen (vgl. Teil IV).

Kann im Rahmen solcher Arbeit Verständigung erprobt und die Tragfähigkeit eigener Symbolbildungen erfahren werden, so vermögen ästhetische Symbolbildungen für die soziale Kommunikation eine höhere Akzeptanz und einen höheren Stellenwert für die kommunikative Lebenspraxis zu gewinnen.

Da die jeweiligen ästhetischen Produkte anders als die gewohnten, passiv konsumierten Medienrealisate und anders als quasi-ästhetisches Freizeitverhalten reale, direkte und vieldimensionale, be-greifbare Erfahrungsobjekte sind, schafft die Kommunikation mit ihnen reale Objekterfahrungen, was der Urteilsbildung zweckdienlich ist. Da sie zugleich Gemeintes und Vorgestelltes (symbolisch) präsentieren, erbringt der Kommunikationsvollzug Subjekterfahrungen, was der Ausdifferenzierung intersubjektiver Verständigungspotenzen dienlich ist.

Der persönlichkeitserweiternde Wirkungszusammenhang des kommunikativen Geschehens lässt sich auch so vorstellen:
Bei ästhetisch produzierender Kommunikation fluktuiert und verschränken sich permanent monologische und dialogische (mit anderen/anderem sich in Beziehung setzende), präsentative wie diskursive Kommunikationsebenen[3]. Beim ästhetisch Rezipierenden ergeben sich nämliche Verschränkungen. Sie führen in Konkretisierungsabsicht je zum ästhetischen Produkt oder Verstehensresultat, sodaß mit Gründen angenommen werden kann, daß sich durch ästhetische Kommunikation sowohl das Niveau präsentativer wie diskursiver Kommunikationsformen progressiv erweitert.

Eingebettet in die ich-akzeptierende und ergebnis-tolerierende, also repressionsfreie Kommunikationsstruktur und Arbeitsweise der pädagogischen Kunsttherapie wird zugleich die sozial-therapeutische Valenz ästhetischer Kommunikation virulent, die Toleranzverhalten und Konfliktfähigkeit zu steigern in der Lage ist.

Anmerkungen

1 Vgl.: Blos, P.: Adoleszenz. Stuttgart 1972, S.118f
2 Vgl.: Ziehe, TH.: Pubertät und Narzißmus. Frankfurt a.M. 1975, S.236
3 Bezogen auf sprachliche Verständigung macht diese Strukturen deutlich: Gülich, E./Raible, W.: Textsorten-Probleme. in: Linguistische Probleme der Textanalyse. Sprache der Gegenwart. Bd.35, Düsseldorf 1975, S.151ff

2. *Praxisfelder pädagogischer Kunsttherapie*

Curricula für das Fach ‚Kunst' vermitteln kaum den Eindruck, als habe sich die Kunstdidaktik schon umfänglicher klargemacht, welch hoher pädagogischer Stellenwert einer auf ästhetischen Grundlagen fundierten Kunstpädagogik innerhalb gegenwärtiger gesellschaftlicher Rahmenbedingungen zukommen könnte, wenn sie verstärkt subjektorientierte (ästhetisch-präventive) Funktionen wahrnehmen würde. Selbst lernziel-theoretisch strukturiert und sachorientiert verfahrend sollen kunstpädagogische Prozesse durch die Arbeit am ästhetischen Stoff zum kulturellen Phänomenbereich Kunst hinführen; sollen kunstpädagogische Prozesse über die Vermittlung von Sachwissen ebenfalls überprüfbare und meßbare fachspezifische Verhaltensresultate zeitigen.[1]

Wie auf der Grundlage der positivistisch-empirischen Ausrichtung des Fachs die von Otto auf der Leitzielebene benannte ‚Emanzipationshilfe' geleistet werden soll, bleibt allerdings schleierhaft.[2]

Unauffällig eingepasst in den Fächerkanon und kompatibel mit der reglementierenden Zeitstruktur schulischer Prozesse vermag technokratischer Kunstunterricht mit seiner lernzieltheoretisch ausgerichteten, Flexibilität, Spontaneität, individuelle Problemlösungen verhindernden Kommunikations- und Prozeßstruktur weder den innerschulisch mitbedingten Fehlverhaltensweisen noch den außerschulisch bedingten Fehlentwicklungen und Identitätstörungen[3] etwas entgegenzusetzen.

Umfassende Emanzipationshilfe im Sinne des ‚Freimachens' und ‚Freisetzens' leisten können kunstpädagogische Prozesse erst dann, wenn sie auf den spezifischen Leistungsmöglichkeiten ästhetischer Prozesse gründen und die Prozeßstruktur entsprechend subjektorientiert ausrichten, was eine Umorientierung von der ‚Sache' Kunst hin zum Individuum als Zentrum aller kunstpädagogischen Bemühungen implizieren würde. Eine derartige konzeptionelle Gegenwendung wäre zugleich Voraussetzung dafür, pädagogisch-kunsttherapeutisch ausgerichtete Erziehung im Rahmen der Schule zu betreiben.

Das sozialpädagogische Klientel ist von Kindern im Kindergartenalter bis zu alten Menschen breit gestreut. Entsprechend vielfältig sind die Arbeitsfelder der Sozialpädagogik. Sie reichen von Elementarerziehung, Heimerziehung, Sucht- und Erziehungsberatung, Jugend- und Erwachsenenbildung bis hin zu Sozialpädagogik an Gesamtschulen und führen spezifische Methoden und Ansätze mit sich.

Bei aller Methoden- und Ansatzvielfalt besteht Einigkeit über das Ziel jeder sozialpädagogischen Bemühungen, nämlich:

Defizitären Sozialisationsbedingungen und deren individuellen Korrelaten konstruktiv und offensiv über die Befähigung zur Selbsthilfe zu begegnen.

Spätestens hier wird die Relevanz therapeutisch orientierter ästhetischer Erziehung deutlich. Die freiheits- und mündigkeitsfördenden Wirkungen produktions- und rezeptionsästhetischer Prozesse und Kommunikationsvollzüge lassen ästhetische Kommunikation als adäquaten Handlungsrahmen für alle Bereiche sozialpädagogischer Arbeit bedeutsam erscheinen und ihre Integration in sozialpädagogische Denk- und Handlungsmodelle fordern. Ästhetische Kommunikation bietet sich ihr als zielrealisierendes Medium geradezu an.

- Intendiert ist mit ästhetischer Kommunikation ja grundsätzlich mündiges und selbstbestimmtes Denken und Handeln, das den Einzelnen nicht nur zur Klärung der eigenen Identität und Position befähigt, sondern darüber hinaus aktive Partizipation an gesellschaftlicher Realität ermöglicht.
- Bedingt durch die intrasubjektive Beteiligung, die intersubjektiven Implikate (Polyvalenz/Polyfunktionalität) wie schließlich die repressionsfreie Interaktionsstruktur kunsttherapeutischer Prozesse erfolgt weiterhin der Aufbau von Toleranz gegenüber andersartigen und fremden Einstellungen und Ausdrucksweisen (Ambiguitätstoleranz).

Ästhetische Kommunikation ist damit für die Sozialpädagogik auch ein vorzügliches Feld sozialen Lernens. Sie wirkt sozialen Konflikten, wie sie gerade auf Intoleranz gegenüber unbekannten oder abweichenden Verhaltensweisen gründen und oft genug in der Anwendung physicher und psychischer Gewalt eskalieren, entgegen und schafft Grundlagen der Verständigung auf der Basis des Selbst- und Fremdverstehens.

Heil- und sonderpädagogische Spezialisierungen im ‚System Heilpädagogik/Sonderpädagogik' selbst wie das hochkomplexe Erscheinungsbild und der Ausprägungsgrad von Behinderung wie schließlich unterschiedlich perspektivierte und ausgerichtete Behandlungsformen begünstigen zunehmend die Ausgrenzung des heilpädagogischen Klientels in Sondereinrichtungen. Hierdurch bedingt tendieren heilpädagogische Lern- und Therapieprozesse zur Segmentarisierung, Separierung und Partialisierung des Klienten, statt ihm ganzheitliche personale Spiel- und Entwicklungsräume zu bieten, über die seine Gesamtperson gefördert und freigesetzt werden könnte. Separierung des Klientels und Segmentarisierung des Lern- und Entwicklungsgeschehens haben fatale Folgen für den Klienten. Sie verfestigen den sozialen Abstand (Kastenbildung und Stigmatisierung)[4] und laufen ihrerseits Gefahr, als Lernhemmungen Leistungsdivergenzen – bezogen auf die nicht behinderten Altersgenossen – zu vergrößern, statt sie abzubauen.[5] Derartiges Lerngeschehen widerspricht dem Normalisierungsprinzip und kontraveniert ebenso dem emanzipatorischen Anspruch einer ganzheitlich-selbstbestimmten Persönlichkeitsentwicklung.

Der neuen theoretischen Diskussion ist zu entnehmen, daß sich die Heilpädagogik/Sonderpädagogik des Problems bewußt ist[6] und therapeutisch-pädagogische Aktivitäten angestrebt werden, die korrigierend und kompensierend wie weiteren Entwicklungsrückgängen vorbeugend dem Normalisierungsprinzip ebenso wie dem Anspruch auf ganzheitlich-freisetzende Identitätsförderung Rechnung zu tragen suchen.[7] Im Gegensatz zur reduktionistischen Vorgehensweise, die bestimmte Lerninhalte ausklammert und Verhaltensabläufe für eingegrenzte Lebensräume trainiert (und fixiert), fordert denn auch Kobi offensive Lernorganisationen für Behinderte, die an Zielvorstellungen orientiert sind, die für Regelschüler Geltung haben. Nur diese schaffen Raum für ‚behandelnde Gegenstandserfahrung', führen zur ‚kognitiven Weltdurchdringung' und ‚Entwicklung einer Meta-Intelligenz (Reflexionsfähigkeit)' und können zu ‚gestalteten Entäußerungen von Vorstellungen' hinführen.[8]

Normalisierung, Integration und Selbstbestimmung sind gerade durch pädagogisch-kunsttherapeutische Bemühungen zu bewirken. Ästhetische Erziehung als grundlegendes Planungsmoment der pädagogischen Kunsttherapie nutzt die ganzheitlich selbstbestimmten Entfaltungsmöglichkeiten ästhetischer Kommunikation im intra- wie intersubjektiven Bereich. Sie eröffnet somit auch dem heilpädagogischen Klientel die Möglichkeit

- sich ganzheitlich mit sich und anderen auseinanderzusetzen,
- die eigene und die Wirklichkeit anderer zu begreifen, dabei
- Ich-Identität zu entfalten und schließlich
- selbst eigene und allgemeine Wirklichkeit mitzugestalten.

Das selbstaktivierende und -rehabilitierende wie ich-stärkende Veränderungspotential kunsttherapeutischer Prozesse bietet sich demnach der heilpädagogischen Wende ebenfalls als zielrealisierend an. Was es leisten kann, soll beispielhaft im nachfolgenden praktischen Teil aufgezeigt werden.

Zusammengefasst ergeben sich für die pädagogische Kunsttherapie folgende Einsatzmöglichkeiten und Praxisfelder:

1. Im Rahmen von Kunstunterricht auf der Basis seiner subjektorientierten fachlichen Umperspektierung und generelleren Umstrukturierung von Unterricht in dieser Richtung.
2. Im Rahmen schulbezogener und fachbezogener, aber informellerer Aktivitäten (Workshops, AGs, Kurse).
3. Im Rahmen außerschulischer sozialpädagogischer und/oder heilpädagogischer Aktivitäten und ihren Arbeitsfeldern.

Ein Einsatz der Kunsttherapie in Kliniken ist nur dann wünschenswert, wenn sie nicht primär diagnostisch orientiert, sondern produktionsorientiert verfährt, um so die rehabilitierenden und restituierenden Valenzen ästhetischer Prozesse vollumfänglich freizusetzen.

Da Doppelqualifikationen von Kunstpädagogik in Kombination mit Sozialpädagogik oder Sonderpädagogik zwar wünschenwert wären, aber in aller Regel nicht gegeben sind, wäre vermehrte Arbeit im Team – ob im schulpädagogischen oder sozialpädagogischen Raum – solange anzustreben, wie sie nicht durch eine entsprechende Ausbildung grundgelegt ist.

Langfristig müssen solche Doppelqualifikationen durch eine schwerpunkthafte kunsttherapeutische Ausbildung im Rahmen kunstpädagogischer/sozialpädagogischer/heilpädagogischer Ausbildungsstätten selbst gewährleistet werden, die die jeweiligen fachlichen Basistheorien und Arbeitsformen mit der Theorie ästhetischer Erziehung und Kommunikation in Beziehung setzen. Auf diese Weise werden ästhetische Prozesse fach- und adressatenspezifisch modifiziert wie umgekehrt inhalts- und gegenstandsneutrale sozial- und sonderpädagogische Interventionen unter gegenstandsimmanenten (ästhetischen) Gesichtspunkten spezifiziert und ausgerichtet. Unabdingbar, allein schon zur Gewinnung eines ästhetischen Handlungsinstrumentariums, ist darüber hinaus, daß die therapeutischen Valenzen ästhetischer Kommunikationsprozesse nicht nur therapeutisch bewußt werden, sondern in praktischen Übungen und Projekten (vgl. Teil IV) selbst erfahren werden, weil nur auf dieser Grundlage die intra- und intersubjektive Bedeutsamkeit ästhetischer Prozesse vollumfänglich eingeschätzt werden kann. Zu dieser Auffassung kann aber nur der gelangen, dem ästhetisches Verhalten, die verwendeten Mittel und Verfahren im eigenen reflektierten Tun einsichtig und sprachlich faßbar geworden sind und der dabei deren produktive Funktion bei der Selbstfindung und bei der Auseinandersetzung mit Wirklichkeit erfahren hat. Nur so kann er die Bedeutung ästhetischer Aktivität auch erst in beruflichen Zusammenhängen argumentativ begründen und rechtfertigen.

Anmerkungen

1 Vgl.: Otto, G.: Didaktik der ästhetischen Erziehung. Braunschweig 1976. ders.: Funktion, Bedingungen und Verfahren der Evaluation von Konzepten der ästhetischen Erziehung. in: Otto, G./Zeinert, H.: Handbuch der Kunst- und Werkerziehung. Berlin 1975. Der Konzeption Ottos kommt immer noch Leitfunktion bei der Strukturierung des Kunstunterrichts zu.

2 Vgl. auch die Kritik von Richter, H.G.: Lehrziele der ästhetischen Erziehung. Düsseldorf 1976, S.54f

3 Vgl.: Konrath, A.: Voraussetzungen und Ansatzpunkte eines therapeutisch ausgerichteten sozialen Lernens in der ästhetischen Erziehung. in: Richter, H.G. (Hg): Therapeutischer Kunstunterricht. a.a.O. S.188f; auch: Priesemann, G.: Zur Theorie der Unterrichtssprache. Düsseldorf 1971, S.208

4 Vgl.: Theunissen, G. in: Richter, H.G./Wassermé, G. (Hg): Lernhilfe durch ästhetische Erziehung. Frankfurt 1981

5 Vgl.: Kanter, G.: Lernbehinderungen und Personengruppen der Lernbehinderten. in: ders. (Hg): Handbuch der Sonderpädagogik Bd.4. Berlin 1977, S.52

6 Vgl.: Kobi, E.E.: Die Rehabilitation der Lernbehinderten. München/Basel 1980, S.188

7 Vgl. z. B. Kobi, E.E.: Grundfragen der Heilpädagogik. Bern 1983[4], S.107f. Speck, O.: System Heilpädagogik. Eine ökologisch reflexive Grundlegung. München/Basel 1988, S.12ff. Gröschke, D.: Praxiskonzepte der Heilpädagogik. München/Basel 1989, S.171ff

8 Vgl.: Kobi, E.E.: Die Rehabilitation. a.a.O. S.158ff

3. Didaktische Vorentscheidung für eine offene, handlungsorientierte Lernorganisation in Rahmen pädagogischer Kunsttherapie

3.1. Zielrichtung, Ziele und Aktivitäten ästhetisch-therapeutischer Prozesse

Die sachstrukturelle Intentionalität ästhetischer Produktions- und Rezeptionsprozesse weist direkte Kompatibilität (Vereinbarkeit) und Synthetisierbarkeit (Verbindbarkeit) mit dem auf Mündigkeit hinzielenden übergreifenden Bildungsbegriff, wie er für allgemeinpädagogische, sozialpädagogische und heilpädagogische Bildungsbemühungen verbindlich ist, auf. Hinsichtlich dieser emanzipatorischen Zielsetzung herrscht weitgehend Einigkeit, wenngleich Anspruch und Wirklichkeit im pädagogischen Raum vielfach weit auseinanderklaffen.

Im sozialpädagogischen Raum wird die Förderung autonomen und selbstbestimmten Handelns des Klienten anvisiert. Hier impliziert das Leitmotiv ‚Hilfe zur Selbsthilfe' sozialpädagogische Interventionen, die, über die reine Symptombekämpfung bereits eingetretener sozialer und personaler Nöte hinausgehend[1], auf personale wie soziale Befreiung und Freisetzung eigener Handlungsmöglichkeiten, also auf vermehrte Selbst- und Sozialkompetenz ausgehen.[2] Andererseits befördern sozialpolitische und sozialplanerische Indienstnahmen zum Abbau expandierender sozialer Problemfälle und sozialer ‚Zündstoffe' Funktionalisierung und Aktionismus der Sozialpädagogik, die ihr innovativ-emanzipatorisches Selbstverständnis aushöhlen. Eine Entwicklung, die Hottelet zu der These veranlaßt, daß „eine Rückgewinnung von Ressourcen für die emanzipatorische Bildungsarbeit unerläßlich"[3] sei.

Auch die Heilpädagogik fühlt sich dem Ziel der personalen Identität verpflichtet, ist ihm aber angesichts segmentarisierender, zerstückelnder therapeutischer Handlungspraxis, in der der Klient additiv zahlreicher isolierter Einzelmaßnahmen ausgesetzt ist, kaum gewachsen. Zudem erscheint die Überbetonung – meßbarer – kognitiver Lerninhalte und lebenspraktischer Leistungsförderung ebenfalls kaum geeignet, das Ziel ganzheitlicher Persönlichkeitsentfaltung zu realisieren. Sie ja setzt sich aus mehr als aus der Summe additiv zusammengefügter Verhaltensweisen zusammen. Deshalb auch fordert neben Urs Haeberlin auch Otto Speck als aktuelle Aufgabe der Heilpädagogik, ein Menschenbild zu entwerfen, ‚das geeignet erscheint, die gegenwärtige Krise zu überwinden', um in dessen Konsequenz leistungsfördernde und persönlichkeitsbildende heilpädagogische Interventionen zugunsten ganzheitlicher Persönlichkeitsbildung zu verschränken.[4]

Besteht also innerpädagogisch ein theoretischer Konsens über die zu leistende, korrigierend-kompensatorische Zielrichtung der pädagogischen Bemühungen, so herrscht aber ganz offensichtlich Ratlosigkeit hinsichtlich der Gegenstände, Inhalte und Prozesse, mit denen Prozesse der Befreiung von defizitären Ich-Zuständen und Freisetzung auf vermehrte Autonomie in Gang gesetzt werden könnten.

Demgegenüber ist herausgearbeitet worden, daß emanzipierendes (befreiendes und freisetzendes) Potential ästhetischen Prozessen inhärent ist. Selbstbestimmung, Handlungsbefähigung zu verantworteter Übernahme von Freiheit, Entfaltung ganzheitlicher Identität als übergreifende formale Bildungsziele, müssen der ästhetischen Erziehung nicht erst als Zielsetzung und Regulativ ihrer Prozesse ‚aufgegeben' werden, sondern sind Funktionen und Wirkungen der ästhetischen Prozesse selbst. Dennoch soll personale Identität und Mündigkeit als Annäherungsziel jedweder Pädagogik auch noch einmal extra als leitendes Annäherungsziel und regulatives Prinzip der pädagogischen Kunsttherapie herausgestellt werden, um hiermit die Notwendigkeit zu unterstreichen, hierfür die ermöglichenden Rahmenbedingungen pädagogisch-systematisch (planvoll) zu schaffen.

Das pädagogische Leitziel bedeutet also zugleich eine bestimmte Zielrichtung kunsttherapeutischer Prozesse.

In den bereichsspezifischen Zielhorizont gehört auch die gegenstandsspezifische Zielkonkretisierung wie die mediumspezifische Ausdifferenzierung und Umsetzung in adressaten-, arbeitsfeld- und situationsspezifische Ober- und Unterziele[5] wie Aufgabenstellungen, die dann als gegenstandsspezifische Inhalts-Ziel-Verbindungen die je konkreten Prozessaktivitäten leiten und orientieren. Generell wird das pädagogische Leitziel ‚(ganzheitliche) personale Identität' und ‚autonomes Handeln' im Rahmen ästhetischer Handlungsprozesse über die Grundlegung ästhetischer Kommunikationsfähigkeiten und der Steigerung von Ausdrucks- und Darstellungsfähigkeiten zu realisieren versucht. Das heißt zugleich, daß der allgemein pädagogische Leitbegriff der Emanzipation hier seine *bereichsspezifische* Konkretisierung erhält.

Ästhetische Kommunikationsfähigkeit stellt so das Leit- und Annäherungsziel der ästhetischen Erziehung dar. Weil ästhetisch produktive und rezeptive Kommunikationsprozesse zugleich rehabilitative und restituierende therapeutische Valenzen mit sich führen, ist ästhetische Kommunikationsfähigkeit ebenso Leit- und Annäherungsziel pädagogischer Kunsttherapie.

Der Zusammenhang von emanzipatorischem Bildungsziel, ästhetischem Erziehungsziel und kunsttherapeutischen Intentionen wird in unserer Definition von pädagogischer Kunsttherapie hergestellt. Hier wird definiert:

Unter pädagogischer Kunsttherapie ist die Gesamtheit aller pädagogischen Initiativen zu verstehen, die im Dienst des Aufbaus bzw. der Ausweitung personaler Identität ästhetisch-ganzheitliche Kommunikationsfähigkeiten über selbstfindende und selbstrehabilitierende Ausdrucks-, Darstellungs- und Verstehensaktivitäten im Medium und aufgrund ästhetischer Produktions- und Rezeptionsprozesse und mit Hilfe ästhetischer Mittel anzielen, ermöglichen und progressiv freizusetzen suchen.

Gleichzeitig mit dieser Definition ist der prozessuale Aufbau und die Zielrichtung aller pädagogisch-kunsttherapeutischen Bemühungen angegeben.

Ausgehend von einer je zu identifizierenden Ausgangsbasis ist der kunsttherapeutische Prozeß unter dieser Zielperspektive als aufsteigende Linie vorzustellen[6], die von selbstrehabilitierenden zu umfassenderen selbstklärenden und selbstfindenden ästhetischen Prozessen fortschreitet.
Um die therapeutischen (präventiven wie restitutiven) Valenzen für den Persönlichkeitsaufbau fruchtbar zu machen, muß von Anfang an die instrumentelle Kompetenz mit ausgebildet werden, die eigentätig und nach eigenen Ausdrucks- und Darstellungsabsichten angewendet, ebenfalls von Anfang an selbstidentifizierende Prozesse und eine kontinuierliche Steigerung des ästhetischen Kommunikationsniveaus erlauben. Instrumentelle Unterweisungen vor und stützende Hilfestellung bei der prozessualen Selbsttätigkeit nehmen in dem Maße ab, wie das handwerkliche Instrumentarium als Vehikel des Selbst-Ausdrucks benutzbar ist.

In diesem Sinne verfährt Kunsttherapie gegenstandsangemessen und adressatengemäß und vermag die gegenstandsimmanenten, freimachenden und freisetzenden Ich-Funktionen zu mobilisieren wie hierüber das Ich ‚in Freiheit' zu setzen.

Gilt das fachspezifische Leitziel und Annäherungsziel ‚ästhetische Kommunikationsfähigkeit' für jeden, der am ästhetisch-therapeutischen Lernprozeß teilnimmt unbeschadet seiner je besonderen Ausgangslage und Lernbasis, so gilt das auch für alle anderen bereichsspezifisch zu konkretisierenden Oberziele oder Hauptziele und den zugeordneten Inhalten und Aktivitäten. Denn nicht von den Gegenständen, Themen und Aktivitäten unterscheiden sich kunsttherapeutische Aktivitäten von ‚normalen' kunstpädagogischen Prozessen, sondern von der methodischen Vorgehensweise her, die das ästhetische Prozeßgeschehen subjektzentriert nach der Voraussetzungslage des/der jeweiligen Adressaten orientiert. Dies entspricht auch der Auffassung von Bittner et. al. in bezug auf verhaltensgestörte Kinder[7] wie auch der Kobis[8] in bezug auf Lernbehinderte, die eine Orientierung am Regelschüler fordern.

Abgesehen davon, würde sich der Kunstunterricht verstärkt an dem Konzept der ästhetischen Erziehung ausrichten und infolgedessen Subjektorientierung vor Sachorientierung praktizieren, dann entfiele prinzipiell auch die Abgrenzung im Methodischen, weil Kunstunterricht sowohl therapeutische wie bildende Funktionen wahrnähme.

Die analytische Einsicht in die eingeschränkten ästhetischen Sozialisationsbedingungen heutiger ‚Regelschüler' und die hieraus entstehenden Handlungsdefizite führen uns jedenfalls zu der Konsequenz, nur graduelle Unterschiede in der methodischen Vorgehensweise anzunehmen und vorzunehmen, die sich vornehmlich auf die Einstiegs- und Aufbauphase wie die Gliederung der Prozesse bezieht (vgl. Teil

III, Kap. 4). Bevor jedoch auf das methodische Vorgehen einzugehen wäre, sind die leitenden Ober- oder Hauptziele in ihrer Struktur zu charakterisieren und im einzelnen zu benennen. Wie auch das Leitziel ‚ästhetische Kommunikationsfähigkeit' selbst sind auch die sachspezifisch ausdifferenzierten Ober- und Unterziele pädagogischer Kunsttherapie als Annäherungsziele zu begreifen. Sie haben die Funktion, den konkreten Lernprozeß zu leiten, zielunbemühte Beliebigkeit des Pädagogen/ Therapeuten hinsichtlich der notwendigen Lernfeldgestaltung zu vermeiden bzw. zielbezogene Orientierung und Interventionen zu gewährleisten. Im Kontext ästhetisch-therapeutischer Lernprozesse bestimmen sich die Oberziele jedoch näher als ‚konkretisierungsoffene' und ‚problemorientierte' Zielsetzungen. Konkretisierungsoffen sind diese Lernziele insofern, als sie das ästhetische Gestaltungsverfahren und das ästhetische Produktionsresultat bei der Bearbeitung einer konkreten Themen- oder Problemstellung offen lassen. Diese didaktische Entscheidung ist nicht gleichbedeutend mit einer planlosen „forderungsfreien ... Aktivitätspädagogik"[9], sondern gründet auf a) dem selbstgeleiteten Vermittlungsmodus ästhetischer Produktion und sucht b) den Selbstbestimmungsanspruch des Individuums im ästhetischen Handlungszusammenhang zu realisieren.

Problemorientiert verfahren kunsttherapeutische Prozesse insofern, daß:

- Anlaß ästhetischer Konkretisierungsprozesse ein vorgegebenes oder selbstformuliertes Gestaltungs- oder Erschließungsproblem wird;
- Wege und Mittel, die eine gegebene Problemstellung in eine gewünschte ästhetische Problemlösung überführen sollen, erst nach Maßgabe der geäußerten Gestaltungsvorstellungen ausgewählt oder entdeckt werden;
- im Zuge des Konkretisierungsprozesses unerwartete Schwierigkeiten auftauchen oder veränderte Problemstellungen entstehen können, die dem Prozeß eine andere Richtung geben;
- über problematisierende Prozesse eigenständige Prozeßergebnisse erwartet werden, die vorab nicht festzulegen sind.

Konkretisierungsoffene (produktions- und rezeptionsästhetische) Lernziele verstehen den Adressaten/Lernenden als Subjekt seiner Handlungsprozesse und nehmen seine Eigentätigkeit ernst. Das zuzuordnende Interaktionsverhältnis zwischen Pädagogen/Therapeuten und Adressaten kennzeichnet sich als Subjekt-Subjekt-Verhältnis.

Weil vorfixierte Verhaltensresultate oder präformierende Zielvorgaben die Erfahrung des Eigenschöpferischen und Selbstregulierten minimieren und somit auch deren therapeutische Valenz tilgen, sind die produktions- und rezeptionsästhetischen Lernziele nicht in anzuzielende, beobachtbare Verhaltensresultate zu operationalisieren. Die aufgeführten konkretisierungsoffenen Lernziele fungieren also als Annäherungsziele, die dem Pädagogen die Richtung seiner Planung angeben und Anregungen für die Realisierung auf der Inhalts- und Aktivitätsebene geben. Im Folgenden werden konkretisierungsoffene Lernziele auch als Prozeßziele bezeichnet. Dem zu erschließenden ästhetischen Handlungs- und Objektbereich entsprechend, beziehen sich die hier ins Auge gefaßten Lernziele gleichermaßen auf erlebnismäßige, begriffliche wie sinnlich-materiale Ebenen. In unterschiedlichem Ausmaß akzentuieren sie inhaltliche, formale (fähigkeitsbezogene), sozial-kommunikative Dimensionen. Ihnen werden Aktivitäten zugeordnet, die ihrerseits auf offen strukturierte Themen verweisen und ggf. speziellere sachbezogene Verfahrensweisen verlangen.

Unter dem bereichsspezifischen Leitziel ‚ästhetische Kommunikationsfähigkeit' sucht pädagogische Kunsttherapie im Medium ästhetisch produktiver und rezeptiver Prozesse zu realisieren:

Prozessziele	*Inhalte/Aktivitäten*
1. Entwicklung und Entfaltung von Ich-Identität.	Selbsttätig produzierende und reflektierende Vollzüge mit Dominanz der Einbildungskraft in bezug auf naturale, soziale, kulturelle, technische Umwelt, die direkte Rückmeldungen über Ursache und Wirkung des Handlungsprozesses vermitteln.
2. Aufbau und Ausbau der Gestaltungskompetenz	Einführung in und planvoller Gebrauch grundlegende(r) Gestaltungsprinzipien, verstanden als generelle Strukturierungs- und Erfahrungsprinzipien: Abstraktion-Konkretion; Dynamik-Statik; Einheit-Vielheit; Gleichgewicht-Ungleichgewicht; Reduktion-Konstitution; Übertragung-Abwandlung-Umformung

3. Verringerung der Diskrepanz zwischen innerem Erleben und Ausdruck; bzw. Abbau von Äußerungsängsten	Einführung und Ausdifferenzierung eines ganzheitlichen Kommunikationsrepertoires mit grundlegenden Realisationsmedien: gegenständliche Materialien, audio-visuelle Medien, Raum, Bewegung, Schall, Rhythmus, Wort
4. Abbau mediatisierter Erfahrungen- und Ausgleich von Wirklichkeitsverlust	Analyse funktionalisierter und instrumentalisierter Wirklichkeitsverarbeitung in technologischen Medien und Bearbeitung adressatenspezifischer Problemstellungen in ästhetischer Produktion
5. Grundlegung präsentativer Symbolbildungen	Umsetzung innerer und äußerer Wirklichkeit in anschauliche Formen
6. Grundlegung diskursiv-reflexiver Fähigkeiten und Erweiterung der Verstehensmöglichkeiten	Konfrontation mit ästhetisch strukturierten Objekten und Einführung in erschließende Verstehensvollzüge
7. Erweiterung von Toleranz gegenüber mehrdeutigen und mehrwertigen Situationen, Sachverhalten und Prozessen (Ambiguitätstoleranz)	Initiierung von vornehmlich sprachfreien Happenings, Aktionen, Spielhandlungen oder pantomimische Selbsttätigkeit, die sich nicht begrifflich vereindeutigen lassen und so inhaltlichen wie verhaltensmäßigen Stereotypen entgegenwirken
8. Ausweitung und Sensibilisierung der Sinne zur Steigerung der Erlebens- und Erfahrensmöglichkeiten	Übungen, die direkt auf Primärerfahrung einzelner oder mehrer Sinne ausgehen und die Diskussion der Erfahrungsresultate anstreben.
9. Grundlegung von Transfermöglichkeiten	Einholen erfahrungsbedingter Problemstellungen im ästhetischen Medium, ihre reflektierende und produzierende Rückkoppelung an den Erfahrungshorizont.
10. Vorbeugung und Korrektur psychischer Fehlentwicklung	Ermöglichung eines personalen (Neu) Ansatzes auf qualitativ verändertem Niveau über Primärerfahrungen im eigenen Tun
11. Abbau von Motivationsschwäche, Initiativlosigkeit und Langeweile	Weckung von Neugierde und Experimentierfreudigkeit wie Grundlegung kreativer Problemlösungsfähigkeiten durch ungewohnten und verändernden Umgang mit vertrauten Objekten
12. Ich-Stärkung und Unterstützung von Selbstidentifikationen	Ganzheitliche Klärung und Erfahrung eigener Möglichkeiten und Grenzen durch mehrdimensionale ästhetische Bearbeitung von Problemstellungen in Absetzung und zum Ausgleich einseitiger sach- und leistungsbezogener Lernprozesse
13. Steigerung des ästhetischen Werteerlebens und -realisierens und Aufbau positiver Einstellungen gegenüber Produktivität	Vielfältig multimediales, praktisch-ästhetisches Tun mit Bezug auf die eigene Wirklichkeit wie Analyse eindimensionaler Kommunikationsprodukte
14. Abbau von Sinn- und Bedeutungsleere	Ermöglichung und Entfaltung phantasie-geleiteter Eigentätigkeit und selbstorganisierter Prozesse, die Gefühle personaler Verursachung und Kompetenz vermitteln.

Konkretisierungsoffene Ober- oder Prozeßziele, Konkretisierungsoffenheit bei der Bearbeitung und Verarbeitung von Problemstellungen wie die subjektzentrierte Vorgehensweise bedingen nun, daß die Struktur des Lerngeschehens ebensowenig einlinear ist wie der Produktionsprozeß selbst[10].

Anmerkungen

1 Vgl. Mollenhauer, K. in: Wollenweber, H.: Sozialpädagogische Theoriebildung. Paderborn 1983, S.107
2 Vgl.: Mollenhauer, K.: Erziehung und Emanzipation. München 19733
3 Hottelet, H.: Jugendpolitik in der ‚Wendezeit'. in: Außerschulische Bildung (1986), H.2., S.40
4 Vgl.: Speck, O.: System Heilpädagogik. München/Basel 1988, S.12 ff.
5 Bewußt wird mit Gatzemaier von Ober- oder Hauptzielen gesprochen und diese im weiteren durch Unterziele in bezug auf konkrete Lernprozesse und -sequenzen ergänzt. Mit dieser Terminologie wird in Abgrenzung zur lernzieltheoretischen Formulierung von beobachtbaren und meßbaren Verhaltenszielen (Feinzielen) auf den konkretisierungsoffenen Status der Oberziele und auf ihren heuristischen (orientierenden) Charakter verwiesen. vgl.: Gatzemeier, M.: Wissenschaftstheoretische Grundprobleme der Lernzieltheorie. in: Künzli, R. (Hg): Curriculumentwicklung – Begründung und Legitimation. München 1975, S.44
6 Vgl. Schema 13 bei Richter, H.G.: Pädagogische Kunsttherapie, S.134
7 Vgl.: Bittner, G. et. al.: a.a.O. S.15
8 Vgl.: Kobi, E.E.: Die Rehabilitation. a.a.O. S.188
9 Söderberg, B.: Die Bedeutung des ästhetisch-kreativen und sozialen Lernens in der Sekundarstufe II. in: Bertelsmann, K. u.a.: Spiel und Kommunikation in der Sekundarstufe II. Stuttgart 1974, S.69
10 Vgl.: Richter-Reichenbach, K.S.: Bildungstheorie. a.a.O. S.224

3.2. Struktur handlungsorientierter kunsttherapeutischer Lernorganisation

Subjektiver Leistungsursprung ästhetischer Produkte (Kant), das vorherrschende Prinzip der inneren Subjektivität (Hegel) sind es, die die produktions- und rezeptionsästhetische Konkretisierungsoffenheit bewirken und das besondere emanzipatorisch-therapeutische Potential des ästhetischen Phänomens mit sich führen. Von hier aus leitet sich *‚Subjektzentrierung'* als *Planungs-*, *Durchführungs-* und *Interaktionsmaxime* pädagogisch-therapeutischer Bildungsprozesse mit ästhetischen Mitteln und im ästhetischen Medium ab. Der Aufbau ganzheitlich-personaler Identität durch selbstbildende und selbstrehabilitierende wie fähigkeitssteigernde Aktivitäten kann in einem geschlossenen, nach vorformulierten Zielen durchgeplanten Curriculum nicht verwirklicht werden.

Völlige Geschlossenheit der Lernprozesse, wie sie aufgrund operationalisierter Feinziele[1], die den Lernprozeß einlinear auf vorfixierte, überprüfbare Lernresultate ausrichten, zustandekommt, widerspricht emanzipatorischen wie gegenstandsspezifischen Zielsetzungen im ästhetischen Handlungszusammenhang gleichermaßen[2]. Geschlossene Lernprozeßorganisation verfehlt den grundsätzlich nicht in Gänze zu operationalisierenden Status von Bildungszielen, die auf „Individualitätsbildung des Menschen"[3] ausgehen. Da pädagogisch-therapeutisch intendierte ‚Individualitätsbildung' wesentliche Funktion ästhetischer Prozesse ist, erweist sich ein lernzieltheoretischer Planungs- und Durchführungsrahmen für die pädagogische Kunsttherapie als ungeeignet.

Ebensowenig sind emanzipatorische Bildungs- und Rehabilitationsarbeit im ästhetischen Medium durch Planungsverzicht und gänzlich offene Prozesse nach Art der ‚offenen Curricula' zu leisten. Planungsverzicht auf der Zielebene, auf der Inhalts-, Aktivitäts- und auf der Adressatenebene verkennt, daß unterschiedliche Lerngegenstände, -inhalte und -aktivitäten in ihrer Eigenwertigkeit die Art und Qualität der Lernerfahrungen präjudizieren. Es ist also keineswegs beliebig, an welche Inhalte und Aktivitäten kunsttherapeutische Prozesse geknüpft werden.

Es kann demnach gar nicht darum gehen, daß die Adressaten irgendwie, irgendwas, mit irgendwelchen Mitteln agieren, weil das gar kein Veränderungspotential für den Adressaten bergen würde, bzw. Veränderungen dem Zufall überließe. Vielmehr müssen auf der Grundlage der ermittelten Voraussetzungslage Diskrepanzen zwischen Ist-Zustand und Soll-Zustand formuliert werden, die dem Fähigkeitsniveau der/des Adressaten angemessen sind und für sie/ihn relevante Erfahrungen im Medium ästhetischer Aktivitäten begünstigen, so daß sich mit Gründen Veränderungen ihrer/seiner Ausgangslage annehmen lassen. So werden aktionistische Malhandlungen ja auch nicht selbstzweckhaft eingesetzt, sondern zielen zugleich an, von „zufälligen zu repräsentativen Verhaltensweisen, von egozentrischen zu darstellenden, von destruktiven zu konstruktiven, von Einzelaktionen zu kooperativen Handlungen"[4] vorzudringen.

Offenheit im Rahmen kunsttherapeutisch orientierter ästhetischer Erziehung und Kommunikation ist immer

erstens Resultat der ästhetischen Gegenstands- und Handlungsanalyse und nicht Resultat eines verkürzten Emanzipationsverständnisses.

Offenheit ästhetisch produzierender und rezipierender Prozesse ist überdies

zweitens Resultat didaktischer Entscheidung.

Je nach Kontext, Art und Ausprägung zielen sie ab auf psychische Entlastung, Lustgewinn, Motivationsförderung oder auf die Entdeckung repräsentativer Verhaltensweisen sowie auf die Äußerung und Darstellung eigener Vorstellungen in der Auseinandersetzung mit sich und der umgebenden Wirklichkeit.

Offene ästhetische Prozesse im kunsttherapeutischen Rahmen sind also Resultat sowohl gegenstands-, ziel- wie adressatenbezogener didaktischer Reflexion, Planung und Entscheidung.

Die bewußte, offene ‚Planung' der Rahmenbedingungen, der Themen- und Aktivitätenwahl widerspricht nicht einer Mitbeteiligung und Mitsprache der Adressaten an der Planung und Durchführung der Prozesse, sie schließt auch nicht das situative Eingehen auf das aktuelle Geschehen aus. Planung in dem hier vorgesehenen Sinne läuft weder gänzlich noch partiell auf die Bevormundung und Degradierung des Adressaten zum Objekt des Geschehens hinaus.

Dies weil jede pädagogische Planhandlung im ästhetisch therapeutischen Handlungsrahmen:

- ihr Handlungsregulativ im Emanzipationsanspruch der Adressaten hat;
- ihr Korrektiv in der unabdingbaren Selbstleitung ästhetisch produzierender und rezipierender Prozesse hat;
- ihren Ausgangspunkt und Bezugspunkt in der Voraussetzungslage der Adressaten hat und deshalb, von vornherein oder situativ bedingt, individuelle Lebenskontexte, Erfahrungsschemata, Vorlieben, Interessen als nicht ‚fixe' Größen einschließt;
- ihre Richtung durch offene, bereichspezifische (ästhetische) Lernziele erhält;
- ihre Ausrichtung insgesamt durch das – pädagogisch unterstellte – Interesse der Adressaten an vermehrter Selbstständigkeit und Selbstbestimmtheit erfährt.

Die pädagogische Strukturiertheit ästhetisch therapeutischer Prozesse setzt folglich weder deren Subjektzentrierung noch die ästhetische Konkretisierungsoffenheit in der Bearbeitung inhaltlicher und gestalterischer Problemstellungen außer Kraft.

Die subjektzentrierte pädagogische Struktur orientiert sich immer an der Voraussetzungslage der Adressaten und sichert so eine progressive Freisetzung, Steigerung und Differenzierung der Ausdrucks-, Darstellungs- und Kommunikationsfähigkeiten.
Die Konkretisierungsoffenheit in der Bearbeitung von inhaltlichen und gestalterischen Problemstellungen hingegen gewährleistet, daß sie zu eigenen Fähigkeiten werden, die das personale Fähigkeitsniveau steigern und differenzieren.

Die Einsicht in die Planungsnotwendigkeit ästhetisch-therapeutischer Prozesse und die gegenstandsspezifisch gebotene Prozessoffenheit lassen ein Planungsmodell aufsuchen, das entsprechend handlungstheoretischer Ansätze handlungsorientiert verfährt und eine Methode wählt, die wie die Projektmethode ein Höchstmaß an selbstgeleiteten Prozessen zulässt:

Handlungsorientiertes und projektorientiertes Vorgehen ist das pädagogische Medium, das sowohl sachbezogener Intentionalität (ästhetisch-ganzheitliche Kommunikationsfähigkeit) als auch dem emanzipatorischen Leitziel gerecht wird.

Planvolle pädagogische Strukturierung des ästhetischen Lernkontextes gewährleistet einen fähigkeitsaufbauenden und identitätsfördernden Prozeß, der sich nicht mit der Normalisierung eines problematischen Zustandes begnügt und mit einer (kurzfristigen) Behebung eines individuellen Defekts endet. Dadurch unterscheidet sich pädagogische Kunsttherapie von nicht-pädagogischen oder bloß diagnostisch orientierten Mal-, Gestaltungs- und Kreativtherapien.

Anmerkungen

1 ‚Operationalisierung' meint den Prozeß der Überführung abstrakter Zielsetzungen in beobachtbares und meßbares Verhalten. vgl.: Mager, R.: Lernziele und programmierter Unterricht. Weinheim 1969, S.43
2 Vgl.: Die Diskussion curricularer Ansätze bei Richter-Reichenbach, K.S.: Bildungstheorie. a.a.O. S.158ff
3 Blankertz, H.: Analyse von Lebenssituationen unter besonderer Berücksichtigung erziehungswissenschaftlich begründeter Modelle: Didaktischer Strukturgitter in: Frey, K. (Hg): Curriculum-Handbuch. Bd.II, München 1975, S.204
4 Theunissen, G.: Ästhetische Erziehung bei Verhaltensauffälligen. a.a.O. S.236

3.3. *Pädagogisches Interaktionsverhältnis und pädagogische Lehrfunktionen des Kunsttherapeuten*

Werden aktive kunsttherapeutische Auseinandersetzungsprozesse im ästhetischen Medium angezielt, so bezieht sich eine wesentliche methodische Vorentscheidung auf die das Interaktionsklima prägende Sozialform zwischen Pädagogen und Adressaten. Sie besagt:

Interaktionsformen in kunsttherapeutischen Prozessen basieren auf einer Subjekt-Subjektbeziehung und richten sich grundsätzlich – altersunabhängig – partnerschaftlich aus.

Für das Selbstverständnis des Pädagogen bedeutet das zunächst einmal, daß er sich als gleichberechtigter Partner verstehen muß, der bei ästhetisch-emanzipatorischen Prozessen behilflich ist. Er verfügt über einen bereichsspezifischen Handlungs- und Informationsvorsprung, auch über prozeßbezogene Planungs- und Durchführungskompetenz. Diese setzt er – das ist seine primäre pädagogische Aufgabe – zur Planung und Strukturierung eines vor den und für die spezifischen Adressaten verantwortbaren kunsttherapeutischen Prozesses ein. Seine fachliche Kompetenz legitimiert jedoch nicht die Rolle des ‚Opinion Leaders' im pädagogischen Interaktionsverhältnis. Aufoktroyieren, Überstülpen von Produktionsideen und Interpretationen sind mit dem kunsttherapeutischen Förderungsanspruch gänzlich unvereinbar. Akzentuiert wird in ästhetisch ausgerichteter pädagogischer Kunsttherapie die individuelle Hilfeleistungs- und Unterstützungsfunktion des Pädagogen. Angestrebt wird dadurch die selbständige Aufarbeitung individueller Lebensfragen und -probleme wie ein authentischer Ausdruck des Erlebens. Vom Pädagogen kann solche aktive Auseinandersetzung einzig durch sowohl ich-unterstützende Ermutigung und Gespräche als auch durch gemeinsame Reflexionen über bildhaft-symbolische Ausdrucks- und Darstellungsgehalte initiiert werden.

Das Ausmaß an Hilfestellung richtet sich an der Voraussetzungslage der Adressaten bzw. nach ihren Möglichkeiten aus, für ihr inneres Erleben nach ihrer Einschätzung einen angemessenen Ausdruck zu finden und ihren Fähigkeiten, eigenständige Produktions- und Rezeptionsvollzüge in Gang zu setzen. Damit ist zugleich gesagt, daß sich der Pädagoge nicht auf die Rolle des Zuschauers oder ‚Stuhl-Halters' (Chairman) beschränkt, sondern situative Hilfestellung nach Anfrage oder Bedarf der einzelnen Person leistet.

Der Tendenz nach auf Freisetzung eigenständiger Prozesse ausgerichtet ist der Pädagoge aufgefordert, den Prozeß zu motivieren und ihn beobachtend und interpretierend zu begleiten, um auftretende individuelle Schwierigkeiten situativ auffangen zu können. Flexibles Reagieren führt zu ganz unterschiedlichen Rollenausfüllungen, sodaß das gesamte Verhaltensspektrum des Pädagogen reicht:

- vom ‚Hilfs-Ich' (Kramer), das Ratschläge bei auftretenden Umsetzungsschwierigkeiten im Sinne der einfühlenden Interpretation des Gemeinten seitens des Produzenten gibt;
- über den ‚Ermutiger', der den als Blockierungen wirkenden Selbstauffassungen des ‚Ich-Kann-Es-Ja-Doch-Nicht' oder des ‚Ich-bin-eben-nicht-künstlerisch-begabt' entgegenwirkt;
- über den ‚Mit-Agenten' in der Partnerarbeit oder ‚Mit-Macher' in einer Gruppen-Aktion (z.B. Verpackungs-Aktion, Happening und dergleichen);
- bis zum bloß teilnehmenden, aber interessierten und akzeptierenden ‚Beobachter/Zuschauer' des Prozesses.

Die pädagogische Vorgabe ‚Subjekt-Subjekt-Beziehung' impliziert desweiteren aber auch, daß nicht nur der Adressat als Subjekt/ individuelle Person ernstgenommen wird, sondern daß auch der Pädagoge seinem Selbstverständnis nach als Ich, als individuelle Person ins Spiel kommen sollte.

Dies ist schon durch das ästhetische Medium selbst bedingt, insofern der Pädagoge den individuellen Ausdrucks- und Darstellungsgehalt der entstehenden Produkte gar nicht ‚verstehen' könnte, wenn er seine eigene Subjektivität (Vorstellungen, Erfahrungen, Gefühle, Anmutungen udgl.) ausblenden würde.

Andererseits heißt *authentisch* seine Auffassungen, Erfahrungen, Einsichten, Deutungen im Interaktionsverhältnis zu äußern – und ggf. ebenso wie die anderen Teilnehmer zu ‚riskieren' –, eine Zusammenhandelnsform zu praktizieren, in der alle Beteiligten als Ganzes gewürdigt werden. Erkennbar wird darüber hinaus für diese die personale Einbindung intellektueller Aktivität.

Soll also das eigene Auftreten die anderen Teilnehmer zur Offenheit ermuntern, so muß man selbst deutlich machen, daß man „über die aktuelle Aufgabe hinaus existiert, vertrauenswürdig und warmherzig"[1] ist. Würdigung der Personen und ihrer – bildhaft symbolischen – Äußerungen und Ermutigung von Offenheit bedeutet schließlich ganz ausdrücklich, sich als Pädagoge nicht jedes Urteil zu versagen, aber sich jeder negativ wertenden Stellungnahme gegenüber selbst gefertigten Produkten zu enthalten und stattdessen akzeptierend und verstärkend den Prozeß zu begleiten.

Unter der methodischen Maxime, von Anfang an je ein Mehr an eigenständigen Aktivitäten zu ermöglichen, lassen sich folgende pädagogische Aufgaben formulieren und unterschiedlichen Aktionsfeldern und Interaktionsdimensionen pädagogischer Kunsttherapie zuordnen:

a) Aufgaben im produktionsästhetischen Kontext
b) Aufgaben im rezeptionsästhetischen Kontext
c) prozeßbezogene Aktivitäten/Arbeitsklima.

a) Aufgaben des Kunsttherapeuten im produktionsästhetischen Zusammenhang bestehen vor allem darin:

- Themenvorschläge – wenn sie nicht selbst eingebracht werden – als Rahmenbedingung ästhetischer Produktion zu formulieren und attraktiv zu machen, um Neugier und Interesse an eigenen ästhetischen Versuchen zu wecken;
- geeignete Materialien, handwerkliche Fertigkeiten und Gestaltungstechniken durch Vor- und Mitmachen schrittweise

- über Erkundungs-, Experimentierungs-, Gestaltungsphasen verfügbar zu machen;
- Medien des personalen (ästhetischen) Ausdrucks näherzubringen;
- Gestaltungsprinzipien – als generellere Gliederungs- und Erfahrungsprinzipien – zu verdeutlichen;
- Ratschläge, ermutigende Unterstützung zu geben, Vorschläge zu machen, die bei der Ideenrealisierung behilflich sein können und resignatives Aufgeben verhindern sollen;
- Vertrauen in die eigene Problemlösungsfähigkeit aufzubauen dadurch, daß erste selbstbestimmte ästhetische Teilschritte oder Details gelobt und verstärkt werden;
- sich im übrigen zurückzuhalten und keinen Einfluß auf das Gestaltungsergebnis zu nehmen, weil es hier um die Entfaltung der eigenen, konkreten Subjektivität, um inneres Erleben und dessen authentischen Ausdruck geht.

Die erstgenannten pädagogischen Aufgaben implizieren vermehrt Hilfestellungen zum Tun und Ausführen; die letzteren mehr Motivationshilfen durch Erfolgserlebnisse wie durch Erfahrungen eigener Wirksamkeit.

Erst nach Fertigstellung der Produkte kann der Kunsttherapeut Aufgaben erfüllen, wie sie dem rezeptionsästhetischen Prozeß zugeordnet werden.

b) Aufgaben des Kunsttherapeuten im rezeptionsästhetisch-kommunikativen Zusammenhang bestehen wesentlich darin:

Bei selbsterstellten Produkten:
- Ermutigung zu eigener Ausdeutungsaktivität;
- Ermutigung zu Versuchen, den Herstellungsprozeß und die mit ihm gemachten Erfahrungen zu spiegeln;
- den Stellenwert des Produkts für sich selbst und seine Wirklichkeitsbezüge zu reflektieren und einzuschätzen.

Bei fremderstellten Produkten:
- Animierung der Teilnehmer zu eigenen Deutungsversuchen und dazu, ihre Anmutungen, Hypothesen, problembezogene Erfahrungen – ggf. auch bildnerisch-präsentativ – zu äußern und auf das wahrnehmbare bildnerische Material zurückzubeziehen und hierbei die Klärung der eigenen Position vorzubereiten;
- Formulierung produkterschließender Problemfragen;
- Äußerung – ggf. auch bildnerisch-präsentativ – eigener Vorstellungen, Deutungen, Anmutungen angesichts des Produkts;
- Bezüge herzustellen zur personalen, naturalen, sozialen oder kulturellen Wirklichkeit;
- Bereitstellung verstehenserschließender Informationen bei künstlerischen Produkten, sofern sie (noch) nicht selbständig erarbeitet werden können, aber für den weiteren Reflexionsgang unerläßlich erscheinen.

Damit produktions- und rezeptionsästhetische Kommunikationsprozesse als Instrument der Selbst- und Fremdklärung bewußt werden, besteht eine weitere Aufgabe des Pädagogen darin,

- Hilfestellungen bei der Auslegung und Integration der medienspezifischen Erfahrungen und Erlebnisse in den Verstehenshorizont zu leisten und bei der Übertragung auf die je persönliche Lebenswirklichkeit behilflich zu sein.

Immerhin birgt die Bewußtwerdung der Bedeutung ästhetischer Kommunikation für die eigene Identitätsentwicklung die Chance und Wahrscheinlichkeit, daß ästhetische Kommunikationsprozesse als lebensbegleitendes Auseinandersetzungsinstrument künftig in Anspruch genommen werden.

c) Prozeßbezogene Aktivitäten/Arbeitsklima

Praktiziert der Kunsttherapeut ein akzeptierendes und interessiertes Verhalten gegenüber den Adressaten, vermeidet er Leistungsdruck, indem er sich wertend-zensierender Meinungsäußerungen enthält, so ist damit nicht ausgeschlossen, daß in einer Gruppensituation das Auseinandersetzungsklima durch einzelne Teilnehmer beeinträchtigt wird. Latente Aggressionen und vorurteilsgeladene Abwehrhaltungen können sich äußerungshemmend und auseinandersetzungsblockierend auswirken. Es ist deshalb als Lern- und Auseinandersetzungshilfe zu verstehen, sie aufzuspüren und der Reflexion zuzuführen. Letztere ist im kunsttherapeutischen Prozeß als ‚Prozeß-Reflexivität' oder mit Frey als ‚Meta-Interaktion'[2] zu installieren.

In unserem Bereich hat *Prozeß-Reflexivität* die Funktion, intra- wie intersubjektive Konflikte/Schwierigkeiten in Bezug auf ästhetische Auseinandersetzungsprozesse selbst (Ablehnung oder Widerstände gegenüber Materialien, Themen, Auseinandersetzungsgegenständen) oder innerhalb der Gruppe zu thematisieren.

Neben den produktionsbezogenen Reflexionssequenzen hat eine solche prozeßreflektierende und -analysierende Auseinandersetzung, die sich auf verfahrensbedingte Hindernisse bezieht und/oder die sich auf die Beziehungen der Teilnehmer untereinander richtet[3], ihren didaktisch-methodischen Sinn darin, daß sie

a) weitere Voraussetzungen für eine repressionsfreie Atmosphäre schafft, in der angstfreiere ästhetische Kommunikationsprozesse möglich werden;
b) Klärungsprozesse der Teilnehmer zu ihrem Interaktionsverhältnis auslösen.

Kann Prozeß-Reflexivität durch die Teilnehmer nicht praktiziert werden, blockieren Antipathien oder Spannungen der Teilnehmer untereinander den Auseinandersetzungsprozeß, so sollte der Therapeut von dem breiten Repertoire an aktionistischen, entlastenden, ventilierenden, spielerischen ästhetischen Arbeitsformen Gebrauch machen. So wie sie in der Anfangsphase ästhetische Aktivität zu motivieren imstande sind, so können sie auch helfen, sozio-dynamische Spannungen zu überwinden.

Prozeß-Reflexivität hat jedoch einen weiteren methodisch-didaktischen Sinn.

Wird wie in unserem Zusammenhang das ästhetische Produkt als individuelles Dokument des Erlebens beim Herstellungsprozeß aufgefaßt, so ist es weder mit äußeren Maßstäben/Kriterien zu messen noch als Leistung zu benoten, allenfalls dessen handwerkliche Qualität.

Bewerten und Benoten der Lernresultate, wie sie in Schulfächern normal sind und eine Lehrfunktion bezeichnen, sind im ästhetisch-kunsttherapeutischen Prozeß nicht angebracht. Der Fachlehrer verschafft sich normalerweise durch die Ergebniskontrolle zugleich Informationen über die Qualität seines Unterrichts und leitet von hier aus didaktische Entscheidungen für das weitere Vorgehen ab.

Allerdings, auch pädagogische Kunsttherapie muß sich Rückmeldungen über den Prozeßverlauf verschaffen, um ggf. didaktisch initiierte Rückschritte, didaktische Schleifen, Prozeßänderungen usf. durchzuführen.

Prozeß-Reflexivität als *Prozeßevaluation* bedeutet deshalb für unseren Zusammenhang in einem weiten Begriffsgehalt:

Evaluierende Aktivitäten richten sich auf die Prozeß-Verläufe, Prozeß-Voraussetzungen und Prozeß-Ergebnisse.
In prozeß-evaluierender Reflexion werden die ästhetisch-therapeutischen Prozesse einer Verlaufskontrolle unterzogen[4].

Weil die kunsttherapeutische Prozeßqualität sich nach der Potenz der Prozesse bemißt, ästhetische Eigenaktivität freizusetzen und ästhetische Kommunikationsfähigkeit aufzubauen, steht eine Verlaufskontrolle unter der kritischen Fragestellung,

- inwieweit die angestrengten Prozesse Eigeninitiative der Teilnehmer begünstigt bzw. verhindert haben;
- ob die Auseinandersetzungsinhalte angemessen, die Prozeßschritte sich am jeweiligen Stand der Adressaten orientierten, die Instruktions- und Klärungsphasen ausreichend waren;
- ob die Materialien und Verfahrensweisen dem Auseinandersetzungsniveau der Adressaten gerecht wurden und die zeitliche Abfolge der Sequenzen richtig bemessen war;
- ob schließlich ausreichende produktionsvorbereitende Vereinbarungs- und Übungsphasen gegeben wurden.

Bei dieser Überprüfung wird das Verhalten des Pädagogen ebenso auf seine fördernden, motivierenden und aktivierenden Impulse wie auch die übrigen Kontextbedingungen (Gruppenklima, situative Einflüsse, Arbeitsformen, materiale Bedingungen etc.) befragt.

An dieser Prozeßevaluation sind je nach Fähigkeitsstand die Teilnehmer im Einzel- oder Gruppengespräch zu beteiligen. In Form einer Selbst-Evaluation im Rahmen der Projektarbeit schließt sie ebenfalls selbstkritische Teilnehmerbeiträge ein. Selbst-Evaluation ist aber nicht nur methodisch durch die Projektmethode geboten, sondern zugleich mediumbedingt:

Sollen die Prozeßbedingungen mit dem Ziel verbessert werden, subjektbezogene ästhetisch-therapeutische Zielsetzungen zu realisieren, so kann auf die kritisch-selbstkritische Prozeßeinschätzung der Teilnehmer nicht verzichtet werden. Sie gibt Rückmeldung zur Effizienz der Prozesse aus der Sicht der Adressaten und gewährleistet so subjektzentrierte Korrekturen und Modifikationen der Prozesse.

Prozeß-Evaluation bezieht sich ebenfalls auf die Prozeß-Voraussetzungen wie auf die Planung und stellt hier die Fragen,

- ob die Voraussetzungslage der Adressaten ausreichend ermittelt und die konkretisierungsoffenen Lernziele ihnen angemessen formuliert waren;
- ob der Einstieg sinnvoll oder ein anderer günstiger gewesen wäre;
- ob die Materialien und Verfahrensweisen wie das Auseinandersetzungsniveau adressatengerecht und die geplante Sequenzenfolge richtig waren.

Bei der kritischen Befragung der verlaufsbezogenen didaktischen Entscheidungen kommt man nicht umhin, auch die Produkte der Adressaten zu evaluieren. Anders jedoch als eine Ergebniskontrolle nach vorfixierten (operationalisierten) Lernresultaten sind damit erstens keine Benotungen und zweitens keine außenbestimmten Maßstäbe impliziert.

Wenn – wie zu fordern – die Themenstellungen einer Projektinitiative auf gemeinsamer Vereinbarung und selbsterstellten Konzepten basieren, und wenn klar ist, daß sich mit einem bestimmten Verfahren in einem bestimmten Medium (Film, Ton, Farbe, Stein usf.) auch bestimmte Sachkriterien, Fertigkeiten, Regeln verbinden, so können die Produkte sehr wohl widerspiegeln, ob der pädagogische Prozeß das Ausdrucks- und Darstellungsinstrumentarium erweitern konnte und ob die Realisation dem selbsterstellten Konzept entsprach oder nicht.

Andererseits muß stets bewußt gehalten werden, daß ästhetische Prozesse nie gänzlich das je individuell Intendierte, Gemeinte, Erlebte objektivieren und veranschaulichen können und daß das Realisierte ebenfalls nie in Gänze aufzufassen ist. Insofern muß die produktbezogene Ergebniskontrolle im ästhetischen Kontext notwendig partial bleiben und ist nur in hermeneutisch diskursiven Auseinandersetzungsprozessen zu leisten. Unter diesen Voraussetzungen bezieht sich eine Ergebniskontrolle im ästhetisch-therapeutischen Lernprozeß auf:

- ästhetisch strukturierte Gegenstände nach übereingekommenen Gestaltungskriterien und bildnerischen Mitteln;
- ein- oder multimediale Projekte oder Aktionen auf der Grundlage selbsterstellter Konzepte;
- reflexiv-diskursive Auseinandersetzungs- und Urteilsprozesse über die Produkt- und Projektrealisationen und deren individuellen und/oder kollektiven Wirklichkeitswert.

Ergebniskontrolle und rezeptionsästhetische Vollzüge fallen hier weitgehend zusammen.

Die von ästhetisch-kunsttherapeutischen Gesichtspunkten geleitete produktbezogene Auseinandersetzung vermag dem Kunsttherapeuten Auskunft zu geben über die Bewußtheit der Vollzüge und über die gewonnenen kritischen Perspektiven, so wie die geäußerten Erfahrungen und die vorgenommenen Einschätzungen auf gesteigerte Urteilskompetenzen hinzuweisen vermögen. Schließlich zeigt das bildnerische Produkt auch, ob das Ausdrucksinstrumentarium verfügbarer und die Darstellung reicher an semantischen Gehalten geworden ist.

Ergibt die Ergebniskontrolle nur ein geringes Maß an Kompetenzsteigerung, so weist das dem Kunsttherapeuten erneut die Aufgabe zu, den kunsttherapeutischen Prozeß auf seine möglichen Fehlformen hin zu evaluieren, um wirksame Korrekturmaßnahmen vornehmen zu können.

Ist hiermit auf das gesamte Spektrum der pädagogischen Funktionen des Kunsttherapeuten verwiesen, so muß seine planerische Arbeit noch einmal im folgenden Punkt gesondert aufgegriffen und entwickelt werden.

Anmerkungen

1 Mann, W.R.: Teacher as Typology. in: Flechsig, K.H./Haller, H.D.: Einführung in didaktisches Handeln. Stuttgart 1975, S.259
2 Vgl.: Frey, K.: Die Projektmethode. Weinheim/Basel 19842, S.52ff
3 Zur Erfassung soziometrischer Strukturen könnte auch ein Bild-Soziogramm erstellt werden, in dem sich die Gruppenmitglieder selbst darstellen. vgl. Vorschlag von Theunissen in: Richter, H.G.: Pädagogische Kunsttherapie. a.a.O. S.137 (Langzeit-Modell)
4 Vgl.: Richter-Reichenbach, K.S.: Bildungstheorie. a.a.O. S.231ff

4. *Entwicklung eines Planungs- und Durchführungsmodells*

Entscheidender Gesichtspunkt der Planung und Durchführung kunsttherapeutischer Prozesse ist die Frage, ob die ästhetischen Handlungsprozesse zustandsverändernde Erfahrungen und – stetig wie langfristig initiiert – eigenständige produkterzeugende Gestaltungs- und produktbezogene Reflexionsprozesse zielentsprechend zu fördern in der Lage sind.

Für die Auswahl von konkreten Lernzielen, Lerninhalten und Lernmethoden besagt dies:

Sie ist abhängig von ihrer argumentativ ausweisbaren Bildungs- und Förderungsbedeutsamkeit für den/die Adressaten.

Für die angestrebte Planung besagt dies:

Sie muß adressatennah betrieben werden, um Problemlagen, Bedürfnisse, Interessen zu berücksichtigen, faktische Mitwirkung und mögliche Planungskorrekturen zu ermöglichen.

Für die angezielten Prozesse besagt dies:

Sie müssen handlungs- und produktorientiert sein.

Diese subjektzentrierten Vorentscheidungen lassen die geforderte Planungsarbeit näher als *Projektentwicklung* bestimmen, die Handlungsorientierung und Produktorientierung einschließt.

4.1. *Projektmethodisches Vorgehen der pädagogischen Kunsttherapie*

Weil die der pädagogischen Kunsttherapie zugeordnete Projektmethode in Reinform von Beginn der Planung bis zum fertigen Produkt ein Höchstmaß an Mitbeteiligung und Selbsttätigkeit vorsieht, ist sie grundsätzlich als methodische Arbeitsform im ästhetischen Kontext geeignet. Die allgemeinen Bestimmungen von Lernprojekten sind in ästhetisch orientierten Prozessen bereits impliziert, wenn ihre therapeutischen und präventiven Valenzen für die/den Prozeßteilnehmer fruchtbar werden sollen. Flechsig/Haller nennen folgende Bestimmungsmerkmale[1], die in ästhetisch projektierter Arbeit gegeben sind und in den konkreten Projekten je unterschiedlich gewichtet vorkommen.

– Umweltbezug:	Lernen findet in Situationen statt, die auf die psycho-soziale Umwelt zugeschnitten sind. Es bezieht sich auf Probleme, deren Behandlung innerhalb vorgegebener Institutionen in aller Regeln ausgeklammert sind.
– Adressatenbezug:	Daß ästhetische Projektarbeit mit Notwendigkeit Probleme beinhaltet, die mit den unmittelbaren Interessen, Bedürfnissen der/des Beteiligten zusammenhängen, wurde schon verschiedentlich betont, um die Subjektzentrierung der äs-

thetischen Prozesse nicht außer Kraft zu setzen.

Produktorientierung:

„Lernprojekte streben die Integration von Lernen und Handeln an. Das Ziel ist dabei die Herstellung eines Produktes (i.w.S.).“[2]
Auch diese Verbindung ist ästhetischem Lernen nicht erst aufzugeben.

Sozialbezug:

Der Sozialbezug kommt nach Flechsig/Haller in der „kooperativen Planung, in der arbeitsteiligen Durchführung und in der gruppenbezogenen Interpretation und Beurteilung des Nutzens, den das Produkt für die Anderen erbringt“[3] zum Ausdruck.
Im kunsttherapeutischen Zusammenhang ist diese Bestimmung teilweise zu modifizieren. Kooperative PLanung wird faktisch angestrebt. Wenn sie aufgrund der Voraussetzungslage der/des Adressaten nur eingeschränkt möglich ist, muß sie im Sinne der Antizipation ihrer Interessen und der potentiellen Bedeutsamkeit des Prozesses für sie vorgenommen werden.
Partnerarbeit ist möglich. Mehr noch aber wird individuelle Eigentätigkeit im gesamten Produktionsprozeß angestrebt. Die Interpretation der Produkte und ihre Bedeutsamkeit muß im ästhetischen Kontext immer auf Seiten des Produzenten liegen. Ästhetische Produkte haben den Maßstab ihrer Beurteilung in sich selbst, bzw. im Produzenten, der sie erstellt hat.

Interdisziplinarität:

Dieses Merkmal ist für unseren Zusammenhang interpretabel. Ist hiermit das Einfließen von Informationen und Sachverhalten aus verschiedenen Schulfächern gemeint, so bedeutet dies für unseren Zusammenhang allgemeiner die Integration von personalen und umwelt-sozialbezogenen Lernerfahrungen mit dem Ziel vermehrten Selbst- und Fremdverstehens.

Mehrdimensionaler Lernbezug:

Daß ästhetische Prozesse wie die angezielten Projekte nicht allein auf Kenntnisse und Fertigkeiten ausgehen, sondern wechselseitig kognitive, erlebnismäßige, sinnlich-anschauliche und vergegenständlichende Dimensionen stützen, ist im ästhetischen Medium selbstverständlich.

Generalisierbarkeit:

„Projekte sind immer auch Lernprojekte. Sie organisieren didaktische Situationen und erst in zweiter Linie Lebenssituationen. Sie sollen der Vorbereitung und dem Erlernen von Handlungsfähigkeiten dienen, nicht aber deren Vorhandensein schon voraussetzen.“[4]
Genau dies ist für ästhetisch ausgerichtete pädagogische Kunsttherapie leitend. Sie will die Lernbasis zum Fähigkeitserwerb wiederherstellen bzw. selbstgeleitete Auseinandersetzungsfähigkeiten mit sich/anderen/anderem fördern und ausdifferenzieren, was sich in lebenspraktischen Zusammenhängen dann nicht nur als zweckmäßig, sondern auch für das eigene Lebensgefühl (Daseinsinn) als sinnvoll erweist.
Die Übertragbarkeit gewonnener Fähigkeiten auf künftige oder ähnlich beschaffene Lebenssituationen kann zusätzlich noch abgestützt werden durch Lernprojekte, die sich thematisch um lebenspraktische Themen bemühen (Wohnen/Wohnumfeld; Kleidung, Massenmedien, Natur und Umwelt).

Projektarbeit im Rahmen ästhetisch therapeutischer Prozesse vermag die aufgezeigten Merkmale zu erfüllen und im vollumfänglichen Maße integratives Lernen zu sein. Ausmaß und Gewichtung dieser Merkmale müssen jeweils unter Bezugnahme auf konkrete Projekte geklärt werden.

Arbeitsverfahren, wie die Projektarbeit sie vorsieht, werden ohnehin durch das ästhetische Medium nahegelegt:

- entdeckendes, experimentierendes statt aufnehmendes Lernverhalten;
- Selbststeuerung der Arbeitsprozesse statt Steuerung durch vorfixierte Lernvorgaben;
- Selbstevaluation statt Fremdevaluation;
- Einbeziehung von phantasie- und vorstellungsgeleitetem Tun;
- Zurücknahme der Lehrfunktionen seitens des Pädagogen zugunsten unterstützender Hilfestellung;
- Aktivitäten und Lernorte außerhalb des Klassenzimmers werden bedeutsam;
- körperliche Bewegung ist Arbeitsbedingung usf.

Mit Blick auf die angeführten Arbeitsverfahren springen die Unterschiede von projektorientiertem und ‚normalen Unterrichtsverfahren‘, auch Unterschiede zu ‚normalem Kunstunterricht‘ unmittelbar ins Auge.

Planungs-, Entscheidungs-, Urteils- und Handlungsfähigkeiten zur selbständigen Durchführung von Projekten sind Ziele der Projektmethode wie der Kunsttherapie. Sie sind jedoch weder allgemein noch im ästhetischen Bereich im besonderen (sozialisations-, schul-, entwicklungs-, krankheitsbedingt) vorauszusetzen. Daraus folgt, daß

- die Verantwortung für das Zustandekommen von Projekten durch eine planvolle Lernfeldorganisation weitgehend auf Seiten des Kunsttherapeuten verbleibt;
- die Projektmethode selbst wiederum vor allem als methodisches Annäherungsziel für die Lernfeldgestaltung fungiert.

Abhängig von der Voraussetzungslage wird je ein Mehr an Eigentätigkeit und Selbstorganisation im Gesamtprozeß angestrebt.

Dies wiederum hat zur Konsequenz, daß

- innerhalb der kunsttherapeutischen Projektentwicklung Planungsentscheidungen für den Gesamtprozeß der Struktur nach sowohl offen wie geschlossen sein müssen.
  Sie müssen einerseits individuelle und situationsspezifische Modifikation funktional ermöglichen, aber andererseits Desorientierung und Verhaltenswillkür ausschließen. Das heißt: Die Planung selbst muß Prozeßcharakter aufweisen, also flexible Reaktionen erlauben.
  Projektartig im methodischen Vollbegriff wären desweiteren alle produktbezogenen ästhetischen Prozesse zu bezeichnen (von der Gestaltungsidee bis zum fertigen Produkt). Ebenso selbstgeleitet sollte der rezeptionsäthetische Auseinandersetzungsprozeß ablaufen.
- projektorientiert oder -vorbereitend wären Sequenzen zu bezeichnen, die mit Hilfe sensomotorischer, wahrnehmungssensibilisierender, spielerisch-entdeckender und regressionserleichternder Übungen sowie aufgrund von Information und instrumenteller Unterweisung Eigentätigkeit vorzubereiten suchen.[5]

Aus den Erörterungen zur Zielstruktur im vorausgegangenen Kapitel wie aus den hier angestellten Überlegungen ergibt sich, daß die angestrebte Projektentwicklung nicht auf einzelne Verhaltensresultate abzielt, sondern auf Prozesse ausgeht. Ist aber das Prozeßresultat ungewiß (konkretionsoffen), so läßt sich nur folgern, daß eine Ergebniskontrolle nach vorgegeben Maßstäben nicht möglich ist[6], wohl aber ist eine Verlaufskontrolle des Prozesses seitens des Pädagogen durchzuführen.

Die Offenheit der Prozesse läßt die angezielte Planung als ‚Rahmenplanung' präzisieren, die die Bedingungen zum Zustandekommen ästhetisch-therapeutischer Auseinandersetzungsprozesse schafft.

Bereichsbezogenen (ästhetischen) Aktivitäten unter pädagogisch-therapeutischem Anspruch wird demnach ein Planungs- und Durchführungsmodell entsprechen, das eine Mischform von pädagogischer Unterweisung und individueller Selbsttätigkeit vorsieht. Das anvisierte, längerfristig gedachte Planungs- und Durchführungsmodell soll nunmehr in seinen Grundzügen dargestellt werden. Es fließen dabei Überlegungen handlungstheoretischer pädagogischer Ansätze[7] und methodische Kriterien der Projektmethode[8] ein; ferner wird die Phaseneinteilung von Theunissen übernommen[9] und das Planungsmodell insgesamt auf den ästhetischen Bereich zugeschnitten. Um als Planungsinstrument verfügbar zu machen, soll es zunächst mit seinen Dimensionen und Fragestellungen entwickelt werden, um dann die Überlegungen schließlich in ein graphisches Schema einmünden zu lassen.

Vorweg gesagt werden soll noch, daß sich nicht alle Planungs- und Durchführungsgesichtspunkte aus einer vorgeschalteten didaktischen Reflexion ableiten lassen, sondern sich erst im aktuellen Geschehen konkretisieren. Deshalb auch ist es wichtig, eine weitgehend informelle Eingangsphase vorzusehen, in der sich die Interaktionspartner kennenlernen, Absprachen getroffen werden, die personale Ist-Situation präzisiert wird oder auch erst zusätzliche Arbeitsmöglichkeiten ins Blickfeld geraten. Unserem Verständnis von pädagogischer Kunsttherapie nach müssen jedoch Überlegungen auf allen didaktischen Reflexionsebenen angestellt werden. Teilweise können sie vorab geklärt werden, teilweise erfahren sie im Prozessverlauf situationsbedingte Korrekturen, etwa schlicht dadurch, daß Themen- oder Projektvorschläge keine Zustimmung finden oder aus anderen Gründen nicht umgesetzt werden können.

Anmerkungen

1 Vgl.: Flechsig, K.H./Haller, H.D.: Einführung. a.a.O. S.329ff
2 Flechsig, K.H./Haller, H.D.: eb. a.a.O. S.330
3 dies.: eb.
4 dies.: eb. a.a.O. S.313
5 Vgl.: Theunissen, G.: Ästhetische Erziehung. a.a.O. S.310
6 Hier gilt, was Heipke und Messner in bezug auf Handlungsorientierungen anstrebende pädagogische Prozesse ausführen. vgl.: Heipke, K. u. Messner, R.: Curriculumentwicklung unter dem Anspruch praktischer Theorie. in: Haft, H. u. Hameyer, U.: Curriculumplanung – Theorie und Praxis. München 1975, S.55f
7 Vgl. vor allem Klafki, W.: Handlungsfeld im Schulfeld. in: ders.: Aspekte kritisch-konstruktiver Erziehungswissenschaft. Weinheim/Basel 1976, S.55-96. Dort auch ders. a.a.O. S.117-138; auch: Heipke, K. u. Messner R.: Curriculumentwicklung. a.a.O.; Moser, H.: Handlungsorientierte Curriculumformen – Konzeption und Kritik. in. Haft, H./Hameyer, U. (Hg): a.a.O. S.114ff; Haft, H./Hameyer, U.: Curriculumplanung als Ort der Vermittlung von Erkenntnis und Handlungsprozessen. in: dies. a.a.O. S.11ff
8 Frey, K.: Die Projektmethode. Weinheim/Basel 1984[2]; Flechsig, K.H./Haller, H.D.: Einführung in didaktisches Handeln. a.a.O. S.327-334
9 Vgl.: Theunissen, G.: Ästhetische Erziehung bei Verhaltensauffälligen. Frankfurt a. M. 1980, S. 78ff

4.2. *Planungsdimensionen*

Werden wie hier Lernen und fähigkeitssteigernde Bildung über sowohl informierende Lernprozesse wie im Medium diskursiv-reflektierender, sinnlich-erlebnismäßiger ästhetischer Auseinandersetzungsprozesse erwartet und wird die Vermittlung und Aneignung von Handlungsorientierungen und Handlungsfähigkeiten angestrebt, „wie sie aus einer Interpretation bzw. Modifikation der Lernziele aufgrund der Lage und des Interesses der Betroffenen hervorgehen“[1], so impliziert dies Planungsdimensionen innerhalb eines ästhetischen Projektvorgehens, die die situativen und anthropogenen Bedingungen der/des Adressaten ermitteln.

4.2.1. *Erste Planungsdimension: Situationsanalyse/Ermittlung der Voraussetzungslage*

Die Ermittlungen auf dieser Ebene beziehen sich auf:

- die Individuallage: (individueller/sozialer Kontext)
  Sie wird abgeleitet einmal aus allgemeinen Kenntnissen zu einem bestimmten Sozialisations-, Entwicklungs-, Schulbildungsstatus etc. und erschlossen andererseits aus konkreten biographischen, sozio-ökonomischen, psycho-sozialen Daten und Informationen. Ggf. wird das Bild des/der Adressaten anamnestisch ergänzt durch diagnostische Befunde von außen (Verhaltensstörung, Lernbehinderung, Fehlentwicklung usf.) oder Befunde zu spezifischen Problemlösungsmustern im psycho-sozialen Bereich und zu Wahrnehmungsformen gegenüber der Umwelt.
- Lernvoraussetzungen:
  Hier geht es allgemein um Ermittlung des Arbeits- und Leistungsverhaltens und spezieller um die Ermittlung bereichsspezifischer/lernfeldspezifischer Voraussetzungen. Fragestellungen etwa: Welche instrumentellen Fertigkeiten liegen vor, Materialkenntnisse und -erfahrungen? Wie ist der bildnerisch-zeichnerische Entwicklungsstand, inwieweit sind selbständig geleitete ästhetische Auseinandersetzungsprozesse möglich?
  Da sich diese Voraussetzungen in Gänze nicht allein theoretisch explorieren lassen, können thematische Aufgabestellungen im bildnerischen Medium (Selbstbild, Selbstdarstellung) bei der Ermittlung behilflich sein.
- Interessen:
  Hier gälte es, vor allem thematische oder auch mediale Vorlieben zu erkunden, um an die Interessenslage der/des Adressaten anknüpfen zu können.

Gerade auf der Interessensebene können Fehlschlüsse und Fehlplanungen vor allem dadurch entstehen, daß den Adressaten entweder nichts einfällt, weil sie mit den Aktivitätsmöglichkeiten nicht vertraut sind oder sie sich wenig zutrauen oder aber ihre Interessen und Bedürfnisse nicht artikulieren können.

Hier gäbe es wenigstens drei Klärungsmöglichkeiten:

1. Macht der Kunsttherapeut aus seinem (hoffentlich) breiten Fundus Aktivitätsvorschläge und macht sie so anschaulich für den Adressaten, daß dieser Motivationsanreize gewinnt.
2. Können auch Arbeitsformen (freies Malen, Spielen, Plastizieren u.ä.) und Rahmenthemen vorgegeben werden, in denen Spaß an ästhetischen Aktivitäten und eine Vertrauensatmosphäre entstehen können.[2]
3. Sollten Bedürfnisse und Interessen gerade im kunsttherapeutischen Kontext auch als Symptome analysiert werden[3], auf deren Grundlage gezieltere Aufgabestellungen formuliert und Projektvorhaben vorbereitet werden können.

Folgende Hilfsmittel helfen die psycho-soziale Diagnose fortlaufend zu erweitern:

- Verhaltensbeobachtung
- Situationsanalyse
- Explorationsgespräche
- Reflexionsgespräche über erstellte bildhaft-symbolische Darstellungen usw.

Ermittlungen auf allen drei Ebenen der Voraussetzungslage sorgen dafür, daß das Lern-, Fähigkeits- und Bedürfnisniveau der/des Adressaten unter kunsttherapeutischer Absicht in angemessene Ziel-Inhalts-Aktivitäts-Verbindungen überführt werden kann. Weil diese adressatenspezifisch sind, begünstigt der ästhetische Auseinandersetzungsprozeß Erfolgs- und Selbstmächtigkeitserfahrungen, ist er imstande, Entwicklungsdefizite gezielt abzubauen bzw. das Lern- und Fähigkeitsniveau planvoll zu steigern.

4.2.2. *Zweite Planungsdimension: Lernzielkomplex/Gegenstandsbezug*

Lernziele im ästhetisch therapeutischen Bereich kennzeichneten wir als heuristische, die als Annäherungsziele Erfahrungen eröffnen und den Prozess orientieren sollen.

In einem längerfristigen ästhetischen Lernprozeß, der den Aufbau ästhetischer Kommunikationsfähigkeit anzielt, muß die Voraussetzungslage der Adressaten als jeweilige Ausgangslage für den weiteren Prozeß je neu ausgelotet werden. Dies schafft zugleich immer wieder Rückmeldungen darüber, ob und inwieweit sich der Prozeß den angestrebten Prozeßzielen genähert hat bzw. ob und inwieweit Planungs- und Verlaufskorrekturen, -varianten, -alternativen nötig werden.

Zur Verbindung von Lernzielen und Gegenstandsbezügen soll bemerkt werden:

Ausgehend von der person- bzw. grupppenspezifischen Ausgangslage werden – konkretisierungsoffene – Prozeßziele ins Auge gefaßt und prospektiv mit Arbeitsformen und Inhaltsaktivitäten in Verbindung gesetzt.

Weil mögliche Annäherungen an den Zielgehalt der prozeßübergreifenden Ziele nicht losgelöst von dem Gegenstands- und Inhaltsbereich gedacht werden können, durch die sie realisiert werden, müssen auch im fortschreitenden Prozeßverlauf dezidiertere Überlegungen zu den Leistungsmöglichkeiten bestimmter Inhaltsaktivitäten und Arbeitsformen angestellt werden bzw. Vorstellungen über konkretere ästhetische Aufgabestellungen und Projektvorhaben vorhanden sein. Der reflektierende Gegenstandsbezug (ästhetische Problemstellung, Projektinitiative) soll zugleich gewährleiten, daß das ästhetische Medium nicht allein mit dem Ziel eingesetzt wird, allgemeine Entwicklungsdefizite abzubauen, psychisch zu entlasten oder zu stabilisieren, kognitive Auseinandersetzungsprozesse einzuleiten oder soziale Fähigkeiten grundzulegen. Vielmehr soll es ja umfänglicher dem Aufbau ästhetisch ganzheitlicher Kommunikationsfähigkeit dienen.

Dieser erneute ausdrückliche Hinweis erscheint uns gerade im Hinblick auf den Einsatz pädagogischer Kunsttherapie im Rahmen sozialpädagogisch/heilpädagogischer Arbeit notwendig und soll einer Verkürzung kunsttherapeutisch orientientierter Arbeitsformen vorbeugen.

Die Notwendigkeit einer sach- und gegenstandsspezifischen Reflexion wird durch die ausdrückliche Einführung einer Sachanalyse unterstrichen werden. Konkret heißt das für den Lernzielkomplex:

Die prozeßleitenden (konkretisierungsoffenen) Oberziele und sequenziellen Unterziele müssen gegenstands- und person-/gruppenbezogen, also bivalent formuliert werden, wenn sie nicht nur die psycho-soziale, sondern die gesamte Lernbasis in Richtung auf ästhetisch ganzheitliche Auseinandersetzungsformen zu verändern beabsichtigen.
So würde in der Anfangsphase beispielsweise ‚Partner-Malen' in einem offenen Rahmenthema dem doppelten Ziel (sequenzielle Unterziele) dienen:

a) Material-, Verfahrens-, Gestalterfahrungen zu machen.
   - Kommunikative Prozesse im ästhetischen Medium zu beginnen
   - Sich auf ästhetische Mehrdeutigkeit einzulassen usf. (Gegenstandsbezug)
b) Sich mit einem anderen vertraut zu machen, ihn kennenzulernen.
   - Sich selbst ‚ins Spiel' zu bringen.
   - Empathie im kooperativen Zusammenhandeln zu praktizieren usf. (Person-/Gruppenbezug).

Übergreifende Oberziele und sequenzielle Unterziele strukturieren die Prozeßverläufe im einzelnen und in ihrer Gesamtheit. Weil aber konkretisierungsoffenen ästhetischen Prozessen konkretisierungsoffene Ziele zugeordnet sind, sind Lernzielentdeckungen während des Prozesses möglich und können zu Variationen der Zielrichtungen und Prozesse führen.

Bei aller Organisation der didaktischen Situation durch den Pädagogen:

In ästhetischen Lernprozessen dominiert unabdingbar die produktive Eigentätigkeit auf der Grundlage des je erworbenen Ausdrucksinstrumentariums mit dem Ziel des Fähigkeitsaufbaus. Deshalb konzipiert sich der pädagogische Aufbauprozeß zugleich als Ablöseprozeß von pädagogischen Interventionen und Regulierungen, sodaß immer mehr an Eigeninitiative und Eigenverantwortung auf die Seite der Adressaten übergeht.

Den Zielsetzungen pädagogischer Kunsttherapie entsprechend muß eigens eine gegenstandsbezogene Sachanalyse vorgenommen werden.

4.2.3. Dritte Planungsdimension: Sachanalyse

Das Ausmaß der Mitbeteiligung des/der Adressaten in dieser gegenstands- und sachbezogenen Planungsdimension richtet sich nach dem Ausmaß ihrer Fähigkeiten, sachbezogene Argumente zur Begründung und Rechtfertigung der Themen und Aktivitäten wie der Projektinitiative einzubringen oder sie zu beschaffen. Die Argumentationspflicht gilt demnach also grundsätzlich gegenseitig und soll Verhaltenswillkür und Aktionismus auf beiden Seiten des pädagogischen Verhältnisses ausschließen.

Anders gesagt:

Ein kunsttherapeutisches Projektvorhaben rechtfertigt sich weder allein aus einer spontanen (ggf. außenbestimmten) Interessenbekundung des/der Adressaten noch aus einer intuitiven Eingebung des Pädagogen.
Vor allem vom Pädagogen ist argumentativ die Bedeutung des Prozesses für ein besseres Verstehen, Be- und Verbeiten, Beurteilen von inneren und äußeren Wirklichkeitsbezügen aufzuweisen. Kurz, er muß den Stellenwert der Prozesse für den langfristig intendierten intrapersonalen Fähigkeitsaufbau begründen.

Um Mißverständnissen auch hier vorzubeugen, flexible Reaktionen und spontane Prozeßentscheidungen sind damit nicht ausgeschlossen, sondern ggf. situationsbedingt unbedingt geboten, soll der Prozeß nicht an den artikulierten Bedürfnissen der Adressaten vorbeigehen.

Die sachanalytische Reflexion bezieht sich:

a) auf die Begründung zur Wahl des Rahmenthemas, der Medien und Arbeitsformen, des Projektgegenstandes aus der Adressatenperspektive und
b) auf sachbezogene Begründungen zu den didaktischen Möglichkeiten des speziellen ästhetischen Arbeitsvorhabens aus der Gegenstandsperspektive.

Die mit Blick auf die Adressaten angestellte Sachananalyse umfaßt ihrerseits:

4.2.3.1. Didaktisch-pragmatische Gründe

Hier werden Fragen nach der

- Durchführbarkeit in den gegebenen Räumlichkeiten, mit den gegebenen Mitteln gestellt; die bisherigen Auseinandersetzungserfahrungen mit der Thematik wie das instrumentelle Fertigkeitsniveau in bezug auf das konkret ausgewählte Arbeitsvorhaben ermittelt; ferner auf seine Eignung in bezug auf das erforderliche Abstraktionsniveau, Vorstellungsvermögen, senso-motorischen Entwicklungsstand usf. hin befragt.

Antworten auf diese Fragen führen zu methodischen Verfahrensmodifikationen; lassen die Lernsituation vermehrt oder vermindert vorstrukturieren; themenvorbereitende Aktivitäten durchführen oder auch im Sinne sonderpädagogischer Prinzipien Komplexitätsreduktion durch eingegrenztere Problemstellungen, kleinere Lernschritte, vermehrte Instruktionen und individuelle Hilfestellungen vornehmen.

Auf einer weiteren Ebene werden in Bezug auf ein konkretes Arbeitsvorhaben nachgefragt:

4.2.3.2. Didaktisch-Pädagogische Gründe

Hier steht die Frage im Vordergrund, welcher Stellenwert/ welche Lernchancen diesem Arbeitsvorhaben für diese Adressaten bei ihrer Voraussetzungslage zugeschrieben werden kann. Hilft es Frustrationen, Aggressionen, Äußerungsängste, Entwicklungsdefizite abzubauen, einen ästhetisch ganzheitlichen Zugang zu sich selbst und anderen/anderem zu eröffen; ungewohnte Erfahrungen zu machen, neue Vorstellungen und Perspektiven im ästhetischen Umgang mit relevanten Wirklichkeitssegmenten zu gewinnen? Welche Auseinandersetzungs- und Wirkmöglichkeiten stehen bei dieser Tätigkeit im Vordergrund. Werden vermehrt kognitive oder vermehrt erlebnismäßig-perzeptionelle Dimensionen betont?

Da die Klärung dieser Fragen nicht allein vom ausgewählten Thema oder Inhalt abhängt, sondern gleichermaßen vom ästhetischen Medium und den Verarbeitungsformen, die sie zulassen bzw. begünstigen, muß auch ein Bewußtsein darüber hergestellt werden, ob das ausgewählte Medium die intendierten Prozesses überhaupt bewirken kann.

Denn es liegt auf der Hand, daß mit den Medien Ton/Knete/ Pappmaché/Matsch usf. sich andere gegenständliche Wahrnehmungen verbinden und andere Strukturierungsprinzipien – verstanden als generellere Gliederungsprinzipien[4] – erfahren werden als mit Draht, Papier, Stein oder im Zusammenhang mit einer Fest-Gestaltung.
Klar dürfte auch sein, daß eine imitationsbegünstigende Aufgabestellung in Ton – z.B. die Herstellung eines Trinkgefäßes – zwar eigenständige Lösungen zuläßt, aber weniger eine Selbstauseinandersetzung auslöst als etwa die Problemstellung ‚Selbstpräsentationsobjekt im Medium Ton', diese auch andere senso-motorische Erfahrungen mitbedingt.
Imitative Arbeitsformen können ihre didaktische Rechtfertigung in der Voraussetzungslage der Adressaten finden[5]. Aus einem übergreifenden kunsttherapeutischen Interesse an authentischen ästhetischen Ausdrucks- und Darstellungsfähigkeiten als Voraussetzung ästhetischer Kommunikationsfähigkeit lassen sie sich indes nur als Übergangsphase (Brückenphase) begreifen.

Dies führt zu der weiteren Reflexionsdimension:

4.2.3.3. Sachstrukturelle Überlegungen zum Prozeß-/Projektgegenstand

In diesem Punkt geht es unter Hinzuziehung von Fachliteratur darum, Sachinformationen zu dem bestimmten Gegenstands- und Handlungsbereich zu aktualisieren, um diese Fragen beantworten zu können:

- Welche Erfahrungs- und Auseinandersetzungsdimensionen schließt er potentiell ein?
- Welche Bezüge (gegenwärtige/zukünftige Lebenssituation, gesellschaftliche Bedingungen, konkrete Sozialisationserfahrungen) lassen sich herstellen?

Mit Blick auf praktisches Arbeiten wäre nach den eigenwertigen Strukturen der ausgewählten Medien, ihren spezifischen thematischen und materialen Bearbeitungsmöglichkeiten zu fragen. Ferner wäre zu fragen

- Welche Gestaltungsprinzipien verbinden sich je mit ihnen?
- Welche Be- und Verarbeitungsinstrumente müssen verfügbar gemacht werden? Inwiefern sind diese für die je intendierte Auseinandersetzung besser geeignet und reizen vermehrt weiterführende Auseinandersetzungsprozesse an als andere?

Klärungen in der Sachdimension führen also zu didaktischen Entscheidungen hinsichtlich der Fragen, welche Sachinformationen und Instruktionen gegeben werden müssen, welche Wahrnehmungsübungen ggf. zunächst zu durchlaufen sind und welche mediumspezifischen Fertigkeiten eingeübt, schließlich welche Motivationsimpulse gegeben werden müßten.

Zugleich rückt in dieser Reflexionsdimension auch die Frage in den Blickpunkt, inwieweit sich die intendierte Mehrdimensionalität ästhetischer Erfahrung im und aufgrund des gewählten Medium didaktisch verstärkt werden könnte.

So ist anzunehmen, daß Wahrnehmungssensibilisierung aufgrund unterschiedlicher Erlebnisqualitäten von Naturmaterialien und die Erfahrung der Gestaltbarkeit von Natur i.w.S. zwar auch bei der Gestaltung eines plastischen Naturbildes zustandekommt, sich demgegenüber aber totaler durch einen ästhetisch produktiven Umgang mit Naturmaterialien im Erfahrungsfeld ‚Natur' selbst ausbilden.

Die Ausweitung des Lernfeldes liegt ja auch im Interesse der Projektarbeit. Der mehrdimensionale Lernbezug und Umweltbezug wird so erhöht und damit auch die potentielle Übertragbarkeit der Erfahrungen und erworbenen Gestaltungsfähigkeiten.

Die angestellten didaktischen Überlegungen bilden die Grundlage der Organisation des längerfristigeren Prozeßgeschehens oder einer zeitlich begrenzteren Projektarbeit.

Anmerkungen

1 Heipke, K./Messner, R.: Curriculumentwicklung. a.a.O. S.369
2 Vgl.: Theunissen, G.: Ästhetische Erziehung. a.a.O. S.310ff
3 Vgl.: ders.: eb. a.a.O. S.264
4 Vgl.: Teil III, Kap. 3.1. (Ziele/Aktivitäten)
5 Vgl.: Richter, H.G.: Pädagogische Kunsttherapie. a.a.O. S.135

4.3. *Die kunsttherapeutische Prozeßorganisation*

Die Prozeßorganisation umfaßt die Strukturierung derjenigen Bedingungen, die den Handlungsrahmen für die angezielten aktiven Auseinandersetzungsprozesse bilden bzw. sie begünstigen. Nach den vorausgegangenen Überlegungen bliebe für unseren Bereich didaktisch zu klären:

- Die *konzeptionelle* Organisation[1]:
  Hier wäre zu klären, ob und wie eine Mischform von Projektvorbereitung (Übungen, Instruktionen, beziehungsstiftende Aktivitäten etc.) und Projektarbeit zu installieren ist oder ob direkt ein Projekt angegangen werden kann.
- Die *soziale* Organisation:
  Hier wird mit Bezug auf die Adressaten geklärt, ob die Aktivitäten als Einzel-, Partner- oder Gruppenarbeit stattfinden und welche Anteile am Prozeßgeschehen sie haben sollen. Mediumbedingt wird die Einzelarbeit im produktionsästhetischen, Partner- und Gruppenarbeit im rezeptionsästhetischen Zusammenhang dominieren.
- Die *zeitliche* Organisation:
  Hier sollte ein ungefährer zeitlicher Rahmen abgesteckt werden; dabei auch Vermutungen darüber angestellt werden, welche Aktivitäten breiteren Raum, welche kompakter und zeitlich begrenzter ablaufen können.
- Die *Ablauf-* und *Verlauf*sorganisation:
  Hier wird die Reihenfolge der Lernsituationen nach adressatenbezogenen Themen- und Problemstellungen im Sinne eines Aufbauprozesses durch Übungen/Instruktionen/Projektarbeit/Reflexionsphasen konzipiert.
  Zwischenreflexionen im Sinne einer Prozeßreflexivität oder einer ‚Metainteraktion'[2] nach Freys Projektmethode sollen den Prozeßverlauf, die Erfahrungen und Erkenntnisse noch einmal im Gespräch bewußt machen. Sie sind im Prozeßverlauf vorzusehen, um ggf. auch Lern- und Auseinandersetzungshindernisse zu beseitigen.
- Die Organisation der *Lehrfunktionen:*
  Hier gilt es zu antizipieren, in welcher Weise und welchem Ausmaß instruierende, motivierende, reflexions- und auseinandersetzungsanreizende Impulse, komplexitätsreduzierende wie prozeßevaluierende Lehrfunktionen vorzusehen sind und von welchen Instanzen sie getragen werden.

Es muß nicht mehr begründet, sondern nur noch einmal unterstrichen werden, daß diese prozeßgliedernden Momente im Sinne grundsätzlich offener, korrigierbarer Lernorganisation als Fixpunkte des Prozeßgeschehens zu verstehen sind. Sie sind als Mittel gedacht, Aktionismus und Orientierungslosigkeit zu vermeiden. Änderungen der konzeptionellen, sozialen, zeitlichen Organisation, des Verlaufs und der Lehrfunktionen sind jederzeit möglich. Ihre Notwendigkeit ergibt sich erst aus dem konkreten Prozeßverlauf.

Alle didaktischen Reflexionen münden ein in eine grobe Verlaufsplanung des Prozeßgeschehens in Prozeßphasen. Der Verlauf wiederum kann nach dem Modell von Theunissen in vier Phasen konzipiert werden[3], die Rückkopplungen und Querverbindungen zulassen. Sie sind wie folgt beschrieben.

1. Die Einstiegs- oder Orientierungsphase
   Die Orientierungsphase bekommt neben ihrer Funktion der Präzisierung der Ausgangs- oder Voraussetzungslage des/der Adressaten die Aufgabe zugewiesen, eine Atmosphäre des Vertrauens unter den Interaktionspartnern aufzubauen, z.B. durch unspezifische, aber beziehungsstiftende Aktivitäten mit Entlastungs-, Erkundungs- und Spielcharakter. Ferner sind hier Verfahrensmodifikationen durch gemeinsame Absprachen möglich.
2. Die Aufbauphase
   In der Aufbauphase soll auf der Grundlage der festgestellten und analysierten Lernbasis mit dem Abbau spezifischer Entwicklungs- und Lerndefizite begonnen werden. Gleichzeitig wird mit Aktivitäten, die auf die Problemlage, Konflikte, Umfeldbedingungen und auf die Interessen der Adressaten zugeschnitten sind, gezielter die Veränderung der Lernbasis angegangen.
3. Die Stabilisierungsphase
   In der Stabiliserungsphase werden neu erworbene Verhaltensweisen im motorisch-perzeptiven Bereich gefestigt. Sie sind Voraussetzung für erweiternde, problemorientierte und projektartige Aktivitäten. Vermehrte Selbststeuerung im Sinne der Projektarbeit erscheint hier möglich, weil auf einer stabileren und vertrauteren Beziehungsebene eigene Bedürfnisse besser artikuliert, Äußerungsängste und Darstellungsschwierigkeiten vermindert, Vorstellungen über den weiteren Verlauf entwickelt werden können u.v.a.m. Tendenziell können hier auch Brücken geschlagen werden zwischen selbstbezogenen Ausdrucks- und Verstehenshaltungen zu vermehrt sachbezogenen Aktivitäten.
4. Die Differenzierungsphase
   In der Differenzierungsphase wird Projektarbeit auf einem gesteigerten formalen, semantischen und instrumentellen Niveau angestrebt, in das die erworbenen Fähigkeiten integrierbar sind. Ferner breitet sich das projektorientierte Vorhaben auf weitere Lebensbereiche/Alltagssituationen aus und will Problembewußtsein und soziales Engagement fördern.

Uns erscheint die Phaseneinteilung von Theunissen hilfreich, weil sie eine ‚Verlaufskontrolle' erlaubt und den Prozeßverlauf überschaubar macht. Andererseits finden wir, daß bei den von Theunissen genannten Zielen das übergreifende Leitziel ‚ästhetische Kommunikationsfähigkeit' aus dem Blick gerät. Diese Zielsetzung will ja nicht einzelne intellektuelle, sinnlich-perzeptionelle Kompetenzen fördern und ausdifferenzieren, sondern ganzheitliche Formen der Selbst- und Fremdverständigung grundlegen und insgesamt einen Beitrag zu einer ganzheitlicheren Identitätsentwicklung leisten, bei der der Verzicht auf synkretistische (ganzheitliche) Verhaltensweisen gar nicht wünschenwert ist.

Von hier aus ergibt sich, daß wir inhaltlich konkretere Ziele und Aktivitäten stärker nach ästhetischen Gesichtspunkten und Valenzen ausrichten.

Faßt man die didaktischen Reflexionsebenen stichwortartig in einem Modell zusammen, so ergibt sich das folgende Schema:

- Es ist zu lesen als Planskizze für einen zeitlich begrenzten Projektverlauf oder als Langzeitmodell.
- Es schließt vorgeschaltete Planungstätigkeit ein; es präzisiert und reguliert sich durch Mitwirkung der Beteiligten, durch situative Gegebenheiten, durch veränderte Bedingungen auf Seiten der Adressaten und durch den Prozeßverlauf selbst.
- Überlegungen zu strukturellen Eigenheiten des spezifischen Mediums und zu Verfahrensweisen müssen, wenn diese neu eingeführt werden, je neu angestellt werden.

– Ferner gliedern und differenzieren sich die konkreten Prozessphasen durch prozessorganisatorische (konzeptionelle, zeitliche, soziale, verlaufsbezogene, pädagogisch intervenierende) Gesichtspunkte als Einheiten aus.

Anmerkungen

1 Die angesprochenen didaktischen Tätigkeiten schließen sich an die Überlegungen von Flechsig/Haller an und werden auf unseren Bereich hin ausgelegt. vgl.: Flechsig, K.H./Haller, H.D.: Einführung. a.a.O. S.186f

2 Vgl.: Frey, K.: Die Projektmethode. a.a.O. S.52ff

3 Vgl.: Modell der Langzeitplanung von Theunissen bei: Richter, H.G.: Pädagogische Kunsttherapie. a.a.O. S.137. Es wird vorgestellt bei Theunissen, G.: Ästhetische Erziehung. a.a.O. S.78ff

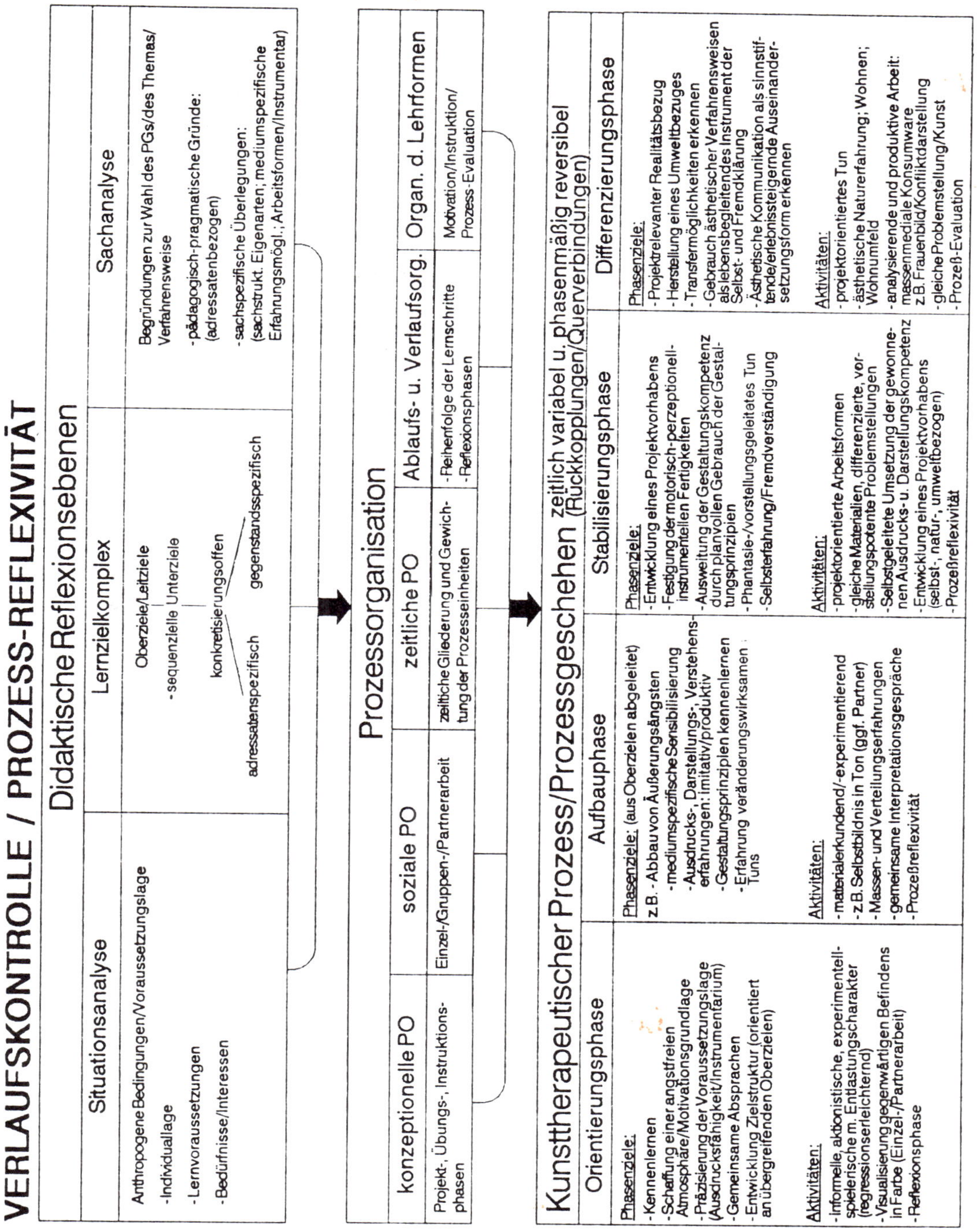

Teil IV :
Dokumentation und didaktische Auswertung kunsttherapeutischer Arbeit aus dem Präventiv- und Rehabilitationsbereich

Vorbemerkungen

Unseren Prämissen zufolge nimmt pädagogische Kunsttherapie im ästhetischen Medium und mit ästhetischen Mittel prophylaktische und rehabilitierende Aufgaben wahr.

Unsere Dokumentation umfaßt deshalb Projektvorhaben, die sowohl auf den präventiven als auch auf den rehabilitierenden Bereich zugeschnitten sind. Teilweise ähnliche Rahmenthemen und Aktionen in beiden Bereichen sollen anschaulich belegen,

- daß kunsttherapeutisches Arbeiten aus dem gleichen Fundus ästhetischer Aktivitäten schöpfen kann und nur methodisch je nach Klientel anders vorgehen muß;
- daß bestimmte Arbeitsformen unter prophylaktischer Zielsetzung sich ebenso zur Förderung und Rehabilitation verschiedener Problemgruppen eignen und umgekehrt;
- daß jede ästhetische Problemstellung, jede ästhetische Aktivität, jedes ästhetische Medium mit jedem Klientel möglich ist und lediglich der Gebrauch der Mittel, die bildnerisch-symbolische Umsetzung und die angestrengten Prozesse im Komplexitäts-, Auseinandersetzungs- und Ausdifferenzierungsniveau variieren.

Es sollen kurz die Gründe erläutert werden, die die Bezugsgruppenwahl im präventiven Bereich betreffen.

Die Anschauungsbeispiele im präventiven Kontext stammen aus dem sozialpädagogischen und heilpädagogischen Hochschulbereich. Durchgeführt mit Studenten im Fach Medienpädagogik (Ästhetik und Kommunikation) handelt es sich um hochschulexterne Projekte/Workshops und hochschulinterne, projektorientierte Übungen, teils direkt aus kunsttherapeutischen Veranstaltungen, die seit mehreren Jahren einen umfänglichen und festen Bestandteil des theoretischen und praktischen Fachangebots bilden.

Ästhetisch fundierte ‚Medienpädagogik (Ästhetik und Kommunikation)' zielt primäre ästhetische Erfahrungen an, will ästhetische Kommunikationsfähigkeit personal praktizieren und ausdifferenzieren wie durch theoriebezogene Veranstaltungen festigen und begründen helfen.[1]
Wir gehen davon aus, daß nur über mediumspezifische Selbsterfahrungen die personale Bedeutsamkeit ästhetischen Handelns erkannt und die Grundlage gelegt wird, die prophylaktischen und rehabilitierenden Valenzen ästhetisch kommunikativer Praxis für die angezielte defizitabbauende und identitätsfördernde Arbeit in den verschiedenen sozial-pädagogischen Praxisfeldern fruchtbar zu machen.

In welcher Weise Studenten selbst vieldimensional davon profitieren, führt die aus dem Projekt ‚Ästhetische Naturerfahrung' erwachsene Idee zu einer Großplastik unmittelbar vor Augen, die hochschulunabhängig gänzlich durch Eigeninitiative und Eigentätigkeit realisiert wurde. Sie wird im Anschluß an die Skizzierung dieser Projektreihe vorgestellt.

Daß Studenten berufsbezogen von ihren theoretischen Einsichten und praktischen Erfahrungen im ästhetisch kommunikativen Bereich profitieren, zeigen die Dokumentationen zur Förderung von ‚Problemgruppen'. Ausführungen und Bildmaterial zu konkreter kunsttherapeutischer Arbeit in diesen heil-/sozialpädagogischen Arbeitsfeldern stützen sich wesentlich auf Staatsexamensarbeiten bzw. auf praktische Erfahrungen in therapeutischen Freizeiten, in denen Selbst-Erfahrenes und Selbst-Geklärtes in ästhetisch-kommunikativer Praxis konstruktiv in die berufliche Praxis eingebracht wurde.

Die situativ-anthropogenen Bedingungen beider Bezugsgruppen sind sicherlich unterschiedlich, besonders was die Individuallage angeht. Studenten sind gegenüber den Adressaten im rehabilitativen Bezugsfeld in aller Regeln unauffällig in ihrem Verhalten, augenscheinlich psychisch stabil und sozial abgesichert. Sie verfügen über eine allgemeine – relative – Entscheidungs- und Urteilskompetenz, bringen aber, von den Arbeitsvoraussetzungen her gesehen, erfahrungsgemäß nur minimale instrumentelle, gestaltungsmäßige, organisatorische Kompetenzen für ästhetische Kommunikationsprozesse mit. Hier gehen wir von vergleichbaren Voraussetzungen beider Bezugsgruppen aus. Gemeinsam dürften beiden Bezugsgruppen Einstellungen gegenüber ästhetischen Prozessen sein.

Analog geringer gesellschaftlicher Akzeptanz ästhetisch-kreativen Tuns besteht in aller Regel – sozialisationsbedingt und aufgrund eingeschränkter Erfahrung – bei beiden Gruppen nur ein geringes Bewußtsein über seinen personalen Stellenwert. Es baut sich hier wie dort erst schrittweise, zuweilen mühselig in längerfristigeren ästhetischen Auseinandersetzungsprozessen auf. Hieraus folgt, daß kunsttherapeutische Arbeit in beiden Fällen aufbauend in dem Sinne verfahren muß, daß sie ästhetisches Arbeiten in seinen sozialen Wirklichkeitsbezügen, psycho-sozialen und personalen Bezügen als Instrument der Selbst- und Wirklichkeitsauseinandersetzung bewußt werden läßt.

Neben pragmatischen Gründen – das Erfahrungsmaterial liegt vor – begründet aber noch ein anderes Argument die Personengruppenwahl im Präventivbereich. Die fachbezogene studentische Arbeit kann als stellvertretend für die außerschulische Arbeit mit Jugendlichen und Erwachsenen angesehen werden und ist hierauf direkt zu übertragen. Neben den bereichsspezifischen Lernvoraussetzungen (Kompetenzen) und dem Einstellungshorizont in bezug auf diese Personengruppe ist auch der Freiwilligkeitsstatus der Veranstaltungen vergleichbar. Nicht gerade arbeitserleichternd und für die Herstellung eines kontinuierlichen Aufbaus eher hinderlich, muß hier wie dort mit Fluktuation gerechnet werden.

Mit Ausnahme einer Grundlagenveranstaltung hält das Fach Medienpädagogik an der freien Ausfüllung des Pflichtstundendeputats in einem breiten thematisch-medialen Angebot[2] fest und muß sich in einem breiten Angebotsgefüge mit hohem Pflicht- und Verpflichtungscharakter behaupten.

Andererseits gewährleistet wie dort die Freiwilligkeitsbasis ein gewisses Maß an Interesse und Auseinandersetzungsbereitschaft für die gewählte Thematik.

Arbeitserleichternd kommt beim studentischen Klientel hinzu, daß ein Teil der Teilnehmer zumeist aus anderen Veranstaltungen bekannt, sogar teilweise vertraut ist. Oft genug kommt es vor, daß Studenten das ästhetische Medium erst im Studium für sich entdecken, ‚Begabungen' entwickeln und mit dem Ziel, es berufsmäßig anzuwenden, ausgiebig von dem Angebot Gebrauch machen. Dennoch muß allgemein mit einem großen Gefälle im Gebrauch der ästhetischen Mittel gerechnet werden.

Und so läßt sich zusammenfassen:

- Studenten kommen vor allem in der Erwartung, Anregungen zur Eigentätigkeit und anwendbare Arbeitshilfen in einem bestimmten Rahmenthema zu erhalten und sie in konkretisierungsoffenen Prozessen nach eigenen Vorstellungen zu realisieren.

Hierauf ist die Planung und Durchführung der ästhetisch strukturierten Prozesse abgestimmt. Kann in diesem Personenkreis weitgehend auf die Erhebung der Voraussetzungslage verzichtet werden, so bedeutet die angesprochene eingeschränkte Planungs-, Entscheidungs- und Handlungskompetenz im ästhetisch-kommunikativen Bereich, daß Eingangs- und Aufbauphasen, instruierende Sequenzen und instrumentelle Einübungsphasen ebenso – wenngleich zügiger – wie bei rehabilitierenden kunsttherapeutischen Prozessen durchlaufen werden müssen. Die vorgestellten Beispiele zeigen den Aufbau und die Sequenzierung der Prozeßeinheiten.

Die Anschauungsbeispiele aus dem rehabilitierenden Bereich werden nicht alle gleichermaßen ausführlich dargestellt und didaktisch durchreflektiert.

Vor allem die vieldimensionalen Fördermöglichkeiten durch ästhetisch-kreatives Tun bei unterschiedlichen Gruppen von Behinderten/Benachteiligten sollen hier in den Blickpunkt gerückt und ihre potentielle Übertragbarkeit auf andere als die genannten Gruppen plausibel werden. Methodische Varianten werden deutlich, wenn in den Aktionsbeispielen Zufall, Spontaneität und situative Reaktionen prozeßleitend sind oder projektorientierte Arbeitsformen praktiziert werden.

In der Hoffnung, daß mit den grundlagentheoretischen Erörterungen in Verbindung mit der entwickelten kunsttherapeutischen Didaktik ein begründetes und handhabbares Instrument zur eigenständigen Planung und Durchführung ästhetisch-therapeutischer Prozesse zur Verfügung steht, haben die Darstellungen in diesem Dokumentationsteil insgesamt vor allem die Funktion, kunsttherapeutische Einsatzfelder, Themen und Aktionsformen in ihrem Person-, Sozial- und Wirklichkeitsbezug anschaulich zu machen.

Anmerkungen

1 Vgl.: Richter-Reichenbach, K.S.: Teilstudium Medienpädagogik. a.a.O.
2 Unter dem Fach Medienpädagogik oder auch ‚Ästhetik und Kommunikation' sind ferner literar-, musik-, theaterästhetische Veranstaltungen subsummiert. So auch: Marchal, P. (Hg): Einführung in das Fach ‚Ästhetik und Kommunikation'. Siegen 1989

1. Projekte aus dem therapeutisch-präventiven Bereich

1.1. Projekte zum Bereich: ‚Ästhetische Naturerfahrung'

Landschafts- und naturbezogene Projekt-Seminare finden im Rahmen der ‚Medienpädagogik (Ästhetik und Kommunikation)' seit Jahren sporadisch statt. Erfahrungen mit idealtypisch durchgeführter Projektarbeit im Sinne Freys führte zu dem inzwischen praktizierten Verfahren, das mit seinen konkretisierungsoffenen Prozessen als ‚projektartig' zu kennzeichnen ist.

Als nachteilig für weiterreichende bereichsspezifische Zielsetzungen wirkte sich reines Projektvorgehen deswegen aus,

- weil die Studenten einerseits gezwungen waren – nach einer vorgeschalteten Sichtung örtlicher Gegebenheiten –, ortsunabhängig Projektinitiative und -aktivitäten zu entwerfen;
- ihnen andererseits aber Möglichkeiten fehlten, sich ästhetische Gestaltungsprozesse ‚in und mit der Natur' vorzustellen und eigenständig zu entwickeln.

Trotz geäußerter hoher emotionaler Zufriedenheit der Teilnehmer mit ihren Projekten muß kritisch vermerkt werden, daß diese Projektaktivitäten im erlebnispädagogischen Horizont verblieben, geringen Wirklichkeitsbezug aufwiesen und wenig spezifisches Veränderungspotential bargen.

Gegenseitiges Schmücken mit Wildblumen und Gräsern, Rundum-Geschichten am Feuer und Hexen-Beschwörungen der Elemente hatten allen Beteiligten eine Menge Spaß gemacht, Erinnerungen an ‚früher' geweckt, Beziehungen untereinander gestiftet und Natur-Fühlen hervorgebracht.
Die Idylle hatte aber weder dazu geführt, Natur im Gegensatz zu sonstiger Mißgestaltung als gestaltbar zu erfahren noch dazu, sich die gewordene Natur auch anders vorzustellen als sie ist (Möglichkeitsdenken).

Unter dem kritischen Blickwinkel notwendiger Einstellungs- und Verhaltensänderung gegenüber Natur und mit Blick auf die ästhetischen Potenzen in diesem Belang kommt den oben genannten Aktivitäten zwar pädagogische Bedeutung zu, insofern sie an Erfahrungen der Kinderzeit anknüpfen, sie beziehungsstiftend und psychisch entlastend wie arbeitsmotivierend wirken. Aus kunsttherapeutisch-pädagogischer Perspektive stellen sie aber vor allem Aktivitäten der Eingangs- und Aufbauphase dar, in denen projektvorbereitend ein Klima gegenseitigen Vertrauens geschaffen wird, erste Materialerlebnisse und erste synkretische Erfahrungen mobilisiert werden.

Aus dieser kritischen Einschätzung heraus resultierte die Entscheidung für künftiges ‚projektartiges' Vorgehen in diesem Bezugsfeld. Festgehalten wurde an den Prinzipien ästhetischer Arbeit und der Projektmethode insofern, daß

- den Teilnehmern zwar Aktionsvorschläge gemacht wurden, ihre Realisierung aber unabdingbar selbstgeleitet war;

- die Aktivitäten ohne Leistungsdruck von außen stattfanden und auf die intrinsisch motivierende Wirkung ästhetischer Tätigkeit selbst gesetzt wurde;
- die Prozeß-Sequenzen in einem Aufbauverhältnis geplant waren, aber jederzeit durch andere Vorgehensweisen aufgrund spontaner, situativ entstehender Einfälle variiert werden konnten.

1.1.1. Erfahrungsfeld ,Natur'

Unter dieser methodischen Vorentscheidung fanden weitere Projekte zur ,Ästhetischen Naturerfahrung' statt, von denen eines im konkreten Ablauf dargestellt werden soll. Die Wahl des Bezugsfeldes ,Natur' begründet sich, bezugnehmend auf den aufgezeichneten gesellschaftlichen Bedingungszusammenhang in Kapitel 2, durch folgende zusammenfassende Überlegungen:

Begründung zur Wahl des Projektgegenstandes ,Ästhetische Naturerfahrung':

Ein vernünftiger, respektierender und gestaltender Umgang mit Natur, das ist heute nicht allein ein ethisches Postulat, sondern angesichts komplexer Naturzerstörung eine individuen- und gesellschafterhaltende Notwendigkeit. Einen solchen Umgang einzuüben, ist denn auch allgemein-pädagogische Forderung wie es in der fachübergreifenden Zielvorstellung ,Ökologisches Lernen' zum Ausdruck kommt. Sie ist somit umwelterzieherische Aufgabe jedes Pädagogen. Er ist aufgefordert, bereichsspezifische Grundlagen für einen vernunftbestimmten Umgang mit der Natur zu legen und in diesem Sinne erzieherisch-präventiv zu verfahren.
Deutlich geworden ist nämlich, daß Aufklärung und moralische Appelle nur wenig ausrichten: Nahezu unberührt von ethischen Postulaten wird Natur allenthalben planmäßig verzweckt, genutzt, verbraucht, freizeitmäßig konsumiert und vermarktet.
Es gilt, aus diesem Zweckzusammenhang herauszukommen und eine qualitative Umorientierung im Verhältnis Mensch und Natur anzustreben, die den Eigenwert von Natur respektiert, d.h. bewahrend und gestaltend mit ihr umgeht.
Wird diese Forderung anerkannt, dann stellt sich die Frage nach den Mitteln und Verfahren, die Umorientierung bewirken.
Hier versuchten wir nachzuweisen, daß ökologisches Lernen ,vor Ort' zwar bewußtseinsstiftend und wahrnehmungssensibilisierend zu wirken vermag, aber erstens vermehrt kognitive Lerndimensionen (Natur-Beobachtung) anspricht, zweitens keinen produktiven ,gestalterischen' Umgang mit Natur vorsieht und drittens Gefahr läuft, in der zwar naturschonenden, aber dennoch nutzzweckhaften Dimension zu verbleiben (Schulgarten).

Wird dieser Einschätzung zugestimmt, dann lautet die These:

Zur qualitativen Umorientierung bedarf es direkter, ästhetisch ganzheitlicher Naturerfahrung. Sie allein vermag einen Vollbegriff von Natur auszubilden. Ästhetische Naturerfahrung ist imstande, sinnlich-empfindende Anschauung von der Natur mit der Reflexion über unser Verhältnis zu ihr im ästhetischen Tun zusammenzuschließen.

Bloßes Tun (Aktionismus), bloßes Gefühl (Naturfühlen), bloßes Wissen von Natur können diese ganzheitliche Naturerfahrung und ein entsprechendes Naturbewußtsein nicht bilden.
Zugleich kann auf dem Wege ästhetischer Naturerfahrung die Wirkung und die Bedeutung vielfältiger Natur auf ,mich' bewußt und so ihre Eigenwertigkeit jenseits ihrer Zweckbestimmungen durch ,uns' erlebt werden. Ästhetische Naturerfahrung vermag so Vorbedingung für eine positive Einstellungsbildung und damit Voraussetzung für einen vernünftigen, emotional-verankerten Naturumgang zu werden.

Ästhetische Naturbegegnung heute ist jedoch nicht voraussetzungslos.

Der Eindimensionalität wissenschaftlicher Erkenntnisverfahren gegenüber Natur (Aussonderung von Anschauung und Empfindung) entspricht die eindimensionale Betonung von verwertbaren Wissensbeständen in allen Bildungsbereichen. Eindimensionale Nutzzweckperspektiven sind ebenfalls kennzeichnend für gesellschaftliche Wahrnehmungsschemata gegenüber Natur. Dies führt zu den Thesen:

- Ästhetische Naturerfahrung muß auf pädagogischem Weg im Rahmen ästhetisch-therapeutischer Erziehung/Kommunikation grundgelegt und entwickelt werden.
- Ästhetische Naturerfahrung muß auf elementarem Weg gesucht werden und zwar durch Mobilisierung der Sinneswahrnehmung und Reflexion einerseits und über den gestaltenden Umgang mit elementarer Natur andererseits[1].
- Ästhetische Naturerfahrung kann auf diese Weise einseitige, zweckbetonte Zugangsweisen im ästhetischen Vollzug aufheben, bzw. ihnen entgegenwirken.

Abb. 1

Begründungen zur Wahl der Aktivitäten und Problemstellungen:

Für uns war aufschlußreich, daß in unserem ersten Naturerfahrungsprojekt ein nahezu nostalgisch wirkender, idyllischer Zugang zur Natur gesucht wurde und dabei Kindheitserfahrungen aktiviert wurden. Es liegt nahe zu vermuten, daß ab diesem Entwicklungsstadium offenbar keine weiterführenden, dem sonstigen Entwicklungsgang entsprechende Handlungserfahrungen in diesem Aktionsfeld gemacht werden. Zugleich vermag der in diesem Projekt angestellte – unbewußte – Rückgriff auf lustvoll erfahrene Aktivitäten eines ontogenetisch früheren Entwicklungsstadiums als kunsttherapeutischer Verfahrenshinweis in dem Bezugsfeld ‚Natur' zu fungieren:

Es gilt, an elementare Naturerfahrungen anzuknüpfen, die nahezu jeder im Umgang mit Pfützen, Matsch, Sand, Gräsern, Steinen usf. in seiner frühen Kindheit gemacht hat zu einem Zeitpunkt, wo empfindende Anschauungen und kognitive Entwicklungsprozesse noch zusammengehen.
Mehr als anderswo kann Regression im Medium und Umfeld ‚Natur' pädagogisch initiiert und für einen Aufbauprozeß fruchtbar gemacht werden.
Und so wurde ein Teil der Aktivitäten bewußt darauf abgestellt, Regression zu ermöglichen und synkretische Vorerfahrungen zu aktivieren als Voraussetzung dafür, eine weiterreichende ganzheitliche und altersentsprechende, konstruktiv-konzeptionelle ästhetische Arbeit aufzubauen, die Gestaltungserfahrungen und zugleich eine kritische Auseinandersetzung mit gewordener Natur zulassen sollte. Die Suche nach einem geeigneten natürlichen Umfeld war Vorbedingung für das Projekt (Abb. 1).

Auf der Grundlage dieser – gerafften – Überlegungen fand in Folge einer Theorieveranstaltung zum Thema ‚Kunst und Ökologie' das Projekt-Seminar (‚Erfahrungsfeld Natur') in münsterländischer Umgebung statt. Es suchte einen direkten Bezug zur gegenwärtigen Umweltproblematik herzustellen. Es wurde in zwei Blöcken zu je drei Tagen im Frühsommer durchgeführt. 14 Studenten nahmen teil. (Projekt-Varianten von anderen Projekten zum Thema fließen in die Darstellung ein).

Prozeß-Verlauf:
In einem Vorgespräch wurden relevante Teilnehmervoraussetzungen ermittelt. Es suchte zu klären:

- Aufnahme- und Auseinandersetzungsbereitschaft hinsichtlich ungewohnten Naturumgangs
- Gestaltungserfahrungen in und mit der Natur
- Interesse und Offenheit an mehrdimensionalen Naturerfahrungen
- Urteile und Einschätzungen des Ist-Verhältnisses zwischen Mensch und Natur
- Aktivitätsvorstellungen

Das Vorgespräch erbrachte:

- Ein hohes allgemeines Interesse an dem Projektvorhaben und die Bereitschaft, sich auf die grob skizzierten Aktivitäten (ästhetische Auseinandersetzung mit Naturelementen) einzulassen.
- Aktivitätsvorschläge seitens der Studenten waren spärlich und wurden auf mögliche Einfälle ‚vor Ort' verwiesen.
- Gestaltungserfahrungen neueren Datums fehlten durchgängig.
- Das gegenwärtige Verhältnis von Mensch/Gesellschaft und Natur wurde von den Studenten als problematisch charakterisiert; demgegenüber ihre Motivation geäußert, aktiv ihr eigenes Verhältnis zu klären und an einer gesellschaftlichen Veränderung produktiv mitzuarbeiten.

Zielkomplex:
Eingedenk der Einsicht, daß nur derjenige, der die Natur als erfüllend und bereichernd erfahren hat, sie zu schützen bereit ist; und nur derjenige gestaltend mit ihr umgeht, der Vorstellungen ihres ‚Anders-Seins' entwickelt und Gestaltungserfahrungen gemacht hat, umfasste der projektbezogene Zielkomplex folgende Oberziele (als Annäherungsziele):

- Eröffnen eines positiv-erlebenden Handlungskontaktes zur Natur
- Entdecken und Erweitern der Gestaltungsmöglichkeiten in und mit der Natur
- Herstellen eines kommunikativen Verhältnisses zur umgebenden Natur
- Erfahrung direkter Natur (Luft, Wasser, Erde, Sand, Bäume usf.)
- Bewußtwerdung des Gegensatzes von gestalteter Natur und mißgestalteter ‚Un-Natur'
- intra- und interindividuelle Reflexion der Naturerfahrung

Diese Oberziele wurden durch sozialbezogene Unterziele/Aktivitäten einerseits (etwa bei Gemeinschaftsarbeiten) und durch sachbezogene Unterziele/Aktivitäten der einzelnen Projektsequenzen zu realisieren versucht.

Verwendete Medien und Materalien:

- vorgefundene Naturmaterialien und Naturelemente
- Farben, Pinsel, Leim und Gips
- vorgefertigte Dachlatten, Holzrahmen

Dokumentation:

1. Block: 3 Tage

1. Tag:	Eingangsphase/3 Sequenzen
Unterziele:	– Aktivieren der sinnlichen Wahrnehmung – Funktionsverlust durch ganzheitliche Wahrnehmungserfahrungen erkennen – Gestaltungsmittel ‚Natur' kennenlernen – Emotionale Entspannung einleiten und Arbeitsklima vorbereiten
1. Projekt-Sequenz:	Wahrnehmungssparziergang
Medien:	Psychophysisches Sensorium

Die Projekttage begannen morgens mit einem mehrstündigen Wahrnehmungs- und Erkundungssparziergang bei

strahlendem, die gesamten Projekttage anhaltenden Frühsommerwetter. Der Spaziergang zielte Komtemplation und Ruhe einerseits und die bewußte sinnliche Wahrnehmung der Umgebung und ihrer Reize durch unsere Sinne andererseits an. Mit den Händen wurden die Stämme ertastet, barfüßig durch das feuchte Gras gegangen; der ungehinderte Blick erfasste mannigfaltiges Grün; die Haut nahm die wechselnden Temperaturen wahr; der Geruchssinn wurde vielfältig durch Wasser, Wald, Erde usf. angesprochen.
Die Mittagszeit verbrachte die Gruppe lagernd unter einer breit ausladenden schattenspendenden Eiche (Stammumfang: 5,70 m), die Eindrücke erinnernd und reflektierend.

2. Projektsequenz: Malen mit Naturfarben (Aufbauphase)
Medien: Naturmaterialien, Pinsel, Aquarell-Blöcke und -Farben.

Auf dem Rückweg wurden Gräser, farbige Wildblumen, Blätter gesammelt, verschiedenfarbige Erdproben genommen und auf einer baum-umstandenen Wiese gelagert.

Aufgabe: Natur-Assemblagen
Hier wurden die verschiedensten Versuche durchgeführt, durch Aufreiben von Blättern, Blüten, Sand, Erde, Baumrinden auf Papier ‚Naturbilder' herzustellen. Durch vorsichtiges Hinzufügen von Wasser entstanden vielfarbige, diffuse, aber materiell (erdig) bleibende und stets zusammenstimmende Farbkomplexe und Naturspuren. Die Malversuche mündeten zwanglos ein in den Versuch, erst durch ertastenden Einsatz von Pinsel, später dann durch Hinzufügen von Aquarellfarben, den vieldimensionalen Eindruck der Umgebung wiederzugeben.

3. Projekt-Sequenz: Reflexion (Äußerung in Stichworten)
- zur ‚sprachlosen' inneren Ruhe gekommen
- hohe emotionale ‚Zufriedenheit'
- ‚voll von Natur'
- ganzheitliche Wahrnehmungserfahrungen: Schau-Bild des Auges, Hör-Bild des Ohres, Duft-Bild der Nase, Temperatur- und Tast-Bild der Haut, Tast-Erfahrungen mit Hand und Fuß
- Erstaunen und ‚Überraschung' über die eigenen Bildprodukte, ‚schöne Farben'
- Ansporn zum ‚Weitermachen'

2. Tag: (Aufbauphase)
Unterziele:
- Regression auf frühere Entwicklungsstufen ermöglichen
- elementare Tasterfahrungen reaktivieren in Sand/Erde/Matsch/Wasser
- basale, synkretische Erfahrungen wiederbeleben
- Gestalterfahrungen mit Naturmaterialien sammeln: Masse und Raum bilden, Statik erproben, Binnendifferenzierungen vornehmen usf.

1. Projekt-Sequenz:
Problemstellung: Herstellen eines Sandbau-Dorfes (Phantasieort) mit Verbindungen, Wasserläufen, Gräben, Brücken etc.

Am Ufer der Bever sollte ‚gestaltendes Bauen' von der Sinneserfahrung ausgehen und von dem Material Sand/Erde/Matsch stimuliert werden. Diese Materalien weisen elementare Qualitäten wie feucht, trocken, hart, weich, körnig, steinig, elastisch, schmierig u.v.a.m. auf.
Nach anfänglichem Kichern über solchen ‚Kinderkram' ging von dem Material soviel Stimulation aus, daß die Gruppe bald im Buddeln, Aushöhlen, Sand klopfen, modellierenden und konstruierenden Formen versunken war. Schließlich wurde die Gesamtanlage ins Auge gefaßt und eine Dorflandschaft mit Brücken, Straßenverbindungen und Wassergräben hergestellt (Abb. 2-4).

Abb. 2

Abb. 3

Abb. 4

Abb. 5

Abb. 6

2. Projekt-Sequenz: Spurensicherung
Aufgabe: Sand-Relief

Nach eigenen Vorstellungen über das Bildmotiv wurden mit Fingerspitzen, Hand, Handballen und -rücken Spuren in den feuchten Sand gemalt, Linien rhythmisiert, konzentriert, akzentuiert.
Das so entstandene Sandbild wurde mit flüssigem Gips ausgegossen (Tiefdruck). Um ein Ausfließen zu verhindern und das Motiv einzugrenzen wie dieses als Bild zu rahmen wurde ein vorher erstellter Holzrahmen in den Untergrund eingedrückt. Nach ca. 30 Minuten war der Gips erstarrt, das Gips-Relief konnte abgehoben und lose Sandreste, die keine Oberflächenverbindung mit dem Gips eigegangen waren, am nahe gelegenen Bach abgewaschen werden (Abb. 5-7).

3. Projekt-Sequenz: Reflexionsphase

Der Erlebniswert der verschiedenen fein- und grobmotorischen Bewegungen in Verbindung mit dem Bauen wurde als ‚entlastend' und ‚anregend' beschrieben; die vielfältigen Ge-fühle als ‚lustvoll' bezeichnet. Weil man über die eigenen Ausdrucksspuren im Sand hellauf begeistert war, wurde um eine erneute Herstellungssequenz gebeten.

Didaktische Bemerkung

Neben den Sinnen ist die Motorik von fundamentaler Bedeutung generell für Handlungserfahrungen und für das Gestalten insbesondere. Für Erwachsene bedeutet das konstruierende und spurensichernde Arbeiten mit Sand/Erde Rückgriffe auf Erfahrungsdimensionen und Erfahrungsmöglichkeiten, die nicht nur als lustvoll, sondern auch als erlebnis-steigernd wieder-erfahren werden. Derartige synkretische/ganzheitliche Erlebnisse lassen die Eigenwertigkeit von Natur für uns wiederentdecken. Dieselben Aufgabenstellungen lassen sich im Rahmen der rehabilitativen therapeutischen Arbeit anwenden. Basale Stimulation, die sich zum Ziel setzt, über elementare Sinnesreize, sensomotorische Reaktionen zu bahnen, hätte im Medium Natur eine

Abb. 7

Fülle von stimulierenden Reizen. Teilleistungsschwächen (in der Raumwahrnehmung, in der Körperwahrnehmung, in der Motorik) können von hier aus angegangen und abgebaut werden. Sie nehmen ihren Ausgang von der ,sinnlichen Berührung und einfachen Bewegung' und bahnen so den langen Weg bis die Bewegungsmöglichkeiten zur freieren Verfügung stehen. In elementaren, raumgreifenden, raumbildenden, rhythmisierenden und strukturierenden Bewegungen finden wir erste Spuren unseres persönlichen Ausdrucks, unsere eigene ,Handschrift' (plastisch verdeutlicht in Sand-Spuren), ,wird das Ich entdeckt und werden Beziehungen hergestellt zwischen Ich-Selbst und äußerer Umwelt'.[2] Die tastende Hand spürt und gestaltet zugleich. Die Wahrnehmung geht ganz über die Bewegung selbst, ohne vermittelndes Instrumentarium. In dieser unmittelbaren Beziehung entsteht Neues, Gestalt, Ausdruck. Für die emotionale und kognitive Reifung sind solche senso-motorischen Erfahrungen Voraussetzung. Durch sie wird senso-motorische Intelligenz grundgelegt.
Aber nicht nur zur Beseitigung von Teilleistungsschwächen ist das Zusammenspiel von senso-motorischen Aktivitäten und Ich-Ausdruck zu fördern. Geht es darum, persongeleitete Auseinadersetzungsprozesse mit der Wirklichkeit ein ganzes Leben lang anzustreben und hierüber einen vitalen Lebensgrund herzustellen, dann gilt es, solche Verbindungen zwischen unseren eigenen sinnlich-vitalen Lebensmöglichkeiten und – wie hier – unserer vitalen Lebensgrundlage ,Natur' zu entwickeln/wieder zu entwickeln.

3. Tag:	3 Sequenzen (Stabilisierungsphase)
Unterziele:	– Festigung der Gestaltungserfahrung in Sand – Sachorientierte Überleitung: Besuch eines Graphikers, der mit Erdschichten arbeitet

1. Projekt-Sequenz: Sandrelief

Wunschgemäß wurde die ,Handschriften-Erfahrung' am Morgen fortgesetzt, neue Motive versucht bzw. alte variiert.

2. Projekt-Sequenz: Besuch eines ,Sand-'Graphikers

In einem Werkstattbesuch am Nachmittag bei einem in der Nähe wohnenden Geologen, der Erdschichten-Bilder herstellt und sich selbst zu den ,Land-Art'-Künstlern zählt, wollten die Teilnehmer sich Anregungen für die angezielten ,Erd-Schichten-Bilder' holen. Der Künstler erklärte anhand vieler Objekte Arbeitstechniken, die es erlauben, querschnittlich Erdschichten ,abzunehmen' und als Bilder zu präparieren. Aufgrund des offensichtlichen Interesses der Gruppe bot sich der Künstler an, in einer Tagesexkursion ,vor Ort' uns in die Technik und das Verfahren einzuführen (Sandgrube bei Gütersloh).

3. Projekt-Sequenz: Reflexionsphase

Der Graphiker vermochte allseits den Wunsch zu wecken, selber Erd-Schichten-Bilder herzustellen, von deren naturbedingter Schönheit man berührt und beieindruckt war. Es wurden Planungen für das weitere Projekt-Vorgehen des nächsten dreitägigen Blocks vorgenommen; die Exkursion auf den 6. Projekttag angesiedelt. Die Einigung auf einen Termin bereitete keinerlei Schwierigkeiten, was für das hohe Motivationspotential der vorausgegangenen Aktivitäten spricht. Die gesamten Aktivitäten wurden als ,toll' klassifiziert; ,ungewohntes Erlebnis', ,starkes Lernen' konstatiert. Lachen, Summen, kooperatives Zusammenhandeln, selbstvergessenes Arbeiten zeugen von einer repressionsfreien Arbeitsatmosphäre.

2. Block:	3 Tage
4. Tag:	(Aufbauphase)
Unterziele:	– Sichtbarmachen des immateriellen Mediums Wind/Luft – Gestaltungserfahrungen mit organischen Fundmaterialien/Naturresten (Stöcke, Äste, Zweige) – Bewegung und Spiel als Arbeitsmotivation fruchtbar machen – Koordinierte/rhythmische Bewegungsabläufe als Gestaltungselemente erfahren
1. Projekt-Sequenz:	Sichtbarmachen von Luft
Aufgabe:	,Erfinden von Wind-Spielen'

Medium der Sichtbarmachung waren große Plastikfolien, die sich bei leichtem Windhauch aufbauschten, flatterten, durch Armbewegungen aufblähten und dann wie ein Hauch auf umstehende Sträucher, Büsche, Brennesseln legten, sie zudeckten, stellenweise Windblasen bildeten usf. Beim Laufen mit den Folien wurde Wind eingefangen, durch Zusammenfassen der Bahnen Wind-Würste, Wind-Bälle, Luftballons, Windmauern und Windhöhlen geformt (Abb. 8-9).

Abb. 8

Abb. 9

2. Projekt-Sequenz: Gestaltung mit Naturresten
Aufgabe: ‚Stockplastiken'

Die Teilnehmer wurden beauftragt, Materialien in der näheren Umgebung für die Plastik zu sammeln. Bei der Suche nach geeigneten Materialien wurde bereits das ‚Material' nach noch diffusen Gestaltungsvorstellungen ausgewählt. Es sollte ‚wertloses' Material aus Wallhecken-Auslichtungen stammend, Stöcke und herumliegende Äste/Zweige gesammelt werden. Durch geplantes Zusammenstecken, durch Gruppierung, Anordnung, Anlehnen und schließlich durch Bemalen (Dispersionsfarbe) nach eigenen Vorstellungen entstanden eigenartige bizarre, fein gegliederte Ast-Skulpturen von graziler Schönheit. Der gezielte, nuancierende Farbauftrag (ganzastig-monochrom oder polychrom aufgetragen) unterstützte diese Wirkung zu Beginn der Farbtafeln Bild – 1. Sequenz (Abb. 10-11: Abb. 12/13 Farbtafel).

Abb. 10

Abb. 11

3. Projekt-Sequenz: Reflexionsphase

Das Spiel mit Wind/Luft hatte ‚unbändigen' Spaß gemacht. Es schaffte die sozial-emotionale Grundlage für befreites Arbeiten der folgenden Tage. Das Medium Wind, ausdrücklich zum Gegenstand der Erfahrung gemacht, hatte zu umfassender Körperaktivität ‚verführt' und zum Erfinden der Windspiele herausgefordert. Das Medium wurde anerkannt als etwas, was ‚ist', uns umgibt; nur bedauert, daß man nicht den Verschmutzungsgrad sichtbar machen konnte.
In bezug auf die Ast-Skulpturen ergab die Reflexion, daß man zunächst skeptisch gegenüber der seltsamen, ‚seltenen', unbekannten Aufgabenstellung war; daß man sich aber ‚einfach mal darauf eingelassen' habe. Dieser anfängliche Zwiespalt sei aber dem Erstaunen/der Verblüffung über die Gestaltungsmöglichkeiten mit diesen Rest-Materialien gewichen. Vielfach erstmalig hatte man sich bewußt mit dem Bau eines Astes oder Zweiges befaßt; hatte mit den Fingerspitzen die Feinverästelungen und die Ast-Haut, Zweigverdickungen etc. ertastet und so etwas wie ‚Hochachtung' über das zugrundeliegende System entwickelt. Im nutzzweckfreien Umgang hatte man die ‚Schönheit' von Natur und die Mög-

lichkeit zum Gestalten ‚exemplarisch' erfahren (wirklichkeitsaneignende und -verändernde Valenz).

5. Tag: Stabilisierungs-, Differenzierungsphase

Unterziele:
- Reflexion des eigenen Naturverhältnisses
- Bewußtwerdung ungestalteter Natur
- Bewußtmachung der Schutzbedürftigkeit von Natur mit ästhetischen Mitteln
- Veranschaulichung von Naturschädigungen durch ggf. Überzeichnungen und Kontrastbildungen

1. Projekt-Sequenz: Baummeditation

Einzeln oder mit einem Partner suchten die Teilnehmer sich einen ‚Reflexions-Baum' aus. Sie setzten sich in Wurzelmulden, schauten in das Blattwerk, standen auf und versuchten, den Stamm mit den Armen zu umfassen oder mit den Fingerspitzen abzutasten. Sie reflektierten ihr eigenes Verhältnis zu Bäumen und die Bedeutung von Baum bzw. Grün für sich selbst und andere (ganzheitlicher Kommunikationsmodus) (Abb. 14-15).

Abb. 14

Abb. 15

2. Projekt-Sequenz: Gemeinsame Reflexionsphase

Das anschließende Gespräch kam sehr bald auf die gegenwärtige, exzessive Naturzerstörung zu sprechen. In einem zunehmend lebhafter werdenden Gespräch wurde die emotionale und verstandesmäßige Betroffenheit über das auch an diesem idyllischen Ort sichtbare ‚Natur-Sterben' ebenso wie Wut- und Ohnmachtsreaktionen ausgedrückt. Eigene Erfahrungen mit Naturzerstörungen wie gängige Verhaltensweisen gegenüber Natur kamen zur Sprache, resignative Äußerungen wurden kontrovers diskutiert. Es kam schließlich der Wunsch auf, die Verwundbarkeit von Natur drastisch vor Augen zu führen, weil das wisschenschaftliche Traktat, der moralische Appell ‚ja wenig nütze'.
Hier konnte auf die Möglichkeit ästhetischer Produkte verwiesen werden, ganzheitliche Auseinandersetzungsprozesse ohne den Umweg über die Sprache auszulösen. Als Realisationsmöglichkeit bot sich ein durch Windbruch abgerissener, mächtiger Ast einer Eiche an.

3. Projekt-Sequenz: ‚Mahn-Baum'
Aufgabe: Die durch Luftverunreinigung und ‚sauren' Regen bedingte Schwächung und nachfolgende Windbruchschädigung von Bäumen soll exemplarisch verdeutlicht werden.

Für diese Zielsetzung wurde ein Baum ausgesucht, dessen abgebrochener Ast von Stammstärke noch am ‚letzten Zipfel' hing. Er hatte bereits teilweise seine Blätter verloren im Gegensatz zu den ansonsten noch voll im Laub stehenden Bäumen. Bemalt wurde dieser Ast in unterschiedlichen Schattierungen von grün-oliv in Stammnähe über orangegelb bis zum einem feurigen Signalrot in Feinverästelungen, ebenso wurde mit den verbleibenden Blättern farbig verfahren.
Auf diese Weise wurde der Kontrast zwischen Natur und Un-Natur sowohl durch den Kontrast zwischen Geäst und totem Geäst wie durch den Kontrast natürlicher und sythetischer Farbe unterstrichen (Abb. 16).

Abb. 16

Projektvariation: ‚Patient-Baum'
In einem anderen Projekt-Seminar zum Thema führte die ästhetisch-kritische Auseinadersetzung mit Umweltzerstörung zum Projekt: Bandagierter Baum/‚Patient Baum'

Medien
Weiße Bettlaken, alte Kleiderstoffe (vorzugsweise rot), mehrfach verstellbare Leiter.

Projektverlauf
Durch Planungsgespräche vorbereitet brachten die Teilnehmer für den Projekttag insgesamt 120-130 Meter Stoff (Bettlaken, Stoffreste) mit. Der Stoff wurde in 10 cm breite Bandagen gerissen, an den Enden gezipfelt und so Bandage mit Bandage verknotet. Ganztägig wurde eine riesige entlaubte Eiche auf diese Weise ‚verbunden' soweit der Stoff reichte und soweit man in das Geäst vordringen konnte (Bildreihe A und Farbteil).

Bildreihe A

Reflexion
Es entstand eine Baum-Skulptur neben noch augenscheinlich ‚gesunden' Bäumen, von der unmittelbar sinnfällig die Verletzlichkeit und Schutzbedürftigkeit von Natur vor Augen geführt wurde. Weithin sichtbar für Spaziergänger irritierte sie die Wahrnehmungserwartung (schöne Natur), machte ganzheitlich betroffen und ging unter die Haut. Nach der Öffentlichkeitswirkung bei der Bevölkerung zu urteilen, gingen von diesem bandagierten Baum mehr Auseinandersetzungsimpulse aus als von mahnenden und aufklärenden Schriften zum Thema.

Daß der Auseiandersetzungsprozeß bei den Beteiligten weiterging, zeigt sich in der kurzen Projektskizze ‚Nekrolog' im Anschluß an dieses Kapitel (intrinsische Motivationsvalenz).

6. Tag: Erd-Schichten-Graphiken (ganztägiges Projekt)

Unterziele:
- Übergang zu sachorientiertem Arbeiten
- Einübung konzeptioneller Gestaltungsarbeit
- Nutzzweckfreier Umgang mit Natur
- Erfahrung von ‚naturbelassener' Naturschönheit
- Verwendung eines wissenschaftlich-technischen Arbeitsverfahrens zur ästhetischen Bildproduktion

Im Unterschied zu Sand-Reliefs werden die Bild-Motive nicht in der Horizontale selbst entworfen, sondern Erdschichten durch vertikales Abstechen der Erde sichtbar gemacht und mit Hilfe eines speziellen geologischen Verfahrens ‚abgenommen'.

Verfahren:
Mittels mehrmaligem Aufsprühen von verdünnten Leim wird die vertikal abgestochene, sandige Erdoberfläche verdichtet; deckend aufgeklebte Mullbinden bilden den späteren Bild-Rücken. Mit Hilfe dieser Binden kann schließlich die gesamte präparierte Erdschicht abgezogen und nach weiterer Behandlung auf einen Holzuntergrund aufgezogen werden (Bildreihe B: vgl. Farbteil).

Das Verfahren ist langwierig durch die dazwischenliegenden Trocknungsphasen. Es empfiehlt sich deshalb, andere umfeldbezogene Aktivitäten mit vorzubereiten bzw. zu ermöglichen.

Prozeßevaluation: Erfahrungsfeld ‚Natur'

- Wie schon in den zurückliegenden Reflexionssequenzen wurde ebenfalls in der gemeinsamen Rückschau und Auswertung der hohe Erlebniswert des Projekt-Seminars deutlich, wurde nachdrücklich sein ganzheitlicher Erfahrungswert unterstrichen.
- Nahezu allle Äußerungen rekurrierten auf den Eindruck, ganz andere, neuartige, beglückende, ja begeisternde Erfahrungen im direkten Handlungskontakt mit Natur gemacht zu haben.
- Erkennbar wurde allen die intensive Mobilisierung senso-motorischer Aktivitäten und die pädagogische Bedeutsamkeit derartiger Aktivitäten für die Wahrnehmungssensibilisierung.
- Hervorgehoben wurde auch die Erfahrung, sich kritisch und zugleich konstruktiv-gestaltend mit Natur auseinandergesetzt zu haben.
- Rückhaltlos und uneingeschränkt wurden einem solchen Kontakt einstellungsbildende und -orientierende Folgen für das Verhalten gegenüber Natur zugesprochen.
- Die Aktivitäten insgesamt machten sowohl die transformierenden wie transitorischen Valenzen ästhetischer Arbeit fruchtbar.
- Mit Gründen kann angenommen werden, daß auf dieser ästhetischen Erfahrungsbasis der Weg bereitet wird, respektierend und erhaltend mit Natur umzugehen.

1.1.2. Vorbereitende und weiterführende Aktivitäten im Umkreis der Thematik: Mensch und Natur/Ästhetische Naturerfahrung

I. Lehmofenbau

Verschiedentlich wurde die Notwendigkeit angesprochen, die präventiven Valenzen ästhetischer Arbeit in einem lebenspraktischen oder situativen Bezug auf die Voraussetzungslage der Adressaten fruchtbar zu machen und damit gewissermaßen den ‚Gebrauchswert' kreativer Gestaltung für den personalen Lebenszusammenhang bewußt werden zu lassen. Hartwig macht überdies zu Recht deutlich, daß an Jugendliche mit eingeschränkten ästhetischen Sozialisationserfahrungen nur schwerlich über abgehobene ästhetische Kulturaktivitäten heranzukommen ist. Dies gilt besonders für Arbeiter-Jugendliche, für die ästhetische Produktion und Objektivationen weder historisch noch lebenspraktisch verankert sind. Partikulare Teilhabe an überlieferter Kultur ist vielfach die Folge.

In diesem Umkreis sind Aktionen und Projekte zu sehen, die Gestaltung mit einem Nutzwert verbinden. Hier kann die positive Besetzung von Handwerk und Technik mit konkreter Arbeit verbunden werden. Eine solche Arbeit würde der „Zustimmung zur eigenen Körperlichkeit als der Basis von Realitätsaneignung"[3] entsprechen.

In mehrfacher Hinsicht sehr gute Erfahrungen haben wir in einem gemeinsamen Projekt von Studenten und arbeitslosen Jugendlichen gemacht, wo an zwei Wochenenden gemeinsam ein Lehmofen zum Brot- und Pizza-Backen im Garten eines Jugend-Freizeitzentrum gebaut wurde.

Ziele des Projekts waren:

Bildreihe C

- den arbeitslosen Jugendlichen Gelegenheit zu geben, ihre handwerklich-körperlichen Fähigkeiten und Geschicklichkeiten einzusetzen;
- ihre durch Arbeitslosigkeit erzwungene ‚freie' Zeit sinnvoll auszufüllen;
- eigenständige Arbeit (Instandsetzung und Gestaltung des Jugendheims) auf der Basis der gemachten Erfahrungen zu motivieren;
- Erfolgserlebnisse mit eigener Gestaltung zu begünstigen
- ungewohnte sinnliche – taktile – Erfahrungen zu machen (Lehm stampfen, formen mit der Hand);
- sozial-integrative Erfahrungen zwischen jungen Erwachsenen aus unterschiedlichem Herkunftsmulieu zu ermöglichen (soziales Lernen);
- ästhetische Kulturarbeit im Kleinen zu praktizieren und Partizipation an Kultur zu begünstigen.

Dieses ungewöhnliche Projekt übertraf die an es gestellten Erwartungen. Gemeinhin vorhandene Kommunikationsbarrieren zwischen diesen unterschiedlichen Sozialgruppen wurden nach beiderseitigem Bekunden sehr bald in der gemeinsamen Arbeit abgebaut. Sicherlich lernten sich die Teilnehmer in diesen zwei Wochenenden nicht wirklich kennen, aber sie schufen eine Basis dafür. Gemeinsam stachen die Teilnehmer in der naheliegenden Umgebung Lehm ab, stampfen mit bloßen Füßen ein Gemisch aus Stroh und Lehm, schwitzten und erfuhren ihre eigene Körperlichkeit, mauerten gemeinsam das Ziegelfundament und formten das Ofengehäuse mit den Händen auf einem Gerüst aus Stahlmatten (Bildreihe C).
Vielfach waren die Jugendlichen den Studenten an körperlicher Kraft, Kondition und Ausdauer überlegen. Kooperierendes Vorgehen, gegenseitiges Helfen, Arbeitsabsprachen ließen einen Ofen entstehen, der funktionsfähig war und zugleich optisch allen gefiel. Als Erfolg ist es zu werten, daß der Ofen von den Jugendlichen bereits für künftige Freizeitaktivitäten eingeplant wurde und daß sie wochenlang darüber wachten, daß der neue Ofen langsam und gleichmäßig – durch ständiges Übersprühen der Außenseite und Abdecken der Oberfläche – durchtrocknete, um Risse zu vermeiden. Sie waren stolz auf ihr Objekt und schmiedeten Pläne für Außenraum- und Innenraumgestaltungen.

II. Bauökologische Gestaltung eines Innenraumes

Im gleichen Zielhorizont sind Projekte zum ‚bau-ökologischen' Wohnen anzusiedeln.

Präventive ästhetische Prozesse, die an die gegebene Wirklichkeit und Problematik anknüpfen, müssen deutlich machen, daß ästhetische Arbeit kein abgehobenes künstlerisches Tun bedeuten muß, sondern sehr viel mit der künftigen Gestaltung des Lebensraumes zu tun hat.

Die Verbindung mit sachoroientiertem Wissen (umweltverträgliche Materialien und alternative Wohnstrukturen), praktische Erkundung und Anwendung war Basis eines weiteren Projekts, das ökologisch-alternative Wohnformen am Beispiel einer Raumgestaltung exemplarisch realisierte. Als Annäherungsziel der Raumgestaltung fungierte diese Zielsetzung:

Die ästhetische Raumgestaltung soll individuelles Raumerleben steigern, Kommunikation erleichtern, ein sinnenfreundliches Bioklima schaffen.

Die Projektrealisierung beanspruchte eine Menge an konzeptioneller und planerischer Arbeit einschließlich der Projektfinanzierung. Das Projekt erfüllte alle Ansprüche der Projektmethode, indem arbeitsteilig alle Vorbereitungen für die Projektrealisierung getroffen wurden (Planzeichnungen, Klärung bau-biologischer Fragen, Bezugsquellen für ökologisch einwandfreie Materialien, Erstellung einer Materialliste; Erprobung und Verteilung handwerklicher Aktivitäten an Gruppenmitglieder).
Schließlich wurde der konkrete Arbeitsprozeß in Arbeitsschritten organisiert und der Ablauf festgelegt.
Auf der Grundlage der erarbeiteten Gesichtspunkte und handwerklichen Fähigkeiten wurde sodann ein Supervisionsraum umgestaltet, zweckdienlicher, wohnlicher und eben auch ‚gesünder' gestaltet.

Auswertung:
Die sachgerechte und selbstbestimmte Ausführung der Raumgestaltung vermittelte eine Fülle von Anregungen und wertvolle Hinweise für entsprechende Eigengestaltungen bzw. für die Durchführung ähnlicher Projekte im Rahmen sozialpädagogischer Arbeit. Es wurden Urteilsprozesse über derzeitiges Wohnen eingeleitet und Anspruchsverhalten gegenüber humanerem Wohnen artikulierbar.
In der Projekt-Vorbereitung kreiste die Auseinandersetzung um die Fragen:
- was ein Raum-Wohlbefinden beeinflußt;
- was unter einem gesunden – physiologischen Bio-Klima zu verstehen ist;
- ob sich objektive Wohnbedürfnisse benennen lassen, und wenn ja, welche.

Hier galt es – neben anderem – die Rolle von Licht, Luft, Akustik, Form und Farbe zu hinterfragen.
Dabei ergab die sachorientierte Vorgehensweise im wesentlichen, daß diejenige Wohngestaltung am kommunikativsten und gesündesten ist, die die Sinnesorgane möglichst vielfältig aktiviert und sich auf deren Funktionsweisen einstellt. Das heißt:
- Total ausgeleuchtete, schattenfreie Zimmerbeleuchtung schläfert ein und macht nicht nur das Auge inaktiv im Gegensatz zu einem inkonsistenten Hell-Dunkel-Gefälle.
- Synthetische Materialien vermitteln nur geringfügig Oberflächenanmutungen und desensibilisieren den Tastsinn; anders als ruppiger Kokosboden, warme Holzbohlen etc.
- Ein vollklimatisierter, gleichmäßig beheizter Raum ohne Kalt-Warm-Gefälle schwächt den Gesamtorganismus; ein Kalt-Warm-Gefälle kann unter anderem durch feuchtigkeitsspendende Grünpflanzen erreicht werden.
- Farbe ist persönlicher Ausdrucks- und Erlebnisträger. Durch individuelle Auslotung und Ausgestaltung eigener Farbvorlieben läßt sich das Wohlbefinden steigern.
- Normierte Formen und Funktionsmöbel entpersönlichen den Raum. Amorphe und individuell unnormierte Formen (Bilder, selbsterstellte Möbel nach eigenen Gebrauchsbedürfnissen) individualisieren den Raum.[4]

Das Diskussionsresultat mündete ein in die orientierende, die Realisierung eines persönlichen Wohnumfeldes betreffende These:

> Der Wohnraum ist als ‚lebendiger Organismus' zu begreifen und zu gestalten, in dem spielerisch-funktionale, allgemeine und persönliche Nutzungs- und Erlebnismöglichkeiten miteinander koexistieren.
> Wohnraum als ‚lebendigen Organismus' begreifen heißt aber auch, daß eine Gestaltung nicht für die Ewigkeit gedacht ist. Vielmehr kann der Wohnraum wachsen, sich entwickeln, mit mir und der Umwelt kommunizieren, sich verändern, altern und ggf. in einer anderen Gestalt wieder neu erstehen.

III. Projekt-Initiative: Tast-Relief aus Naturmaterialien

Im heilpädagogischen Zusammenhang fehlt es an geeignetem Fördermaterial, das die in vielen Fällen notwendige, vielfältige sinnliche Stimulierung als Voraussetzung, in einem kommunikativen Austausch mit der Umwelt zu treten, begünstigt. Entscheidendes im Entwicklungsprozeß ist beispielsweise in der Arbeit mit Behinderten erreicht, wenn Außenreize wahrgenommen und bestimmte haptische Erfahrungen der Oberflächenbeschaffenheit den Gegenständen zugeordnet werden, denen sie als Eigenschaft zugehören. So führt der Weg der Begriffsbildung über den tastend-handelnden Kontakt mit den Dingen. Eine möglichst vielfältige Animation der Sinne ist deshalb Ziel heilpädagogischer Fördermaßnahmen. Aus dieser Erkenntnis entstand die Idee, Tast-Objekte aus Naturmaterialien für derartige Übungssequenzen zu erstellen.
Folgende Ziele waren leitend:

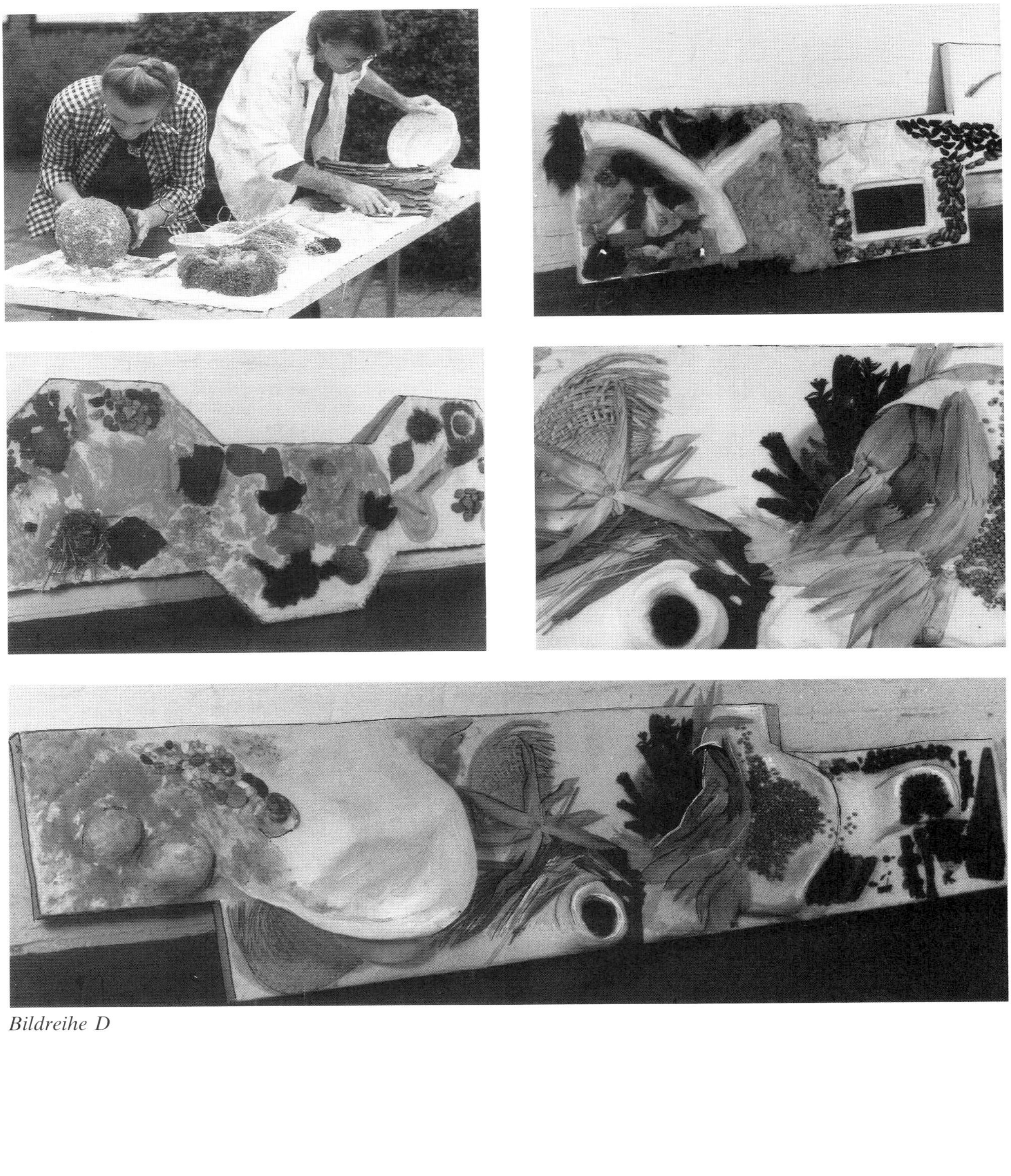

Bildreihe D

- Die Tastobjekte sollten als Lernhilfe fungieren und als Erfahrungsbereicherung und Erfahrungsergänzung eingesetzt werden.
- Sie sollten aus Naturmaterialien deshalb erstellt werden, weil diese die mannigfaltigsten Tasterfahrungen zulassen.
- Die zusätzliche Gestaltungsarbeit mit papierbeschichteten, bekleisterten Drahtgebilden, die als dreidimensionale Höhlen und Mulden konzipiert werden konnten, sollten weitere Tasterfahrungen erlauben. Auch das faltige, wulstige Aufkleben von formverbindenden Papierflächen selbst (Seidenpapier) galt dem Zweck der Steigerung von Tasterfahrungen.
- Einer zugleich ansprechenden Wandgestaltung wegen sollte die Außenform des Reliefs (Zackungen, Geraden usf.) nach eigenen Vorstellungen konstruiert werden.

Die Arbeit wurde in Gruppenarbeit vorgenommen; die Sammlung der Materialien erfolgte arbeitsteilig.
Verarbeitet wurde ein breites Spektrum von Naturmaterialien:
- haarig-stachelige Bucheckern-Schalen, Bienenwaben, leere Miesmuscheln, Fischgräten, Maisblätter und Maiskerne, Sand, Kiesel, Tannenzapfen, Leder, Fellstücke und dergleichen mehr (Bildreihe D).

Didaktische Auswertung:
Galt die ästhetische Gestaltung auch in erster Linie dem Ziel der Erstellung taktilen Fördermaterials für heilpädagogische Zwecke, so kann nicht verkannt werden, daß
- der gestaltende Umgang mit Naturmaterialien den Teilnehmern selbst eine Fülle von Tast-Erfahrungen verschaffte, die ihnen den Unterschied zu synthetischen Materialien (‚langweilig, gleichförmig, ohne Erlebniswert') deutlich vor Augen führte. Immer wieder war zu beobachten, wie sie selbst die Materialien mit den Fingerspitzen erkundeten. Reizaufnahme und Sinnesfunktionen treten hier in ein wechselseitiges Verhältnis. In Verbindung mit Bewegung werden Beziehungen zur Umwelt aufgenommen und Objekterfahrungen allerst ermöglicht (transitorisch-transformierende Valenz).

Darüber hinaus lernten die Teilnehmer fast nebenbei Gestaltungsprinzipien kennen:
- Es wurden Strukturierungserfahrungen gemacht, was den kompositionellen Aufbau des Reliefs, die Gliederung der Motive, die Konzentrierung der Materialien zu Wirkzentren, die Schaffung von Übergangspartien, Kontrastbildungen zwischen unterschiedlichen Oberflächenstrukturen oder auch die gezielte Zusammenstellung der Materialien im Sinne fortschreitender Veränderung der Tasterfahrung (etwa von weich bis hart) und schließlich das stimmige Arrangement des Gesamtbildes anbelangt.
- Absprachen über das gestalterische Vorgehen und Zwischengespräche über Wirkungen und Anmutungen erhöhten ebenfalls die ästhetische Kommunikationskompetenz.

Insgesamt kam also die intra- und interpersonal ganzheitliche Verständigungsvalenz des Ästhetischen zum Tragen.

IV. Projektinitiative: Großplastik ‚Nekrolog'

Unsere These von der wirklichkeits- und beziehungsstiftenden Erfahrungs- und Auseinandersetzungspotenz ästhetischer Prozesse wie die, daß ästhetisch Produziertes, sowohl im konkreten Arbeitsprozeß selbst wie darüber hinausgehend, intrinsisch motivierendes Potential birgt, vermag das Projekt ‚Nekrolog' beeindruckend zu belegen.

Die Großplastik ‚Nekrolog' wurde von drei Studenten zusammen mit einem Freund völlig eigenständig geplant und realisiert.[5] (Bildreihe E: vgl. Farbteil)

Dieselben Studenten hatten bei der Bandagierung der Eiche (Bildreihe A) mitgemacht. Nach eigenem Bekunden waren sie während dieser Projekttage erstmalig produktiv mit dem Thema ‚Kunst und Ökologie i.w.S.' in Berührung gekommen. Seinerzeit waren ihre Beteiligung und ihre personale Betroffenheit offenkundig. In der Folge allerdings war von einer längerfristigeren Wirkung zunächst nichts zu merken.
Wenige Monate später jedoch kamen sie in die Sprechstunde und stellten anschaulich ihre Projekt-Idee zu einer Groß-Plastik mit Bezug auf die gegenwärtige Umweltproblemtaik vor. Konzeptionell war die Idee vollständig ausgereift. Ihre Begeisterung steckte an, allerdings schien die Projekt-Realisierung mehr als schwierig: Angefangen von der Materialbeschaffung (Fahrzeug, Baumstamm) über die notwendige Schweißarbeit bis hin zu den Problemen mit der Installierung und Statik der Skulptur. Die Studenten waren hier ganz auf sich gestellt.
Wiederum vergingen Monate und es bestanden leichte Zweifel an dem ‚langen Atem' und dem erforderlichen Maß an Organisationstalent für die Projekt-Realisierung.
Um so überraschter waren alle Informierten, als die Einladung zur Skulptur-Enthüllung im August 1988 in Rheda-Wiedenbrück anläßlich der Landes-Gartenschau kam. Von Anfang an war die Skulptur als notwendige Ergänzung zur Landes-Gartenschau geplant in der Voraussicht, daß diese – wie geschehen – mit keinem Wort oder Hinweis auf die Problematik Natur-/Umweltzerstörung eingehen würde, sondern harmonisierend und verschleiernd darüber hinweggehen würde. Selbstredend konnte die Plastik nicht auf dem Gelände der Gartenschau plaziert werden. Deshalb wurde sie außerhalb von Rheda-Wiedenbrück auf einer Wiese aufgestellt.
Zur Enthüllung waren ca. 300 zumeist Jugendliche und junge Erwachsene erschienen. Die Enthüllung war gegen 23 Uhr angesetzt. Mir fiel die Rolle zu, die Bedeutungsdimensionen in einer Rede annäherungsweise zu erschließen. Die Atmosphäre war geradezu gespenstisch. Die Plastik stand ca. 100 Meter entfernt in völliger Dunkelheit; lediglich durch die verhüllenden Bettlaken blinkten rhythmisch Schweinwerfer und Rückstrahler des Fahrzeugs auf. Die Auslegung der Plastik erfolgte nicht über den Titel der Skulptur ‚Nekrolog' (Nachruf), sondern schrittweise über das, was man sehen konnte und in ungewöhnlicher Form- und Materialkonstellation zu Fragen und Vermutungen über den Bedeutungsgehalt anregte:
Der Baum ist als ‚totes' Material zu identifizieren, jeder Merkmale und Lebensgrundlagen beraubt, die ihn zum Baum machen. Einbetoniert in der Erde ist lediglich ein an Natur ‚erinnernder' Stamm geblieben wie er in Sägewerken zur weiteren Verarbeitung und Vermarktung anzutreffen ist. Ebenso hat das Fahrzeug (Volkswagen als technisches und nationales Symbol) seine Funktionsfähigkeit eingebüßt, es ist Rest-Technik/Schrott.
In einem weiteren Schritt wurde das ‚gestaltete Verhältnis' zwischen diesen Materialien zueinander als agressives/destruktives Verhältnis interpretiert:
In Umkehrung des tatsächlichen Ist-Zustandes zwischen Technik (menschliches Werk auf der Grundlage der ‚Ausbeutung' der natürlichen Ressourcen) und Natur erscheint nicht menschliches Handeln/Werk die Natur zu malträtieren, sondern umgekehrt die Rest-Natur das menschliche Produkt (der Baum durchbohrt den Volkswagen).
Auf diese Weise gelangte die Ausdeutung zu der Kernaussage, daß hier gar kein Ist-Zustand diskutiert, sondern eine künftige Entwicklung prognostiziert und ihr Resultat anschaulich vor Augen geführt wird:

Naturzerstörung führt zur menschlichen Selbstzerstörung. Die ausgepowerte Natur birgt keine Handlungsgrundlagen mehr für menschliche Aktivität und menschliches Sein.
Im Gegensatz zu verbalisierten Projektionen und massenmedialen Bildinformationen, die leicht verdrängt oder weggewischt werden könnnen, ist die Plastik ‚da', irritiert in ihrer vieldeutigen, unbekannten Verhältnissetzung bekannter Gegenstände gewohnte Wahrnehmungen und reizt die Auseinandersetzung vieldimensional an. Sie macht betroffen in ihrer Aggresivität. Sie fordert das Nachdenken über unseren Umgang mit Natur heraus. Die Großplastik ist nach unserer Auffassung ein zeitgenössisches Kunstobjekt im besten Sinne des Wortes: Sie arbeitet mit zeitgemäßen Materialien, Problemstellungen und Verfahrensweisen und hat Bezug zu uns und unserer Gegenwartsgesellschaft.

Die Großplastik ‚Nekrolog' wurde inzwischen anläßlich der Jugend-Kulturwoche als Leihgabe der Stadt Wesel bis 1992 zur Verfügung gestellt und auf dem Vorplatz der ‚Zitadelle' am 26. August 1989 erneut enthüllt und der Öffentlichkeit vorgestellt.

Anmerkungen

1 Mehr als Ausdruck von Ratlosigkeit und gutem Willen denn als Ausdruck didaktischer Reflexion erscheinen uns die Kastanienmännchen, Nußschalenschiffchen, bemalte Wurzelfiguren, gepreßte Blätter etc. als Endprodukte herbstlicher Spaziergänge. Sie ihrerseits werden offenbar nicht selbst-zweckhaft, sondern von vorneherein zwecks obiger Produkte veranstaltet.
2 Vgl.: Biniek, E.M. Psychotherapie mit gestalterischen Mitteln. Darmstadt 1982, S. 108f
3 Hartwig, H. a.a.O. S. 114
4 Vgl. Kükelhaus, H.: Organismus und Technik – Gegen eine Zerstörung der menschlichen Wahrnehmung. Frankfurt a. M. 1979, auch: Kükelhaus, H./Lippe, R.: Zur Entfaltung der Sinne.
5 Die Plastik wurde erstellt von Brüggenjürgen, V./Dornick, A.v./Paß, A. (Stud. Sozialwesen) und Kreß, L.

1.2. Projekte zur Identitäts-Arbeit in ästhetischen Auseinandersetzungsprozessen

Zur Begründung ich-zentrierter therapeutischer Projekte mit Jugendlichen und jungen Erwachsenen:

Jugendzeit und Adoleszenz sind konflikt- und zugleich chancenreiche Zeiten der Identitätsentwicklung.

In dieser Übergangsphase zum Erwachsenenstatus erweist es sich, ob Jugendliche einerseits die reflexiven Mittel erworben haben, überlieferte gesellschaftliche Normen und Handlungsgrundsätze kritisch zu mustern und ggf. sich davon abzugrenzen und andererseits einen systemverträglichen gesellschaftlichen Anschluß zu finden in der Lage sind.[1] Die notwendige Ablösung von bloß rollengebundener Identität des Schulkindes, des Familienmitgliedes usf. zur ‚Ich-Identität' des Erwachsenen, der zum einen in der Lage sein soll, bei beliebigen Situationen und inkompatiblen Rollenerwartungen stabil, konsistent und berechenbar für andere zu handeln und zum anderen zugleich die Fähigkeit besitzen soll, neue Identitäten aufzubauen, sie mit überwundenen zu integrieren und seine „Interaktionen in einer unverwechselbaren Lebensgeschichte zu organisieren"[2] wie autonome Handlungsentscheidungen zu treffen, stellt junge Erwachsene vor Selbst-Anforderungen, die Adoleszenz als besonders krisenhaft kennzeichnen lässt. Gegenwärtige gesellschaftliche Bedingungen und Entwicklungen lassen vermuten, daß die Entwicklung von Ich-Identität heute unvergleichlich problematischer geworden ist, als je zuvor:

- Angesichts des permanenten – bereits in der Schule spürbaren – Drucks, sich ständig an den Leistungsanforderungen einer komplexen Industrienation orientieren zu müssen, um sich schon früh einen sozial und finanziell abgesicherten Platz im gesellschaftlichen System zu erobern, verbrauchen wertvolle Auseinandersetzungsenergien.
- Die Diskrepanz zwischen konventionalisierten Rollenerwartungen und erforderlichem, zukunftsverantwortlichen Verhalten wird immer offenkundiger. Für die meisten Problematiken unserer Zeit (Hoch-Technologie, Systemkomplexität aller gesellschaftlichen Handlungsfelder, Naturzerstörung usf.) liefert die Tradition so gut wie keine Interpretations- und Auseinandersetzungshilfen.
- Überrollt, überrascht und verunsichert von der Geschwindigkeit sozio-ökonomischer Prozesse und eskalierender Problementwicklungen hat auch die Familie Bindewirkungen eingebüßt, in denen Ablösung geprobt, Interaktionsmuster und Konstruktionsmittel zum Aufbau personaler Identität erworben werden könnten. Familiare Erziehung und Kommunikation scheinen sich neben ihrer emotional stabilisierenden Funktion weitgehend darauf beschränken zu müssen, systemkonforme Leistungsmotivation grundzulegen, materielle Rahmenbedingungen zu schaffen und ansonsten undurchschauten und undurchschaubaren gesellschaftlichen Prozessen hilflos zuzusehen.

Der „Kern der Identitätsbildung" liegt nach Habermas et. al. im „Erwerb einer Interaktionsfähigkeit"[3], das heißt in einer Fähigkeit, an komplexen Handlungssystemen teilzunehmen, Handlungsprozesse selbst- und fremdverantwortlich wie autonom zu organisieren. Autonomem Handeln wiederum sind Selbstidentifikationen vorausgesetzt. Selbstidentifikation impliziert ihrerseits Selbstdeutung. Artikulation und ‚Tiefenschärfe' von Selbstidentifikationsprozessen hängen weitgehend vom Anregungs- und Identifikationspotential in der eigenen Umwelt ab, an denen der eigenen Lebenskontext interpretiert und künftige ich-identische Lebensorientierungen geklärt werden können.

Theoretisch klar ist weiterhin, daß neben dem Anregungspotential die Verlaufs*formen* der vorgenommenen Ablöseprozesse im Zusammenhang der Entwicklung von Ich-Identät den Ausgang aus der sogenannten ‚Adoleszenz-Krise' bestimmen. Identitätsbildung mißlingt, wenn Jugendliche und junge Erwachsene keine einheitstiftende Interpretation ihres Lebenskontextes erreichen und ihre Selbst-Rolle in Konfrontation mit diversen und divergierenden Rollenerwartungen einerseits oder aufgrund gleichförmig eindimensionaler Rollenangebote andererseits nicht identifizieren und ausformulieren können.

Letzteres gilt vor allem für die Geschlechtsrollenangebote, wie sie durch die Massenmedien angeboten werden. Entweder sie sind so unrealistisch oder überspannt, daß sie sich für Identifikationsprozesse nicht eignen, oder sie sind so hausbacken, traditionell orientiert oder schlicht, daß sie keine Selbstauseinandersetzung anreizen.

Das Ergebnis fehlender handlungsbezogener Selbstidentifikationsprozesse in der Adoleszenz sind „diffuse, gespaltene, labile bzw. unsichere Identitäten"[4].

Lautstarkes Protestverhalten, Hausbesetzungen von revoltierenden Jugendlichen, vehemente Ablehnung alles Einengenden, Vorgegebenen, Entindividualisierenden; provokant verschlampte Kleidung und oppositioneller Umgangston – noch vor wenigen Jahren kennzeichnendes Verhalten und konkreter Ausdruck Jugendlicher, ihre gesellschaftlichen Freiräume selbst zu besetzen[5] – geben heute kaum noch Anlaß zu Klagen konservativer Politiker und Pädagogen.

Adoleszenzkrisen heute zeigen sich nicht dramatisch ausgeformt, vollziehen sich offenbar unbemerkt im Stillen.
Augenscheinlich angepaßt gibt sich die Mehrheit junger Erwachsener heute systemkonform, leistungswillig, erfolgs- und geldorientiert. Zielgerichtet organisieren sie bereits in der Schule ihren beruflichen Werdegang.
Zeittypische Reaktion auf undurchschaubare sozio-ökonomische-ökologische Veränderungen, denen man vermeintlich nichts entgegensetzen kann, ist die Flucht in politische Inaktivität auf der einen Seite und Rückzug ins Private wie ausgiebige Nutzung des Freizeit- und Konsumangebotes auf der anderen Seite.

Daß Identitätsarbeit, die zur Übernahme des Erwachsenenstatus befähigt, im permanenten Wechsel maximaler Erfüllung gestellter Leistungsanforderungen und maximaler Freizeitbeschäftigung zu kurz kommen muß, scheint unbestreitbar.

Die vorgenommene Bedingungsanalyse (Teil I) zeigte überdies, daß die Chancen, sich originär zu erleben und zu erfahren, geringer geworden sind.

Angespannte unorganisierte Freizeit und organisierte Sportaktivitäten haben ihre Grenzen. In aller Regel bleiben sie an der Peripherie der Person stecken, ihnen fehlt die reflexive Dimension. Fehlen Auseinandersetzungs- und Selbsttätigkeitsanreize in dieser Richtung, dann sind Langeweile, Initiativlosigkeit, Sinnleere die Folge. Auch hierfür gibt es ausreichende Beobachtungsbelege.
Die Tatsache, daß in Schulen und Universitäten weitgehend wieder ‚Ruhe herrscht', sollte deshalb nicht mit Genugtuung registriert werden, sondern eher beunruhigen. Merkwürdig kontrastierend in diesem Zusammenhang, daß Schüler hochkomplizierte naturwissenschaftliche Vorgänge beschreiben und Studenten komplexe Theoriekonzepte referieren und psycho-soziale Problemfakten analysieren können, aber nur äußerst vorsichtig eigene Stellungnahmen riskieren oder es geradezu ängstlich vermeiden, über sich selbst und ihre Gefühle zu sprechen oder sie sich auch nur anmerken zu lassen.

Sicherlich wäre es überzogen, hier bereits von ‚beschädigten' Identitäten zu sprechen, zumal derartige Erscheinungen bereits die Form normaler, gesellschaftlich sanktionierter ‚Pathologien des Alltagslebens'[6] angenommen haben. Aber sie sind Zeichen eindimensionaler Identitätsentwicklung und Ausdruck ‚unsicherer' Identitäten.

Zur Vermeidung weitergehender Fehlentwicklungen und Identitätsdiffusionen wird pädagogisches Handeln, das Anregungen und Hilfestellungen für die zu leistende Identitätsarbeit zu geben hat, unumgänglich.

In diesem Begründungszusammenhang und Zielhorizont steht ich-zentriertes Arbeiten pädagogischer Kunsttherapie. Pädagogische Kunsttherapie ist der Ort, in dem jenseits zensierender formalisierter Lernkontexte in prophylaktischer und rehabilitierender Absicht identitätsfördernde ästhetische Handlungs- und Kommunikationsprozesse initiiert werden können. Im aktiven ästhetischen Auseinandersetzungsprozeß können konventionalisierte Wahrnehmungs- und Verhaltensmuster in bezug auf Wirklichkeitsauseinandersetzung geprüft, Selbstklärungsprozesse motiviert, Selbstbilder geformt, Selbsterleben intensiviert, Beziehungen und Situationen sowohl semantisch wie emotional ‚angereichert' und verdichtet werden. Selbsterstellte ästhetische Objekte bieten darüber hinaus Rückmeldungen über die eigene Reflexions- und Gestaltungskompetenz, verhelfen dazu, Selbstausdeutungen zu präzisieren.

Dokumentation ich-zentrierter Projektarbeit

Zusammen mit Seminarteilnehmern und stellvertretend für andere Praxisfelder wurde versucht, Problemstellungen und Aktivitäten zu entwickeln, die bereits thematisch um das ‚Selbst' kreisen und die Selbst-Auseinandersetzung anreizen.

Als Annäherungsziele fungierten folgende Oberziele:

– Verringerung der Diskrepanz zwischen innerem Erleben und Ausdruck, bzw. Abbau von Äußerungsängsten

- Bewußtmachung und Steigerung von Selbstkompetenz und Einflußnahme durch selbstgeleitete ästhetische Handlungsprozesse
- Hilfen bei der personalen Auseinandersetzung
- Entwicklung und Entfaltung von Ich-Identität durch Selbsterfahrung in Korrespondenz mit Fremdverständigungsprozessen

Mit Ziehe kann in diesem Bezugsrahmen zwar davon ausgegangen werden, daß bei aller beobachtbaren Verhaltenskonformität das Verlangen nach Subjektivierung, Selbstwahrnehmung und direkten Erfahrungsprozessen zunimmt und sich mit erhöhter Sensitivität verbindet[7], daß andererseits aber ebenso mit massiven Äußerungsängsten und Verhaltensunsicherheiten zu rechnen ist.

Gerade in bezug auf identitätsbezogene Auseinandersetzung im ästhetischen Medium gilt mehr denn je die methodische Forderung, zunächst ein akzeptierendes, vertrauensvolles Arbeits- und Auseinandersetzungsklima zu schaffen. Und so stehen Übungen in der Eingangsphase ganz im Dienste der Zielsetzung, die Teilnehmer untereinander und mit den Medien vertraut zu machen, zunächst psychisch zu entlasten und keine großen Ansprüche an die Handhabung des Instrumentariums zu stellen.

Informelle Aktionen, bewegungsentspannende und Gesamtmotorik herausfordernde Übungen (auch mit Musik) sollten generell den Einstieg in kunsttherapeutisches Arbeiten bilden. Zumeist ja kommen die Teilnehmer aus vielfältig reglementierten Alltags- oder Lernzusammenhängen, die Gefühls- und Verhaltensdisziplin verlangen.
Non-figuratives Tun in Farbe oder weichen Materialien läßt zudem den Erlebniswert von Form, Farbe und Material erfahren und hierüber Motivation zur Weiterarbeit erwarten. Der kunsttherapeutische Prozeß leitet sodann über Einübungsphasen in den Mediengebrauch zu verfremdenden, überformenden Aktivitäten und schließlich zu symbolbildenden Gestaltungsakten in umfänglicher Projektarbeit über.

Es sollen mehrere Einstiegsvarianten dargestellt werden.

1. Prozeßphase:	Farb- und Formexperiment/Spontaner Ausdruck mit zunehmendem Differenzierungsgrad[8] (3 bis 4 Prozeßsequenzen)

Psychisch entlastende und zugleich psycho-synthetische Wirkungen können von elementaren Materialaktionen nach Art des Action-Paintings und ihrer Farb-Form-Experimente oder des Surrealismus erwartet werden.

Für diese Prozeßsequenzen ist der sogenannte ‚Surrealistische Imperativ' produktionsleitend:

„Male (oder schreibe), was dir spontan in den Sinn kommt und füge spontan alle folgenden Einfälle an, unbekümmert darum, was entsteht! Das einzige, was du kreativ beizutragen vermagst, sind vorbereitende Maßnahmen, die auf das Erreichen eines dem Assoziationsfluß günstigen, eventuell sogar tranceartigen Zustand zielen."[9]

Aktionistische Aktivitäten sind für gehemmte, gesten- und bewegungsarme Personen ebenso förderlich wie für aktionsfreundliche, motorisch-unruhige oder nervöse wie hyperaktive Personen. Den einen erlauben sie ‚aus sich herauszugehen' und Gefühlsregungen wie Bewegungsbedürfnissen nachzugeben, den anderen, ‚sich auszuagieren', dem Innen-Druck nachzugeben. Gleichzeitig wird die Formbarkeit von Gefühlen erfahrbar. Immerhin werden ja innere Spannungen nicht nur entladen, sondern in Aktion/Handeln umgesetzt.
Es kommen fließende Prozesse zwischen zufallsgeleitetem Selbst-Ausdruck und zufällig entstehenden Farb- und Formwirkungen zustande und unmittelbar davon ausgehend sinnlich-emotional bewegende Reize und Arbeitsimpulse frei, die den Prozeß zunehmend zielgerichtet ausrichten lassen.
Das direkte Zusammenspiel von Ich und Aktion, Ausdruck und Eindruck im Zusammenhang mit Bewegung schafft intra-psychischen Ausgleich (Psycho-Synthese), vermittelt Funktionslust und Arbeitsfreude.
In Partnerarbeit durchgeführt wird non-verbale, beziehungsstiftende Kommunikation praktiziert, welches Eingehen und Reagieren auf die ästhetische Äußerung des je anderen animieren.

1. Sequenz:	(Einstieg)
Unterziele:	– Affektive Entspannung und Entlastung – Kennenlernen der Teilnehmer – Farb- und Formerfahrungen im experimentellen Medienumgang – Selbstdialog im Zusammenhang mit ästhetischem Tun – Eingehen auf eigene Gefühls- und Bewegungsimpulse – Gefühlsentladung und -ausformung – Erfahrung gegenstandsungebundener Farbgebung
Medien:	Farbe (Dispersionsfarbe), große Papierformate/-bahnen
Instrumente:	Hand/Finger, Borstenpinsel, Walzen, Zahn- und Spülbürsten, Schwamm usf.

Funktion der Materialien:

- Große Papierformate im Knien oder Stehen bearbeitet, sollen ‚große' Bewegungen hervorrufen; die zahlreichen Instrumente sollen Anlaß zum experimentierenden Farbumgang geben.

Einführung in die Aufgabestellung:

- Die Teilnehmer (künftig TL) werden ermutigt, ihre Farben auszuwählen und zu erkunden, den Zusammenhang mit anderen Farben zu erproben.
- Es wird darauf hingewiesen, daß durch Hinzunahme anderer Instrumente und mit unterschiedlich rhythmisierenden Bewegungen verschiedene Wirkungen erzielt werden können.

- Die TL werden ermuntert, ungewollte ‚Unglücksfälle' (Kleckse, Papierknitter und -risse und dergleichen) konstruktiv in die Gestaltung einzubeziehen.
- Aufeinander zu arbeiten ist ebenso möglich wie ‚vor sich hin' zu arbeiten.

Auswertung/Prozeßreflexivität:

Abgesehen von dem sichtbaren und geäußerten ‚Arbeitsspaß' wurde erkennbar, daß die Teilnehmer nach anfänglich zaghaftem Beginn zunehmend sicherer und zielgerichteter ihre Bewegungsabläufe koordinierten. Zufällig entstehende Farbwirkungen, die gefielen, wurden bewußter eingesetzt. Anfänglich unsichere oder stoßartige Bewegungen wurden durch fließendere Bewegungsabläufe abgelöst. Papierstellen, die durch zu heftige Pinselstriche kaputtgegangen waren, wurden herausgerissen und dreidimensional in die Flächengestaltung einbezogen. Lautmalerisch im wörtlichen Sinne wurden überraschende Farbwirkungen mit Kurzworten kommentiert.
Insgesamt waren die Prozesse ganz durch die persönliche Dynamik geprägt; nebenbei wurde der Gefühls- und Erlebniswert von Farbe unabnhängig von ihrer Gegenstandsbindung und unabhängig von konventionalisierten Wahrnehmungsmustern erfahren.
Es liegen so gut wie keine dokumentierenden Bilder vor, weil die Bilder entweder als ‚mißlungen' im Papierkorb landeten oder als Erlebnisdokumente mitgenommen wurden.
Zumeist wird, wie auch in vergleichbaren Übungen so auch hier, der Wunsch geäußert, das Instrumentarium in bezug auf Farbgebrauch und -anwendung zu erweitern.

2. (aufbauende) Sequenz:

Unter dem Ziel, das Instrumentarium zu erweitern, gilt es

- Farbe als Medium des Selbstausdrucks zu erfahren
- den Eigenwert von Farbe losgelöst von Gegenstandsbindungen kennenzulernen
- die Anwendungsmöglichkeiten von Farbe zu erweitern

Die Sequenz beginnt zunächst mit sachorientierten Instruktionen und Malübungen, die auf Eigenschaften und Wirkungen von Farbe je nach Farbumgang, Pinselstrich und -stärke ausgehen. Es werden ausprobiert:

- reine/starke Farben – schwache/gemischte Töne
- Kontrastbildungen: hell/dunkel; satt/deckend – transparent/ diffus; warm/kalt; nah/fern etc.
- Linien-/Flächen-/Schichten-Bildungen
- Farbbewegung: konturiert-fließende, verschmelzende Übergänge; monochrome (in einer Farbe) Farbverschmelzungen und -mischungen auf dem Papier, polychrome (mit mehreren Farben); koloristisch-homogen/ -heterogen

Prozeßreflexivität:

Es wurde die Ansicht geäußert, daß die Malweise sehr viel über die psychische Verfassung beim Malen aussagt und sie somit gezielt für einen Selbstausdruck herangezogen werden kann.

3. (stabilisierende) Sequenz:

Als gute Anwendungs- und Erfahrungsmöglichkeit erweist sich, ein gegenständliches Kunstprodukt ausschließlich nach eigenen Empfindungs-, Anmutungs- und Ausdruckswerten umzusetzen, um erkennbar zu machen, daß Farbe auch ohne Gegenstandsbindung gegenstandsbezogene Assoziationen und Vorstellungen weckt (Exemplarisches Beispiel: C.D. Friedrich: Die gescheiterte Hoffnung/Eismeer). Auf großen Papierformaten (150 x 200 cm) und ausgehend von Deckweiß als dominierender Farbe mit geringen Beimischungen von Schwarz/Blau/Grün/Rot entstehen farbmonochrome Bilder mit Tiefen- und Nahwirkungen, die die Empfindungswerte Eis/Kälte/ Einsamkeit symbolisch umsetzen. Zugleich können frühere Farbauftrags-Erfahrungen aktualisiert und eingeübt werden und durch Einbeziehen von Papierknittern und Papierknautsch reale dreidimensionale Ausdruckswirkungen erzielt werden. Auch hier sind die Prozeßresultate so begehrt, daß sie mit nach Hause genommen werden.

4. (differenzierende) Sequenz: Einzel- oder Partnerarbeit

Problemstellung:	‚Handlungsbild' (J. Pollok)/ ‚Farbkommunikation in Form und Farbe'
Materialien:	– halbierte Bettlaken (150 x 125 cm) auf Dachlattenrahmen aufgezogen (Malfläche), Dispersionsfarbe, Pinsel

Die TL wurden angehalten, (möglichst) nicht-sprachlich sich auf Farbereignisse und Formgeschehen im Gestaltungsprozeß einzulassen und entweder im Selbstdialog oder im Partnerbezug bewußt auf die je entstehenden Strukturen zu reagieren und eine Gesamtkomposition herzustellen (Abb. 17-18: vgl. Farbteil).

Auswertung:

Manche TL hielten den Prozeß bis zum Schluß gemeinsam durch, andere brachen ihn ab und arbeiteten alleine weiter. Da soziales Lernen nicht primäres Ziel des ästhetischen Prozesses ist, ist dagegen nichts einzuwenden. Weil primäres Ziel ist, einen intra-personalen Kommunikationsprozeß

zu animieren, wurden hierin im Gegenteil erste Ansätze zum selbstrekurrierenden ästhetischen Tun gesehen.
Außerdem stellt sich bereits in den ersten Sequenzen in einer zulassenden, akzeptierenden, nicht-zensierenden Arbeitsatmosphäre sehr bald – auch bei kontaktgestörten Kindern (vgl. Dokumente Kap. 2.2. bis 2.4.) – Vertrauen zueinander und Zutrauen zu sich selbst ein, das dem Ziel einer arbeitsbegünstigenden Lernatmosphäre nahekommt. Ein großer Vorteil ästhetischer Handlungsprozesse liegt darin, daß sich die TL arbeitend erleben. Viele zwanglose Gespräche entstehen einfach im Austausch von Materialien; dadurch, daß man sieht, was der andere macht und es zuweilen kommentiert. Viele Kommunikationsbarrieren, wie sie in normalen Lernzusammenhängen bestehen, entfallen hier ganz einfach.
Vertrauensbildend sind schließlich die Reflexionsgespräche selbst zu werten, die nach dem Arbeitsprozeß um die Produkte, ihre Wirkungen, Erfahrungen beim Werdeprozeß und dergleichen kreisen. Im Dialog oder Gruppengespräch wird den TL sehr bald deutlich, daß jede persönliche Äußerung ernstgenommen wird und unsanktioniert bleibt.

Variation farb- und formerlebender Experimente

Mit Gründen umstritten ist, ob im ästhetischen Prozeß Unbewußtes/verdrängte Konflikte an die psychische Oberfläche transportiert und im ästhetischen Produkt (symbolisch) erkennbar werden. Deshalb spielt bei uns wie in der gesamten ‚Art-Therapie' das Unbewußte eine untergeordnete Rolle. Hier fungiert wie dort das ästhetische Produkt weniger als diagnostisches Instrument als vielmehr als Reflexionsanlaß über das, was im Prozeß entstanden ist, sich geklärt hat und durch Deutung präzisiert werden kann. Deshalb auch kommt dem Produktionsprozeß im Rahmen pädagogischer Kunsttherapie ein weit größerer Stellenwert zu und wird planvoll initiiert. Das alles heißt nicht, daß vorbewußt-unbegriffliche Produktionsanteile geleugnet werden. Die Einsicht aber, daß ästhetische Ideen polykausal bedingt sind, muß eine *einseitige* Rückbindung an unbewußte Tiefendimensionen zurückweisen. Ästhetische Ideen als polykausal bedingt auffassen, heißt denn auch, den Produktionsprozeß mitbedingt zu sehen durch Zufall, Eingebung, momentanes Erleben, Inspiration, Spontanimpulse und Spontanentscheidungen, also ebenso durch unkontrollierte, ungeplante Aktivitäten. Weil es uns ästhetisch-therapeutisch aber um die intra-individuelle Zusammenführung und Synthese (Zusammenschmelzen) gemeinhin widersprüchlicher oder getrennt agierender Dimensionen geht, suchen wir nach Verfahren, die den Zusammenschluß von erlebnismäßigen/vorbegrifflichen, ungeplanten Inspirationsphasen und reflexiv-ordnenden, strukturierenden Planhandlungen exemplarisch erfahren lassen. Theorie und Produkte der Surrealisten inspirieren ein schrittweises Vorgehen, in dem das immer schon bei ästhetischer Produktion stattfindende Zusammenspiel mehrerer Persönlichkeitsdimensionen nacheinander ablaufen kann.

Farbexperiment: Aufarbeiten von Zufall und Einfall

Medien: Papierbögen DIN-A3, wasservermalbare Malstifte, Musik

Arbeitsinstruktion (1. Phase)

In der 1. Phase werden die TL animiert, sich auf die Klänge der Musik einzulassen und die aufgenommen rhythmischen Strukturen in Malbewegungen umzusetzen.

1. Prozeßphase:

Um das kritisch-auswählende Bewußtsein ein Stück weit auszuschalten und einen unkontrollierten Selbstzugang zu begünstigen, wurde Musik hinzugezogen: ‚Musik aus dem Wasserspeicher'.[10] (Sie stammt aus Konzerten, die im ehemaligen Wasserspeicher in den Katakomben unter Köln durchgeführt und aufgenommen wurden. Da sie mit dem Schall/Echo arbeiteten, erbrachten diese Konzerte ungewöhnlich fremdartige, aber sehr mediativ-melodische Instrumentalstücke. Für uns boten sie den Vorteil, bekannte Assoziatione zu vermeiden.)
Um äußere – vermeintliche oder tatsächliche – Kontrolle auszuschalten, wurde in der 1. Phase das Licht ausgeschaltet. Die TL hatten mehrere Blätter Papier gestapelt vor sich liegen, auch Malstifte ihrer Wahl. Während eines etwa 15-minütigen Prozesses waren nur das rhythmisch-dynamische Kreisen oder Schlagen von Malstiften zu hören, ab und zu ein Blattwechsel.

Arbeitsinstruktion (2. Phase):

Die TL sollen sich ihre mit Kritzeln, Linien und Kreisen übersäten Blätter ansehen, sich in sie ‚hineinsehen', um sie mit unterschiedlichen Farbstiften auszuarbeiten. Dabei können ggf. die Formen mit Wasser aquarellierend vermalt, Bildpartien je nach Vorstellung zusammengefasst werden. Ansonsten gelten die Linien als zufällig vorgegebene und prozeßleitende Konturen.

Auswertung/Prozeßreflexivität:

Neben der erneuten Materialerfahrung stand das Erstaunen über die zufalls- und assoziationsgeleiteten Produktionsresultate. Durch Formzusammenfassungen beim Malen entstanden Figurationen, die an Gesichter, Tiere und dergleichen erinnerten oder auch Formstrukturen und Farbrhythmen hervorbrachten. Hohe Zufriedenheit herrschte über das zusammenspielende Verfahren, in dem inneres und äußeres Oszillieren von spontanen und geleiteten Aktionsphasen unmittelbar spürbar wurde (Bildreihe F).

2. Prozeßphase: 2 – 3 Sequenzen

In größerer inhaltlicher Nähe zum Ich stehen weitere Problemstellungen, die zugleich auf den vorausgegangenen Farberfahrungen aufbauen. Die folgende Übung nennen wir:

Bildreihe F: Physiognomisierende Arbeit mit dem Zufall/Einfall

,Ganz-Körper-Thermogramm'

Ziele dieser ästhetischen Aktivität sind:

- die eigene Befindlichkeit farb- und formsymbolisch in einem eigenen Körperumriß auszudrücken;
- Selbstreflexion und Selbstidentifikation beim Tun zu leisten;
- intersubjektive Deutungsversuche anzustellen und dabei auf ästhetische Rezeptionshaltungen einzugehen;
- Gegensätze von Innen- und Außenwelt, von Immateriellem und Gegenständlichem bildnerisch-symbolisch zusammenzuführen.

Medien:	körperlange Papierbahnen (2 m), Dispersionsfarben, Pinsel
Sozialform:	Einzelarbeit (die Körperumrisslinie wird jedoch durch andere TL erstellt)
Gestalterisches Hilfsmittel:	der Körperumriss

Begründung:

Die mit Bleistift vorgezeichnete Körperumrisslinie baut Gestaltungsängste in der Richtung ab, daß man ,keine Personen' zeichnen kann. Zugleich wird der Körperumriß als Gestaltungsmittel eingesetzt.

Arbeitsinstruktion:

- Zu Beginn werden die TL gebeten, sich so, wie es ihrer momentanen Selbstempfindung entspricht, auf das Papier zu legen. Zu beobachten sind Körperbewegungen auf der Bandbreite von schneckenhaft eingerollt, angespannt, gerade bis locker-ungezwungenes Daliegen auf dem Rücken oder auf der Seite bis hin zu Lauf-Bewegungen. Der Körperumriss wird mit dem Bleistift nachgezeichnet.

Bildreihe G

- Die TL werden angeregt, innere Befindlichkeit (warme, kalte, widersprüchliche, verworrene, rationale, emotionale usf. Zonen) in den umrissenen Körper farbsymbolisch hineinzumalen und mittels gestischem Pinselstrich und Farbauftrag (flächig, dicht, linear, durchscheinend-diffus) zu verdeutlichen.
- Die TL werden gebeten, den Körperumraum als reales Umfeld zu verstehen und mit in die Gestaltung einzubeziehen. Hierbei soll das empfundene Verhältnis zu ihm sowohl durch die Farbgebung wie durch die Konturenbehandlung ausgedrückt werden (fließende, verschmelzende, sich auflösende Übergänge oder harte, farblich unterstrichene Konturen/Abgrenzungen). Vor Prozeßbeginn werden noch einmal die wichtigsten Form- und Farberfahrungen der Farbübungen gemeinsam aktualisiert (Bildreihe G und Cover).

Prozeßreflexivität:

Gerade das ‚Körper-Thermogramm' vermag in hohem Maße die Selbstauseinandersetzung anzureizen. Da Empfindungen nicht gegenständlich sind, sind sie deutungsbedürftig.
Wo immer und mit welchem Adressaten wir es bis jetzt auch durchgeführt haben, das ‚Körper-Thermogramm' hat immer selbstrekurrierende Reflexionsprozesse wie stundenlang andauernde interpersonale Kommunikationsprozesse ausgelöst.
Um dann den verbalen Selbstausdruck zu erleichtern, gehen wir in der Gruppe so vor, daß zunächst die Gruppenteilnehmer im einfühlend-ausdeutenden Verhältnis Vermutungen über das Gemeinte anstellen, ehe dann der Produzent selbst sein Produkt kommentiert. Für die Beteiligten ist es immer wieder ‚erstaunlich', zu welchem Ausmaß gegenseitigen Verstehens sie dabei vordringen, das, ihrer Einschätzung nach, weit über bloß sprachlich initiierte Auseinandersetzungsprozesse hinausgeht. Dies verweist erneut auf die ganzheitlichen Kommunikationspotenzen des Ästhetischen.

3. Prozeß-Sequenz: Körperbewegung – Körperausdruck

Vor- oder nachgeschaltet kann diese figürliche Übung eingesetzt werden. Weniger ergiebig zwar als gemeinsamer Reflexionsanlaß, aber nicht weniger den Selbstbezug animierend ist sie kurz zu dokumentieren. Sie steht im nämlichen Zielhorizont wie die vorhergehende Übung, wenngleich hier die Bewegungsempfindung ausgedrückt werden soll.

Bildmedien:	Bilder von Louis Soutter/Arnulf Rainer
Musikmedien:	Klaviermusik von Erik Satie
Hilfsmittel:	Fingerfarben/Papier

Prozess-Vorbereitung:

Die Bilder des – geisteskranken – Louis Soutter, der in seinen letzten Jahren im Altersheim von Ballaigues nur noch mit den Fingern malte und mit seinen dynamisch bewegten ‚Schattenfiguren' (Menschenfiguren wie im Gegenlicht, ohne Binnengestaltung) nahezu universale Menschen-Bilder malte (fröhliche, tanzende, verfolgende und verfolgte, lastentragende Menschen), fungierten als Anlaß der Frage und Auseinandersetzung, inwieweit Körperhaltungen und Körperbewegungen auf innere Zustände verweisen und wie umgekehrt diese durch Körperbewegungen symbolisierbar sind.
Unverkennbar wurde, daß die als Auseinandersetzungsanreize eingesetzten Bilder von Soutter und Rainer, der als zeitgenössischer Maler ebenfalls die Finger-Malweise praktiziert, bei den TL nicht gut ankamen. Das mag an den Themen von Rainer liegen, der Brutalität und Gewalt gegenüber Frauen mit seinen Frauenakten, die Spuren von Gewalttätigkeit durch die sichtbaren, massenhaften Finger- und Handabdrücke aufweisen, drastisch vor Augen führt. Er macht diese Aggressivität geradezu durch seinen Malgestus real erfahrbar (‚die auf den Boden geschlagene Frau' usf.). Manche TL wiesen sowohl Soutters (‚merkwürdige', ‚komische' Gestalten) als auch Rainers Bilder als häßliche/unschöne Kunst zurück.[11]
Andererseits wurde aber auch geäußert, daß diese Bilder ‚mehr berühren', nachdenklich stimmen und eher zur inhaltsbezogenen Auseinandersetzung herausfordern als Zeitungsberichte zum gleichen Thema.
Abgesehen von den Kollisionen gegenüber gängigen Kunstbegriffen wird jedoch zumeist für die TL der oft genug geleugnete Selbst- und Wirklichkeitsbezug von Kunst sichtbar. Insofern kann solche Auseinandersetzung im Rahmen der Identitäts-Arbeit auch immer ein Stück gegenwärtiger Kulturarbeit bedeuten.
Neben dieser didaktischen Begründung für den Bild-Rekurs ist aber noch eine andere Begründung für die Auswahl dieser Bilder heranzuziehen:
Nicht umsonst ‚berühren' diese Bilder, so könnte man sagen, ‚unmittelbar'. Es liegt an dem Finger-Mal-Verfahren selbst, das unmittelbare Empfindungen/Impulse unmittelbar-direkt, das heißt ohne ein vermittelndes Instrumentarium (Pinsel/Feder/ Bleistift usw.) durch den Körper bzw. durch seine Instrumente weiterleitet und ausdrückt. Neben dieser engen Personbindung von Erlebensimpulsen und ihrem Ausdruck ist auch noch der Gedanke anzufügen, daß das Malen mit den Fingern/Händen keiner besonderen instrumentellen Fertigkeit bedarf. Deshalb ist das Malen mit den Fingern nahezu ebenfalls überall einzusetzen.
Als weitere Prozeßvorbereitung fungierte wiederum Musik, nach der die TL mit geschlossenen Augen sich solange bewegen konnten, bis sie das Gefühl hatten, ‚in Bewegung zu sein' und diese Selbst-Bewegung in Selbst-Bewegungen mit Hand, Fingern und Farbe umsetzen zu können (Bildreihe H).

Bildreihe H

Prozeßreflexivität:

Gerade eine verbale Auswertung dieser Mal-Handlung ist offenbar schwer zu leisten. Insofern ungegenständliche, höchst individuelle Empfindungen ausgedrückt werden, an die Sprache und Worte nur unvollkommen heranreichen, geht die Betrachtung der Bildresultate vermehrt über die emotionale Ebene. Zumeist wird den TL klar, daß hier eine ‚andere' Sprache mit unbekannten Strukturen und Zeichen gesprochen wird, die ganz für sich selbst stehen und höchst reale Rückbezüge zur Person haben. Festzuhalten ist der Eindruck, daß von dem Gesamtprozeß offenbar hohe Ausgleichswirkungen ausgehen, in dem über senso-motorische Prozesse das Selbst ausbalanciert wird.

4. Prozeßphase: (mit Eingangs-, Aufbau-, Differenzierungs- und Stabilisierungssequenzen)

Auf dem Weg der Identitäts-Arbeit im ästhetischen Medium beziehen wir auch verfremdende Verfahren mit thematischem Selbstbezug ein. Verfremdende Verfahren wie z.B. die Collage kann Vermischungen zwischen Realitätsfragmenten, Realem und Imaginiertem, von Fremd- und Selbstanteilen hervorbringen, die im Sinne der ‚Brückenfunktion' ästhetische Auseinandersetzung mit sich selbst und zu sich oder zwischen Selbst und äußerer Wirklichkeit mobilisiert, diese dabei handelnd und reflektierend transformiert.
Als wichtiges Hilfsmittel gerade bei selbstidentifizierender und selbstklärender Arbeit erweist sich die Photographie. Dias und SW-Abzüge von sich selbst finden vielfältige Anwendungsmöglichkeiten. Neben seiner arbeitserleichternden Funktion ermöglicht das photographische Selbstbild, einen Dialog in direkter Konfrontation mit bzw. in Beziehung zu seinem eigenen Gegenüber zu vollziehen.

Umgang mit dem photographischen Arbeitsmittel:
- Das selbstportraitierende Dia wird auf ein Blatt Papier projiziert und dort mit dem Bleistift kopiert.
- Der SW-Abzug wird als vergrößerte Fotokopie von sich (DIN-A3) weiterverarbeitet. Selbst bereits durch Vergrößerung verfremdet (Punkt-Raster), kann das gebene Selbstbild mit anderen Materialien weiter umgeformt werden.

Zielvorstellungen:
- Die Auseinandersetzung mit dem Selbst-Bild (Außenbild/Innenbild) einleiten.
- Sich mit sozio-kulturell vermittelten Frauen- und Männerbildern im Arbeitsprozeß selbst analysierend und reflektierend auseinandersetzen.
- Typisierungen und Geschlechtsstereotype in massenmedial vermittelten Frauen- und Männerbildern wahrnehmen und demgegenüber die individuelle thematische Auseinandersetzungsmöglichkeit im ästhetischen Medium erkennen.

Prozeß-Vorbereitung:

Arbeitsmaterial: Selbst entwickelter Fragebogen als Auseinandersetzungsanreiz zum eigenen Schönheitsideal (Frauen-/Männerbild)

Der Fragebogen stand unter der Zielsetzung, erstens die Selbstauseinandersetzung anzureizen, zweitens thematisch ins Thema hineinzukommen.
Die Fragen wurden deshalb auf das ‚Schönheits-Ideal' bezogen, weil anzunehmen ist, daß es das Frauen- oder Männerbild verhaltensmäßig beeinflußt. Der Fragebogen umfasste

offene Fragen:
1) Eine schöne Frau ist für mich ... ?
Ein schöner Mann ist für mich ... ?
2) So sieht sie/er aus: ...
(mehrere attributive Zuschreibungen möglich)
3) Mein Schönheitsideal ähnelt: ...
4) Wer oder was hat mein Schönheitsideal beeinflußt?

Auswahlfrage:
1) Ich entspreche meinem Ideal ...
(von a=total bis d=überhaupt nicht)
2) Ich möchte meinem Schönheitsideal entsprechen ... (von sehr gerne bis ungern)

Profilerstellung für Mann/Frau: Gegensätzliche Verhaltenspaare (wie ‚aktiv-passiv', ‚unsinnlich-erotisch' etc.) sollten hier auf einer Skala von -2 bis +2 angekreuzt werden.

Die Auseinandersetzung mit dem nicht-bildlichen Medium ‚Fragebogen' machte den Teilnehmern großen Spaß. Er löste längere, reflektierende Stillphasen aus und mündete in einen lebhaften Austausch der Vorstellungen ein. Zugleich waren die TL neugierig auf die kommende Arbeit geworden.

Eingangsphase:

Das auf Papier bildmittig projizierte Selbstbild sollte zum Anlaß einer Collage-Arbeit werden, indem Bildmaterial aus Illustrierten zur Herstellung eines typischen Frau-Männer-Bildes im Kontrast zum eigenen Wunschbild herangezogen werden konnte.

Auswertung/Prozeßreflexivität:

Die Arbeit mußte abgebrochen werden. Besonders die weiblichen TL zeigten sich ausgesprochen unzufrieden. Für die Ist-Bilder gab es eine Fülle verwertbaren Bildmaterials; für die bildnerische Umsetzung ihres gewünschten Selbstbildes hingegen gaben die Illustrierten nichts her. Festgestellt wurde, daß entsprechend der eindimensionalen Veröffentli-

chung des Frauenbildes kaum Bildmaterial zur Verfügung stand, mit dem symbolisierend verfahren werden konnte.
Für unsere Zielvorstellung erbrachte die Arbeit:

- Man hatte sich mit seinen Selbst-Vorstellungen in den veröffentlichten Bildern nicht wiedergefunden.
- Die bildnerisch latent vermittelten, attributiven Rollenzuschreibungen wurden als unangemessene Identifikationsangebote erkannt und zurückgewiesen.

Variation der Collage-Arbeit mit dem Selbst-Bild:

Ebenfalls als Collage vorgesehen, sollte nunmehr die Fotokopie selbst je nach Ausdrucks-Absichten bearbeitet, zerschnitten, farbig übermalt, Bildmaterialien eingearbeitet werden und auf diese Weise das eigene Selbst in Konfrontation mit Umwelteinflüssen dargestellt werden.

Auswertung:

Für die diversen Umfeldbeeinflussungen gibt es Bildmaterial, sodaß mittels Collage-Verfahren das Gemeinte symbolisch transportiert werden kann (Streß/Konsum/Leistung). Insofern ‚gelang' diese Arbeit nach Auffassung der TL weit besser (Abb. 19-20).

Abb. 19

Abb. 20

Aufbauphase: ‚Experimente mit meinem Selbst-Bild: Typen'

Prozeßverlauf:

Die vergrößerte Fotokopie war erneuter Ausgangspunkt der Arbeit. Mit Farben, Stiften und anderen Materialien eigener Wahl sollten bestimmte ‚Typen' von sich entworfen werden, mit dem Ziel, mögliche Dimensionen von sich selbst vorzustellen und bildnerisch zu konkretisieren.

Auswertung:

Die zahlreich entstandenen Typen-Bilder wurden mit großem Eifer hergestellt. Sie führten zu ständigen Zwischen-Gesprächen zum Einander-Vorzeigen, zur Frage: ‚Warum sollte man nicht einmal farbiger, wilder' usf. sein? Die vielfältigen Umfeld-Reglementierungen mit ihrer Tendenz zur Uniformierung wurde thematisiert und Einwände dagegen erhoben. (Bildreihe K).

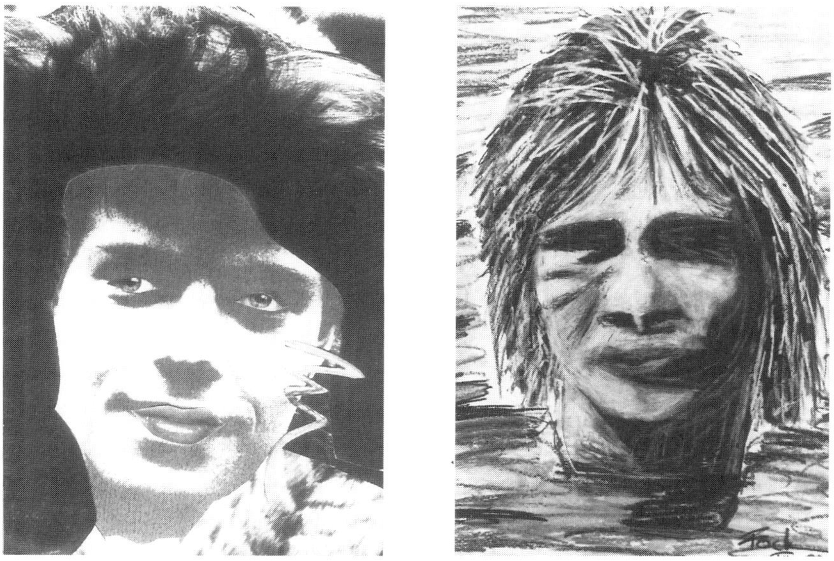

Bildreihe K

Stabilisierungsphase: (Ausweitung des Themas)

Nach den festgestellten gesellschaftlichen Engführungen von Frau/Mann war es möglich, die Leistungsfähigkeit ästhetischer Arbeit für ich-identifizierende Arbeit bewußt zu machen, auch die Rolle der Kunst bei der Formulierung von Frauen-/Männerbildern sowie im Hinblick auf Frau-Mann-Beziehungen vor Augen zu führen.
Es wurden Produkte aus der Kunstproduktion hinzugezogen. Skulpturen und Gemälde aus der NS-Zeit machten bewußt, inwieweit Kunst zum Transport bestimmter Körper- und Schönheitsideale ideologisch mißbraucht werden kann. Eine Funktion, die heute weitgehend von der Werbung übernommen wird. Bilder von Frauen/Männern oder beiden zusammen aus der künstlerischen Gegenwartsproduktion vermochten demgegenüber aber auch zu verdeutlichen, wie individuell und vieldimensional das Geschlechterthema in der heutigen Kunst bearbeitet wird. Dadurch werden sie zu geeigneten Auseinandersetzungsanlässen, über die eigene Positionen und Selbstauffassungen gebildet werden können.[12]
Aus dieser rezeptionsästhetischen Auseinandersetzung ging ein weiteres praktisches Thema hervor, das die bildnerische Bearbeitung eines zeitgenössischen Bildes vorsah:

Lukaschewski, Rolf: Der Kuß, 1988

Ein expressionistisches Bild nach Art der ‚Neuen Wilden'. Von der Bildvorlage wurde eine Fotokopie erstellt. Die Kopie tilgte viele malerische Details und wurde selbst nahezu abstrakt.

Problemstellung:‚Der Kuß'

Zielvorstellung:

- Das Mann-Frau-Verhältnis soll nach eigenen Auffassungen symbolisch bearbeitet werden unter den Gesichtspunkten ‚Nähe-Distanz'; ‚Dominanz-Verhältnis'; emotionale Ausdrucksqualitäten.
- Die instrumentellen Erfahrungen mit dem Medium Farbe soll bewußt eingesetzt werden.

Arbeitsmaterial: Deck-/Aquarellfarben, Farbstifte

Auswertung:

Die Bilder (Bildreihe L) machen am besten deutlich wie unterschiedlich mit dem Thema umgegangen wurde, wie die Gesichter-Nähe, die Form-Behandlung, die Lippenstellung, der unterschiedliche Gebrauch der Materialien ganz unterschiedliche Auffassungen/Vorstellungen bildnerisch-symbolisch vermitteln können und den Bedeutungsgehalt beeinflussen. Als vorteilhaft erwies sich der hohe Abstraktionsgrad der fotokopierten Bildvorlage. Die TL konnten lediglich die Umriß-Linie kopieren oder abzeichnen, was sie zu höheren Eigenleistungen veranlasste.

Die Bilder wurden in Partnerarbeit besprochen und gedeutet.

Bildreihe L

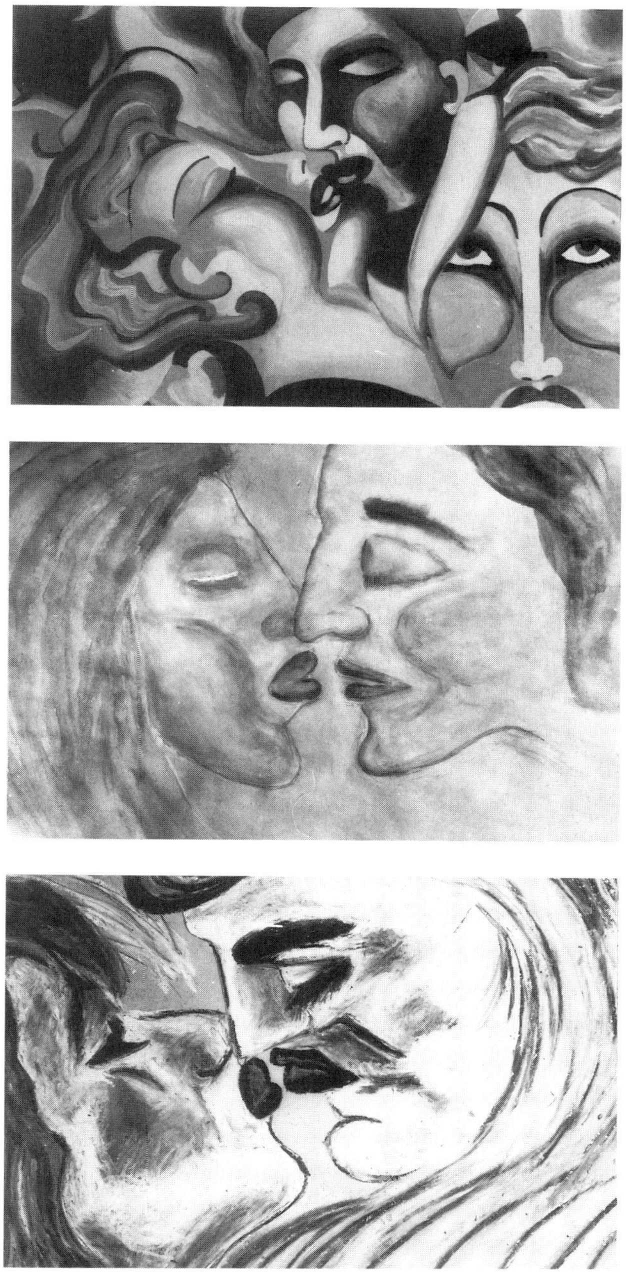

Bildreihe L

Differenzierungsphase: Relief: ‚Selbstdefinition' (5 Sequenzen)

Durch die vorausgehende Identitäts-Arbeit im ästhetischen Medium vorbereitet, konnte ein größeres Projekt angegangen werden, das im thematischen Umkreis blieb, aber mit anderen Materialien (Gips/Fundmaterialien) arbeitete. Für die eigentliche Ausführungsarbeit wurden 5 Sequenzen angesetzt.

Vorbereitungsphase:

- Herstellung eines Bildrahmens mit hartem Bildrücken
- Einführung in das plastizierende Material ‚Gips-Binden'
  Sammeln von Zusatzmaterialien nach eigenen Ausdrucksabsichten
- Reflexionsarbeit: Fragestellungen:
  Welche Dimension/Themen sind derzeitig bei mir am stärksten ausgeprägt?
  Wie sehe ich mich?
  Welchen Eindruck möchte ich von mir vermitteln?
  Wie könnte ich diese Vorstellung bildlich umsetzen? udgl.

Prozeßevaluation:

Die Herstellung der Selbst-Definitionen stellt zweifellos einen Höhepunkt in der thematischen Auseinandersetzung mit ‚mir' dar. Sie erbrachte ein hohes Maß an selbstklärender Konkretisierungsarbeit. Die Selbstbildnisse stehen für sich und sollen wegen der Gefahr einer verkürzenden Deutung hier nicht weiter interpretiert werden (Bildreihe M).

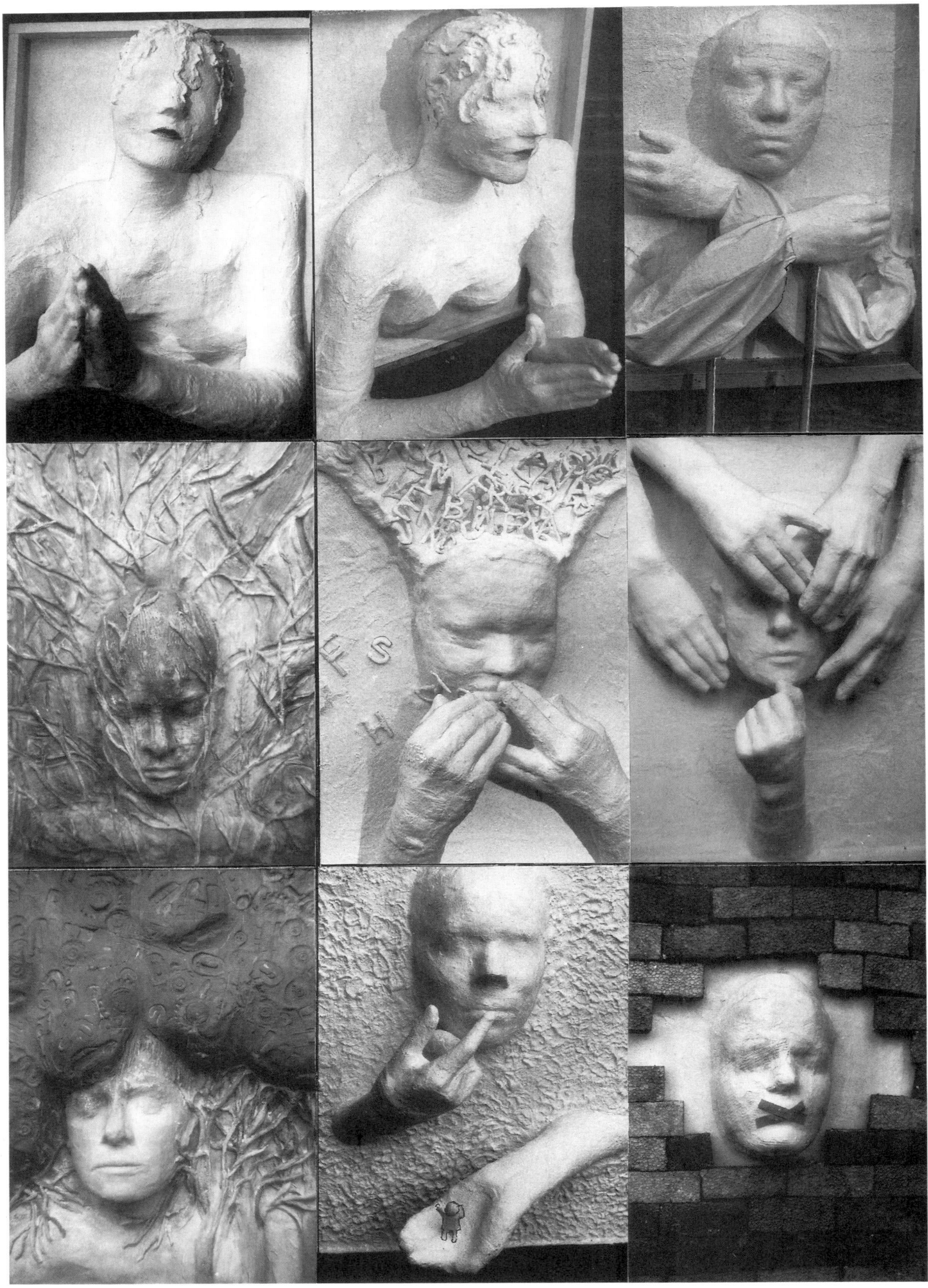

Bildreihe M

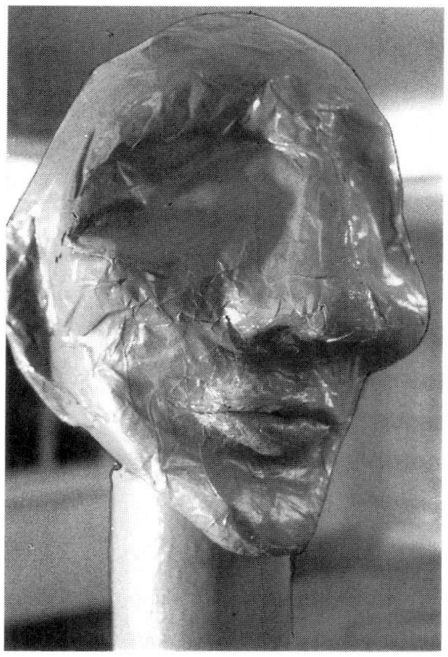
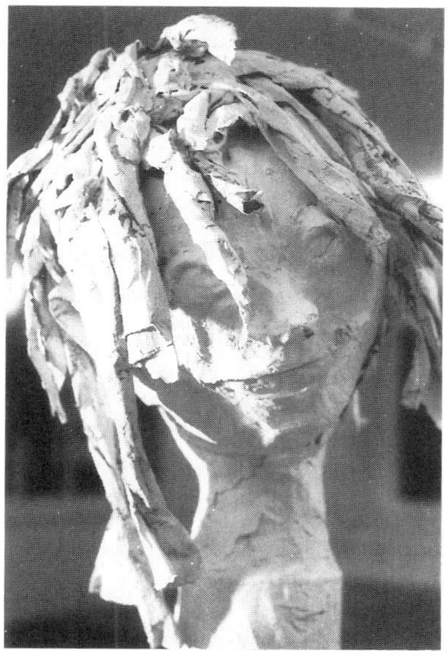
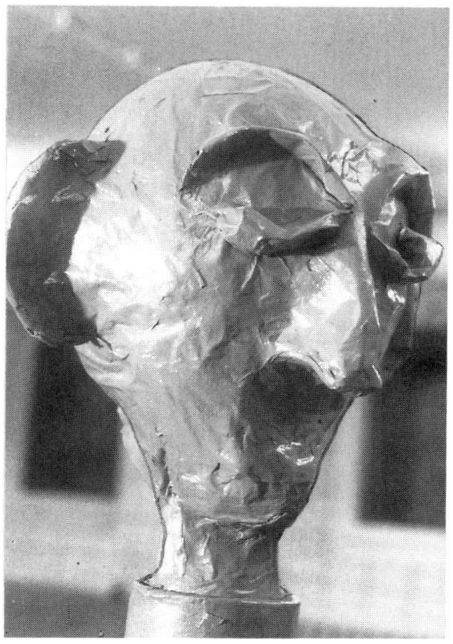

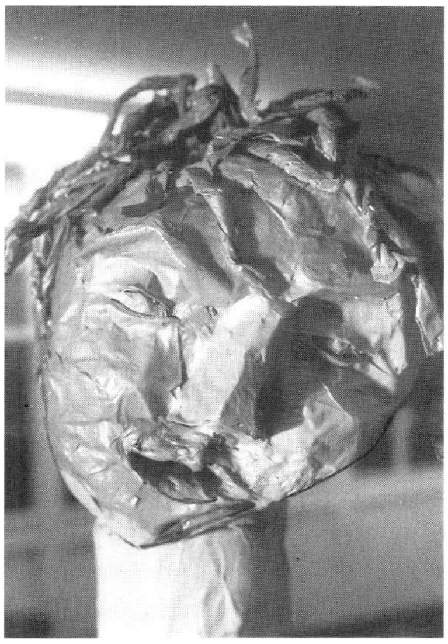

Bildreihe N

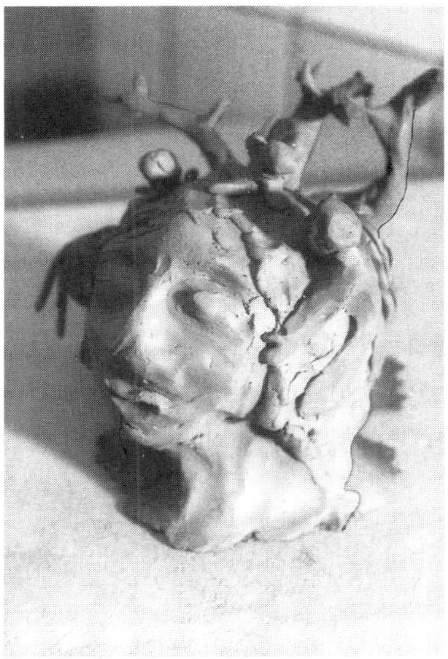
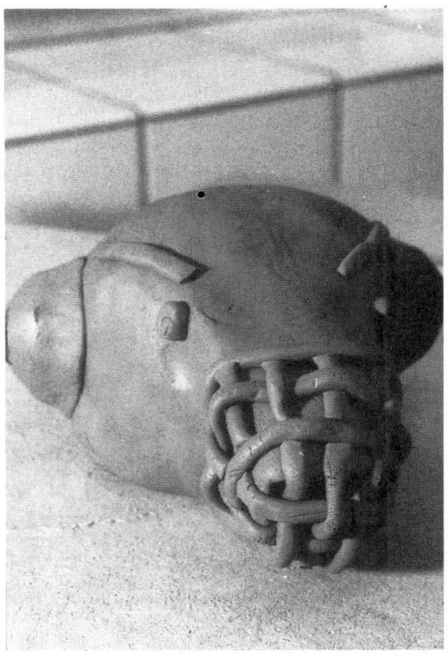

Insgesamt läßt sich feststellen, daß der ästhetische Aufbauprozeß zu einer Ausweitung der Symbolisierungsfähigkeit führte, in der selbst die Behandlung des Bildrahmens (z.B. Aufsägen und Herausbrechen) Träger der Bildsemantik wurde. Die selbstklärende Wirkung des gesamten Herstellungsprozesses war unverkennbar. Gleichzeitig ging eine hohe motivierende Wirkung von der ästhetischen Arbeit aus, die in den Aussagen zum Ausdruck kamen: ‚Ich konnte nur eine Auffassung von mir realisieren und müßte noch drei oder vier weitere Bilder machen‘
(- dies spricht zugleich für unsere These der exemplarischen Konkretisierung der sehr viel umfassenderen ästhetischen Ideen -); ‚Eigentlich müßte man jedes Jahr oder immer wieder, wenn sich was ändert, so eine Selbst-Definition machen‘; ‚Warum macht man solche Arbeit nicht mit jungen Mädchen/Männern‘?.
Das heißt, die Identitätsarbeit im ästhetischen Medium wurde in ihrer lebensbegleitenden Selbstklärungsfunktion erkannt.

Die Arbeit bestätigte schließlich: Die Leistungsfähigkeit ästhetischer Prozesse bei der ‚Identitäts-Arbeit‘.

Bildreihe N schließlich zeigt thematische Variationen in Pappmaché und Ton.

Anmerkungen

1 Vgl.: Döbert, R./Habermas, J./Nunner-Winkler, G. (Hg): Entwicklung des Ichs. Königstein/Ts. 1980[2]
2 Döbert, R. et. al.: eb. a.a.O. S.11
3 dies.: eb. a.a.O. S.20
4 dies.: eb. a.a.O. S.14
5 Vgl. z.B. Bahr, H.E. (Hg): Wissen wofür man lebt – Jugendprotest, Aufbruch in eine veränderte Zukunft. München 1982; auch: Richter, C.: Die überflüssige Generation. Jugend zwischen Apathie und Agression. Königstein/Ts. 1979
6 Vgl.: Döbert, R. et. al.: a.a.O. S.15
7 Vgl.: Ziehe, T.: Jugendliche sind nicht mehr ‚Jugendliche‘. in: Bahr, H.E. (Hg): a.a.O. S.142-156
8 Nach unserem Verständnis und um Mißverständnissen vorzubeugen, kann der gesamte Prozeßverlauf nach Orientierungs-/Eingangs-, Aufbau-, Stabilisierungs- und Differenzierungsphasen gegliedert, aber auch einzelne Prozeßphasen in orientierende, aufbauende, stabilisierende und differenzierende Sequenzen/Schritte untergliedert sein.
9 Das Manifert wird zitiert in: Kellerer, Ch.: Objet trouvé und Surrealismus. Reinbek b. Hamburg 1969[2], S.40
10 Vgl.: ‚Vor der Flut‘ – Hommage an einen Wasserspeicher (Trinkwasserspeicher Severin in der Kölner Südstadt). ElGelstein Musikproduktion 1985
11 Vgl.: Billeter, E. (Hg): Ausstellungskatalog: Arnulf Rainer/ Louis Soutter. Kunsthalle Frankfurt a.M. 1986
12 Es wurden Bilder und Objekte zu den Themenstellungen ‚Selbstbildnisse, Frauen und Arbeit, Sexualität und Gewalt, Ich-Zustände, Frauen über Frauen, Mütterlichkeit, Liebe‘ von Louise Lassnig, Arnulf Rainer, Wolfgang Petrick, Hanna Höch, Susanne Müller u.v.a.m. herangezogen.

1.3. Projekte zum Thema: ‚Scultura vivente‘, das Ich als ‚lebendige Gestalt‘ (Schiller)

Die Übernahme der Gedanken Schillers, daß ästhetische Produkte sich gleichermaßen durch Form-Haben und Lebendigkeit bestimmen, ist für die ästhetisch ausgerichtete Kunsttherapie Anlaß, ästhetische Arbeit als Mittel der Ich-Verlebendigung und Ich-Formung einzusetzen. Ästhetische Arbeit als Hilfe bei der Ich-Ausformung heranzuziehen, bedeutet für uns, einerseits sinnlich-empfindende Aktionsmöglichkeiten zu wecken und sie andererseits eigener Formgebung zu unterstellen mit dem Ziel, eigenes Leben reicher zu gestalten und Daseinsfreude zu entwickeln. Ästhetische Arbeit kann lebendig ausgestaltetes Leben exemplarisch erfahrbar machen.

Die Bestimmung Schillers von der ‚lebendigen Gestalt‘ des Kunstwerks wurde in den folgenden Projekt-Sequenzen auf die individuelle Person selbst übertragen.
Diese Übertragung wird angeregt (wiederum) durch die zeitgenössische Kunstproduktion, die die These, daß ‚Kunst gleich Leben‘ sei, vielfältig produktiv umkreist, sogar umkehrt. So wenn T. Ulrich sich selbst zum Kunstwerk erklärt oder P. Manzoni die Rezipienten als ‚Scultura vivente‘ auf einen Sockel stellt und sich jeder selbst als Kunstwerk fühlen kann. Programmatisches Ziel solcher Aktionen im Umkreis des ‚Happenings‘ ist es, nicht mehr nur den Anschein von Wirklichkeit im Kunstobjekt zu erwecken, nicht erst in der Ausdeutung des Kunstobjekts einen Wirklichkeitsbezug herzustellen, sondern angesichts der durch die gegenwärtige Leistungsgesellschaft auf ein Minimum zusammengeschrumpften schöpferischen Potenzen unter Einsatz "ALLER mittel, die zur wahrnehmung & bewußtmachung kreativer kräfte dienen können"[1] zu mobilisieren.
Die Happening-Künstler formulierten bereits in den 70er Jahren das heute immer wieder von Jugendlichen/Erwachsenen geäußerte Unbehagen an der Manipulation durch Technik, Wirtschaft, Konsum und Wissenschaft. Dies auch erklärt die Kurzlebigkeit der jeweiligen Happenings. Nur als Prozeß kann sich Kunst dem Zugriff durch den Kommerz, wie er sich gerade heute mit Blick auf den Kunstmarkt, Kunstmessen etc. zeigt, entziehen. Sie hinterläßt keine Spuren im Sinne "des Habens"[2]. Sehr wohl aber beeinflußt das Happening das Seins- oder Lebensgefühl.
Auch die Partizipation des Publikums ist mehr als ein Kunstgriff, denn nur über die spielerisch-mitspielerische Beteiligung scheint es möglich, daß der Zuschauer/Teilnehmer sein ursprünglich schöpferisches Potential wiederentdeckt und er zu emanzipiertem Sozialverhalten vordringt: "Jeder, der einem Happening begegnet, spielt mit. Es gibt kein Publikum, keine Schauspieler, keine Exhibitionisten, keine Zuschauer mehr."[3]

Wenngleich wir im Rahmen der Pädagogischen Kunsttherapie ästhetische Prozesse sozusagen in einem gemäßigten und unspektakulären Klima vollziehen, so steht doch wie bei den Happening-Künstlern der Gedanke dahinter:

Das eigenschöpferische Potential zu re-aktivieren und Verantwortung in einen Bereich zu übertragen, aus dem Kulturelles überhaupt erst entsteht: aus der eigenschöpferischen Arbeit nämlich.

Mit den folgenden Projektsequenzen wollen wir eine sowohl theoretisch diskutierte wie vielfältig sich in allen ästhetischen Gattungen durchsetzende Tendenz und Überzeugung aufnehmen, daß erst die aktiv-produktive Rezeption den Gegenstand zum ästhetischen Objekt vervollständigt. Sie wollen Gestaltungsarbeit mit Spiel- und Erlebnisdimensionen multimedial verknüpfen und aufeinander bezogene Sozialformen im Zusammenarbeiten, Erleben und Spielen praktizieren. Die vorgenommenen Aktivitäten sind so konzipiert, daß sie in ein Großprojekt ‚Multimediale Fest-Inszenierung' einmünden können.

Die sequenzielle Übertragung auf den kunsttherapeutischen Bereich i.e.S. wird in Teil IV, Kap. 2.4. dokumentiert.

Projekt-Vorbereitung: Helm-Maske

In mehreren Sequenzen wurden Schmink-und Maskenübungen wie Gesichtbemalungen in der Art ‚das Gesicht als Leinwand' durchgeführt. Da hierzu eine Fülle kunstpädagogischer Literatur zur Verfügung steht, soll hierauf nicht weiter eingegangen werden.
In einem weiteren Prozeß-Schritt wurde in die von uns entwickelte Helm-Masken-Technik eingeführt und Masken nach eigenen Vorstellungen erstellt.

Instrumentelle Instruktion und didaktische Überlegung zur Helm-Maske

Zur Entwicklung der Helm-Maske führten folgende Überlegungen:

- Die Helm-Maske wird wie die bekannten Gips-Masken aus Gips-Binden hergestellt. Häufig zu beobachten ist, daß speziell Kinder Ängste entwickeln, wenn ihnen Augen/Mund durch die Gips-Binden ‚verdichtet' werden.
- Gesichtsflächige Gipsmasken eignen sich weniger gut zum Maskenspiel, weil sie die Gesichts-Mimik verdekken.
- Herkömmliche Gips-Binden-Masken sind mit ihrer Gummibefestigung am Ohr unpraktikabel.
- Sie erlauben wenig kreative Veränderungen durch Aufbauten und dergleichen.

Technische Instruktion

Um diese Nachteile auszuschließen, bezieht die Helm-Maske den Schädel mit in die Gestaltung ein und spart für die Mimik die untere Gesichtshälfte aus. Die Helm-Maske ist leicht anzuziehen und im Spielwechsel abzustreifen.

Aufbau

Zunächst wird ein Stück Plastikhaut (haarbedeckend) auf den Kopf gelegt, um spätere schmerzhafte Gips-Haar-Verklebungen auszuschließen. Darüber wird ein Stück Nylon-Strumpf (Ende verknotet, Knoten nach innen) über den Kopf gezogen. Danach werden feuchte Gips-Binden vom Schädel aus bis zur Nase einerseits und andererseits nach hinten bis zur dicksten Schädelstelle (nicht tiefer, da sonst Entfernungsprobleme) aufgetragen. Die Skizze zeigt den Aufbau.

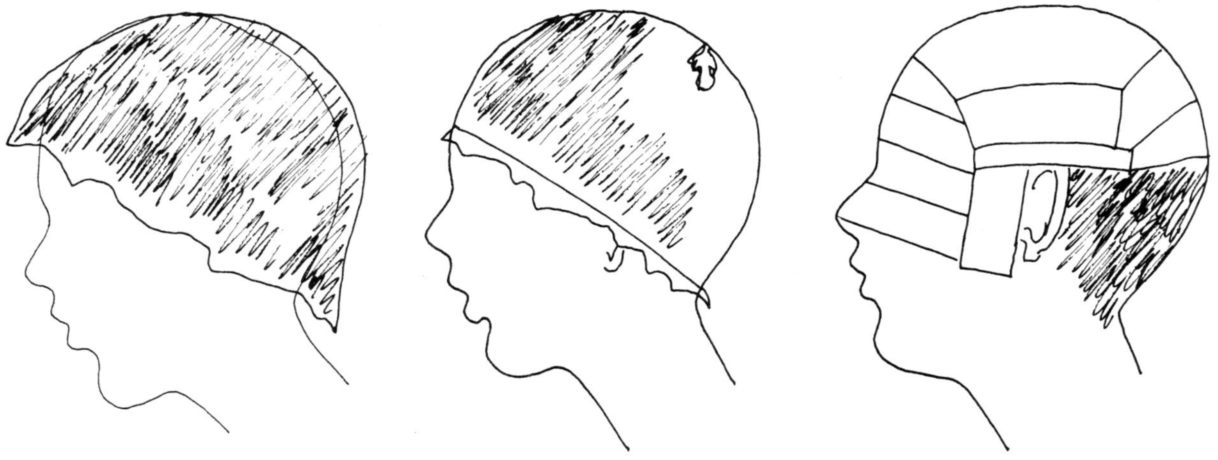

Nach einer kurzen Trocknungsphase wird die Rohmaske abgenommen.

Fertigstellung

Nach eigenen Formvorstellungen werden Augen herausgeschnitten wie die Ränder in Form geschnitten. Die Ränder werden mit Gips-Binden-Streifen verstärkt. Das Maskeninnere wird mit wasserverdünntem Leim (Ponal) ausgepinselt.

Ausgestaltung

- Der Schädel kann kahl bleiben; Augenbrauen können nachträglich mit Gips-Streifen geformt werden; der Kopf kann insgesamt vielfältig bemalt werden.
- Jede Art Aufbau ist möglich: Drahtaufbau mit Gips-Streifen an der Maske befestigen und mit Gips-Binden verdichten.
- Pappen können in beliebige Formen geschnitten, dreidimensional auf der Maske aufgebaut und wiederum mit Gips-Binden verstärkt werden.
- Die Helm-Masken können ferner mit nahezu allen Gebrauchs- und Fundmaterialien (Federn, Heftzwecken, Radioteile etc.) ausgestaltet werden (Bildreihe O).

Abb. 21

Projektvorbereitung: Schwellköpfe

In einer weiteren mehrstündigen Projekt-Sequenz wurden Großmasken/Schwellköpfe hergestellt. Vornehmlich phantastische Tierköpfe. Der Unterbau besteht aus Kaninchendraht und wird mit Zeitungspapier/Kleister überarbeitet. Zur weiteren Ausgestaltung werden Materialien eigener Wahl hinzugezogen (vgl. Abb. 21-22).

Abb. 22

Solchermaßen gerüstet fanden zwei Workshops statt.

I. Workshop: ‚Maskenbau – Maskenspiel – Tanz – Bewegung'

Das Ziel der Workshops bestimmte sich doppelperspektivisch:

- Zum einen sollten die TL (Lehramtsanwärter f.d. Fach ‚Kunst'/Berufspraktikanten/Psychologen) Gelegenheit erhalten, an sich selbst die Möglichkeiten von Tanz, Bewegungsausdruck, Maskenspiel in ihrer Bedeutung für die Erweiterung der Phantasie, für kreative Selbstentdeckung und -entfaltung, kurz für einen ‚ganz-

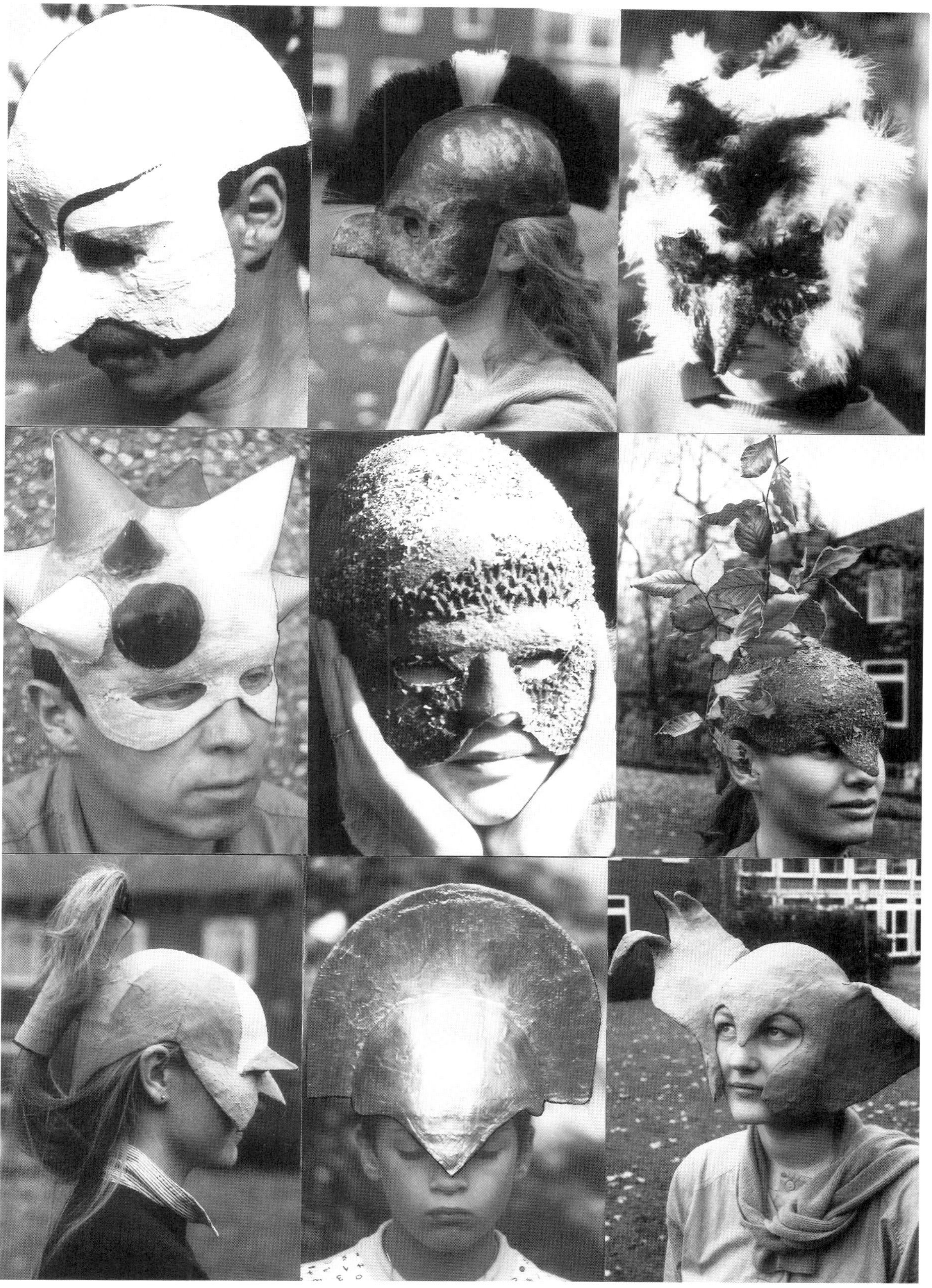

Bildreihe O

heitlichen' Persönlichkeitsausdruck erfahren und in Übungen erproben;

- zum anderen sollten darüber hinaus Tanz, Bewegung, Maskenspiel als pädagogische Arbeitsmöglichkeit in bezug auf potentielle Adressaten ausgelotet, nach Bedingungen, Barrieren und Chancen dieser Medien gefragt sowie der Zusammenhang von Körperbewußtsein und Selbstbewußtsein diskutiert werden.

Darstellung, Erläuterung und Diskussion der Übungen des Workshops:

Im Bewegungsbereich kamen im wesentlichen folgende Übungen zum Tragen:

- Lockerungsübungen
- Anspannungs-/Entspannungsübungen
- Ordnungsübungen
- perzeptorisch-motorische Übungen
- soziale Übungen
- Ausdrucksarbeit
- Erfindungs- und Gestaltungsübungen

Annäherungsziele:

- Die vorgenomme analytische Trennung in einzelne Übungen läßt sich im Realvollzug kaum aufrechterhalten. In allen Übungen setzen sich die Personen im bewußten wie intuitiven, im kontrollierten wie improvisierten Umgang mit sich selbst, mit anderen und mit der dinglichen Umwelt auseinander, was ein Annäherungsziel bedeutet.
- Bei all diesen Übungen werden – und das sind zugleich ebenfalls Ziele – eigene Ausdrucks- und Gestaltungsfähigkeiten erlebt.
- Es werden dabei ebenso ‚emotionale' Qualitäten wie beispielsweise Selbstsicherheit und Selbstbewußtsein als auch ‚soziale' Qualitäten wie Rücksichtnahme, Vertrauen, Miteinanderhandeln, Zuneigung usf. frei. Diese Qualitäten sind in jeder Phase der Persönlichkeitsentwicklung von großer Bedeutung.

Lockerungs-, Ordnungs-, Anspannungs- und Entspannungsübungen wie senso-motorische Übungen hatten in diesem Workshop vor allem vorbereitende Funktion für die angestrebten Ausdrucks-, Erfindungs- und Gestaltungsübungen. Sie sollten ein Bewußtsein von der ‚Beredsamkeit' und den Ausdrucksmöglichkeiten des Körpers vermitteln und Anregungen für ihre spätere kreative Umsetzung geben.
Nicht also stand die ‚Leistung' des Körpers oder seiner Teile im Vordergrund, sondern Ziel war das freie, spielerische und vor allem ganzheitliche Erleben und Erfahren des Körperausdrucks und der eigenen Gestaltungsfähigkeit. Daß während der Durchführung der Aufgaben zugleich perzeptorisch-motorische Grundfunktionen angesprochen, geübt, entwickelt, in Variationen wiederholt und ständig ausdifferenziert werden, steht außer Frage.

Didaktisch-methodische Möglichkeiten und Funktion der hergestellten Maske:

Lag der Schwerpunkt der Workshops auf kreativer Selbstentfaltung und Körperentdeckung, so waren wir uns zugleich bewußt, daß solche Äußerungsformen nicht selbstverständlich vorausgesetzt werden konnten. Und so mußte mit Bewegungs- und Äußerungsbarrieren, Angst vor Blamage, auch mit Ablehnung solch ungewohnter oder im Sozialisationsprozeß verlorengegangener Ausdrucksmöglichkeiten gerechnet werden.
Methodisch versuchten wir solchen Bedingungen einerseits durch Ankündigung absoluter Freiwilligkeit zu begegnen, andererseits aber auch durch spielerisch-experimentelle Motivationsanreize abzubauen. Speziell die Arbeit mit der Maske sollte die Motivation anregen.
Masken bergen – unter didaktischem Blickwinkel – Mittler-Funktion nach draußen. Durch die Maske verändert/verfremdet sich die Person, schlüpft in die mit ihr verbundenen Verhaltensweisen und vermag sich so selbst anders aufzufassen und anders zu präsentieren. Für uns bezeichnend ist, wie stillere, gehemmtere Personen oftmals Masken machen, in der sie gewaltig, großartig, zuweilen gefährlich wirken können; andere hingegen sie so gestalten, daß sie leicht, vogelfrei, poetisch wirken.
Im wesentlichen wurden in den Workshops einfache Masken hergestellt und im Maskenspiel eingesetzt:

- mitgebrachte Leinen-, Lurex-, Mulltücher, die um den Kopf gebunden wurden;
- Papiermasken, die aus stärkerem Papier mit Hilfe einiger Einschnitte und Klebestellen gefertigt und durch wenige Scherenschnitte in ihrem Ausdruck verändert werden konnten;
- Gips-Binden-Masken, die als Halb- bzw. Helm-Masken gestaltet waren.
- In einem weiteren, zweitägigen Masken- und Bewegungsworkshop kamen die in einer Übung erstellten Schwellköpfe zum Einsatz.

Grobe Verlaufsskizze (beide Workshops gliederten sich in ähnlicher Weise):

- Einführende Informationsrunde über Anliegen, Verlauf und Ziele des Workshops
- Bewegungsübungen aus den oben angeführten Bereichen. Am Anfang standen Lockerungs-/Entspannungsübungen und Körperarbeit, dann wurde zu Kreisspielen und schließlich zu Ausdrucks- und Kleingruppenarbeit übergeleitet, die schließlich in Bewegungserfindungen und Gestaltungsübungen mit und ohne Maske, mit und ohne Partner einmündeten.

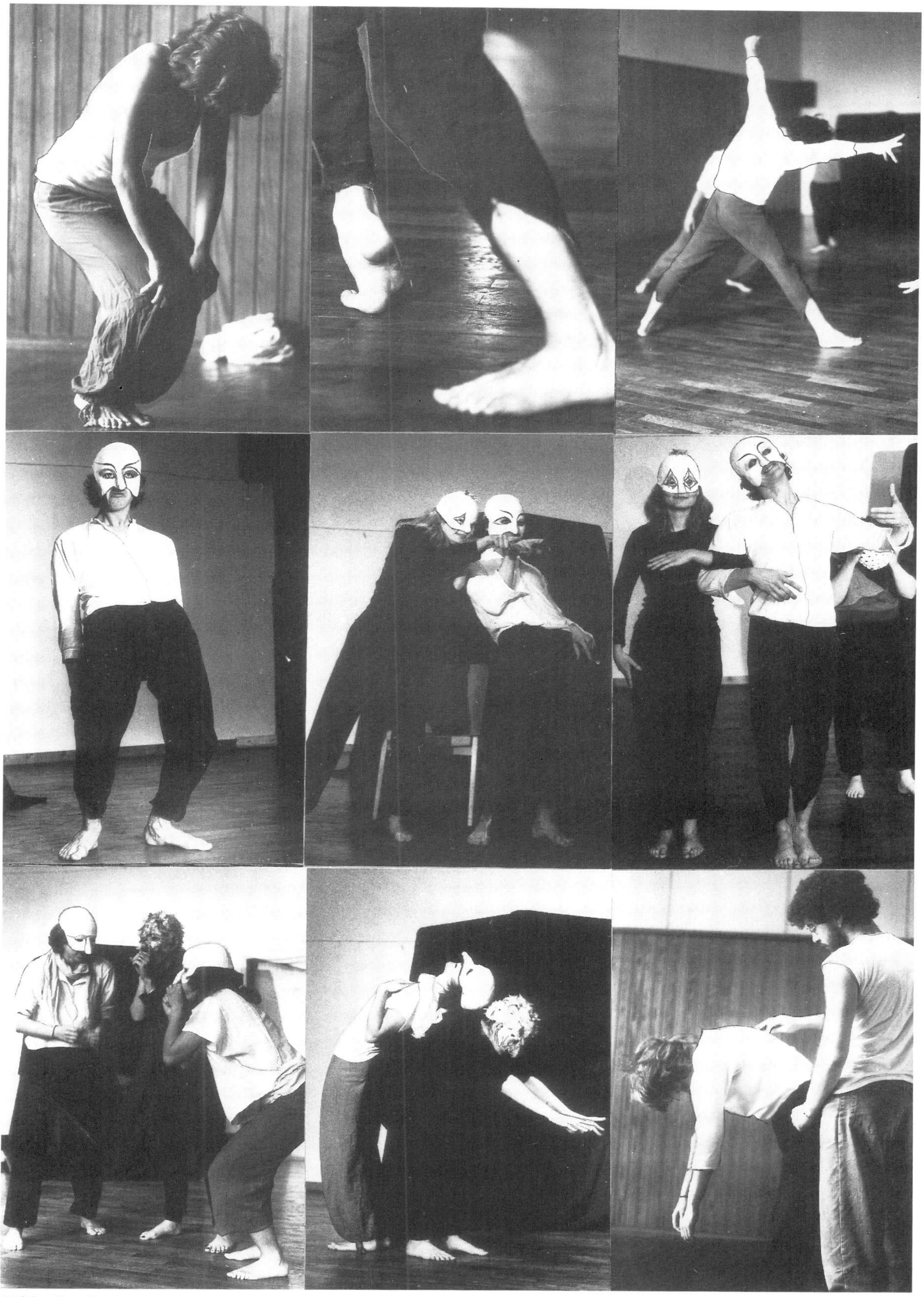

Bildreihe P

- Zwischen-Reflexionen und Erfahrungsaustausch
- Im ersten Workshop dienten zwei längere Sequenzen der Herstellung und Ausgestaltung der Papier- und Gips-Binden-Masken.
- Beide Workshops gipfelten in einer großen Tanz-Improvisation. Da alle TL an ihr aktiv teilnahmen, existieren von ihr keine Fotobelege. Sie liegen lediglich von den übrigen Übungssequenzen vor (Bildreihe P).

Prozeß-Reflexivität:

Wie die Zwischen- und Abschlußreflexionen zeigten, erfüllten die hergestellten Masken (Tücher-, Papier-, Gips-Binden-Masken, Schwellköpfe) die angezielten und erhofften Wirkungen vollumfänglich:

1. Der Masken-Entwurf, die Materialerfahrung, die Herstellung der Masken besaßen zunächst einmal Selbstwert für sich, auch ohne deren Anwendung im spielerischen Prozeß. Der Herstellungsprozeß wie das fertige Produkt vermittelten Freude, Stolz, auch Erstaunen über die eigenen Gestaltungsfähigkeiten.
2. Die Arbeit an der Maske selbst löste ständige Motivation weiterzuarbeiten aus. Dies in einem Maße, daß die TL nicht eher ruhten, als bis sie ihre Maske fertig hatten.[4]
   Die fertigen Masken motivierten zum Spiel. Sie lösten Erprobungs- und Bewegungsprozesse aus. Diese wiederum führten zur Konzeptionalisierung kleiner Spielsequenzen, in denen die Masken mit einem oder mehreren TL vorgestellt wurden. Auch hier wiederum konnten Ausdrucks- und Darstellungsvarianten erkundet werden.
3. Zugleich hatte die Maske die Wirkung, Barrieren zwischen den TL abzubauen.
   Die Funktion der Maske als Mittlerin kam insofern zum Tragen, daß sie den Träger zu Ausdrucksweisen ermutigte, die er sich unter vermeintlicher Fremdkontrolle normalerweise versagt.
4. Die Maske begünstigte Selbst-Konzentration. Weil, so argumentierten die TL, die Maske teilweise nur kleine Sehschlitze habe oder man fast gänzlich im Schwellkopf untertauche, finge man an, sich auf sich selbst zu konzentrieren, auf seine Gefühlsimpulse und Körperempfindungen zu achten, ihnen zu folgen, sie bewußt in Ausdruck umzuformen und auszugestalten.
5. Die Masken begünstigten non-verbales Verstehen und Eingehen.
   Bezogen auf die Partner- und Dreierspiele mit Maske bedeutete der eingeschränkte visuelle Sinn aufgrund der Maske, daß man sich zunehmend auf die erfühlten Bewegungen des anderen einließ. Die Partner gaben sich gegenseitige Bewegungsimpulse, die immer wieder unter großer Spielfreude der Beteiligten zu harmonisch-integriertem Zusammenspiel führte. Gleichzeitig wurden Berührungstabus abgebaut.
6. Unterstützt wurden all diese Wirkungen durch die Tatsache, daß nach kurzer vorheriger Absprache über die Darstellungsabsichten alle freien Ausdrucks- und Gestaltungsphasen auf nicht-sprachlichem Wege gestisch/mimisch/bewegungsmäßig erfolgten.
   Resümierend zeigte sich, daß die freien Tanz- und Bewegungssequenzen mit Maske diejenigen waren, in denen sich die TL am gelöstesten, am erfülltesten, am unbeschwertesten empfanden und in hohem Maße als ausdrucks- und bewegungsstark erlebten.

II. Variation der theatralischen Körperarbeit unter Einbeziehung sozialer Bezüge: Forum-Theater

Nach Art der Umsetzung der Happening-Programmatik, möglichst vielfältig emanzipatorische Mitbeteiligung der TL an kreativen Prozessen zu ermöglichen, sucht auch Antonio Boal die TL bei seinem ‚Forum-Theater' zu aktivieren. Auch das Forum-Theater lebt von der aktiven Beteiligung der Zuschauer. Forum-Theater soll das Publikum durch provokante, von Schauspielelern szenisch überzogen dargestellte Spielsequenzen zu sozial-brisanten Stoffen zum Thema ‚Unter- und Überordnungsverhältnisse' (Reiche/Arme, Frauen/Männer/, Erwachsene/Kinder, Mehrheiten/ Minderheiten, Lehrer/Schüler) zum Widerspruch reizen und animieren, selbst handelnd und spielend das kritisierte (gespielte) Rollenverhalten anders auszufüllen. Konkretes Forum-Theater wird solange durch die TL spielend verändert, bis das Forum mit der gespielten Sequenz einverstanden und der soziale Zündstoff nach Auffassung des Forums durch alternatives Verhalten gelöst bzw. lösbar erscheint. Forum-Theater ist entsprechend ‚Theater der Probe' bzw. der ‚Erprobung': Das Spielen im Rahmen des Forum-Theaters bedeutet für die TL, Handlungsmöglichkeiten zu entwerfen, dabei diese aber nicht nur zu denken, sondern im Spiel auszuprobieren. Forum-Theater verfolgt also pädagogisch-emanzipatorische Zielsetzungen und versteht sich selbst auch als didaktisches Theater.
Der pädagogischen Kunsttherapie bietet Forum-Theater die Möglichkeit – auch dessen Ausdifferenzierung als ‚Unsichtbares Theater' –, Verbindungen zwischen ästhetischer Arbeit (von Maskenbau und -spiel bis Körper- und Bewegungsarbeit) und sozialer Wirklichkeit ganz ausdrücklich herzustellen, dabei Möglichkeitsdenken zu praktizieren und – darauf legt auch Boal besonderen Wert – konstruktives Handeln unter Mitbeteiligung des ganzen Körpers und aller Sinne zu erproben.
Anders als das Rollenspiel, das zwar auch Rollentausch vornimmt, aber bekanntes, beobachtbares Verhalten nachspielt, werden durch Forum-Theater die Vorstellungskräfte weitaus stärker aktiviert. Es sucht den Weg zum alternativen Handeln zwar auch über den Verstand, aber zugleich über Handlungsprozesse, in denen Aktionsmöglichkeiten konkret-sinnlich *entworfen* und *erhandelt* werden.
Die aufklärerische Absicht des Happenings, auf der Grund-

lage der Aktivierung der Gesamtpersönlichkeit an sozialemanzipatorischen Prozessen mitzuarbeiten, liegt auch dem Forum-Theater zugrunde. Die Hinführung zu selbst- und mitverantwortlichen Gesellschaftsmitgliedern setzen nach Auffassung der Happening-Künstler, die wir gänzlich teilen, voraus: „Die Fähigkeit, selbst zu denken, den Willen sich nicht manipulieren, lenken, zwingen zu lassen.“[5]
Forum-Theater mit seinen sozialbezogenen Konfliktstoffen kann dies vermutlich erstens noch klarer bewußt machen und zweitens noch mehr für die Grundlegung entsprechender konflikt-bezogener, alternativer Verhaltensweisen leisten als die zuweilen in Spektakeln aufgehenden Happening-Ereignisse.
Forum-Theater und Unsichtbares Theater brauchen an dieser Stelle nicht beschrieben und dokumentiert werden. Boal selbst schildert diese Theaterformen derartig anschaulich mit Beispielen aus den verschiedensten Umfeld- und Adressatenbezügen, daß nur auf die Literatur verwiesen werden soll.[6] Wir selbst haben bereits mehrere Übungen zum Forum-Theater durchgeführt. Da die TL immer andere sind, auch gesellschaftlich brisante Inhalte permanent wechseln, ergeben sich immer wieder ganz neue Problemstellungen und Themen-Bearbeitungen. Projektorientiert können im Verlauf des Aufbauprozesses zunehmend die Aktivitäten an die TL übergeben werden. Bis die TL eigene, vorbereitete Spielsequenzen in das ‚Forum‘ geben können oder bevor Unsichtbares Theater ‚vor Ort‘ betrieben wird, benutzen wir die Übergangsphase, um Körper- und Bewegungsübungen zu vollziehen, in den Maskenbau und in die Masken-Bildnerei einzuführen.
Erfahrungsgemäß gibt die Durchführung des Forum-Theaters und des Unsichtbaren Theaters soviel Erzählstoff her, daß die Motivation neuer Gruppen kein Problem darstellt. Forum-Theater bedeutet für pädagogische Kunsttherapie die Chance, sozusagen im Vorfeld echter Lebenssituationen, aber mit Bezug auf echte Lebenssituationen und -erfahrungen, den einzelnen zu ermuntern, selbstgeleitete Handlungsfähigkeiten problembezogen einzuüben und von seinen schöpferischen Möglichkeiten Gebrauch zu machen. Auf diese Weise kann er den Aktionsraum für kreative Spontaneität und Problemlösung in der konkreten gesellschaftlichen Praxis vergrößern.

III. Projekt: ‚Multi-mediale Festinszenierung‘

Im Umkreis der möglichst vielfältigen Aktivierung der Sinne und der Eigentätigkeit ist das Projekt einer Festgestaltung zu sehen. Ein in allen seinen Teilen selbst initiiertes Fest hat zwar zur gesellschaftlichen Realität einen weniger direkten thematischen Bezug als das Forum-Theater. Es reagiert dennoch wie in dem dokumentierten Beispiel auf gesellschaftliche Realität, insofern sie den Adressaten Erfahrungsmöglichkeiten gibt, Freizeitverhalten nicht nach vermittelten Konsumbedürfnissen zu organisieren, sondern freie Zeit sinnerfüllend und lebensgefühlsteigernd durch kreative Eigentätigkeit zu gestalten. In diesem Sinn kann das Projekt als therapeutisch i.w.S. gewertet werden.
Durchgeführt wurden zwei Projekte mit zwei unterschiedlichen TL-Gruppen (Studenten, Erwachsene über 40 Lj.) unter dem Titel ‚Null bis Null‘.
Die Projekt-Dokumentation mischt Erfahrungen aus beiden Projekten.
Organisation, Gestaltung und Durchführung des Festes waren auf zwei Tage angesetzt.

Projekt-Vorbereitung:

In einem Vorgespräch wurden mit den TL Fest-, Feten-, Partyerfahrungen reflektiert. Die geschilderten Szenarien ähneln sich: Musik-Hören; ‚Festhalten am Getränk‘; die aufgesuchten Plätze werden höchstens zum ‚Schnittchen-Verzehr‘ verlassen.
Auf die Erlebens-Qualität der Feten/Feste angesprochen, wurde nur in Einzelfällen von intensiveren Erlebnissen berichtet; vermehrt aber zum Ausdruck gebracht, daß ‚das-alles-nicht-so-sehr-vom-Hocker-reißt‘. Zwar würde man immer wieder ‚was erwarten‘, sei aber in der Regel enttäuscht. Der eigene Eindruck, sowohl bezogen auf Gleichaltrige wie auf junge Erwachsene, wonach gespielte, überspielte oder offenkundige Langeweile der Fetenteilnehmer unübersehbar sei, wurde durchgängig bestätigt.
Der Vorschlag, ein Fest von Anfang an bis zum Aufräumen am nächsten Tag (‚von Null bis Null‘) selbst zu organisieren und zu gestalten, fiel deshalb auf fruchtbaren Boden und fand ungeteilte Zustimmung.
Nach Art der Projekt-Methode sollten alle Phasen auf Seiten der TL liegen und die vieldimensionalen Aktivitäten teils in Arbeitsgruppen vorbereitet, teils gemeinsam in der Fest-Vorphase durchgeführt werden. Die Gestaltung sollte sich beziehen auf

- Kopfputz
- Kostüme/Festkleidung
- Musik
- Tanz
- Fest-Mahl/Getränke
- Raumgestaltung

Auf der Grundlage der hohen Zustimmung konnte vorweg eine Dreiergruppe motiviert werden, die Musik teilweise mit eigenen Instrumenten vorzubereiten, bzw. für die Festnacht zusammenzustellen. Ebenfalls vorweg fand sich eine Zweiergruppe, die als ‚Zeremonienmeister‘ Tanzsequenzen der Gruppe auf klassischer Musik leiten wollten. Diese Sequenz sollte den TL Gelegenheit geben, sich als ‚Scultura vivente‘ (lebendige Skulptur) vorzustellen und mit den anderen tänzerisch zu kommunizieren.
Phantasie, Faszination, Erleben von ‚Ganz-Anders-Sein‘, Unmittelbarkeit sollten das Projekt bestimmen.
Die einzige Auflage war, auf Kostüm- und Theaterfundus zu

verzichten und aus Materialien ‚was zu machen'. Dazu gehörte eben auch, sich Kostüme/Festkleidung selbst herzustellen. In unserem Fall sollte sie aus Papier (nicht-flammbares Krepp-Papier) über einer Strumpfhose komponiert werden. Klar war von Beginn an, daß es sich nicht um eine Karnevalsveranstaltung handeln würde, sondern Spaß und Gestaltung durchaus ‚ernst genommen' werden sollten.
Ferner wurden die TL gebeten, sich für das gemeinsame Festmahl ein Gericht (Vorspeise, Bestandteil eines Hauptganges, Nachspeise) auszusuchen und für die Festnacht vorzubereiten. Für die Raumgestaltung (ca. 120 qm) wurde ebenfalls Krepp-Papier in Aussicht gestellt; die TL aber gebeten, für die Gestaltung noch Gegenstände mitzubringen (z.B. Kerzenleuchter, Kerzen, Spiegel), um den Festcharakter zu unterstreichen.
Das Vorgespräch endete mit lebhaften Gesprächen. Es wurden bereits Vorstellungen über die Kostüme/Masken entwickelt und untereinander ausgetauscht.

Zielvorstellungen:

- Im Grunde genommen wurde ein ‚Gesamt-Kunstwerk' angestrebt, das nicht für die Ewigkeit gedacht war, sondern intensiv erlebt werden und keine ‚Spuren des Habens' hinterlassen sollte.
- Leitend war die Zielvorstellung, von „primär meditativem Aufnehmen von Wahrnehmungsangeboten" oder passivem Konsumieren von vorgegebenen Unterhaltungsangeboten wegzuführen; demgegenüber überzuleiten „zum aktiven Mithandeln, zum Weiterdenken, zum spontanen Kombinieren"[7], zu integrativen Gestaltungsakten, in denen sich die Person als eigenschöpferisch erfahren kann.
- Wie es den Happenings darum geht, herkömmliche ästhetische Gattungsgrenzen aufzulösen, sollte das Zusammenwirken bildnerischer, musikalischer und theatralischer Medien erfahrbar gemacht werden.
- Das Environment (die gesamte Ausgestaltung und Raumgestaltung) sollte den TL (wieder) bewußt machen, daß sie mit vielen Sinnen ausgestattet sind: Nicht mehr nur sollte der einzelne Zuschauer und Konsument sein, sondern hören, sehen, tasten, schmecken, „seine Sinne schärfen, mit ihnen geniessen"[8].

Projekt-Sequenzen: Herstellung der Masken/Kopfputz

Auf der Grundlage der Helm-Masken-Technik wurde nach eigenen Vorstellungen der Aufbau des Kopfputzes durchgeführt; zur Anwendung kamen die unterschiedlichsten Zusatzmaterialien (Lackfarbe, Pailletten, Ketten von Spülbecken-Verschlüssen, Krepp-Papier-Bändern usf.) je nachdem, welche Vorstellungen über die Festkleidung entwickelt wurden. Ein TL der Tanz-Gruppe ‚installierte' eine Kerze auf seinem Kopfputz. Die Festkleidung wurde bis zum Stadium der ‚Anprobe' fertiggestellt.

Verlauf der Fest-Vorbereitung und Fest-Nacht:

Zum Fest-Termin fanden sich alle TL gegen 20.00 Uhr ein. Die Papierkleidung konnte erst jetz vollständig fertiggestellt werden, weil leichtes Zerreißen des Materials ein mehrfaches An- und Ausziehen verbot. Nachdem die TL ihre mitgebrachten Eß- und Dekorationsgegenstände abgelegt hatten, gingen sie ausgesprochen zielgerichtet an die Realisierung ihrer Kostüm-Vorstellungen. Alle hatten Gymnastikhosen oder Trikots an.
Das Material Krepp-Papier war unter dem Gesichtspunkt ausgewählt worden,

- eine breite Farbpalette klarer Farben zu bieten;
- als Arbeitsmaterial überaus geschmeidig zu sein: es kann gerafft, gefältet, ausgedehnt, zu Pluderhosen gebauscht, in Streifen gerissen, als Bänder um Körperteile gewikkelt werden, Teile zusammenhalten, geklebt und gesteckt werden.

Eine dichte Arbeitsatmosphäre entstand, die bis auf kurze Material- und Werkzeugbitten kaum durch Gespräche unterbrochen wurde. Bewegung entstand erst, als einige TL Hilfe brauchten beim Anhalten, Auf- und Zusammenstecken. Nach ca. 2 Stunden waren die ersten Bekleidungen fertig. Die fertigen TL gingen anderen zur Hand. Schrittweise veränderten sich die Personen; die Masken/Kopfpütze wurde aufgesetzt; lange Haare gesteckt oder in viele Zöpfchen geflochten. Nachdem einige TL geäußert hatten, sich nicht schminken zu wollen, wurden die aufgestellten Schminktische ignoriert. Als aber die ersten Frauen sich schminkten, wurden auch Männer aktiv, weil sie sich unfertig fühlten. Unter sachkundiger Hilfe wurden sie ebenfalls geschminkt. Je weiter der Selbst-Gestaltungs-Prozeß bei einzelnen TL voranschritt, um so mehr wurden andere TL zu spontanen Vorstellungen und Aktivitäten animiert, die zu ihrer weiteren Ausgestaltung führten.
Eine Gruppe von 6 Männern war nach ca. 3 Stunden fertig und machte sich daran, den großen Raum mit Krepp-Papier-Bahnen, großen und kleinen Spiegeln, vielen Kerzenleuchtern mit ca. 120 Kerzen zu dekorieren.
Gegen 24.00 Uhr war schließlich der letzte TL mit sich zufrieden, alle Kerzen wurden angezündet, diese ihrerseits durch etliche Spiegel reflektiert, was eine zusätzliche Atmosphäre schuf.

Fest-Beginn:

Die ‚Tanzgruppe' legte ein klassisches Menuett-Stück auf. Der TL mit der Kerze auf dem Kopfputz zündete die Kerze an und fungierte von da an als Zeremonienmeister. Er selbst tanzte und kreiselte im Rhythmus der Musik, ermunterte

Bildreihe Q

pantomimisch alle TL, es ihm nachzutun und sich tänzerisch vorzustellen. Anschließend animierte er mit seiner Partnerin Reigen- und Paartänze, die entfernt an alte Menuette erinnerten. Das gesamte Environment war besonders ‚feierlich', andererseits fast ‚sur-real', weil ungewohnt und fremdartig. Die TL mußten sich mit ihren Kopfaufbauten und Krepp-Papier-Kreationen einfach anders als gewohnt bewegen.
Nach dieser Sequenz kam der Wunsch zum Fest-Essen auf. An zwei langen Tafeln waren tatsächlich ‚köstliche' Speisen statt gewohnter Schnellimbisse aufgetischt. Die Palette reichte von Pastete bis ‚Mousse au chocolat' als Nachspeise. Das nachmitternächtliche Essen dauerte wiederum mindestens eineinhalb Stunden und ging dann zum Tanzvergnügen in Gegenwartsmanier über. Anders aber als gewohnt, waren die TL durch die ganzen Erlebnisse und Geschehnisse wie Selbst-Stilisierungen so außer sich/außerhalb ‚ihrer normalen Person', daß jeder mit jedem, Männer mit Männern, Frauen mit Männern, zu dritt oder allein getanzt wurde. Gegen Morgen waren alle TL erschöpft, aber glücklich (Bildreihe[9] Q).
Gegen Mittag traf sich erneut eine Gruppe zum Aufräumen (‚von Null bis Null'). Sie sprach von nichts anderem als von ihrem Fest, von der Schönheit der Kostüme und Masken, von der gesamten Atmosphäre, davon, wer sich am schönsten bewegt hatte und welche Masken am ausdrucksstärksten waren; sie lobten den Einfallsreichtum und die Qualität der mitgebrachten Speisen wie die ausgewählte Musik.
Die intensive Arbeitsatmosphäre, die gegenseitige Animation und die anschließende getanzte ‚Vorstellungs-Phase' bei klassischer Musik wurden übereinstimmend als die schönsten Erfahrungen herausgestellt.

Prozeß-Auswertung:

Man kann die Fest-Inszenierung mit der Charakterisierung, lediglich ein ‚Rückzugsterritorium für den Spieltrieb' gewesen zu sein, verächtlich machen. Ebenso kann man die gesamte Veranstaltung als unernst und wirklichkeitsfremd abtun. Wir halten die ungewohnten Erfahrungen und Erlebnisse dagegen.
Sicherlich domierten spielerische Verhaltensweisen. Abgesehen aber von der zuweilen psychologisch dringend gebotenen Entlastung aus Realitätsbindungen bedeutet Spiel ja auch – nicht nur nach Kant und Schiller – eine mögliche ästhetische Verhaltensweise. Frei von üblichen Normierungen und Verhaltensreglementierungen wird der Spieler im ‚freien Spiel der Kräfte' zugleich frei für selbstgeleitete Aktionsformen. Außerdem werden, wie auch in unserem Beispiel, spielerische Selbst-Erfahrungen Vorbedingung für neue Anspruchshaltungen wie für ein anderes Verhalten, bei dem schöpferischer Produktivität künftig ein anderer Stellenwert als bislang zugemessen wird.
Aus dem Spiel von Einbildungskraft (als sinnlichem Vermögen) und Verstand (als dem intellektuell organisierenden Vermögen) entsteht Form.
Im Spiel, wie es sich in vielfältiger Form beim Fest entfaltete, wird die ganze Spontaneität des Menschen frei. Deshalb kann Spiel auch begriffen werden als eine „Weise der menschlichen Selbstverwirklichung"[10].
Spiel kann wesenhaft Spiel einer Person oder Spiel mit anderen, also im zwischenmenschlichen Kontakt stattfinden oder objekt-bezogen sein. Im letzten Fall entsteht zugleich eine Form. Beide Spielbegriffe[11] kamen bei dem dokumentierten Fest zum Tragen: Das Spiel mit sich und die eigene Verfremdung durch ästhetische Leistungen und das Spiel mit anderen wie der Zusammenschluß aller ästhetischen Leistungen zu einem Ganzen (Gesamtkunstwerk).
Offenkundig wurde die ganzheitliche Beteiligung der TL, ihre von ihnen selbst unvermutete Kreativität, ihre vielfältig angesprochenen sinnlichen Empfindungen durch die multimediale Festkonzeption.
Wie das Happening war das Fest am Schnittpunkt dreier Medien angesiedelt, dem bildnerischen, dem musikalischen und dem theatralischen Medium. Alle drei Medien variierten während des gesamten Geschehensablaufes. Zunächst dominierte das Bildnerische, dann das Theatralische und schließlich das Musikalische, wodurch das Fest nahezu Aufführungscharakter annahm. Das selbst geschaffene Environment (Umraumgestaltung) stimulierte die TL zu weiteren schöpferisch-selbsttätigen Aktivitäten. Die mehrdimensional evozierten sensuellen Empfindungen vermittelten komplexe sinnliche Erfahrungen und machten wieder bewußt, daß man mit vielen Sinnen ausgestattet ist.
Feste in der geschilderten Art sind nicht beliebig wiederholbar, wohl aber die intendierten Ziele und die ihnen zugrundeliegende selbständige Struktur. Nur auf dieser Grundlage können die komplexen Selbst-Erfahrungen und kreativen Handlungsformen in den persönlichen Handlungsbereich transferiert werden. Nur unter der Voraussetzung, daß diese nicht Ausnahmeerlebnisse und Ausnahmeereignisse bleiben, bekommt die Rede, daß ‚Kunst Leben' sei, eine reale Bedeutung:
Wird der implizite Hinweis unseres Fest-Geschehens aufgenommen und erfahren, daß nämlich ästhetisches Verhalten sich im Leben ereignet und Wirklichkeit prägt, bzw. dessen Fehlen menschliche Existenz schmälert, dann bilden die spielerisch-experimentellen ästhetischen Leistungen Handlungsmöglichkeiten und Anspruchshaltungen gegenüber eindimensionalen, leistungs- und konsumorientierten gesellschaftlichen Tendenzen aus. In dem Sinne ins Leben überführt, bekommt ästhetisches Verhalten personbereichernde Funktion und i.w.S. gesellschaftspolitische Bedeutung.

Abb. 12–13

Bildreihe A

Bildreihe B

Bildreihe E

Abb. 17–18

Abb. 31–32

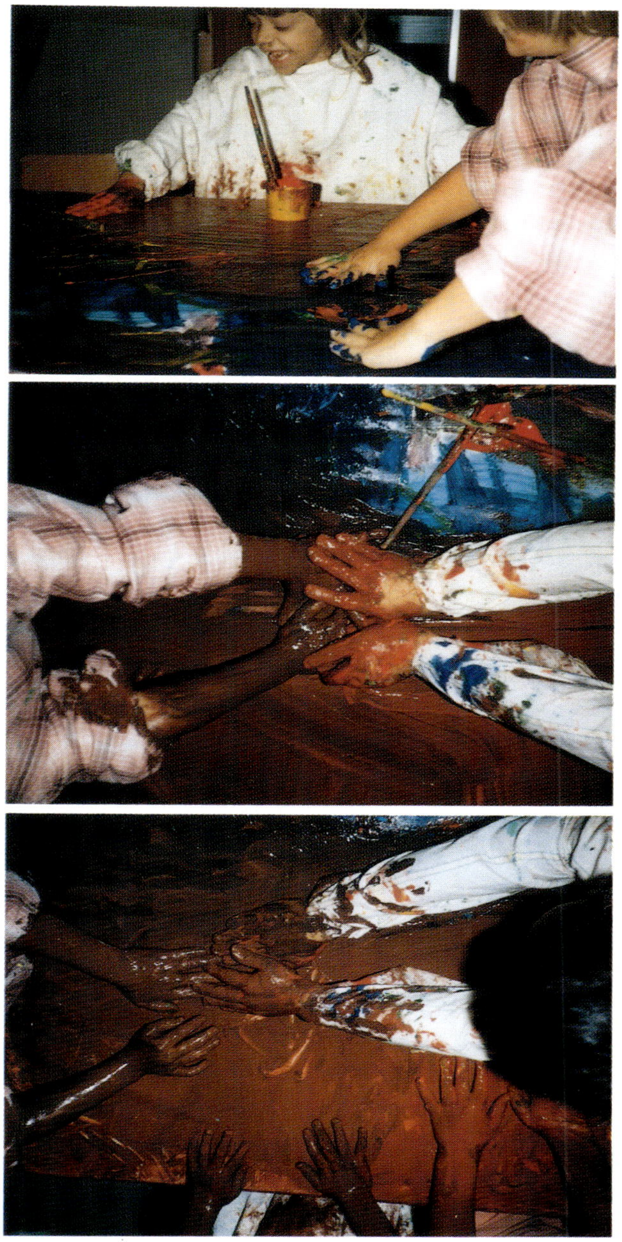

Bildreihe R/Abb. 10–12

Bildreihe S

Bildreihe T

Bildreihe W

Bildreihe W

Anmerkungen

1 Aue, W.: P.C.A. Projekte, Concepte, Aktionen. Köln 1971, o.S.
2 Höck, W.: Kunst als Suche nach Freiheit. Köln 1973, S.32
3 Lebel, J.: zitiert in: Becker, J./Vostell, W. (Hg): Happening, Fluxus, Pop-Art, Nouveau Realisme. Hamburg 1963[3], S.12
4 Nämlich selbstmotivierende Wirkung bei der gleichen ästhetischen Arbeit zeigt sich bei der heilpädagogischen Arbeit mit verhaltensgestörten Kindern. vgl.: Teil IV, Kap. 2.4.
5 Kultermann, U.: Leben und Kunst. Tübingen 1970, S.107
6 Boal, A.: Theater der Unterdrückten. Frankfurt a.M. 1979
7 Schmidt, S.J.: Ästhetische Prozesse. Köln 1970, S.107
8 Kultermann, U.: a.a.O. S.102
9 Da die Innenraum-Aufnahmen mißlangen, stammen die Fotobelege aus dem anderen Projekt, das noch Tageslichtaufnahmen zuließ.
10 Fink, E.: Spiel als Weltsymbol. zitiert in: Trebels, A.H.: Einbildungskraft und Spiel. Kant-Studien. Bonn 1967, Ergänzungsheft 93, S.210
11 Vgl.: Heidmann, I.: Die Theorien des Spiels in der dt. Philosophie der Gegenwart. In: Die Leibeserziehung (1961) H.11. Heidmann unterscheidet hier wie Trebels diese beiden Auslegungsmöglichkeiten des Spiels.

2. *Anwendungsbeispiele aus dem therapeutisch-rehabilitativen Bereich*

Mit der ausführlicheren Dokumentation eines kunsttherapeutischen Vorhabens soll die Darstellung kunsttherapeutischer Arbeit im engeren Sinne beginnen. Besonders interessant wird dieses Beispiel dadurch, daß hier eine Fülle von Aufgabestellungen aus dem Präventiv-Bereich in der Rehabilitationsarbeit mit einer jungen Frau praktiziert wurde. Dabei wird nicht nur deutlich, daß das nämliche Repertoire an ästhetischen Motiven von einem Bereich in den anderen Bereich grundsätzlich übertragbar ist, sondern sich die vermuteten persönlichkeitsbildenden und -fördernden Wirkungen in beiden Bezugsbereichen gleichermaßen – wenngleich in unterschiedlichem Ausmaß – einstellen.

Dies unterstreicht unsere Auffassung, daß ästhetisches Arbeiten beim Aufbau einer Lern- und Reflexionsbasis ebenso nützlich ist wie bei deren Weiterentwicklung und Ausdifferenzierung auf dem Wege der Identitätsfindung.

2.1. *Fallstudie[1]: Projektorientierte ästhetische Arbeit mit der lern- und körperbehinderten ‚Karla'*

Mit dem Ziel, subjektorientierte Inhalte und Zielvorstellungen im ästhetischen Bereich für die individuelle Persönlichkeitsförderung Karlas formulieren zu können, wurde zunächst eine psycho-soziale Diagnose zum Ist-Zustand erstellt. Sie umfasste:

1. sozio-biographische und sozio-ökonomische Daten;
2. Entwicklungsgeschehen, Stigmatisierungsprozesse;
3. Arbeits- und Leistungsverhalten
4. spezifische Problemlösungsmuster im psycho-sozialen Bereich, Wahrnehmung der Umwelt;
5. Selbstbild, Selbstdarstellung;
6. Interessen, Bedürfnisse, Wünsche, spezifische Entwicklungsaufgaben.[2]

Die Kriterien 3. bis 6. waren für die Auswahl konkreter Inhalte und Aktivitäten von besonderer Bedeutung. Sie bildeten die aktuelle Lernbasis ab, von der kunsttherapeutische Prozesse ausgehen sollten.
Der Aspekt ‚Selbstbild/Selbstdarstellung' wurde in einem Ganzkörper-Thermogramm angegangen. ‚Spezifische Problemlösungsmuster' wie ‚Interessen, Bedürfnisse' zeichneten sich erst im Prozeßverlauf durch Beobachtung und Gespräche ab.

K. durchlief eine spezifische Behinderten-Sozialisation wie die anamnestischen Daten und deren Auswertung zeigen.

Zunächst sollen zu den ersten drei Kriterien zusammenfassende Informationen gegeben werden.

Ad 1) Ist-Lage

K. ist 21 Jahre alt.

- Seit 2 Jahren besucht sie eine Werkstatt für Behinderte.
- K. ist die jüngste von 3 Kindern und voll in eine Großfamilie mit Tante und Großeltern integriert; alle Familienmitglieder haben gute Beziehungen zu K.
- K. wird besonders von der Mutter erzogen und versorgt; sie fühlt sich zuweilen durch die Selbständigkeitsbestrebungen der Tochter überfordert.
- Am Wochenende verbringt der Vater mit K. die Freizeit; sie pflegen gemeinsame Hobbies (Singen, Instrumente spielen, Spiele im Freien).
- Beide Eltern tendieren zu Überbehütung.

Ad 2) Entwicklungslinien und Sekundärsozialisation

- K. leidet seit dem 1. Lj. unter einer hirnorganischen Schädigung, die durch Schilddrüsenüberfunktion verursacht wurde.
- Im 2. Lebensjahr erlitt K. einen Autounfall. Als Folgen zeigen sich allgemeine sensomotorische Störungen: Anzeichen spastischer Diplegie und insbesondere ein Gehfehler durch Beinverkürzung.
- Aufgrund einer auf den Unfall zurückgehenden traumatischen Schockeinwirkung manifestieren sich übermäßige Ängste bei stärkeren Außenreizen wie Tiefflug, Karussellfahren oder starken Lichtreizen.

K. war schon von früh an ‚behandlungsbedürftig'. Die Eltern schöpften alle zugänglichen Rehabilitationsmöglichkeiten und Frühförderungsmaßnahmen aus. Für K. selbst bedeutete diese Sonderentwicklung zunehmend eine Stigmatisierung ‚behindert zu sein'. Diese Selbstauffassung wurde durch die Sekundärsozialisation in der Schule noch verstärkt:

- Aufgrund schlechter Integrationserfahrungen im Regelkindergarten besuchte K. seit dem 8. Lj. die Sonderschule für Körperbehinderte.

Lernen bezog sich hier im wesentlichen auf

- das Erlernen der Kulturtechniken: Lesen, Schreiben, Rechnen;
- lebenspraktische Fertigkeiten;
- religiöse Erziehung;
- Gymnastik und Schwimmen.

Ästhetische Erziehungsprozesse fanden nicht statt; Bemühungen um Integration in Nichtbehinderten-Gruppen fanden in der Schulzeit nicht statt.
Erst in einer Pfadfindergruppe, in die K. mit 16 Jahren eintrat, bauten sich Sozialkontakte mit Nichtbehinderten auf. Zu diesem Zeitpunkt setzte sich K. intensiv mit ihrem Behindertenstatus auseinander.

- Mit 19 Jahren beginnt K. in einer Behindertenwerkstatt zu arbeiten. Sie arbeitet dort auf eigenen Wunsch in der hauswirtschaftlichen ‚Lehrküche' und hat vier Kolleginnen.
- Die Behinderten sollen hier einerseits in weitere lebenspraktische Arbeitsprozesse eingeführt werden und unter Anleitung „ein Mindestmaß an wirtschaftlich verwertbarer Arbeitsleistung"[3] erbringen.

Ad 3) Arbeits- und Leistungsverhalten

K. allgemeines Wohlbefinden in der ‚Lehrküche' und ihre Arbeitsmotivation sind wesentlich auf die wechselseitige Sympathie zur leitenden Hauswirtschaftlerin (ihre „Chefin") zurückzuführen.
K. ist in diesem Hauswirtschaftsteam die leistungsschwächste Mitarbeiterin, sowohl im kognitiven wie auch sensomotorischen Leistungsbereich. Für jeden Arbeitsvorgang braucht sie mehr Zeit und Ruhe als ihre Kolleginnen. Die Koordination der Arbeitsschritte fällt ihr schwer und bewirkt häufig Mißerfolgserlebnisse.
Positiv wird ihre Genauigkeit, Ausdauer und ihre Arbeitswilligkeit hervorgehoben, durch die sie ihre ‚Leistungsschwäche' zu kompensieren sucht. K. selbst macht sich Vorwürfe über ihre Langsamkeit und ist unzufrieden mit ihrer Arbeit. Bedenkenswert ist auch, daß sie völlig darauf verzichtet, berechtigte eigene Interessen wahrzunehmen. Stattdessen setzt sie alles daran, niemanden und vor allem nicht ihre ‚Chefin' zu enttäuschen.

Folgerungen für den antizipierten kunsttherapeutischen Prozeß:
Die methodische Arbeitsmaxime muß hier sein, selbsttätige Arbeitsprozesse einzuleiten, mit denen sich K. identifizieren kann und die sie als eigenständige Leistung anerkennen kann. Projektorientiert dürfen die Arbeitsergebnisse nicht vorweg festgelegt sein, um jederzeit ihre eigene Ideenumsetzung und Arbeitsentscheidung zu begünstigen.
Die Hilfestellung des Kunsttherapeuten sollte sich auf zustimmende Ermutigung zu eigenständiger Produktion und auf instruierende Hilfestellungen im Gebrauch der Techniken und Materialien beschränken.
Gerade im Blick auf K. wäre es wichtig, über ästhetische Vorstufen, Spiel-, Entlastungs-, Experimentierphasen Arbeitsmotivation für umfänglichere Produktionsprozesse zu wecken und das Anforderungsniveau in bezug auf selbstgeleitete Eigentätigkeit schrittweise zu steigern und dabei auch bildhaft-symbolische Ausdrucksformen anzuregen.

- Zwischengeschaltete Reflexionsphasen hätten die Funktion, Erklärungen für Gelingen oder Mißlingen einzelner Arbeitsweisen zu fördern und hierdurch eine bessere Selbsteinschätzung grundzulegen.
  In diesem Sinne hätte allein die ästhetisch ohnehin gebotene methodische Vorgehensweise ich-unterstützende und ich-stärkende Funktion. Das erfahrene selbstorganisierte Arbeiten könnte zumindest ansatzweise auf andere Arbeitsbereiche übertragen werden.

Zu den Kriterien 4. bis 6. konnten ebenfalls vorläufige Anmerkungen getroffen werden. Sie vervollständigen und erweitern die psycho-soziale Diagnose. Sie soll durch weitere altersspezifische Aufgabestellungen erweitert werden, die für K. bedeutsam werden.

Ad 4) Spezifische Problemlösungsmuster im psycho-sozialen Bereich und Wahrnehmung der Umwelt

1. K. ist in ihrem Personenumkreis entweder gänzlich unauffällig, verträumt und zurückhaltend – besonders dann, wenn sie Gespräche und Prozesse nicht nachvollziehen kann – oder sie geht neugierig und interessiert auf Personen zu. Personen der Werkstatt beschreiben sie als: aufgeschlossen, schelmisch, albern, hilfsbereit, sensibel für konflikthafte Ereignisse u.a.

2. Typisch für Karlas Kontaktaufnahme mit relativ unbekannten Personen sind ihre ‚Geschichten', die sie erzählt. In ihnen mischen sich Träumereien, Diffuses, Alltags-Erfahrungen, Erinnerungen, personale und soziale Wunschvorstellungen. Wirkliches und Erträumtes fluktuieren ständig miteinander. Ihr Realitätsgehalt ist minimal. Hat K. aufmerksame Zuhörer, so erzählt sie mit starker gestischer wie mimischer Beteiligung und baut sichtlich ein positives Selbstwertgefühl dabei auf. Aktives Zuhören wird allerdings erschwert durch Karlas ellipsoide Sprechweise und ihre Gedankensprünge, was häufig dazu führt, daß der Zuhörer abschaltet. K. merkt dies und weiß zugleich auch um die Irrealität und Kurzlebigkeit ihrer in Erzählungen phantasierten Identität. Deshalb fühlt sie sich nach solchen Gesprächen häufig sehr allein, hilflos, traurig, zuweilen wütend. Problematisch wird für sie die Situation, wenn sie merkt, daß die Zuhörer nicht wirklich zuhören oder sie nicht verstehen.

Die Vorstellung befriedigender Sozialkontakte und Kommunikation gelingt K. vor allem deshalb nicht, weil

- sie ihre Erlebnisinhalte und Vorstellungen so erzählt, daß sie vom Zuhörer nicht nachvollzogen werden können, worauf diese nicht mehr zuhören. Infolgedessen etabliert sich eine ‚unechte' Gesprächssituation ohne wirkliche Verständigung.
- Die Zuhörer nehmen Karlas Geschichten von vornherein nicht ernst oder blocken eine Auseinandersetzung mit ihren Vorstellungen und Wünschen ab.
- Der Kreislauf gestörter Kommunikation schließt sich, wenn Karlas Chancen auf ‚echte' Sozialbeziehungen aufgrund ausgeglichenerer Kommunikationen immer geringer werden und sie deshalb Zuflucht zu ihrer Phantasiewelt sucht, um wenigstens hierin ihre Wünsche eine zeitlang zu kompensieren und sich ihrem Ich-Ideal näher zu fühlen.

Folgende Ziele sind in diesem Bezugskreis zu formulieren:
Pädagogische Kunsttherapie muß an zwei Stellen ansetzen und in zwei Richtungen Ziele verfolgen:

- Zum einen muß sie Ausdrucks- und Mitteilungsfähigkeit Karlas fördern.
  Erlebnisinhalte, die sowohl kognitiv wie emotional strukturiert sind, können im ganzheitlichen Gestaltungsvollzug konkretisiert, geklärt und mitgeteilt werden. Zugleich kann Karlas Wunsch nach Autonomie in ästhetischen Produktionen verwirklicht und ihr Streben nach sozialer Anerkennung erfüllt werden.
  Im Rahmen spezifischer Problemstellungen kann eine bessere Selbsteinsicht und Selbsteinschätzung erreicht werden, durch die auch die Wahrnehmung und Einschätzung sozialer Rollen erleichtert wird. Im Idealfall würde das dazu führen, daß K. künftig besser unterscheidet zwischen Selbstanforderungen und fremdbestimmten Arbeitsanforderungen, durch die sie sich häufig überfordert fühlt.
- Zum anderen sollten vermehrt selbstgeleitete Handlungsprozesse mit Realitätsbezug angestrebt werden, in denen identisches Handeln und selbsttätige Einflußnahme nicht nur erträumt, sondern anschaulich erfahren und zugleich eingeübt werden.
  Im Rahmen pädagogischer Kunsttherapie können selbsterstellte Produkte diese Erfahrung vermitteln und Zutrauen zu eigenen Aktionsmöglichkeiten ausbilden. Dabei gilt es nicht, Karlas Phantasie zu minimieren, sondern lediglich das einzuschränken, was die Kommunikation für sie so unbefriedigend macht. Dazu muß man ihr helfen, zwischen Phantasie und Realität zu unterscheiden, sodaß sie zwischen beiden bewußt wechseln oder sie bewußt mischen kann.

Ad 6) Interessen, Bedürfnisse, Wünsche, spezifische Entwicklungsaufgaben

Zu Beginn des kunsttherapeutischen Vorhabens konnte K. keine konkreten Wünsche artikulieren. Andererseits war sie neugierig darauf, etwas für sie Neues (ästhetisches Arbeiten) auszuprobieren und es mit einer Person zu tun, die ebenfalls an der gemeinsamen Arbeit interessiert war.
Beim Aufbau der Prozeßziele und Aktivitäten war leitend, Karlas Entwicklungsstadium aufzunehmen, das sich durch typische Konflikte zwischen Identitätsdiffusion und Identitätsfindung, wie sie für das Jugendalter gelten, kennzeichnet. Es sollten Inhalte gefunden werden, die Entwicklungs- und Sozialisationsaufgaben des Jugendalters allgemein entsprechen und nicht allein behindertenspezifisch sind. Annäherungsziele dieser Entwicklungsphase sind:

- sich in die Welt der Erwachsenen einzugliedern;
- erste Kontakte mit der Berufswelt zu finden und Identifikationen mit der Berufstätigen-Rolle zu entwickeln;
- einen eigenen Norm- und Werthorizont unabhängig von der Leitung anderer Autoritäten aufzubauen;
- eigene Kräfte einzuschätzen;
- Sexualität in die Gesamtperson zu integrieren und befriedigende andersgeschlechtliche Beziehungen aufzunehmen;
- sich bewußt mit gesellschaftlicher Realität auseinanderzusetzen.

Für den familiaren Ablösungsprozeß ist die Gruppe Gleichaltriger ebenso wichtig wie das Kennenlernen familienunabhängiger Identifikationsmodelle und alternativer Lebensformen, wie sie durch andere Erwachsene repräsentiert werden. Derartige Erfahrungen dienen Jugendlichen als Sprungbrett für den Eintritt in die Erwachsenenwelt[4]. Dem Pädagogen als Repräsentanten der Erwachsenenwelt kommt entsprechend eine wichtige Rolle zu.

An anderer Stelle herausgestellt wurde die Notwendigkeit, eine für sich und andere unverwechselbare Identität in dieser Entwicklungsphase auszubilden.

Im Sinne der Identitätsarbeit ist es deshalb unerläßlich, sich intensiv mit der Frage auseinanderzusetzen ‚Wer bin, was will ich, was könnte ich sein?' (Kant). Weil aber über diese Frage weder theoretisch noch ein für alle Male entschieden werden kann, wird produktives Handeln, in dem ‚ich mir über mich selbst' Rückmeldungen verschaffen kann, gerade – aber nicht nur – für Jugendliche auf dem Weg der Identitätsfindung so wichtig. Gleichsinnig schreibt G.H. Mead: „Auf das Ich (in seiner Instabilität, d.V.) ist es zurückzuführen, daß wir uns niemals ganz unserer selbst bewußt sind, daß wir uns durch unsere eigenen Aktionen überraschen. Nur während wir handeln, sind wir uns selbst bewußt."5

Hinzuzufügen wäre, daß neben dem flüchtigen Handlungsprozeß die nicht-flüchtigen Handlungsprodukte von hohem Selbstklärungswert sind, weil sie jederzeit reflektiert werden können und damit wesentlich zur Selbst-Bewußtwerdung beitragen.

Selbstrekurrierende Fragen in der obigen Fassung sollen in den angestrebten ästhetischen Prozessen immer wieder bildlich-symbolisch und durch den Reflexionsprozess thematisiert werden. Folgende Motive (Problemstellungen) sind auch für K. besonders geeignet in diesem Belang:

- Erstellen lebensgroßer Ganzkörper-Thermogramme, die sowohl ein allgemeines Körpergefühl als auch psychische Zuständlichkeiten durch Farbe, Farbauftrag und Umfeldbearbeitung zu Ausdruck bringen können.
- Vergrößerte, fotokopierte Selbstbildnisse werden mit der Aufgabe verknüpft, die ‚reale' abbildliche Photographie anschaulich durch eigene Selbstpostulate zu verwandeln.
- Auf diese Weise können bildnerisch-experimentierend neue Identitätsvorstellungen gebildet und präzisiert werden.
- Bewegungen nach Musik sollen zur bildlichen Wiedergabe des Körperempfindens hinführen.

Die bildnerischen Selbstdarstellungen zielen bei K. darauf ab, ihr durch die Identitätsentwicklung verändertes Körperschema zu integrieren. Besonders die Auseinandersetzung mit der weiblichen Geschlechtsrolle soll bewußt oder unbewußt angeregt werden.

Gerade in bezug auf Karlas Körperbehinderung bekommt die Thematisierung des Körpers neben der identifizierenden eine zusätzliche therapeutisch-kompensatorische Funktion.

Die Durchführung des kunsttherapeutischen Vorhabens:

Vorab muß angemerkt werden, daß die Zusammenkünfte mit K. nicht an ihren arbeitsfreien Tagen stattfanden, sondern stets nach einem mehr oder weniger anstrengenden Arbeitstag, was sich in den Prozessen auswirkte.

1. Einheit: Action-Paintings (Einstiegs- und Aufbauphase)

In der ersten Prozeß-Sequenz wurde K. mit den örtlichen und räumlichen Gegebenheiten bekanntgemacht; ihr die verschiedenen Werkräume und deren Arbeitsmöglichkeiten erklärt.
Für die Einheit war geplant:

1. Eine Entspannungs- und Partnerübung.
   Eine Klopfmassage sollte den Einstieg für weitere Aktivitäten bilden.
2. Nachfolgend wurde eine Aktivität mit experimentellem und zugleich regressionserleichterndem Charakter in der Art des ‚Action-Paintings' oder ‚Informels' ausgewählt. K. sollte das Material Abtönfarbe und dessen verschiedene Wirkungen je nach Farbzusammenstellung und Farbbehandlung kennenlernen. Sie konnte die Farbe auf ein großes Blattformat spritzen, mischen, schäumen usf.
   Vor allem ging es in dieser Sequenz um das sinnliche Erleben, von dem die Freisetzung psychischer und physischer Energien sowie ein gesteigertes Lebensgefühl durch den Spaß beim Farbexperiment erwartet wurde.

Die erwarteten Wirkungen des Farbexperiments sind eingetroffen. Die Bilder geben die Dynamik des experimentierenden Verfahrens und des Prozesses wieder.

In einer späteren Reflexion lachte K. beim Betrachten des Bildes und identifizierte eine Verschmelzung ihres Namens mit dem einer Arbeitskollegin. (Vgl. Abb. 23-24)

2. Einheit: Ganzkörper-Thermogramm

Wie unter dem Punkt ‚Interessen, Bedürfnisse' bereits herausgestellt wurde, besteht eine Aufgabestellung darin, daß sich K. mit dem eigenen Körper auseinandersetzt. Das Ganzkörper-Thermogramm schien für die Auseinandersetzung besonders geeignet. Die auf einer großen Papierbahn gezeichnete lebensgroße Körperumrißlinie sollte K. Hilfestellung für die farbliche Ausgestaltung bieten. Die Farberfahrungen der letzten Einheit sollten wiederum eingesetzt werden.

Um den Prozeß vorzubereiten und K. auf die Körperwahrnehmung zu lenken, wurde eine Klaviermusik nach G. Winston eingesetzt, nach der K. zunächst einzelne Körperteile isoliert, dann den ganzen Körper und schließlich ihn raumgreifend bewegte. Als Vorstellungshilfe für die freie Bewegung wurde ‚Baum im Wind' udgl. angeboten.

Zur Durchführung:

Anfänglich war es für K. schwierig, sich auf die Musik einzulassen. Ihre Bewegungen waren abgehackt oder sie versuchte Bewegungen Julianes (Partnerin/Pädagogin) zu kopieren. Erst die Metaphern und gemeinsamen Tanzbewegungen lockerten sie. Unvorhersehbar anstrengend waren

Abb. 23–24

die Übungen für K. nach ihrem Arbeitstag, sodaß sie beim Erstellen des Ganzkörper-Thermogramms schon recht erschöpft war.

Der Arbeitsplatz wurde gemeinsam hergerichtet. Im Gesamtprozeß wurde zunehmend darauf geachtet, daß sich K. selbständig zurechtfand, ihre Materialien, Werkzeuge usw. selbst zusammenstellte. Wenngleich dies Zeit kostete, wurde hierin ein notwendiger Bestandteil eigenständiger Arbeit gesehen.

Nachdem die Umriss-Zeichnung vorlag, hat sie K. knieend mit Farbe ausgestaltet. Die Aufgabestellung, sie solle ihre Empfindungen, Wahrnehmungen und Vorstellungen von ihrem Körpern farblich zum Ausdruck bringen, hat sie verstanden und für sich nachvollzogen. Mit viele Mühe (sie mußte ungewohnt Gleichgewicht beim Knien bewahren) und genauen Überlegungen (z.B. zu den Fragen ,Wie hoch geht die Wirbelsäule und wo verschmilzt sie mit dem Becken?') machte sie dieses Bild:

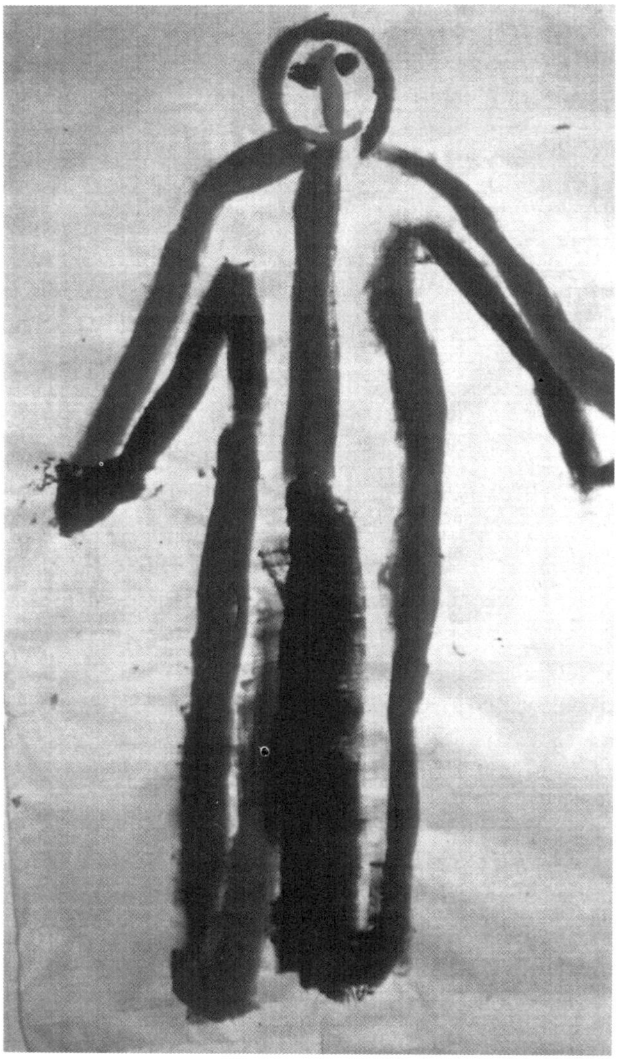

Abb. 25

Reflexion:

Nach der Einheit bezeichnete K. ihr Ganzkörper-Thermogramm als ,kalt und matschig'. Ob sich diese Feststellung auf den kalten Boden oder auf das Körpergefühl bezog, war nicht zu klären.
Für K. war die Übung eine wichtige Selbsterfahrung wie das spätere, bildbezogene Gespräch[6] deutlich macht. Es belegt den Reflexionsanreiz, der von den bildlichen Symbolrepräsentanzen ausgeht und dokumentiert den Reflexionsvollzug:

J.: Das Bild hast du auf dem Boden gemacht.
K.: Kalt!
J.: Was war matschig?
K.: Die Farbe, – alles -.
J.: Dein Körper auch?
K.: Ja.
J.: (Beschreibt Erinnerungen an den Mal-Misch-Prozeß)
K.: Ich denke an den Biologieunterricht bei Herbert, (leise) da habe ich was ähnliches gemacht – wie die sich entwickeln
J.: Die Menschen?
K.: Ja, Mann und Frau, nackt, das war wichtig (betont)!
J.: Ja, sonst kann man die Geschlechtsmerkmale ja nicht sehen.
K.: Bei der Frau die Monatsblutung und so. Und was war da noch bei den Männern?
J.: Der hat keine Blutungen, aber beim ihm erneuert sich der Samen in den Hoden.
K.: Das passiert alles in der Pubertät (bestimmt wissend)!
J.: Auf deinem Bild erkennt man gar keine Geschlechtsmerkmale.
K.: Wir haben noch ein Thema mit der Wirbelsäule gehabt.
J.: Hast du deshalb die Wirbelsäule in einem durchsichtigen Körper gemalt?
K.: Ja, sonst hätte man die ja nicht gesehen -
J.: Was findest du noch wichtig an diesem Körper?
K.: ,ne Beinverkürzung – Was ist eigentlich kürzer: Knie oder Füße?
J.: Das ganze Bein ist kürzer (eine unüberlegte Anwort).
K.: Habe ich extra so gemalt -
J.: Und das Gesicht?
K.: Der Mund ist ganz normal, die Nase ist nur ein Strich.
J.: Hast du die Farbe rot und blau ausgesucht?
K.: Ja, bunte, die für den Körper habe ich gemischt – alle matschig.
(An dieser Stelle ließ das Interesse und die Konzentrationsfähigkeit nach.)

Das Gespräch füllte folgende Symbolrepräsentanzen mit Inhalt aus: Die gemischten Farbe; die Grundfarben; die Abtönfarbe als ,Matschfarbe'; unterschiedliche Beinlängen; ausgemalter Beinzwischenraum.

Zusammenfassend kann interpretiert werden:

- Das Körpergefühl ,kalt und matschig' ist beim Malen am Boden und beim Mischen der dickflüssigen Abtönfarbe entstanden.
- Erinnerungen aus der Schulzeit (Biologieunterricht) sind hervorgeholt und die Nacktkörperzeichnungen mit der Transparenz des Körpers assoziiert worden.
- Fragen stellten sich in bezug auf Geschlechtsmerkmale und Geschlechtsidentitäten im Anschluß an die Darstellung der Monatsblutung ein.
- Reflexion auf ihre eigene Identität kam zustande (K. hat ihren Körper gemalt).
- K. wurde ihre Körperbehinderung durch die gezeichnete Beinverkürzung bewußt. Sie löste weitere Reflexionsvollzüge aus.

Bemerkt werden soll, daß Gesprächspausen, Sitzhaltungen während des Gesprächs immer wieder deutlich machten, daß K. gefühlsmäßig tangiert war und zum Nachdenken über sich selbst angeregt worden ist. Für K. enthält das Bild wichtige Erlebnisinhalte, in denen inneres Erleben und Realitätsauseinandersetzung zum Ausdruck kommen.

Insgesamt muß kritisch bemerkt werden, daß die Übungen nicht persongerecht vorbereitet worden sind, insofern der sensomotorische Schwierigkeitsgrad im Blick auf Karlas Körperbehinderung zu wenig beachtet wurde. Möglicherweise wäre dieses Manko weniger stark ins Gewicht gefallen, wenn auf die anstrengende Bewegungsübung verzichtet bzw. sie durch eine einfachere Körper-Tast-Übung ersetzt worden wäre (z.B. Abrollen großer Holzkugeln über den Körper o.ä.).

3. Einheit:

Nach dreiwöchiger Pause (Weihnachtsferien) kam K. hochmotiviert und ausgestattet mit neuen wasservermalbaren Stiften zur Sitzung.

Nach vorheriger Absprache sollte eine vergrößerte Fotokopie ihres Körpers nach eigenen (Wunsch-)Vorstellungen verändert werden.

Zur Durchführung:

K. wollte die Ganzkörperkopie nur als Zeichen-Vorlage nutzen. Sie lehnte entschieden eine direkte Verfremdung auf der Abbildung ab. Gründe hierfür lassen sich nur vermuten: Sie reichen von ,Angst vor Verschandelung der schönen Kopie' bis zu der Vermutung, daß K. einmal etwas ganz anderes als das Vorgeschlagene und gemeinsam Abgesprochene machen wollte. Ihre Entschiedenheit überraschte positiv.

K. malte also nicht auf der Kopie, sondern fertigte ein eigenes Körperbild. Während ihrer Malphase übermalte Juliane eine Kopie ihres Kopfes, was K. veranlaßte, sich dasselbe für eine der kommenden Sitzungen zu wünschen.

Die freie Selbstdarstellung nach der Vorlage enthält narrative (erzählende) Symbolik:

Abb. 26

- K. malte sich in ihrer Lieblingsbekleidung.
- Ihre Hände und Füße malte sie mit weißer Wachsmalkreide, sodaß sie kaum sichtbar mit dem Bildgrund verschmelzen.
- Im Gegensatz zur realen Wiedergabe der Kleider entsprechen weder Form noch Farbe der Gesichtsdetails realen Gegebenheiten.

Interpretationsversuch:

Die Selbstdarstellung beinhaltet Reales und Imaginiertes. K. zeigt sich mit den betont unauffälligen Händen und Füßen in einer passiven, handlungsunfähigen Haltung. Dieser statische Eindruck wird teilweise wieder aufgehoben durch die aktiv beobachtend wirkenden, ausdrucksvollen Augen.

Daß die Zeichnung Selbstinterpretation und Ich-Leistung bedeutet, darauf verweist Karlas spätere Feststellung: ‚Da sieht man, daß ich das bin'. Der Stolz über dieses Bild ist unverkennbar.

Reflexion der 3. Einheit (Prozeßreflexivität):

Als wichtiges Ergebnis wurde Ks. selbstbestimmte Entscheidung gewertet, statt der Kopie eine freie Selbstdarstellung nach Vorlage zu versuchen. Auch ihre Entscheidung, die geplante Umgestaltung in einer folgenden Sequenz anzugehen, bedeutet aktive Mitwirkung an der Planung.

Unter sachorientiertem und therapeutischem Blickwinkel kann festgestellt werden, daß ich-identifizierende Prozesse durch gezielte Material- und Formentscheidungen vergegenständlicht/ anschaulich wurden.

4. und 5. Einheit: Farbfingermalübungen/Selbstportrait

In der vierten Einheit wurden vor allem weitere Misch-Techniken auf Papier erprobt; Farbe zudem mit den Fingern aufgetragen. Ziel dieser Übungen war es, über die taktile Wahrnehmung der Farbe den Erlebniswert zu steigern und direkte, instrumentell unvermittelte Handlungserfahrungen zu vermitteln.

In der ersten Sequenz ging K. zunächst sehr vorsichtig an die Übertragung der Technik auf das Papier heran. Besonders interessant war ihr zunehmend das Mischen der Farbe auf dem Papier selbst, ihre Verbindungen durch Verschmieren usf. Ihre Begeisterung steigerte sich während des Erkundungsprozesses zunehmend. Einmal ‚schmutzig' wichen die anfänglich wirksamen Schmutztabus einem zwanglosen Matschen, Schmieren, Verwischen. Die Farbe selbst und der Farbumgang war für K. ein großer Anreiz, vielfältige sensomotorische, taktile und visuelle Erlebnis- und Ausdrucksmöglichkeiten zu erproben. Die in der Übung gemachten Erfahrungen konnten in der zweiten Sequenz direkt auf die Gestaltung der Portrait-Kopie übertragen werden. Nunmehr gezielt mischte K. die Farben auf dem Teller an oder mischte sie auf dem Blatt selbst. Brille und Haare wurden besonders hervorgehoben. (Vgl. Abb. 27)

Für K. stellt ihr Bild ein ‚Urlaubsfoto am Meer' dar, wodurch sich die dunkle Haut, die sonnengefärbten Haare und die Sonnenbrille erklären. K. gefiel ihr Bild so gut, daß sie es sofort in ihrem Zimmer aufhängen wollte.

Reflexion:

K's bildhaft-symbolisches Malen kann unter sachorientierter Perspektive als differenzierter und erweiterter Gebrauch der malerischen Ausdrucksmittel betrachtet werden.

Abb. 27

Im Vergleich mit der vorhergehenden Selbst-Studie kann in der Motivwahl dieser Sitzung der Versuch zu einer anderen Selbst-Definition gesehen werden.

Als Zeichen ihres gestärkten Selbstbewußtseins und Selbstwertgefühls kann gewertet werden, daß sie wiederum entschieden an ihrer Darstellungsweise festhielt. Auf die Frage, ob sie den Hintergrund noch ausmalen wolle, antwortete sie bestimmt: „Nein, das ist gut so!"

Aktivitäten der Stabilisierungs- und Differenzierungsphase: Planung und Durchführung eines Projekts

Entstehung der Projektinitiative:

Diese Phase soll beschrieben werden, auch wenn sie zum Abbruch des ursprünglich geplanten Vorhabens führte. Deutlich wird hier nämlich, wie stark Außeneinflüsse das Prozeßgeschehen beeinflussen und wie notwendig es für kunsttherapeutisches Vorgehen ist – und wiederum nicht nur hier –, sich situativ darauf einzustellen.

6. Einheit: Projektinitiierende Überlegungen mit negativem Ausgang

Ursprünglich sollte das weitere Vorgehen durch die Erstellung von Helm-Masken bestimmt werden und zum Masken-Spiel hinführen.

Die Idee kam von K. selbst, die, angeregt von noch herumstehenden Helm-Masken, sich für diese plastische Form der Selbst-Definition interessierte. Die Vorstellung mit diesen Masken ‚Theater' spielen zu können, kam ihrer Vorliebe für Phantasiegeschichten offenbar so sehr entgegen, daß sie sich direkt auf die Überlegungen zur Planung der Aktivitäten einließ.

Didaktische Vorüberlegungen:

Im gemeinsamen Planungsgespräch sollte K. bewußt werden, daß sie selbst maßgeblich an der Durchführung des Projektvorhabens beteiligt war und ihre Ideen den Fortgang bestimmen sollten. Da sie sich für die Helm-Masken als ersten Schritt der Projektinitiative entschieden hatte, wurde lediglich von Juliane das Material hierzu beschafft.

Zum Verlauf der 6. Einheit:

K. kam emotional aufgewühlt von ihrem Arbeitsplatz zum gemeinsamen Treffen. Ohne Begrüßung begann sie zu erzählen:

1. Aufgrund ihres Spazierganges außerhalb des Geländes hatte man sie daran erinnert, daß dies ohne Aufsicht nicht erlaubt sei. K. war empört über diese Regelung und beklagte sich verärgert: „Die behandeln uns wie Dreijährige, nur weil wir behindert sind!?"

Offenkundig wurde, daß K. es momentan wieder ständig mit ihrer ‚Behinderung' zu tun hatte; so sagte sie, ‚sie wolle nie einen behinderten Freund haben'; ‚sie müsse mehr üben, um genauso schnell wie alle anderen zu werden'.

2. Genervt gibt K. zu erkennen, daß sie mit dem obigen Ereignis nicht fertig wird. Nichts würde helfen: ‚Ellenbogenschlagen in die Rippen', ‚Nägelkauen', ‚an den Haaren ziehen' sind einige der genannten autoaggressiven Verhaltensweisen. Oft sei ‚sie einfach sauer, ohne zu wissen, warum'.

Julianes Feedback bestand wesentlich darin, daß ‚man ja nicht immer gut gelaunt sein müsse' oder auch: ‚Schlechte Laune könne man ja auch ruhig zeigen oder andere darauf verweisen. Diese hätten dann die Möglichkeit, mit ihr nach Gründen zu suchen oder ihr auch Zeit zu geben, selbst wieder aus dem Stimmungstief herauszukommen'.

Aufgrund dieser Tagesereignisse musste der Herstellungsbeginn der Helm-Masken erst einmal ausgesetzt werden. Um aber dennoch wenigstens das Kennenlernen des Materials zu begünstigen, entschloß man sich spontan, sich gegenseitig Hände und Füße einzugipsen.

Weiterer Ablauf:

Vorsichtig wurde K. zunächst ein Fuß eingegipst, um ihr das Verfahren zu demonstrieren. In einem zweiten Schritt gipste K. dann Juliane den Arm ein. Vorsichtig und langsam vorgehend, hat sie das Material beim Nässen, Verschmieren und Verbinden der Gips-Binden kennengelernt. Es wurde vermieden, ihr mehr als die notwendigsten Hilfestellungen zu geben, um ihr nicht die Chance zu nehmen, eigenständig zu produzieren.

Obwohl ihr diese Arbeit Spaß machte, reagierte sie auf die Frage, ob man beim nächsten Mal mit der Helm-Maske beginnen wolle, mit „Nein". Zur plötzlichen Umentscheidung befragt, drückte sie nach und nach aus, daß sie wohl ‚Platzangst' habe oder auch ihre Augen oder ihr Gesicht nicht ‚zumatschen' wolle.

Da schon in früheren Sequenzen deutlich wurde, daß Auge und Gesicht für sie sensibles Gut bedeuten, mußte diese Entscheidung akzeptiert werden.

Dies mag für die Projektinitiative betrüblich sein, bedeutet aber unter dem Aspekt der Selbstklärung wiederum einen Fortschritt. K. beginnt zunehmend, ihr Interesse zu behaupten. Der gemeinsame Umentscheidungsprozeß führte schließlich zu dem Ergebnis, in den nächsten Einheiten Figuren aus Ton herzustellen.

7. Einheit: Aufgreifen einer neuen Projektinitiative

Didaktische Vorüberlegungen:

Hinsichtlich alterstypischer Aufgabestellungen im Jugendalter kann die Erstellung einer Tonfigur folgenden Bildungswert haben:

- Die Auseinandersetzung mit dem (eigenen) Körper wird Voraussetzung der Umsetzung in Ton. Die bildnerische Umsetzung in Material kann zu einer neuen ‚Selbstdefinition' hinführen.
- Das weiche, formbare Material Ton eignet sich vorzüglich für neue Erlebnisse im taktilen und kinästhetischen Wahrnehmungsbereich.
- Das geschmeidige Material Ton erlaubt jede eigenständige Konkretisierung/Modellierung und macht deshalb selbstbestimmte Arbeitsvollzüge ganzheitlich erfahrbar.

Für K. bedeutet Selbstrehabilitation im Körperbereich aufgrund ihrer Lern- und Körperbehinderung:

- Die Wahrnehmung ihres Körperschemas muß intensiviert und sensibilisiert werden, um körperbezogene Selbstvorstellungen zu präzisieren. Und hilfreich ist es, sie zunächst in modellierendem Material zu konkretisieren.

Um Selbstvorstellungen zu evozieren, wurden zunächst zwei Übungen gemeinsam durchgeführt:

1. Auf dem Boden robben, kriechen, den Rücken an die Wand drücken und sich an der Wand entlang tasten; anschließend: Lockerung.
2. Angeregt durch Boals ‚Statuen-Theater‘[7] wurde in einer Partner-Übung der Körper des Partners zur Statue ‚modelliert‘. Dabei muß der Partner die Stellung einnehmen, die ihm der andere durch ‚Handanlegen‘ verleiht.
Um die Körperwahrnehmung noch zu verstärken, wird der Körper nach seiner Modellierung mit geschlossenen Augen ertastet.

Durchführung:

K. hat die Übungen durch eigene Ideen ergänzt und erweitert, sodaß ca. 1 Stunde mit Bewegungs- und Statuenspielen verbracht wurde. Deshalb wurde der Rest der Sitzung, statt mit der experimentellen Erprobung des Materials, damit zugebracht, einen Projektplan für das weitere Vorgehen gemeinsam zu erstellen.

8. Einheit: Experimenteller und formender Umgang mit Ton

Didaktische Vorüberlegung:

Da das Material Lehm/Ton für K. ein neues Material darstellte, sollte es zunächst experimentell erprobt werden. Zugleich sollte das Schmeißen, Schlagen, Klopfen, Walken, Kneten des Tons sinnliche Erlebnisse auslösen und entlastende wie regressionserleichternde Funktionen erfüllen. Ebenso sollte die Erkundungsphase erfahren lassen, daß das Material erst durch seine Hand-Bearbeitung für Gestaltungszwecke verfügbar gemacht wird.

Zur Durchführung:

K. zeigt zunächst wenig Lust am ‚sinnlosen‘ Herumexperimentieren im Material. Zunächst erzählt sie von ihrem Arbeitstag. Körperbewegtes Tonschlagen befreit sie dann derartig, daß sie Ärger, Wut, erregte Wunschvorstellungen los-lässt. Beim Kneten bemerkt sie ihre abgekauten Fingernägel.

Auch verändert sich die Motiv-Vorstellung. Nicht mehr ein Körper, sondern ein Ton-Kopf sollte gemacht werden. Der Motiv-Wechsel schien auch pragmatisch angebracht. Beim Spiel mit dem Tonklumpen stellte sich nämlich heraus, daß K. im sensomotorischen Bereich noch grundlegende Schwierigkeiten hatte, den Ton mit ihren Händen zu fassen, zu kneten, zu formen. Von daher verlangte die Herstellung eines Kopfes weniger Handfertigkeiten als die eines Körpers.

Außerdem entstand die Idee, die Tonköpfe weiter zur Puppe zu verarbeiten, um dann für diese ein Theaterstück zu entwickeln.

Bei den Arbeitsvorbereitungen (Papierkugel als Form-Unterlage, Stellhilfen udgl.) beteiligte sich K. nicht, sondern erzählte unentwegt von Erlebnissen der letzten Wochen. Das Bedürfnis nach Wiedergabe ihrer Alltagserlebnisse nahmen auch einen großen Raum ein während der Herstellung des Kopfes, den sie zuweilen gänzlich unkontrolliert bearbeitete.

Reflexion:

Die Sitzung war besonders für Juliane anstrengend. Einerseits galt es, den ästhetischen Prozeß in Gang zu halten, andererseits ebenso, Karlas Erlebnisinhalte ernst zu nehmen und darauf zu reagieren. Erschwert wurde die Kommunikation durch ihre Sprechweise. Auf die angedeuteten Verstehensschwierigkeiten reagierte sie mit Ärger und Trauer zugleich.

Bei dem ganzen Prozeßverlauf mußte unter therapeutischer Perspektive bewußt bleiben, daß es ja nicht nur um die Erstellung schöner Objekte geht, sondern darum, K. Hilfestellungen bei einer möglichst eigenständigen Klärung ihrer Probleme zu geben, auch Hilfen dafür, eigene Wege beim Abbau ihre Kommunikationsprobleme zu finden. Sie ja muß selbständiger werden im Denken, Handeln und Entscheiden. Deshalb mußten die Gespräche – wie sie vielfach ja auch erst durch die ästhetische Betätigung ausgelöst wurden – ebenso ernst genommen werden wie die ästhetische Arbeit selbst.

9. Einheit: Ausweitung der Aktivitäten im ausgewählten ästhetischen Arbeitsfeld

Didaktische Vorüberlegung:

Angesichts der Verstehensschwierigkeiten in bezug auf Karlas Erzählungen schien es angebracht, ein gemeinsames sinnliches Erlebnis einzuleiten, aufgrunddessen man sich austauschen konnte.

Ausgangspunkt sollte ein Tastrelief mit den verschiedensten Naturmaterialien sein (vgl. Teil IV, Kap. 1.1.), das mit verbundenen Augen taktil erfaßt werden sollte.

Die nachfolgende Beschreibung und Erlebnisschilderung wurde im rezeptionsästhetischen Sinne a) als Aussage über objektiv wahrnehmbare Gegenstandsqualitäten und b) als Mitteilung subjektiver Erlebnisinhalte aufgefaßt.

Darüber hinaus sollte der weitere Projektablauf konkreter geplant werden.

Zur Durchführung:

K. ist von dem Tastrelief unerwartet sinnlich und gefühlsmäßig affiziert. Langsam und neugierig ertastet sie jeden Gegenstand und jede Materialstruktur.

Zwar fiel es ihr schwer, das Wahrgenommene zu artikulieren, jedoch kamen die assoziierten Empfindungen dergestalt zum Ausdruck, daß sie bei einer Fellmulde sagte, ‚darin würde sie sich wohlfühlen‘.

2. Prozeßsequenz:

Sichtlich stolz war K. über ihr bisheriges Arbeitsergebnis. Sie freute sich an der schräg gesetzten Nase und den geformten Haaren. Sie formte den Unterkiefer und ritzte schließlich Augenschlitze, die sie so aber noch nicht befriedigten.

Während der Produktion erfand K. ständig neue Geschichten in der gewohnten Mischung aus tatsächlichen und phantasierten Gehalten.

Am Ende der Einheit wurden die Arbeitsschritte der nächsten Einheit geplant. Auch der Inhalt des antizipierten Theaterstückes wurde vage formuliert.

Bezugnehmend auf eine Geschichte wurde ihrem Kopf die Rolle der ‚Uta' und dem anderen Kopf die Rolle des ‚Russen' zugeordnet. Völlig eingenommen von der Idee, ein Theaterstück zu planen, war K. kaum noch zum Aufräumen des Materials zu bewegen, trotzdem (oder gerade weil) ständig darauf aufmerksam gemacht wurde, daß die Zeit vorbei sei.

10. Einheit: Beendigung der Ton-Arbeit und Besprechung der Produkte. (Vgl. Abb. 28-30)

Durchführung:

Hervorgehoben werden soll, daß K. unaufgefordert und gezielt ihren Arbeitsplatz aufbaute. Ebenso gezielt und selbständig führte sie die Gestaltung des Tonkopfes zu Ende: Auge, Mund, Ohren und Hände wurden ergänzt bzw. differenzierter ausgeformt.

Prozeßreflexivität:

Während der Arbeit bekam K. plötzlich Zweifel an der gesamten bisherigen ästhetischen Produktion. Sie wußte nicht, ‚was dieser Mal- und Matschkram eigentlich bringen' würde. Dabei mache ‚man sich sowieso nur dreckig'. In der Lehrküche dagegen würden sie immer ‚alles sauber und ordentlich halten'.

Auf die Frage, ob die Arbeit mit den anderen Materialien auch ständig ‚Drecksgefühle' ausgelöst habe, lachte sie einlenkend, meinte aber, daß alles doch wohl ‚Kinderkram' sei.

Derartige Äußerungen waren bisher von K. nie gemacht worden. Ihnen wurde die gemeinsame Begeisterung bei den einzelnen Sitzungen entgegengehalten, auch darauf hingewiesen, wie durch die Aufführung des eigenen Theaterstücks die Familie und Freunde beeindruckt werden könnte. Karlas Bewertung ‚Kinderkram' wurde von ihr selbst – implizit – zurückgenommen, als die bisherigen Produkte noch einmal hervorgeholt wurden und sie sich noch einmal an den Prozeß, ihre Gedanken und Erfahrungen erinnerte. Die Projekteinheit endete mit der Vereinbarung, in der nächsten mit dem Bühnenbild zu beginnen.

Für ihre abwertende Einschätzung sind vor allem zwei Gründe vorstellbar:

K. hat das erzieherische und gesellschaftliche Diktum verinnerlicht, wonach einem allenfalls in der frühen Kindheit der freie, ungezwungene Umgang mit schmutzigmachendem ‚Drecksmaterial' erlaubt ist.

Karlas Haltung spiegelt allgemein-gesellschaftliche, konsum- und nützlichkeitsorientierte Werte wider.

Abb. 28-30

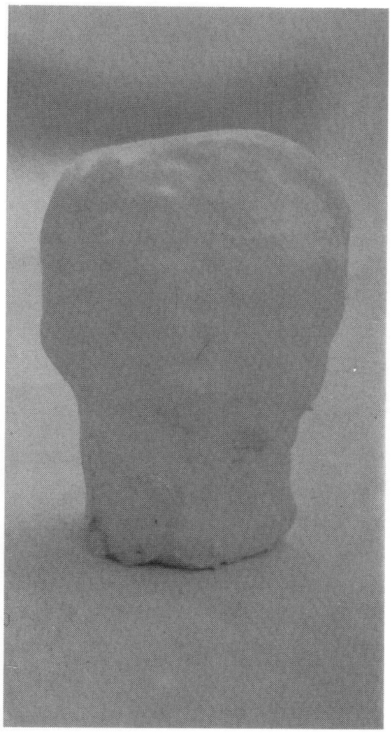

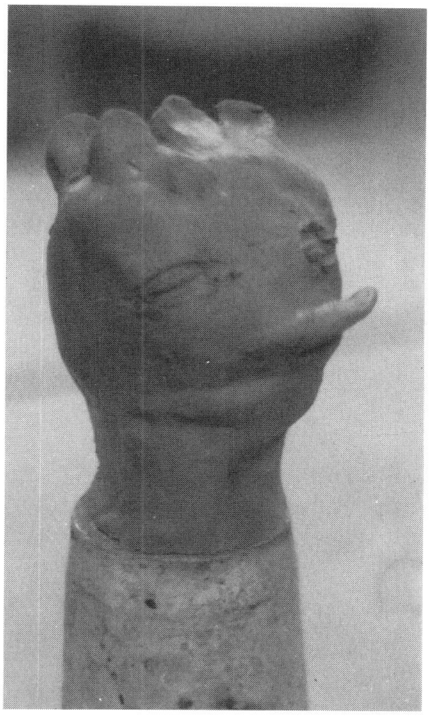

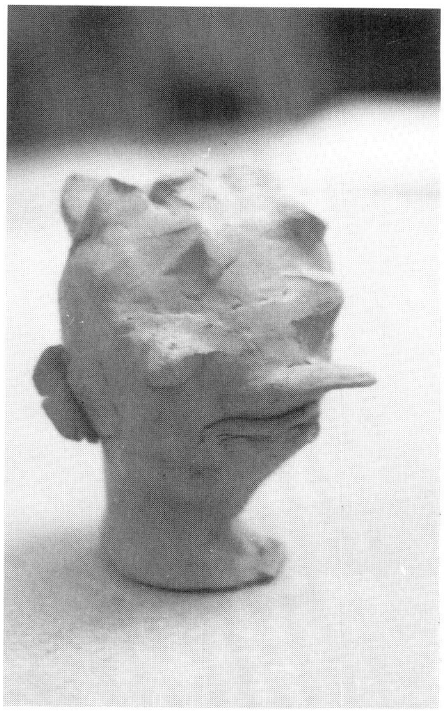

11. Einheit:

Die endgültige Gestalt des Bühnenbildes sollte sich im Arbeitsprozeß herausstellen. Ks. Idee, daß ihre Figur ,Uta', die Hauptdarstellerin des Buches ,Uta, Käse, Buttermarken' darstellte, sollte aufgenommen und weiterentwickelt werden.

Zur Durchführung:

Wiederum verhielt sich K. sehr selbständig: Sie legte den Tisch mit Zeitungspapier aus, füllte die Grundfarben auf Teller, holte sich Kittel, Wasser usw. Sie holte zusätzlich die Tonköpfe (vgl. Farbteil) und stellte sie nebeneinander vor sich auf den Tisch, bevor sie alleine daran ging, das ,Bühnenbild' anzufertigen. Sie wollte das Blatt auf Pappe aufkleben (Bühnenwand).
Für die Gestaltung der Bühnenwand hatte K. bereits genaue Farbvorstellungen. Der Untergrund sollte rot sein und mit gelb gemischt in orange übergehen. Aus den informellen, farbexperimentierenden Phasen kannte sie die verschiedenen Misch-, Verdünnungs- und Auftragetechniken mit der Abtönfarbe (aufrollen, klecksen, schmieren, kratzen). Mit dem gesamten Repertoire an sonstigen Hilfsmitteln konnte sie daher die dickflüssige Farbe gezielt ,plastisch' einsetzen. Wer die ungewöhnliche Begegnungsgeschichte zwischen einem Menschen (Uta) in der Besatzungszeit mit einem russischen Soldaten (Alexander) kennt, auch Ks. Kommentierungen bei der Herstellung der Bühnenwand verfolgte, wird sagen, daß Ks. Farbgebung zum Symbol für ihre Wünsche und Vorstellungen wurde, die sich in ,Utas' Tagträumen und in den Gesprächen mit dem Russen ,Alexander' entwikkelten.

In der Einheit wurden weitere Schritte (Vorhang) vereinbart und das Theaterstück weiter inhaltlich konkretisiert. K. war sehr zufrieden über die Produktionsergebnisse. Eigentlich war der Arbeitsprozeß beendet. Offen war lediglich der Aufführungsort des Stückes.

K. ließ aber erkennen, daß sie mit der Beendigung des Projekts nicht einverstanden war. Es wurde zunächst vereinbart, noch einmal telefonisch darüber zu sprechen.

Beendigung des Projekts:

Auch das Telefongespräch unterstrich, daß ein bewußter und endgültiger Abschluß des Projekts nicht zufriedenstellend sein konnte. Erst nachdem ein neues Projekt verabredet wurde, in dem ein Videofilm mit vertrauten Bekannten gedreht werden sollte, war K. dazu bereit. Dieser Personenkreis sollte auch die Zielgruppe für die Theateraufführung bilden. (Vgl. Farbteil Abb. 31-32)

Reflexion:

Zunächst einmal ist festzustellen, wie stark die Motivationswirkung der ablaufenden Projektarbeit war.

K. ließ sich von ihren eigenen Bedürfnissen bestimmen und nicht mit der Beendigung des Projekts ,abspeisen'. Erst nachdem ein neues Projekt ins Auge gefaßt worden war, entwickelte sie Interesse, das Theaterstück einem bestimmten Publikum vorzuführen.

Diese von K. ausgehende Eigeninitiative birgt zudem die Chance, weitere Lernprozesse durch das Medium Video einzuleiten. Mediumspezifisch kann die Auseinandersetzung mit Wirklichkeit intensiviert werden.

Durch die selbständig in Angriff genommene neue Projektinitiative konnte das alte Projekt auslaufen und in der Aufführung einen bewußten Abschluß finden.

Von der eigentlichen Theateraufführung soll zusammenfassend festgestellt werden:

Die Zuschauer waren ganz offensichtlich beeindruckt. Sie hatten K. oft als zurückgezogen oder in ihren schwer nachvollziehbaren Geschichten erlebt. Sie waren betroffen und überrascht von der Selbständigkeit und der selbstbewußten Art, in der K. ihre Geschichte ausdrucksvoll darstellte.

K. selbst war hochgestimmt und überaus stolz auf ihr Werk.

Auswertung des Prozeß-Verlaufes:

Die anfänglich formulierten Zielvorstellungen und die Leitzielsetzung pädagogischer Kunsttherapie, Kommunikationsfähigkeit im Medium ästhetischer Prozesse in bezug auf Karlas Sonderstatus grundzulegen, sollen auf ihre Realisierung hin ausgewertet werden:

- Den bildnerischen Gestaltungsprozessen und insbesondere der Tonkopf-Gestaltung können ich-identifizierende und ich-stärkende Funktionen zugesprochen werden. Die ganzheitlich selbstbestimmten Auseinandersetzungsprozesse ermöglichten die Sensibilisierung und Differenzierung individueller Wahrnehmungs-, Erlebens- und Verstandestätigkeit.
- K. fand einen erweiterten Auseinandersetzungszugang zur eigenen Person und ihrer aktuellen Lebenssituation.
- In der projektorientierten Arbeitsweise und der Theateraufführung zeigten sich deutlich ihre erweiterten intersubjektiven Verständigungsmöglichkeiten.

Inwieweit die gewonnene ästhetische Kommunikationsfähigkeit in Karlas Alltagsprozessen virulent wird, lässt sich schwer überprüfen.

Der Stellenwert des Projekts für ihre Persönlichkeitsentwicklung ist jedoch nicht zu übersehen. Hier kann festgestellt werden:

- K. reflektierte vermehrt Ereignisse ihres tagtäglichen Lebensgeschehens und versuchte diese in Zusammenhänge zu bringen.
  Dabei konnte sie Wünsche, Bedürfnisse und Probleme gleichermaßen zulassen. Ansatzweise verwirklichte sie selbstentwickelte Vorstellungen zur Gestaltung und zum Prozeßverlauf, was zu einem verbesserten Selbstwertgefühl führte.
- Die Reflexionen wurden während und durch gestaltungs- und produktbezogene Verstehensprozesse ausgelöst. Das heißt, daß die entlastenden und ich-rekurrierenden Valenzen ästhetischer Prozesse eine Auseinandersetzung mit der eigenen Person und ihrer aktuellen Lebensbezüge bewirkten.
- In den verschiedenen Aktivitäten mit ästhetischen Materialien hat K. individuelle Ausdrucksfähigkeiten entwickelt, ihre bildhaft-symbolische Darstellungsfähigkeit angereichert und die „Gestaltbarkeit von Welt“[8] erfahren.
- Auf der sich zunehmend stabilisierenden Beziehungsebene konnte K. schließlich Bedürfnisse besser artikulieren, Konflikte benennen und bearbeiten wie Vorstellungen über den Prozeßverlauf entwickeln. Auf diese Weise wurde selbstbestimmtes Denken, Urteilen und Handeln ermöglicht und zumindest in und für diesen Kontext eingeübt.
- Der Wunsch nach neuer Projektarbeit verweist auf die intrinsisch motivierende Funktion des ästhetischen Prozeßgeschehens.
- In der ästhetisch vollzogenen Identitäts-Arbeit stieß K. auch auf Grenzen, die zum Teil im Gestaltungsprozeß kompensiert oder als bewußt gewordene Grenzen in ihre Person integriert werden konnten.

Durch die ästhetische Arbeit mit K. konnte also insgesamt – und begünstigt durch künftiges Weiterarbeiten – Lerndefizite erkennbar abgebaut und so eine neue Lern- und Erfahrungsbasis grundgelegt werden, durch die sie einen befriedigernden und selbstbewußteren Umgang mit sich und ihrer Umwelt erreichen kann.

Dennoch:
Das Projektgeschehen macht auch Grenzen pädagogischer Kunsttherapie deutlich. Sie liegen dort, wo in Karlas Umwelt ‚Sanierungsmaßnahmen‘ eingeleitet werden müssten.

Wie die Fallstudie zeigt, ergaben sich für K. ja die Hauptkonflikte und Kommunikationsstörungen durch den Widerspruch zwischen auf ‚Normalität‘ bezogenen Leistungsanforderungen (in der Schule, am Arbeitsplatz, in der Familie), die einerseits mit dem Fähigkeitsstand Karlas und andererseits mit ihrem Bedürfnis nach Phantasie, Träumerei kollidierten.

Hier ginge es um Aussöhnung der verschiedenen Lern- und Erfahrungsfelder. Sie müssten fähigkeits- und fertigkeitssteigernde Aktivitäten erlauben, aber eben auch individuelle Eigeninitiative und ganzheitliche Aktionsformen ausdrücklich zulassen und fördern.
Ästhetisches Arbeiten ist der Ort, in dem beides gleichermaßen gefördert und verbunden werden kann.

Anmerkungen

1 Die Ausführungen basieren auf: Möller, J.: Pädagogische Kunsttherapie in der sozialpädagogischen Arbeit mit Lernbehinderten. Münster 1989 (Diplomarbeit)
2 Vgl.: Theunissen, G.: Ästhetische Erziehung. a.a.O. S.316ff
3 Vgl.: Leitfaden für Behinderte. 1985
4 Vgl.: Stierlin, H./LEVI, L.D./Savard, R.J.: Zentrifugale und zentripetale Ablösung in der Adoleszenz. Zwei Modi und einige ihrer Implikationen. in: Döbert, R. u.a.: a.a.O. S.64ff
5 Mead, G.H.: Zitiert bei: Hess, R.D./Handel, G.: Die Familie als psychosoziale Organisation. in: Döbert, R. u.a.: a.a.O. S.45 Anm.1
6 Vgl.: Tonbandaufzeichnung von J.Möller. „J.“ steht für die Therapeutin (Juliane), „K.“ für Karla.
7 Vgl.: Boal, A.: a.a.O. S.71ff
8 Kobi, E.E.: Die Rehabilitation. a.a.O. S.113

2.2. *Ästhetische Kommunikationsprozesse mit gehörlosen Kindern*

Gehörlose leiden fast immer an einer Mehrfachbehinderung. Der organische Gehörschaden als Primärschaden führt Gleichgewichtsstörungen und je nach Diagnosezeitpunkt Störungen im sensomotorischen und allgemeinen Entwicklungsverlauf mit sich.

Unter kunsttherapeutischem Blickwinkel interessieren vor allem Auswirkungen von Gehörlosigkeit auf die Ich-Entwicklung.[1]

Gravierend wirkt sich in diesem Zusammenhang aus, daß dem Gehörlosen ein grundlegendes Kontaktorgan zur Umwelt fehlt, aufgrund dessen das Individuum aus allen Raumrichtungen Reize aufnehmen und entsprechend darauf reagieren kann. Weil Gehörlose sich nicht selbst zuhören können, ist die Entwicklung von Sprachkompetenz massiven Hindernissen ausgesetzt, sodaß häufig Hörbehinderungen mit Sprachbehinderungen (,funktionale Stummheit') korrelieren.

Weil Gehörlose auch nicht anderen zuhören können, kommt hinzu, daß sie sich an Gesprächen, die sie nicht visuell am deutlichen Mundbild verfolgen können, nicht beteiligen können. Die Schwierigkeit, sich mit Gehörlosen zu verständigen, führt in der Regel dazu, daß sie in ihrer sozialen Umwelt mit knappen Informationen abgespeist werden. Damit aber entfällt für sie eine Kommunikationsebene, in der emotionale Zuwendung und menschliche Interaktion stattfindet.

Somit wirkt sich Gehörlosigkeit sowohl auf die Kommunikation als auch auf die emotionale Befindlichkeit aus, führt zu Isolation und Vereinsamung.

Die Auswirkungen der Wahrnehmungsbeeinträchtigung durch Gehörlosigkeit werden deutlich, wenn man sich vor Augen führt, daß Gehörlose ohne ,akustische Vorwarnung' Außenreizen (plötzlich steht jemand im Zimmer) ausgesetzt sind, was besonders bei Kindern zu Angst und übervorsichtigem Verhalten führt. Die Gefahr hierbei ist, daß Kinder durch dieses ,akustische Loch' häufig das Bewußtsein entwickeln, daß Dinge der Umwelt unbeeinflußbar von irgendwelchen Mächten bewegt werden.

Ebenso wie es für die Identitätsentwicklung wichtig ist, am äußeren Geschehen teilzuhaben und es zu verstehen, ebenso wichtig ist es, sich mitteilen und ausdrücken zu können.

Trotz der wissenschaftlich gesicherten Aussage, daß Gehörlose gegenüber Hörenden von der Intelligenz her nicht unterlegen sind, wirkt sich die Kommunikationsbeschränkung auf die kognitive Entwicklung aus (hörsprachgeschädigte Kinder). Weil zugleich davon auszugehen ist, daß gehörlose Kinder über weit größere kognitive Fähigkeiten verfügen, als sie über ihre oft nur geringen Ausdrucksmittel nach außen bringen können[2], gilt es gerade bei gehörlosen Kindern, ihnen ausreichende Kommunikationsmittel zur Verfügung zu stellen.

Befürworter der lautsprachlichen Erziehung[3], die in Gehörlosen-Schulen dominieren, sehen dagegen in der Lautsprache absolutes Ziel. Um Heranwachsende an den Normalstatus von Sprache anzupassen, werden sie deshalb einem permanenten Sprachtraining nicht nur in der Gehörlosen-Schule ausgesetzt. Der gesamten Familie werden in jeder Situation sprachliche Kommentare und sprachlicher Ausdruck abverlangt.

Dies mag zur Beherrschung der lautsprachlichen Verständigung führen, bedeutet gleichzeitig aber für das Kind auch eine starke Belastung der Person-Beziehungen (ständige Selbst- und Fremdkontrolle). Ihm muß der permanente Sprachdrill als Streß und Frustrationsquelle erscheinen, da es nie den Kommunikationsstatus Hörender erreichen wird. Schwer vorstellbar auch, wie es in dieser ständigen Anpassung an Lautsprache und Konzentration auf Mundmotorik noch eine unbeschwerte Erlebniswelt aufbauen kann.

Voll auf die Auffassung eingeschworen, daß Sprache die Welt abbildet, kann in diesem Horizont das gehörlose, nicht lautsprachlich sprechende Kind nur als Mängelwesen betrachtet werden.

Unter Berufung auf Piaget etabliert sich nunmehr eine gemäßigtere Auffassung[4], die die Gebärdensprache verteidigt. Sprache und leibgebundene Kommunikation (Gebärde) werden hier als gleichrangige Symbolisierungs- und Ausdruckstätigkeit anerkannt. Mit Piaget wird davon ausgegangen, daß das Kind mit 1 1/2 Jahren die Fähigkeit erwirbt, Symbole zu erzeugen. Lautsprache und Gebärde sind beide Ausdruck einer allgemeineren Fähigkeit des Menschen zum Symbolisieren. Die ,semiotische' Funktion (Piaget), also die Fähigkeit, Zeichen und Symbole differenziert zu gebrauchen, wird in beiden Systemen entwickelt und weiterentwickelt. Gesten, visuelle und akustische Bilder sind also nicht als schwache Abbildungen von Wahrnehmungen, sondern als Ergebnisse des aktiv vorstellenden Intellekts zu werten.[5]

So gesehen sind Lautsprache und symbolisierende Gebärden wie Bilder gleichwertig für die Erlangung der kommunikativen Kompetenz. (Präsentative) Symbolisierungen dienen somit der affektiven und sinnlichen Unterstützung des lautsprachlichen Ausdrucks.

2.2.1. *Ästhetische Kommunikation als Ausdrucksmöglichkeit gehörloser Kinder*

Als Antwort auf die angesprochene Problematik der gefühlsmäßigen und erlebnismäßigen Verarmung hörbehinderter Kinder und als kunsttherapeutische Reaktion auf methodisch erzeugte Streß-Situationen in der Einübung von sprachlicher Kommunikation sollen beispielhaft ästhetische Kommunikationsprozesse als Erweiterung kommunikativer Ausdruckfähigkeit bei gehörlosen Kindern vorgestellt werden. Neben der den körpersprachlichen Ausdruck fördernden Pantomime ist vor allem auf Farb- und Formgestaltung als Medium des personalen Ausdrucks abzuheben.

Körpersprachlicher Ausdruck

Körpersprachlich symbolisierende Fähigkeiten können sehr gut über die Pantomime gefördert werden. Gerade für gehörlose Kinder steht mit der Pantomime im Gegensatz zur Lautsprache eine Ausdrucksmöglichkeit zur Verfügung, bei der sie eigene Gedanken und Gefühle frei ausdrücken und in Mimik, Gestik und Körperbewegung ausformen können.

Das Medium kann leicht durch Akrobatik und Maskenbau erweitert werden, wodurch weitere Möglichkeiten bereitstehen, die innere Gefühlswelt nach außen zu tragen und damit ,kommunikabel' zu machen.

Die pädagogisch-therapeutische Wirkung liegt hier mit Theunissen vor allem im „spielerisch-ästhetischen Prozeß der Daseinsbewältigung und Selbstentfaltung"[6], der sich im psychosynthetischen und sozialbezogenen Tun entfaltet. Das gehörlose Kind kann im theaterästhetischen Prozeß Kreativität entwickeln und Individualität zeigen, Zustimmung und Anerkennung durch andere gewinnen und so zu einer „ich-bewußten kooperativen Haltung"[7] finden.

Farb- und Formgestaltung

Von der als Kunsterzieherin seit 20 Jahren an einer Gehörlosen-Schule arbeitenden U. Merkt stammt die Einschätzung: „Insbesondere im bildnerischen Gestalten sehe ich eine Möglichkeit des Ausdrucks, die die den Gehörlosen mögliche Lautsprache bei weitem übertrifft.“[8]
Demgegenüber gilt es – wie in der gesamten Behinderten-Pädagogik –, den Mangel an kunsttherapeutischer und kunstpädagogischer Literatur auch für diesen Bereich festzustellen. Hierin spiegelt sich, wie in den Lehrplänen und dem Unterricht selbst, die durchgängig geltende Regel: Das zu vermitteln,was für ein normales gesellschaftliches Leben nützlich und praktikabel ist.
Ebenso wie in der Regel-Grundschule ist zu beobachten, daß selbst bildnerisches Gestalten weitgehend sachorientiert durchgeführt wird und offenbar gänzlich in den Dienst feinmotorischer oder kognitiver Lernziele gestellt wird. Die Tätigkeiten erfolgen weitgehend nach genauer Anleitung oder nach Vorzeichnung und Schablone; als Mittel kommen vor allem Filz- und Farbstifte zum Einsatz.
Ausdrucksstarkes Gestalten mit Pinsel und Farbe sind hier wie dort kaum anzutreffen.
Für ein differenziertes Bewußtsein über die ganzheitlichen Wirkmöglichkeiten ästhetischer Prozesse spricht auch nicht gerade, wenn in dem einzig auffindbaren Aufsatz in einer kunstpädagogischen Zeitschrift der Wert visueller Mittel in der Hörbehinderten-Pädagogik in ihrer sprach- und begriffsbildenden Funktion gesehen wird. Zusammenfassend wird hier geäußert: „Ästhetische Erziehung in der Gehörlosen-Schule ist Sprachunterricht.“[9]
Statt die permanente Fixierung auf Lautsprache zu wiederholen, sollen deshalb wenigstens hier ein paar Beispiele kreativer Betätigung gegeben werden, in der die gehörlosen Kinder zeitweise ihre Hörgeräte weglegten, weil sie ganz im empfindenden Gestalten aufgingen.
Entsprechend der didaktisch-methodischen Maxime pädagogischer Kunsttherapie müssen ästhetische Kommunikationsprozesse konkretisierungsoffen sein und subjektorientiert verfahren, um Originalität, Flexibilität, Spontaneität, Farberfahrungen wie Formerfindungen zu ermöglichen. Auch sollte es möglich sein, sich psychisch und physisch auszuagieren, um zu entlasten und Ängste wie Aggressionen abzubauen.
Pädagogische Kunsttherapie, die sich auf gehörlose, hörsprachgeschädigte Kinder bezieht, muß ansetzen und reagieren auf

- Erfahrungsarmut;
- ständige Streß-Situationen des ‚Sprechenlernen-Müssens‘ und des ‚Nie-Genügen-Könnens‘;
- emotionale Rigidität;
- Kommunikationsarmut.

a) Ästhetisches Arbeiten als Gegenpol zur Erfahrungsarmut

In ausgedehnteren kunsttherapeutisch-ästhetischen Tätigkeitsfolgen kann die elementare Beanspruchung des Sensoriums zur höheren Sensibilität beitragen. Durch sensibilisierte sinnliche Wahrnehmung können gehörlose Kinder Objekterfahrungen machen, die für eine angemessene (auch gefahrlosere) Orientierung in der Umwelt erforderlich sind. Je differenzierter man wahrnehmen und be-greifen kann, um so mehr begreift man und um so gezielter wird man wiederum daran gehen, Welt zu er-greifen (Schiller).
Daneben bedeuten taktile Wahrnehmungsreize, Erfahrungen mit rhythmischen Bewegungen und räumlichen Beziehungen für gehörlose Kinder auch, selbstidentifizierende Körpererfahrungen zu machen.

b) Ästhetisches Arbeiten als Gegenpol zu Streß-Situationen

Wie verschiedentlich hervorgehoben, führt die Erfahrung von Rhythmus/Raum/Körperbewegung/bildnerischen Symbolisierungen zu Ich-Leistungen, die unabhängig von der Bestätigung anderer sind und an keine vorhandenen Beurteilungsmaßstäbe gebunden sind: Die Bestätigung liegt im Produkt selbst und dem, der es geschaffen hat. Auch und gerade bei gehörlosen Kindern ist es deshalb geboten, Tätigkeiten anzubieten, die gerade nicht auf bestimmte Lernresultate festlegen, sondern in denen sie lustbetontes und freies Agieren kennenlernen.
Ebenso wie konstruktives Verhalten müssen auch destruktivere Tendenzen zugelassen werden, um ihre ständige Frustation, ‚nicht der Norm genügen zu können‘, abzureagieren. Aktionistisches Malgeschehen bietet solche Entlastungen (Bildreihe R). Je nach Situation und Voraussetzungslage kann ästhetisches Arbeiten lustbetont entspannen, aber eben auch aktivierend und herausfordernd wirken und zu einem Selbstausdruck hinführen.

c) Ästhetisches Arbeiten als Gegenpol zur emotionalen Verkümmerung/Rigidität

Hier muß bedacht werden, daß im sprachlichen Zusammenhang gehörlose Kinder kaum die Möglichkeit haben, eigene Emotionen zu entdecken und auszudrücken. Deshalb besteht die Gefahr, daß Gehörlose nur undifferenzierte Reaktionen wie Lust und Unlust in bezug auf Personen, Sachen und Situationen zeigen können.
Gerade die Möglichkeit ästhetischen Tuns, über die Aktivierung von Phantasie und Gestaltungsfreude die emotionale Persönlichkeitsdimension aufzuschließen, macht es für Gehörlose so bedeutsam.
Bereits in der Art wie das gehörlose Kind mit Formen und Farben umgeht, eröffnen sich ihm Ausdruckbereiche, in denen es die ganze Breite des Gefühlslebens äußern kann. Zugleich können aufgestaute Konflikte, unbewußte Ängste und Aggressionen objektiviert und von ihrer Beeinträchtigung ein Stück weit entlastet werden.

d) Kreatives Gestalten als Gegenpol zur Kommunikationsarmut

Wenngleich rezeptionsästhetische Kommunikationsprozesse nur schwer im Gehörlosenbereich zu realisieren sind, so muß noch einmal auf die Potenz produktionsästhetischer Prozesse verwiesen werden, in ihnen mit sich selbst oder im gemeinsamen Gestaltungsprozeß mit anderen non-verbal zu kommunizieren. Gemeinsam durchgeführte ästhetische Prozesse stiften Beziehungen. Es entstehen soziale Situationen, in denen es um Grenzziehung, Abgrenzung oder Kooperieren geht (Bildreihe R und U) und ebenso um solche, in denen ganz individuelle Grundzüge und Vorstellungen sich entwickeln (Bildreihe T). Im gemeinsamen Agieren kann sich das gehörlose Kind als Einzelperson einbringen und innerhalb der Gruppe Bestätigung erfahren. Ästhetisch produzierende Kommunikation ist deshalb auch als Ort sozialen Lernens zu begreifen.

2.2.2. Dokumentation: Ästhetische Kommunikationsprozesse

Die folgenden Bildreihen sprechen für sich und erläutern auch ohne viel Worte die stattfindenden Prozesse.

Insgesamt wurden einfache ästhetische Techniken gewählt, insofern den Kindern so gut wie kein ästhetisches Instrumentarium zur Verfügung stand.

Bildreihe R/Abb. 1–4

Kommunikation mit Fingerfarben

Begonnen wurde mit Fingerfarben-Malen. Es sollte zunächst entlasten und befreien wie eine emotional positive Grundstimmung erzeugen. Überdies sollten taktile und visuelle Wahrnehmungsprozesse in Gang gesetzt werden. Da in keiner Weise in den Gestaltungsprozeß eingegriffen wurde, wählen die Kinder statt ihrer Finger zunächst den Pinsel.
Jeder malt für sich.
Fein säuberlich werden Flächen mit dem Pinsel und selbstgewählten Farben ausgefüllt. Auch die Farbflächen werden voneinander getrennt. Jeder ist mit sich selbst beschäftigt.
Farben werden ausgetauscht, wobei oftmals erst ‚verhandelt' werden muß; doch noch immer geht es um Grenzen, die eingehalten werden müssen (Bildreihe R, Abb. 1-4).
Und dann werden Flächen gemeinsam ausgemalt, sodaß endlich das gemeinsame Bild fertig scheint. Doch der Prozeß geht weiter. Es wird ausprobiert, wieweit man die selbstgesteckten Grenzen überschreiten darf. Die Reaktion zeigt sich im Mienenspiel. Ein Ausprobieren weiterer Gestaltungsformen beginnt. Eingeladen von dem beidhändigen Fühlen der Farben, beginnen rhythmische Bewegungen auf der glitschigen Oberfläche. Gelöst und enthemmt wird die Wirkung der Aktion genossen (Bildreihe R, Abb. 5-9).
Ein Höhepunkt dieses selbstaufbauenden Prozesses findet sich in dem gegenseitigen Fühlen und Tasten. Hände begegnen sich, agieren, reagieren, gestalten, kommunizieren, fühlen und tasten, nehmen gemeinsame Erlebnisse auf. Hier endet der Prozeß in intensiver Körpererfahrung (Bildreihe R, Abb. 10-12: Vgl. Farbteil).

Kommunikation durch Malen mit Creme

Das Bedürfnis nach taktiler Wahrnehmung, Farberleben direkt auf der Haut und Körperkontakt mit anderen blieb zentrales Thema weiterer Prozesse. Das Eincremen des eigenen Gesichts, der Hände und Arme war deshalb eine Möglichkeit, direkt auf diese Bedürfnisse einzugehen. Wie stark die Kinder sich hierbei entspannen können und ihre Berührungen in sich aufnehmen, zeigt der entspannte Ausdruck mit geschlossenen Augen des gespiegelten Mädchens.
Das Eincremen des Spiegels wurde von der Betreuerin durchgeführt. Hier wird die taktile Wahrnehmung wieder auf ein Objekt übertragen. Das eigene Gesicht ist nicht mehr sichtbar,jedoch kann auch hier die einheitliche Oberfläche verändert und durchlässig werden, sodaß Strukturen sichtbar werden und später das eigene Gesicht wieder zum Vorschein kommen kann (Bildreihe S: Vgl. Farbteil).

Selbst- und Fremdschminken

Wechselseitige kommunikative Erlebnisse im Prozeß können im hohen Maße durch Selbst- und Partnerschminken zustande kommen. Die ungewohnte Nähe, die intime Situation des Berührtwerdens im Gesicht erfordert jedoch viel Vertrauen des Geschminkten und viel Einfühlungsvermögen des Schminkenden. Die ‚Empfindungssensation' mit cremiger Farbe ‚gestreichelt' zu werden, kann in positivem Verlauf zum Abbau von Berührungsängsten führen und zu einem Erlebnis auch für den Schminkenden werden, der ein ganz neues Erfahrungsfeld vorfindet und nach seinen Möglichkeiten und den gesteckten Grenzen des anderen gestalten darf (Bildreihe T: Vgl. Farbteil).
Ein ‚neues' Gesicht entsteht. Farbstrich für Farbstrich wird die Veränderung stärker. Direkt vor den Augen vollzieht sich der Prozeß der Verwandlung und läßt neue Erfahrungen mit dem eigenen Gesicht, der bedeutungstragenden Mimik und dem eigenen Selbstbewußtsein zu.
Jeder verwandelt sich, aber die Meinung und Reaktion der anderen ist wichtig.
Selbst eigenes Objekt eines Gestaltungsprozesses zu sein und eine zunehmende Entfremdung selbst zu steuern, kann schon in Erstaunen versetzen. Zu der Bereitschaft, abwartend den Gestaltungsvorgängen anderer ausgeliefert zu sein und einige ‚Prozeduren ...' über sich ergehen zu lassen, gehört schon Mut und Geduld, aber es kommen viele Erlebnisse auf emotionaler Ebene hinzu. Denn, wann wird man sonst mit streichelnden, kreisenden, cremenden, linienführenden Händen ‚bearbeitet'? Jede Gestaltung kann nachempfunden werden.
Für den Gestaltenden eröffnet sich eine Möglichkeit, Verantwortung für den anderen zu zeigen und seine eigenen Ideen und Vorstellungen mit den Formen eines anderen Gesichts, mit dessen Eigenart zu verbinden. Gemeinsames Schminken führt zu gemeinsamem Erleben, gemeinsamer Auseinandersetzung und Kommunikation und zu gemeinsamem Sich-Zeigen-Wollen.[10]

Kommunikation durch Leinwandmalerei

Das gemeinsame Malen auf einem Bettlaken (auf einem gemeinsam gezimmerten Holzrahmen) vermittelt ein Gefühl der Wichtigkeit des Gestaltens für die Kinder. Der nachgebende Untergrund, der ein einfaches Vermischen der Farbe nicht zuläßt und übermalte Darstellungen durchscheinen lassen kann, erhält neue Gestaltungserfahrungen.
Die Kinder waren sehr aufgeregt, als sie vor der großen weißen Leinwand standen. Der erste Pinselstrich erforderte schon etwas Mut. Der prüfende Abstand gibt neue Anregungen.
Bei drei ‚Künstlern' muß der zur Verfügung stehende Platz eingeschränkt und über die Farbwahl verhandelt werden. Das Mädchen rechts gibt sich jedoch mit dieser Einigung nicht zufrieden, macht auf Grenzübertretungen aufmerksam und fordert neue Einigungen und Auseinandersetzungen. Beendet wurde dieser Gestaltungsprozeß abrupt durch die Pause, wobei dieses Mädchen noch eine kurze Zeit weitermalte (Bildreihe U).

Abschließende Betrachtungen

In den dargestellten letzten Prozessen kamen besonders feine Kommunikationsnuancen im Interaktionsprozeß der Kinder zustande. Kommunikation fand durch Körperkontakt, Aktion und Reaktion wie durch die Mimik der Kinder zustande. Die emotionale Beteiligung der Kinder ist unübersehbar.
Von daher verbietet es sich, in ihrem Tun lediglich ein ‚sinnloses Farbgematsche' zu erkennen oder lediglich noch den Spaß der Kinder anzuerkennen.
Immerhin bedeutet das kreative Tun für sie, zumindest zeitweise ihre Behinderung nicht zu spüren, mit anderen in non-verbalen, aber verstehbaren Dialog einzutreten und hierbei andere Seins-Möglichkeiten als die geforderten zu entdecken.

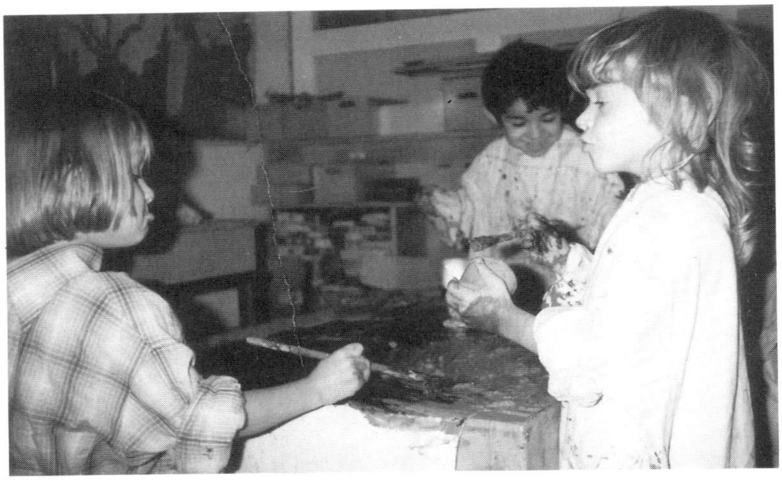

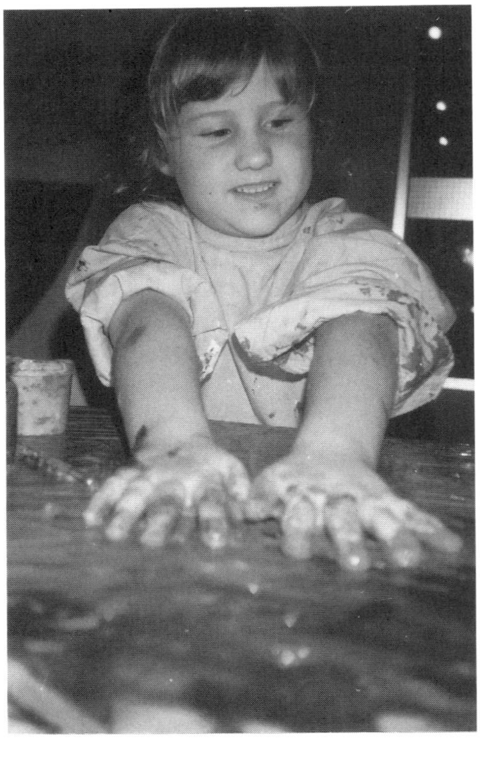

Bildreihe R/Abb. 5–9

Bildreihe U

Anmerkungen

1 Die Ausführungen dieses Kapitels stützen sich auf: Reinert, D.: Probleme und Möglichkeiten der Kommunikation gehörloser Kinder im Vorschulalter – Kreatives Gestalten als eine Ausdrucksmöglichkeit gehörloser Kinder. Münster 1989 (Diplomarbeit)
2 Vgl. Krüger, M. in: Fengler, CH./Jantzen, W. (Hg): Handbuch der heilpädagogischen Psychologie. Stuttgart/Berlin/Köln/Mainz 1987, S.45
3 Vgl. vor allem: Schmid-Giovanni, S.: Sprich mit mir. Eine ganzheitliche Lautsprachmethode für Kleinkinder von 0 bis 7 Jahre. Berlin 1984[3]
4 Vgl. z.B.: Furth, H.G.: Lernen ohne Sprache. Stuttgart 1977
5 Vgl.: Piaget, J./Inhelder, B.: Die Psychologie des Kindes. a.a.O. S.61ff
6 Theunissen, G.: In: Richter, H.G./Wassermé, G.: Kunst als Lernhilfe. Frankfurt a.M./Berlin/München 1981, S.61
7 ders.: eb.
8 Merkt, U.: Gemütsbildung in der Erziehung und Schulung Hörgeschädigter – Auftrag oder Luxus? Hörgeschädigten-Pädagogik Beiheft 19, S.290
9 Müller, H.: Integriertes Lernen hörsprachbehinderter Kinder mit bildnerischen Mitteln – Bereits in der Vorschule. In: Kunst und Unterricht. Velber b.Han. (1973), S.102
10 Vgl.: Kunst und Unterricht. Velber b.Han. (1986), H.99, Heftthema: ‚Schminken'; Petzold, H.G.: Masken und Märchenspiel als Verfahren in der integrativen Therapie. In: Integrative Therapie (1975) H.1., S.45-49; Sheleen, L.: Tanz, Theater, Maske und die Entwicklung der Persönlichkeit. In: Integrative Therapie (1979) H.4, S.313-319; Riemer, R.: Maskenbau und Maskenspiel. Kiel 1986; Ebeling, I.: Masken und Maskierung. Kult, Kunst und Kosmetik. Köln 1984

2.3. *Förderbeispiel aus dem heilpädagogischen Bereich*

Über die Gestaltungselemente Punkt, Linie und Fläche entwickeln sich im farbigen Zusammenspiel und in Wechselbeziehung zum Ich bildhafte Ausdrucksformen. Dies gilt für die Entwicklung ästhetischer Kommunikationsfähigkeit insgesamt wie für jedes bildnerische Produkt auf der Basis entwickelter ästhetischer Kommunikationsfähigkeit. Diesem wechselbezüglichen Prozeß zwischen innen und außen wird therapeutische Wirkung zugeschrieben.

Kunsttherapeutisch-pädagogisches Arbeiten versucht deshalb generell die selbstheilende Funktion des produktionsästhetischen Prozesses für die Ich-Stabilisierung fruchtbar zu machen.

Das Produktionsergebnis, in dem der Produzent seine Wirklichkeit ausdrückt, mitteilt oder neue Wirklichkeiten erstellt, stellt für den Kunsttherapeuten ein diagnostisches Instrument dar. Allerdings dient das Produkt nicht wie in der psychoanalytischen Kunsttherapie als Instrument zur Ermittlung biographisch verdrängter Konfliktstoffe, sondern als förderdiagnostisches Instrument. Das meint:

Die entstehenden Produkte verweisen in der Art, wie mit den Materialien umgegangen und wie und was dargestellt wird auf psychische Verfassungen, teilen etwas mit (z.B. Wünsche und Bedürfnisse) und weisen ebenso auf die verfügbare ästhetische Ausdrucks- und Darstellungsbasis hin, von der der pädagogische Prozeß seinen Fortgang und seine Richtung finden muß.

Die Problematik, weiteres aufgrund der Kinderzeichnungen zu diagnostizieren (z.B. kognitive Retardierung und dergleichen) wird allein am Beispiel der hörsprachbehinderten Kinder klar. Auch hier mußte ja davon ausgegangen werden, daß deren allgemeiner kognitiver Entwicklungsstatus weitaus fortgeschrittener ist, als dies kommunikativ zum Ausdruck gebracht werden kann. Außerdem muß bedacht werden, daß ästhetische Produkte Resultat eines polykausalen und dynamischen Prozesses sind, in dem nicht nur innere und äußere Wirklichkeit repetiert wird. Vielmehr entstehen im sinnlich-erlebnismäßig-reflexiven Prozeß neue Wirklichkeiten, die Veränderung spiegeln und dokumentieren.

Das folgende Beispiel wurde aus dem heilpädagogischen Förderbereich ausgewählt.[1] Es zeigt den Wandel der Gestaltungselemente Punkt und Linie in Korrespondenz zur Veränderung der psychischen Entwicklungsbasis.

Fallbeispiel: MENI

Die Bilder stammen von Meni (7,03 Jahre); einem Mädchen, daß vor drei Jahren mit ihren Eltern aus Armenien nach Deutschland kam. Diesen Umzug erlebten die Familienmitglieder als Entwurzelung. Die Familie lebt äußerst zurückgezogen, nur der Vater versteht einige Worte Deutsch.
Meni lebte sich sehr schwer in die neue Situation ein. Darüber hinaus sind Entwicklungserschwernisse durch ihre körperliche

V1

V2

V3

Bildreihe V

V4

V5

V6

Bildreihe V

V7

Konstitution gegeben: Ein schwerer Herzklappenfehler verursacht Handlungseinschränkungen und häufige Aufenthalte in der entfernten Universitäts-Klinik.
Meni ist ein extrem mageres, blasses, ängstliches Kind, das auf neue Situationen mit Angstsymptomen und Antriebshemmungen reagiert.
Ihre Verhaltens- und Erlebnisweisen sind so gravierend gestört, daß Meni einer Einschulung nicht gewachsen ist.
In ihren Zeichnungen dominiert das Gestaltungselement Linie; der Punkt wird als akzentuierendes Moment genutzt.
Ihre Bilder können die Wechselwirkung von Malentwicklung und Selbstwerdungsprozeß veranschaulichen. Die Wirkungen des bildnerischen Gestaltens unterstützen und stützen den Individuationsprozeß.
In der kunsttherapeutischen Behandlung benötigte Meni kaum Anregung für das Malen; sie fand spontanen Zugang dazu. Der Malbereich bot ihr Sicherheit, das Sitzen am Tisch entsprach ihrer ruhigen, ängstlich-gehemmten Art.
Das bildnerische Gestalten bot für sie wie für den Pädagogen die Möglichkeit, in Kontakt zu kommen: Meni hatte einen Freiraum, in dem Sprachbarrieren umgangen werden konnten und in dem sie nur soviel Nähe zuzulassen brauchte, wie es ihrem Maß entsprach.
Die wiedergegebenen Bilder sind eine Auswahl aus einer Fülle von Zeichnungen, die im Verlauf von zwei Monaten entstanden.
Wenngleich dieser Zeitraum zu kurz ist, um den zustandegekommenen Entwicklungsprozeß im Sinne ganzheitlicher Persönlichkeitsbildung weiterzuführen, so wird dennoch deutlich, daß die zweimonatige kunsttherapeutische Arbeit mit Meni ihre Lern- und Entwicklungsbasis positiv veränderte (Bildreihe V).
Das erste Bild (Abb. V1) zeigt eine erste Menschendarstellung.
Der ‚fliegende' Kopffüßler hat noch keinen ‚Boden unter den Füßen'; er ist nicht an den Richtungskoordinaten (oben/unten, links/rechts) ausgerichtet.[2] Die Darstellung ist wenig differenziert, doch läßt sich eine deutliche Mittenbetonung durch die Axial-Linie erkennen.
Die Akzentuierung der Mitte ist für längere Zeit ein durchgängiges Gestaltungsprinzip in Menis Bildern. Es korreliert mit ihrer Vorstellung und Wahrnehmungsweise und könnte als Suche nach eigener Mitte oder (relativer) Ich-Identität interpretiert werden.
In der zweiten Darstellung (Abb. V2) sind die Punkte der Axial-Linie (rote Darstellung) heftig und hiebhaft mit dem Filzstift aufgetragen. Beziehungslos stehen die beiden Figuren nebeneinander, die Punkte der blauen Figur wurden anschließend übermalt. Nunmehr blockhaft erscheint der Körper bewegungs- und handlungsunfähig, was noch durch die fehlenden Arme unterstützt wird.
Abbildung V3 wurde ausgewählt, da Meni es in einer Stunde malte, in der sie ausgeglichen erschien. Obwohl die Gestaltungselemente unverändert sind, hat dieses Bild einen anderen Ausdruck. Erstmalig scheint der Mensch zu lächeln.
In der 4. Darstellung (Abb. V4) verringert sich die Mittenbetonung zugunsten einer Erweiterung nach außen. Es werden Objekte außerhalb des Körpers gemalt; erstmalig erscheint ein Fenster mit Sonnenstrahlen (?). Der Mensch steht jetzt fest auf der Bodenlinie. Diese Öffnungstendenz geht parallel zu Menis Verhalten. Zwar bleibt sie am Tisch sitzen, schaut sich aber häufiger um, zeigt auch Interesse an weiteren Spielangeboten. Allerdings gehen von ihr selbst noch keine Handlungsimpulse aus, aber ihr Blickkontakt ist offener geworden.
In Abb. V5 ist besonders der Gesichtsbereich betont. Die gesamte Gesichtsfläche wurde violett eingefärbt. Als erste individuelle Gestaltungsmerkmale treten Hut und Haare hinzu. Meni verwendet erstmals 5 Farben. Das Fenster bleibt erhalten.
Im nachfolgenden Bild (Abb. V6) zeigt Meni nunmehr ein freies Spiel mit ihren gewonnenen Darstellungsfähigkeiten. Sie geht wesentlich sicherer mit Stift und Linie um.
Mit dem abschließenden Bild (Abb. V7) gestaltet Meni erstmals ein ganzes Blatt aus. Die Motiv-Elemente werden so organisiert, daß eine Bildstruktur entsteht. Die Menschendarstellung erfolgt wie gewohnt, weist aber mehr Ausdruck durch die neu hinzukommenden Augenpupillen auf. Außerdem ist ihr Umfeld erweitert: Die Figur steht in engem Kontakt mit anderen Objekten.

Bezogen auf Menis Entwicklungsprozeß lassen sich Fortschritte feststellen. Analog der Außenwendung im Bild beginnt sie, aktiver und angstfreier ihre Umwelt wahrzunehmen. Zaghaft beginnt sie, sich weiteren Handlungsmöglichkeiten zuzuwenden. Spielangebote mit klaren und überschaubaren Regeln (Puzzle und Konstruktionsmaterialien) wendet sie sich nunmehr interessiert und konzentriert zu.
Im grobmotorischen Bereich zeigen sich erste Lockerungen im gehemmt-steifen Verhalten. Sie macht einige vorsichtige Krabbelversuche auf dem Air-Tramp.
Menis zunehmendes Selbstvertrauen spiegelt sich in der Linienführung: Die kurzen, flüchtigen Striche sind zu ausnahmslos bewegten, dynamischen Linien geworden, die aus kreisenden, runden Bewegungen entstehen. Wenn man versucht, mit den Fingern die Linien nachzuzeichnen, kann man nachvollziehen, daß Blumen, Haare, Augen, selbst die Axial-Linie mit kreisenden Linien gestaltet sind.
Pädagogische Kunsttherapie kann sich nicht nach zwei Monaten mit kurzzeitig-kurzfristigen Ergebnissen zufriedengeben, weil sie nicht nur eine Normalisierung des Bewegungsapparates anstrebt. Im Blick auf eine ganzheitliche Persönlichkeitsförderung müßte nun im ästhetischen Medium selbst weitergearbeitet werden. Der Prozeß mit Meni hat Voraussetzungen für eine Weiterentwicklung geschaffen; nicht mehr, aber auch nicht weniger.
Pädagogischer Kunsttherapie müßte es nun darum gehen, langfristig Menis Darstellungsinstrumentarium auszuweiten, um hierüber Möglichkeiten zu erweitern, sich auszudrücken, zu identifizieren und zu stärken. Auch die inhaltliche Öffnung nach draußen – etwa über naturbezogene ästhetische Erfahrungen – wären zu intensivieren. Sozusagen bei-läufig würden dabei auch grob- und feinmotorische Fertigkeiten eingeübt, Konzentrationsfähigkeit sicherlich umfassender als mit Puzzles gefördert und intellektuelle Fähigkeiten in der zunächst spielerischen und schließlich in einer themenbezogenen, ganzheitlichen Auseinandersetzung mit sich und den eigenen Realitätsbezügen angereichert.

Anmerkungen

1 Die Ausführungen stützen sich auf: Herdes, S.: Rhythmus, Form und Farbe – Zum Ästhetischen in der Erziehung. Münster 1989 (Diplomarbeit)
2 Vgl.: Richter, H.G.: Die Kinderzeichnung. a.a.O. S.43ff

2.4. *Heilpädagogische Freizeit mit verhaltensgestörten Kindern*

Heilpädagogische Ferienfreizeiten werden von B. Pietrowics[1] und Mitarbeiter regelmäßig mit verhaltensauffälligen/-gestörten und ‚normalen' Kindern durchgeführt. Während gemeinsamer Ferien sollen die Kinder vieldimensional aktiviert, unklare Diagnosestellungen über teilnehmende Beobachtung sollen präzisiert und ggf. mit gezielteren Fördermaßnahmen angegangen werden.

Beate Horzella (künftig: Beate) übernahm im Frühjahr erstmalig die Aufgabe, kunsttherapeutisch mit den Kindern zu arbeiten. Sie wählte das Medium ‚Maskenbau und Maskenspiel', das sie in hochschulinternen Übungen selbst vielfältig erprobt und erfahren hat (Teil IV, Kap. 1.3).

Aufgrund des hohen pädagogisch-therapeutischen Erfolges ihrer Arbeit wurde sie im Sommer erneut um Mitarbeit gebeten. Unsere dokumentierende Darstellung soll:

- diese kunsttherapeutische Arbeit aus dem Blickwinkel der Kinder spiegeln, ihre Aussprüche festhalten und einen lebendigen Eindruck ihres vorstellungs- und phantasiegeleiteten Tuns vermitteln.
- die motivations- und aktivitätsfördernde Funktion ästhetischer Arbeit dokumentieren.
- unsere Behauptung der therapeutischen Valenz des gleichen ästhetischen Reservoires sowohl für den präventiven als auch für den rehabilitativen Bereich erneut belegen.

Aus der Fülle des Beobachtungsmaterials[2] werden einige ‚Problem-Kinder' stichwortartig gekennzeichnet und ihre Arbeit vorgestellt. (Vgl. Bildreihe W, Farbteil) Die kunsttherapeutische Arbeit endete mit einem großen Fest im Freien, bei dem die Kinder aufgrund ‚Interviewer-Fragen' ihre Maske darstellten. Ausführlicher wird hier Frederik L. vorgestellt. Die zitierten mündlichen Äußerungen der Kinder stehen stellvertretend für die Gesamttendenz:

Sie spiegeln hohe emotionale Zufriedenheit, Stolz auf die selbsttätige Arbeit, gesteigertes Selbstwertgefühl.

2.4.1. Sequenz: Maskenbau und -fertigstellung (zweitägig)

Beate fertigt mit den ersten Kindern Rohformen der ‚Helmmasken'. Die Kinder kommentieren:

‚Die sehen aus wie Mumien mit ihren Gipsköpfen'; ‚Wie ein Schneemann, wie Ritterhelme/Totenköpfe/Geistermasken'. Mit und ohne Beates Hilfestellung werden die Rohmasken nach den Selbst-Entwürfen der Kinder gefertigt.

Markus W. :	9,04 Jahre, 2. Klasse Körperbehinderten-Schule
Diagnosestellung :	Lernbehinderung; autistische Züge;
braucht :	Sozialanschluß, Anerkennung

Prozess-Resultat:
Markus Maske ist fertig. Er stülpt sie sich zum 1.Mal über den Kopf. Er atmet hörbar ein und aus, reibt sich die Hände und ruft dann laut: ‚Jiepieh! Toll!'. Er rennt aus der Hütte und springt herum. Markus: ‚Ich bin der Donnervogel und habe magische Kräfte!' Jedem zeigt er seine Maske.

Vor dem Spiegel mustert er sich von allen Seiten selbstkritisch und läßt seine Glocke an der langen Nase klingeln. Ausführlich betastet er seine Helmmaske; ruft ein langgezogenes ‚Huh ! Huh!', so als ob er die Schrecklichkeit seiner Maske erproben wolle. Er scheint voll mit der Maske einverstanden und höchst zufrieden zu sein. Auf dem Maskenfest spielt er einen Greifvogel. (Vgl. Farbteil, Bildreihe W)

HELGE Sch.:	10,06 Jahre, 4.Klasse Lernbehinderten-Schule
Diagnosestellung :	Geistige Behinderung; distanzlos;

Verhaltensbeobachtung:
‚weibliches' Verhalten: gezierte, gekünstelte Bewegungen; wehleidig; lächelt stets; läuft weiblichen Betreuern nach, sucht direkte Berührungen (u.a. Brust d.Betreuerin); verwöhnt, unselbständig; erfragt Verhaltenskonsequenzen (Suche nach Sicherheit); geht am liebsten an der Hand; schlägt sich beim Laufen und Gehen gegen Ober- und Unterschenkel; Waschzwang; spielt immer am Penis;
kein Kontakt zu anderen Kindern;

braucht:	Vermehrte Selbständigkeit, eigenständige Handlungsweisen

Prozess-Beobachtung:
Nachdem Helge seine Maske fertig hat, setzt er sie mit einem zufriedenen Grinsen auf. Um sich im Spiegel betrachten zu können, verläßt er den Bauwagen (Arbeitsraum) und stößt überall an, bleibt mit den großen Ohren, dem langgestreckten Rüssel hängen und – stolpert schließlich in die Arme der lachenden Betreuer. Helge stellt – wie alle Kinder – später seine Maske vor, als ‚Elefant'.

Deutung des Maskenverhaltens:
Bei den ‚Interviewerfragen' drängte er sich nahe an den Frager; zugleich hielten die abstehenden Ohren, Stoßzähne und Rüssel ihn ‚auf Distanz'. Möglicherweise steht diese Gegensätzlichkeit symbolhaft für ein derartiges Bedürfnis, ebenso wie das von ihm gespielte Rollenverhalten des tapsig-aneckenden, verspielt-gutmütigen, Zuneigung auslösenden Elefanten. (Vgl. Farbteil, Bildreihe W)

LEON P. :	6,02 Jahre; von der Einschulung zurückgestellt;
Diagnosestellung:	– entwicklungsverzögert, noch nicht schulfähig; – extreme Bindungslosigkeit, Kontaktscheu; – Bettnässer;

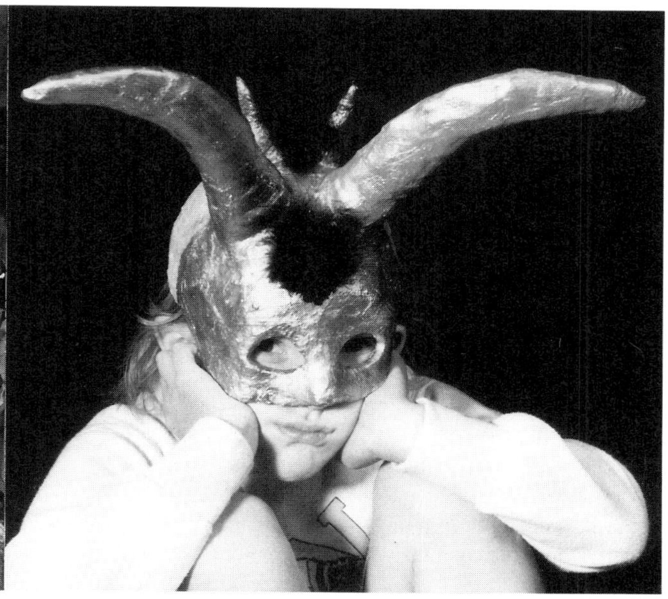

Prozess-Beobachtung:
Beim Formen der Hörner fällt Matthias (Betreuer) auf, daß Leon nicht – wie sonst – zurückschreckt, wenn es zum Körperkontakt kommt, etwa beim Nebeneinandersitzen, beim gemeinsamen Formen der Hörner, bei sonstigen flüchtigen Berührungen.

Normalerweise meidet Leon jeden Körperkontakt. In der entspannten Arbeitsatmosphäre ergab er sich zwanglos und ohne Abwehr. Zwei Tage später zeigt Leon ein ähnlich vertrautes Verhältnis zu Beate. Bei der weiteren Maskenverzierung setzt er sich auf der ansonsten leeren Bank dicht neben sie. Klare Vorstellungen hat er von der Endgestalt der Maske. Die Farbwahl erfolgt gezielt.

Die Feder solle ‚was Leichtes und Weiches' an die Maske bringen. Leon: ‚Ist meine Maske nicht die allerschönste ?' Beate: ‚Ja, ich finde sie wunderschön!' Leon geht sichtlich stolz aus dem Bauwagen. Die Maske behält er auf dem Kopf.

Michael C.:	10 Jahre alt ; Regelschüler;
Verhaltensauffälligkeit :	‚Ess-süchtig'; vermutlich Bettnässer;
Verhaltensbeoachtung:	– hilfsbereit, fürsorglich (gegenüber seinem kleinen, ebenfalls anwesenden Bruder), nimmt fast zuviel Rücksicht, verläßlich; – freundliche Grundstimmung; – sucht Anschluß, bekommt Anschluß;
braucht :	Ich-Stärkung

Prozess-Beobachtung:
Während alle anderen Kinder bereits draußen beim Ballspiel sind, sitzt Miachel noch an seiner Maske. Ohne zu fragen, hat er sich Farben geholt und arbeitet mit viel Geduld seine Maske aus, bessert aus und malt sein Schiff an. Stolz zeigt er Beate sein fertiges Werk. Michael: ‚Da fehlte noch was am Schiff, das mußte ich ändern. Ist toll geworden, oder ?'

Beate (zu allen): ‚Was ist Euch beim Maskenbau aufgefallen?' Michael: ‚Ich finde es supertoll, daß wir hier machen können, was wir wollen. ... Und die Kleinen können sogar gipsen lernen. Ich finde es toll, daß wir an der Maske soviel selber tun können. Es ist Arbeit für uns, die wir bestimmen können. Es lohnt sich. Ich fühle mich wohl dabei.'

Resonanz und Einschätzung der Arbeit von Michaels (und Marcels) Mutter:
Von Beate um die Einwilligung einer dokumentierenden Wiedergabe gebeten, antwortet sie:
„Ja! Sicher doch! Das ist gar keine Frage!
Meine Kinder sind ganz doll auf ihre Masken. Jedem Besucher werden die Masken gezeigt und vorgeführt.
Die Masken werden sehr gepflegt. Sie müssen jede Woche abgestaubt werden. Die Kinder hüten die Masken wie ihren Augapfel.
Das ist eine ganz tolle Sache."

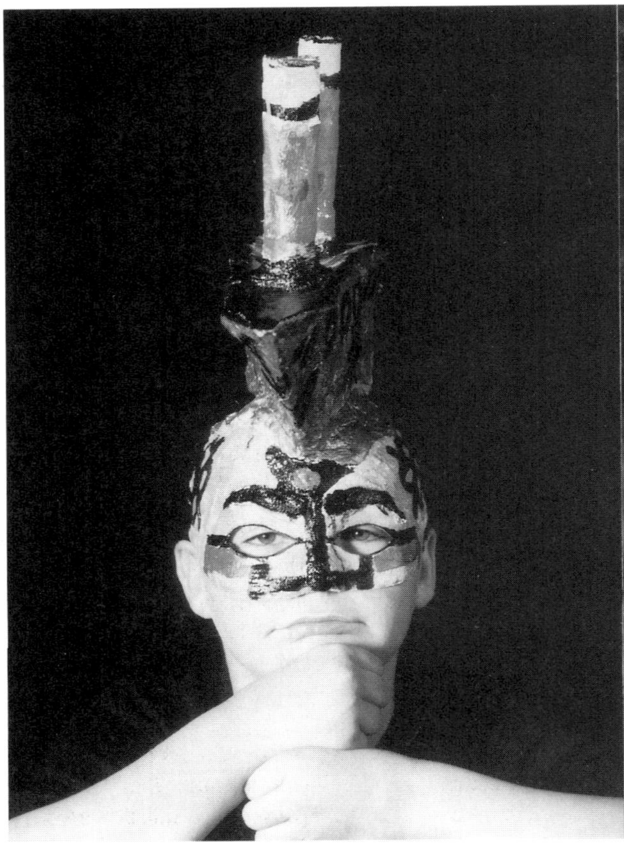

2.4.2. Frederiks Spielsequenz

Fredrik L. : 9,07 Jahre; 3.Klasse Grundschule

Verhaltensauffälligkeit: – Autoaggressionen; destruktiv;
– extremer Einzelgänger;
– quält Tiere;

Verhaltensbeobachtung :
- quirlig, aktiv, überraschend;
- reagiert nur auf Schimpfen, nicht auf freundliches Zureden;
- Außenseiter (weil Quertreiber und Störenfried); ist auf eigenen Vorteil bedacht; gibt wenig von sich für andere;
- ist viel für sich alleine;
- sucht enge Kontakte/scheut enge Kontakte.

braucht :Verhaltenserklärungen; Hinführung zu anderen Kindern;

Prozess-Verlauf:

Frederik ist begeistert vom Masken-Machen. Er erzählt dabei viel von sich. Auf Beates Einschätzungfrage hin sagt er: ‚Ich will meine Maske nicht verändern. Sie ist schön genug. Sie ist etwas ganz Besonderes.' (Vgl. Farbteil, Bildreihe W)

Frederik benutzt die Maske, um sich vor den Kindern zu zeigen und Aufmerksamkeit zu erregen. Einzelne Beobachtungen:
- Frederik nimmt die Maske überall mit hin, sogar zu Ausflügen und Spaziergängen;
- Er versteckt sich im Wald und jagt den anderen einen Schrecken ein, als er plötzlich aus dem Gebüsch hervorspringt;
- Er ist mit Maske noch ‚mutiger', provozierender, aggressiver.

1. Maskenspiel

Auch Frederik stellt sich im Maskenspiel in seiner Maske und Verkleidung als ‚Gast eines anderen Sterns' vor. Auf die vom ‚Reporter' gestellten Fragen (Name, Alter, Wohnort, Lieblingsessen und -beschäftigung) soll er in ‚seiner Rolle'antworten und sie mit einer kleinen Geschichte und typischen Bewegungen verdeutlichen. Frederik agiert so:

– Name : ‚Schreckenstein, der Unsterbliche'

– Alter : ‚Auf der Erde 25 Jahre, dann Kugel ins Herz bekommen, seitdem auf dem Planeten'

– Wohnort : ‚Gemüseplanet'

- Essen : ‚Kurts Augen, gepökelt mit Kandiszucker'
- Beschäftigung : ‚Die Erde zerstören; Kinder köpfen'
- Geschichte : ‚Ich war einmal im Gemüseplaneten und da ist eine Rakete auf meinem Planeten gelandet. Da habe ich sie explodieren lassen. Weil die Astronauten so viele Witze gemacht haben, habe ich sie vernichtet.'
- Bewegung : keine (im Maskenspiel); kam erst aufgrund ausdrücklichem Wunsch der Gruppe auf die Bühne.

2. Beobachtungen

Sprache:
- formulierte und betonte seine Sätze sehr bedacht;
- sehr leise; konnte nicht schreien;

Körperhaltung und Gesten:
- sprach mit gesenktem Kopf; schaute vom Publikum weg;
- stand ruhig und gerade; rieb die Hände gegeneinander;

3. Auffälligkeiten

Maske:
- Ohne Aufbauten; vollständig golden angemalt bis auf einen Winkel unter dem Auge. Er war mit Pailletten beklebt.
- Mitten auf der Stirn brachte Frederik einen großen, bernsteinfarbenen Glasstein an, den er als sein ‚drittes Auge' bezeichnete: 'Das ‚dritte' Auge strahlt Laserstrahlen aus, die alles durchdringen' (‚Röntgenblick') und ‚zerstören' können.
- Trug am häufigsten von allen Kindern die Maske.

4. Deutung

- Frederik identifizierte sich stark mit der Maske. Sie verkörpert, vermutlich als Reaktion auf bisherige Verletzungen, seine Omnipotenz-Wünsche;
- Die Maske machte ihn noch mehr zum Außenseiter;
- Er benutzte die Maske, um andere anzugreifen, aber auch um Kontakt aufzunehmen.
- Die goldene Farbe und der große Glasstein auf seiner Stirn symbolisierten für ihn: ‚Etwas Besonderes' haben zu wollen, sein zu wollen.

5. Didaktische Reflexion

Die Maske ließ Frederiks aggressive Tedenzen noch stärker als sonst hervortreten. Unter förderdiagnostischem Blickwinkel ergibt sich ein zwiespältiges Urteil. Immerhin könnte eingewendet werden, daß die Maske Frederiks aggressive Verhaltenstendenz verstärkt, sogar verfestigt haben könnte. Aber abgesehen davon, daß von diesem einmaligen Erleben weder umfänglich negative Folgen noch umfänglich positive, verhaltens-korrigierende Wirkungen erwartet werden können, da beide sich nur über längerfristigere Prozesse einstellen dürften, wäre jetzt schon dagegen zu halten:

- Frederik zeigte während des gesamten Prozesses kein autoaggressives Verhalten, was für den Selbststärkungseffekt der für ihn erfolgreichen Gestaltungstätigkeit spricht.
- Er konnte sein aggressives Verhalten in der ästhetischen Arbeit konstruktiv umwandeln und im Spiel mit der Maske unsanktioniert ventilieren.

Allerdings sollte in einem längerfristigeren kunsttherapeutischen Prozess Frederik Gelegenheit gegeben werden, in einem anderen Medium sein Sozialverhalten und dessen Folgen zu spiegeln und zu reflektieren. Hierfür würde sich das ‚Forum-Theater' anbieten, das Über- und Unterordnungsverhältnisse erfahren wie alternatives Verhalten spielerisch erproben läßt.

Auch wäre zu versuchen, ob Frederik nicht über ‚positive' Helden anzusprechen ist, denen er sich über Geschichten und auch wiederum über Masken phantasierend nähern könnte, so daß langfristig andere als destruktiv-mächtige Selbstpostulate aufgebaut werden könnten.

Andererseits gibt Frederiks Verhalten Hinweise für die notwendige Mitbearbeitung seines Umfeldes. Von pädagogischer Kunsttherapie kann zwar zu Recht erwartet werden, daß sie eine bessere Entwicklungsbasis für Frederik zu schaffen imstande ist. Nur, solange sich seine Umfeldbedingungen nicht mitverändern, seine positiven Verhaltensansätze in seinem eigenen Umfeld nicht verstärkt werden, dürfte sich dieses Verhalten kaum stabilisieren.

Einen Gesamteindruck des Maskengruppe im Rahmen der heilpädagogischen Freizeit sollen schließlich noch diese Bilder vermitteln. (Vgl. Farbteil)

Anmerkungen

1 Pietrowicz ist Dozent für Heil-, Sonder- und Behindertenpädagogik an der Staatl. Fachhochschule Münster (Fachbereich: Sozialwesen). Er begleitet die Freizeiten mit pädagogischen Übungen und psychologischen Untersuchungen.

2 Die Dokumentation stützt sich auf umfangreiche Protokolle und Aufzeichnungen von B. Horzella, langjährige Teilnehmerin an medienpädagogischen Veranstaltungen der Verfasserin.

Literaturverzeichnis

Adorno, Th. W.: Ästhetische Theorie. Frankfurt a.M. 1970

Altner, G.: Die Überlebenskrise in der Gegenwart. Darmstadt 1988

Anders, G.: Die Antiquiertheit des Menschen. München 1980[5], Bd. I

Arbeitskreis Medienwerkstatt Berlin (Hg): DAG – Medienwerkstatt. Berlin 1989

Aue, W.: P.C.A. Projekte, Concepte, Aktionen. Köln 1971

Auer, A.: Umweltethik. Düsseldorf 1984

Bader, A./Navratil, L.: Zwischen Wahn und Wirklichkeit. Luzern/Frankfurt a.M. 1979

Bahr, H.E. (Hg): Wissen wofür man lebt – Jugendprotest, Aufbruch in eine veränderte Zukunft. München 1982

Barner, K./Liedke, G.: Schöpfungsverantwortung konkret. Neukirchen 1986

Bauer, K.G./Zimmermann: Jugend, Joystick, Music-Box. Die Medienwelt Jugendlicher in Schule und Freizeit. Opladen 1989

Becker, J./Vostell, W. (Hg): Happening, Fluxus, Pop-Art, Noveau Realisme. Hamburg 1963[3]

Bedarff, Th./Wiesner, Ch.: Videospiele – kommunikationsarme Spiele. In: Deutsche Jugend. Mönchengladbach (1984)

Bell, D.: Die nachindustrielle Gesellschaft. Frankfurt a.M. 1975

Benedetti, G.: Der psychisch Leidende und seine Welt. Frankfurt a.M. 1984

Benedetti, G.: Die Symbolik des schizophrenen Patienten und das Verstehen des Therapeuten. In: Hartwig, H./Menzen, K.H. (Hg): Kunst-Therapie. a.a.O.

Benedetti, G./Rauchfleisch, U. (Hg): Welt der Symbole. Göttingen 1988.

Berger, R.: Kunst und neue Technologien – Die axiologische Herausforderung. In: Bechtloff, D. (Hg): Kunstforum international (künftig: KF): Köln (1988) Bd. 97: Ästhetik des Immateriellen, Teil I

Bertelsmann, K.u.a. (Hg): Spiel und Kommunikation in der Sekundarstufe II. Stuttgart 1974

Biemel, W.: Die Bedeutung von Kants Begründung der Ästhetik für die Philosophie der Kunst. Kant-Studien. Köln 1959. Ergänzungsheft 77

Billeter, E. (Hg): Arnulf Rainer/Louis Soutter. Kunsthalle Frankfurt a.M. 1986 (Katalog)

Biniek, E.M.: Psychotherapie mit gestalterischen Mitteln. Darmstadt 1982

Bismarck, K.v./Gaus, G./Kluge, A.: Industrialisierung des Bewußtseins. München 1985

Bittner, G./Ertle, Ch./Schmid, V.: Schule und Unterricht bei verhaltensgestörten Kindern. In: Dt. Bildungsrat: Gutachten und Studien der Bildungskommission. Stuttgart 1977, Bd. 35

Blankertz, H.: Analyse von Lebenssitusationen unter besonderer Berücksichtigung erziehungswissenschaftlich begründeter Modelle: Didaktische Strukturgitter. In: Frey, K. (Hg): Curriculum-Handbuch. Bd. II München 1975

Blos, P.: Adoleszenz. Stuttgart 1972

Boal, A.: Theater der Unterdrückten. Frankfurt a.M. 1979

Bokelmann, F.: Theorie der Massenmedien. Frankfurt a.M. 1975

Boorstin, B.J.: Fernsehen verändert die menschliche Erfahrung. Massenkommunikation, elektronische Medien und das Buch. In: Fröhlich, W. D. u.a. (Hg): a.a.O.

Bringmann, R./Gerhard, D.: Sie kamen mit Knüppeln und Messern. Von der Anziehungskraft rechter Parolen. In: Richter, Cl. (Hg): Die überflüssige Generation a.a.O.

Brodsky, J.: Der Staat ist von gestern, die Literatur von morgen. Nobelpreisrede. Autorisierte Übersetzg. v. Buch, H. Ch.. In: Die Zeit (1988), Nr. 17

Brüggemeier, F.-J./Rommelspacher, Th. (Hg): Besiegte Natur. Geschichte der Umwelt im 19. und 20. Jahrhundert. München 1987

Bühl, W.L.: Krisentheorien. Darmstadt 1988[2]

Bund für Umwelt und Naturschutz Deuschlands: Umweltbilanz. Die ökologische Lage der Bundesrepublik. Hamburg 1988

Busek, E.: Ist Kunstverständnis naturabhängig? In: Bechtloff, I. (Hg): KF (1988) Bd. 93: Kunst und Ökologie

Bussick, H.: ‚Saturday Night-Philosophie' oder: Eine Jugend auf der Flucht. In: Richter, Cl. (Hg): Die überflüssige Generation. a.a.O.

Buxbaum, R.: Kunst und Psychiatrie. In: Bechtloff, I. (Hg): KF (1989) Bd. 101: Bild und Seele

Cassirer, E.: Wesen und Wirken des Symbolbegriffs. Darmstadt 1969[4]

Chvatik, K.: Strukturalismus und Avantgarde. München 1970.

Clauss, J.: Medien – Parks – Labors. In: Bechtloff, I. (Hg): a.a.O.

Csikszentmihalyi, M.: Das Flow-Erlebnis. Stuttgart 1985

Ditfurth, H.v.: So laßt uns denn ein Apfelbäumchen pflanzen. Hamburg/Zürich 1985

Döbert, R./Habermas, J./Nunner-Winkler, G. (Hg): Entwicklung des Ichs. Königstein/Ts. 1980[2]

Dokumentation des Diskussionspapiers des ‚Zentrums für innere Führung' der Bundeswehr. In: Frankfurter Rundschau vom 17. Juli 1989

Dossier zur Trinkwasseraufbereitung. In: Die Zeit 44(1989) Nr. 38

Dreidoppel, H.; Greis, G. u.a.: Schminken. Heftthema v. Kunst und Unterricht. Velber b. Han. (1986) H. 99

Drewermann, E.: Der tödliche Fortschritt. Regensburg 1982[2]

Eckes-Lap. R.: Symbolbildung und Symbolik in psychoanalytischer Sicht. In: Benedetti, G./Rauchfleisch, U. (Hg): Welt der Symbole. a.a.O.

Ebeling, I.: Masken und Maskierung. Kult, Kunst und Kosmetik. Köln 1984

Eco, U.: Das offene Kunstwerk, Frankfurt a.M. 1977

Eco, U.: Apokalyptiker und Integrierte. Frankfurt a.M. 1986

Eurich, Cl.: Das verkabelte Leben. Reinbek 1979

Eurich, Cl.: Die Megamaschine. Darmstadt 1988

Fengler, Ch./Jantzen, W. (Hg): Handbuch der heilpädagogischen Psychologie. Stuttgart/Berlin/Köln/Mainz 1987

Flechsig, K.H./Haller, H.D.: Einführung in didaktisches Handeln. Stuttgart 1975

Frank, H./Ingenkamp, D.. Neue Medien vor der Schultür. Weinheim/Basel 1984

Frankl, V.E.: Die neurotische Lebensproblematik unserer Zeit. In: Universitas (1972) H. 1

Frankl, V.E. : AnthropologischeGrundlagen der Psychotherapie. Bern/ Stuttgart7Wien 1975

Frankl, V.E.: Der Mensch auf der Suche nach Sinn. Freiburg i.Brsg. 1977[8]

Frankl, V.E.: Der Wille zum Sinn. Bern/Stuttgart/Wien 1982[3]

Frankl, V.E.: Das Leiden am sinnlosen Leben. Freiburg i. Brsg. 1983[7]

Frankl, V.E.: Theorie und Therapie der Neurosen. München/Basel 1987[6]

Frey, K. (Hg): Curriculum-Handbuch. 3 Bände. München 1975

Frey, K.: Die Projektmethode. Weinheim/Basel, 1984[2]

Fritz, J.: Videospiele – Regelbare Welten am Draht. Bamberg 1984

Fritz, J. (Hg): Programmiert zum Kriegspielen. Weltbilder und Bilderwelten im Videospiel. Bundeszentrale für politische Bildung. Schriftenreihe Bd. 260 Bonn 1988

Fröhlich, W.D./Zitzlsperger, R./Franzmann, B. (Hg): Die verstellte Welt. Frankfurt a.M. 1988

Furth, H.G.: Lernen ohne Sprache. Stuttgart 1977

Gatzemeier, M.: Wissenschaftstheoretische Grundprobleme der Lernzielmethode. In: Künzli, R. (Hg): a.a.O.

Gerosa, K.: Große Schritte wagen. München 1984

Gieseke, H.: Einführung in die Pädagogik. München 1975[7]

Godman, N.: Sprachen der Kunst – Ein Ansatz zu einer Symboltheorie. Frankfurt a.M. 1973

Gröschke, D.: Praxiskonzepte der Heilpädagogik. München/Basel 1989

Gülich, E./Raible, W.: Textsorten-Probleme. In: Linguistische Probleme der Textanalyse. Sprache der Gegenwart. Bd. 35. Düsseldorf 1975

Habermas, J.: Technik und Wissenschaft als Ideologie. Frankfurt a.M. 1971[5]

Haft, H./Hameyer, U. (Hg): Curriculumplanung – Theorie und Praxis. München 1975

Haft, H./Hameyer, U.: Curriculumplanung als Ort der Vermittlung von Erkenntnis und Handlungsprozessen. In: Dies. (Hg): Curriculumplanung. a.a.O.

Haufe, U.: Videoarbeit mit Kindern. Tübingen 1982

Hartwig, H.: jugendkultur, ästhetische praxis in der pubertät. Reinbek 1980

Hartwig, H./Menzen, K.H. (Hg.): Kunst – Therapie. Berlin 1984

Hegel, G.W.F.: Vorlesungen über die Ästhetik. Zitiert n.d. neu edierten Ausgabe von Moldenhauer, E./Michel, K.M. (Hg) auf der Grundlage der Werke von 1982-1845. Frankfurt a.M. 1973. Bd. I,II,II

Heipke, K./Messner, R.: Curriculumplanung – Theorie und Praxis. München 1975

Heidmann, I.: Die Theorien des Spiels in der deutschen Philosophie der Gegenwart. In: Die Leibeserziehung (1961) H. 11

Henrich, D./Iser, W. (Hg): Funktionen des Fiktiven. München 1983 (Poetik und Hermeneutik Bd. X)

Hess, R.D./Handel, G.: Die Familie als psycho-soziale Organisation. In: Döbert, R. u. a. (Hg): a.a.O.

Hofmann, W.: Kunst und Politik. Spiegelschrift. Köln 1969

Holz, H.: Vom Kunstwerk zur Ware. Darmstadt/Neuwied 1972

Holz, H.: Kritische Theorie des ästetischen Zeichens. In: Documenta 5 (Katalog). Kassel 1972

Horstmann, U.: Das Untier. Frankfurt a.M. 1985

Hottelet, H.: Jugendpolitik in der ‚Wendezeit'. In: Außerschulische Bildung (1986) H.2.

Humboldt, W.v.: Werke in fünfzehn Bänden. Leitzmann, A./Gebhard, O. (Hg): Bd. I – XV (Akademie – Ausgabe). Berlin 1903

Humboldt, W.v.: Wilhelm von Humboldts Briefe an C.G. Körner. Hrsg. v. Leitzmann, A. Berlin 1940

Hunzinger, P.: Medien, Kommunikation und Gesellschaft. Darmstadt 1988

Imdahl, M. Vier Aspekte der Grenzüberschreitung in der Kunst der Gegenwart. In: Jauss, H. R. (Hg): a.a.O.

Ingarden, R.: Erlebnis, Kunstwerk und Wert. Darmstadt 1964

Ingarden, R.: Das literarische Kunstwerk. Tübingen 1965

Iser, W. (Hg): Immanente Ästhetik – Ästhetische Reflexion. München 1966 (Poetik und Hermeneutik Bd. II)

Iser, W.: Die Appelstruktur der Texte. Konstanz 1970

Iser, W.: Der Akt des Lesens. München 1976

Jacobson, E.: Depression. Frankfurt a.M. 1983

Jauss, H.R. (Hg): Die nicht mehr schönen Künste. München 1968. (Poetik und Hermeneutik Bd. III)

Jonas, H.: Das Prinzip Verantwortung. Frankfurt a.M. 1984

Jugendfilmclub Köln e.V./Medieninformationszentrum (Hg): Herausforderung Video. Köln 1985

Kaemmerling, E. (Hg.): Ikonographie und Ikonologie. Köln 1979

Kant, I.: Werke in zehn Bänden. Hrsg. von Weischeidel, W. Darmstadt 1968-1975 (Enspricht der Studienausgabe)

Kant, I.: Kritik der reinen Vernunft. Teil I./Bd. 3, Darmstadt 1975; Teil II/Bd. 4, Darmstadt 1968

Kant, I.: Grundlegung zur Metaphysik der Sitten/Kritik der praktischen Vernunft, Bd. 6. Darmstadt 1968

Kant, I.: Die Methaphysik der Sitten. Bd. 7. Darmstadt 1971

Kant, I.: Kritik der Urteilskraft. Bd. 8. Darmstadt 1971

Kant, I.: Über Pädagogik. Bd. 10. Darmstadt 1970

Kanter, G.O.: Lernbehinderungen und Personengruppen der Lernbehinderten. In: Kanter, G.O. (Hg): Handbuch der Sonderpädagogik. Bd. 4. Berlin 1977

Kellerer, Ch.: Objekt trouvé und Surrealismus. Reinbek b. Hamburg 1969[2]

Klafki, W.: Didaktik und Methodik. In: Enzyklopädisches Handbuch für Sonderpädagogik. Berlin-Charlottenburg Bd. I, 1969

Klafki, W.: Aspekte kritisch-konstruktiver Erziehungswissenschaft. Weinheim/Basel 1976

Klausch, H.: Naturgefährdung und Auswirkungen auf die Kultur. In: Landesanstalt für Ökologie, Landschaftsentwicklung, Forstplanung NW (Hg): LÖLF-Mitteilungen, Recklinghausen (1988) H. 2, Schwerpunktthema ‚Natur und Kultur'

Kluge, A.: Die Macht der Bewußtseinsindustrie und das Schicksal der Öffentlichkeit. In: Bismarck, K. v./Kluge, A./Negt, O.: a.a.O.

Kobi, E.E.: Die Rehabilitation der Lernbehinderten. München/Basel 1980.

Kobi, E.E.: Grundfragen der Heilpädagogik. Bern 1983[3]

Konrath, A,: Voraussetzungen und Ansatzpunkte eines therapeutisch ausgerichteten sozialen Lernens in der ästetischen Erziehung. In: Richter, H.G. (Hg): Therapeutischer Kunstunterricht. a.a.O.

Kraft, H. (Hg): Psychoanalyse, Kunst und Kreativität heute. Köln 1984

Kultermann, U.: Leben und Kunst. Tübingen 1970.

Kükelhaus, H.: Organismus und Technik – Gegen eine Zerstörung der menschlichen Wahrnehmung. Frankfurt a.M. 1979

Kükelhaus, H./Lippe, R.: Zur Entfalrung der Sinne. Frankfurt a.M. 1982

Künzli, R. (Hg): Curriculumentwicklung – Begründung und Legitimation. München 1975

Laplanche, J./Pontalis, J.: Das Vokabular der Psychoanalyse. Frankfurt a.M. 1973

Landesanstalt für Ökologie, Landschaftsentwicklung, Forstplanung NW (Hg): Lölf-Mitteilungen. Recklinghausen (1988) H. 2. Schwerpunktthema ‚Natur und Kultur'

Langer, S.: Philosophie auf neuem Weg. Frankfurt a.M. 1965

Lehmann, H.: Physiognomie der Landschaft. In: Studium Generale 3 (1950) H. 4/5

Liessmann, K.P.: Natura mortua. Über das Verhältnis von Ästhetik und Ökologie. In: Bechtloff, I. (Hg): KF (1988) Bd. 93

Lukas, E.: Logotherapie als Persönlichkeitstheorie. Diss. Wien 1975

Lukas, E.: Von der Tiefen- zur Höhenpsychologie. Freiburg i.Brsg. 1983

Mager, R.: Lernziele und programmierter Unterricht. Weinheim 1969.

Marchal, P. (Hg): Einführung in das Fach ‚Ästhetik und Kommunikation'. Siegen 1989

Marquard, O.: Kunst als Antifiktion. In: Henrich, D./Iser, W. (Hg): a.a.O.

Meili-Dworetzki, G.: Das Bild des Menschen in der Darstellung und Vorstellung des Kleinkindes. Bern/Stuttgart 1957

Mentzos, St.: Neurotische Konfliktverarbeitung. Frankfurt a.M. 1988

Menze, Cl.: Die Rolle der Ästhetik in W.v. Humboldts Theorie der Bildung. In: Fabro, C. (Hg): Gegenwart und Tradition, Freiburg 1969

Menze, Cl.: Der Übergang von der ästhetisch-politischen zur literarisch-musischen Erziehung. In: Vierteljarheshefft für wiss. Pädagogik. 47 (1971) H. 1

Menzen, K. H.: Ansätze der Kunstpsychologie in der Kinderbehandlung. In: Hartwig, H./Menzen, K. H.: a.a.O.

Merkt. U.: Gemütsbildung in der Erziehung und Schulung Hörgeschädigter – Auftrag oder Luxus? Hörgeschädigten-Pädagogik. Beiheft 19. St. Gallen 1986

Meyer-Abich, K.M.: Wege zum Frieden mit der Natur. München/Wien 1984

Meyer-Abich, K.M.: Voraussetzungen eines neuen Verhältnisses zwischen Kultur und Natur. In: Landesanstalt (Hg): a.a.O.

Mollenhauer, K.: Erziehung und Emanzipation. München 1973[3]

Mona Lisa im 20. Jahrhundert. (Katalog) Wilhelm-Lehmbruck-Museum (1978)

Moser, H.: Handlungsorientierte Curriculumformen – Konzeption und Kritik. In:Haft, H./Hahmeyer, U. (Hg): Curriculumplanung-Theorie. a.a.O.

Moser, H.: Informelle Organisationsstrukturen bei der Entwicklung offener Curricula. In: Frey, K. (Hg): Curriculum-Handbuch. Bd. I a.a.O.

Müller, H.: Integriertes Lernen hörsprachbehinderter Kinder mit bildnerischen Mitteln. In. Kunst und Unterricht. Velber b. Han. (1973)

Müller-Dohms, S.: Die Gewaltsamkeit des Bildschirms und die Schaulust des Betrachters. In: medien und erziehung (1985) H. 2

Mukarovski, J.: Kapitel aus der Ästhetik. Frankfurt a.M. 1970

Negt, O./Kluge, A.: Öffentlichkeit und Erfahrung. Frankfurt a.M. 1972

Olechowski, R.: Das alternde Gedächtnis. Stuttgart/Wien 1969

Otto, G.: Funktion, Bedingungen und Verfahren der Evalution von Konzepten der ästetischen Erziehung. In: Otto, G./Zeinert, H. (Hg): Handbuch der Kunst und Werkerziehung. Berlin 1975

Otto, G.: Didaktik der ästhetischen Erziehung. Braunschweig 1976

Petri, H./Boehnke, K./Macpherson, M./Meador, M.: Bedrohtheit bei Jugendlichen. In: Psychosozial 6 (1983) H. 18

Petzold, H.G.: Masken und Märchenspiel als Verfahren in der integrativen Therapie. In: Integrative Therapie. (1975) H. 1

Piaget, J./Inhelder, B.: Die Psychologie des Kindes. München 1986

Plessner, H.: Sachartikel ‚Person'. In: Speck, J./Wehle, G. (Hg):a.a.O.

Pochat, G.: Der Symbolbegriff in der Ästhetik und Kunstwissenschaft. Köln 1983

Postman, N.: Das Verschwinden der Kindheit. Frankfurt 1983

Postman, N.: Wir amüsieren uns zu Tode. Frankfurt a.M. 1985

Priesemann, G.: Zur Theorie der Unterrichtssprache. Düsseldorf 1971.

Prinzhorn, H.: Die Bildnerei der Geisteskranken. Berlin 1923[2]. Neudruck der 2. Auflage: Berlin/Heidelberg/New York 1968

Richter, Cl. (Hg): Die überflüssige Generation. Jugend zwischen Apathie und Aggression. Königstein/Ts. 1979

Richter, H.: Dada – Kunst und Antikunst. Köln 1972

Richter, H.E.: Zur Psychologie des Friedens. Reinbek 1982

Richter, H.G.: Lehrziele in der ästhetischen Erziehung. Düsseldorf 1976

Richter, H.G. (Hg): Therapeutischer Kunstunterricht. Düsseldorf 1977

Richter, H.G./Waßermé, G. (Hg): Kunst als Lernhilfe. Frankfurt a.M. 1981

Richter, H.G.: Pädagogische Kunsttherapie. Düsseldorf 1984

Richter, H.G.: Die Kinderzeichnung. Entwicklung-Interpretation-Ästhetik, Düsseldorf 1987.

Richter-Reichenbach, K.S.: Grundlagen einer museumsdidaktischen Konzeption zur Vermittlung zeitgenössischer Kunst an Jugendliche und Erwachsene. Kastellaun 1977

Richter-Reichenbach, K.S.: Museumsdidaktische Entscheidung statt museumsdidaktischer Aktionismus. In: Päd. Landesinstitut NW (Hg): Museumsdidaktik I. Düsseldorf 1977

Richter-Reichenbach, K.S.: Grundfragen ästhetischer Erziehung. In: Zeitschrift für Kunstpädagogik (ZfK). Kastellaun (1978) H.2

Richter-Reichenbach, K.S.: Teilstudium ‚Medienpädagogik als Ästhetische Kommunikation‘. In: ZfK. Kastellaun (1978) H.3
Richter-Reichenbach, K.S.: Erfahrungs-orientierte ästhetische Gegenstandserfassung und ihre Umsetzung in zwei Schulversuchen. In: ZfK. Kastellaun (1978) H.4
Richter-Reichenbach, K.S.: Bildungstheorie und Ästhetische Erziehung heute. Darmstadt 1983
Richter-Reichenbach, K.S.: Motivations- und Aktivitätssteigerung im Medium ästhetischer Prozesse. In: Merkert, R. (Hg): Wandlungen der Pädagogik in 30 Jahren. Festschrift f. G. Wehle. Düsseldorf 1989
Riemer, R.: Maskenbau und Maskenspiel. Kiel 1986
Ritter, I.: Subjektivität. Frankfurt a.M. 1974
Rötzer, F.: Technoimaginäres – Ende des Imaginären. In: Bechtloff, D. (Hg): KF (1989) Bd. 98: Ästhetik des Immateriellen. Teil II
Rommelspacher, Th.: Das natürliche Recht auf Wasserverschmutzung. In: Brüggemeier, H.-J./Rommelspacher, Th. (Hg): a.a.O.
Rusch, R. (Hg): So soll die Welt nicht werden. Kinder schreiben über ihre Zukunft. Kevelar 1989
Sachsse, H.: Ökologische Philosophie. Natur-Technik-Gesellschaft. Darmstadt 1984
Sacrinelli, U. (Hg): Politikvermittlung. Schriftenreihe für politische Bildung. Bd. 238 Bonn 1986
Schaff, A.: Entfremdung als soziales Phänomen. Wien 1977
Schiller, F.: Über die ästhetische Erziehung des Menschen. Stuttgart 1977
Schiller, H.I.: Die Verteilung des Wissens. Information im Zeitalter der großen Konzerne. Frankfurt a.M. 1975
Schmid-Giovanni, S.: Sprich mit mir. Eine ganzheitliche Lautsprachmethode für Kleinkinder von 0-7 Jahre. Berlin 1984[3]
Schmidt, S.J.: Text, Bedeutung, Ästhetik. München 1970
Schmidt, S.J.: Ästhetische Prozesse. München 1971
Schmidt, S.J. (Hg): ästhezität. München 1971
Schütz, H.G.: Didaktische Ästhetik. München 1975
Schütz, H.G.: Kunstpädagogische Theorien. München/Basel 1975[2]
Schulz, W.: Politikvermittlung durch Massenmedien. In: Sarcinelli, U. (Hg): a.a.O.
Schulz, W.: Philosophie in der veränderten Welt. Pfullingen 1972
Sheleen, L.: Tanz, Theater, Maske und die Entwicklung der Persönlichkeit. In: Integrative Therapie (1979) H.4
Singer, J.L./Singer, D.G.: Wider die Verkümmerung der Phantasie. Fernsehen, Lesen und die Entwicklung der Vorstellungskraft. In: Fröhlich, W.D. u.a. (Hg): a.a.O.
Speck, J./Wehle, G. (Hg): Handbuch pädagogischer Grundbegriffe. 3 Bände. München 1970
Speck, O.: System Heilpädagogik. Eine ökologisch reflexive Grundlegung. München/Basel 1988
Söderberg, B.: Die Bedeutung des ästhetisch-kreativen und sozialen Lernens in der Sekundarstufe 2. In: Bertelsmann, K. u.a. (Hg): a.a.O.
Stierlin, H./Levi, L.D./Savard, R.J.: Zentrifugale und zentripetale Ablösung in der Adoleszenz. Zwei Modi und einige ihrer Implikationen. In: Döbert, R. u. a. (Hg).: a.a.O.
Theunissen, G.: Ästhetische Erziehung bei Verhaltensauffälligen. Frankfurt a.M./Bern 1980
Theunissen, G.: Lernhilfe durch ästhetische Erziehung. In: Richter, H.G./Waßermé, G. (Hg): a.a.O.
Thönges-Strigaris, R.: Eine andere Lage von Kraft und Energie. In: Bechtloff, D. (Hg): KF (1988) Bd. 93
Totman, R.: Was uns krank macht. Die sozialen Ursachen der Krankheit. München 1982
Trebels, A.H.: Einbildungskraft und Spiel. Kant-Studien. Ergänzungsheft 93. Bonn 1967
Voß, R.: Anpassung auf Rezept. Die fortschreitende Medizinierung auffälligen Verhaltens von Kindern und Jugendlichen. Stuttgart 1987
Wagner, H.: Philosophie und Reflexion. Basel 1967
Weber, M.: Wirtschaft und Gesellschaft. Köln/Berlin 1964
Weizsäcker, C.F.v.: Wege in der Gefahr. München 1976
Weizsäcker, C.F.v.: Wahrnehmung der Neuzeit. München 1983
Welsch, W.: Zur Aktualität ästhetischen Denkens. In: Bechtloff, D. (Hg): KF (1989) Bd. 100: Kunst und Philosophie
Wehle, G.: Führen und Wachsenlassen. In: Nicolin, F./Wehle, G. (Hg): Theodor Litt. Bad Heilbrunn/Obb. 1982
Weniger, E.: Ausgewählte Schriften zur Pädagogik. Weinheim/Basel 1975
Weniger, E.: Die Pädagogik in ihrem Selbstverständnis heute. In: Weniger, E.: Ausgewählte Schriften. a.a.O.
Wienbruch, U.: Problematik der Alternative darstellungs- oder Wirkungsästhetik. In: Perspektiven transzendental-philosophischer Forschung. Den Haag 1972
Winnicott, D. W.: Vom Spiel zur Kreativität. Stuttgart 1973
Wolf, Ch.: Voraussetzungen einer Erzählung. Darmstadt 1983
Wollenweber, H.: Sozialpädagogische Theoriebildung. Paderborn 1983
Ziehe, Th.: Pubertät und Narzißmus. Frankfurt a.M. 1975
Ziehe, Th.: Jugendliche sind nicht mehr ‚Jugendliche‘. In: Bahr, H.E. (Hg): Wissen wofür. a.a.O.